改正法
対応
個人情報保護法

個人情報
保護士 認定試験
Protection of individual Person
公認テキスト

個人情報保護法と安全管理
（情報セキュリティ）

弁護士 **坂東利国** 著　**牧野鉄郎** 監修／課題Ⅱ

一般財団法人 全日本情報学習振興協会

■ はじめに ■

　個人情報保護法は、平成27年（2015年）、令和2年（2020年）そして令和3年（2021年）に大改正が行われました。

　この一連の法改正は、個人情報を含む各種データの収集・分析による、新産業・新サービスの創出が期待される反面で、個人情報・プライバシーに対する消費者の意識が拡大するという社会の変化や、個人情報保護の官民一元化の要請に対応するための必要不可欠な改正といえます。他方で、個人情報保護法の成立当時にはなかった「匿名加工情報」、「仮名加工情報」及び「個人関連情報」などの新しい用語と規律の創設に加え、「漏えい等の報告等」及び「第三者提供時の確認・記録義務」などに関する規律の創設と、個人データに関する本人の請求権の拡大・強化及び罰則の追加・重罰化なども行われ、法の内容が複雑になっています。

　更に、令和3年改正では、行政機関や地方公共団体に関する規律も加わり、それまでの改正で増加の一途をたどっていた条文数が一気に100条ほども増え、法の解釈指針であるガイドラインも、民間事業者を対象とするものが5編（通則編、外国にある第三者への提供編、第三者提供時の確認・記録義務編、仮名加工情報・匿名加工情報編及び認定個人情報保護団体編）、行政機関等を対象とするものが2編（行政機関等編など）となりました。そのため、企業にとっては、改正により複雑化した法律に対応し、個人情報を適法・適切に取り扱うことができる人材の育成が必須の課題となっています。

　「個人情報保護士認定試験」は、この課題に対応する検定試験として、今後、更に重要視されると考えられます。また「個人情報保護士認定試験」では、個人情報保護法と個人情報保護法の特別法であるマイナンバー法（番号法）の理解を「第Ⅰ課題」に、個人情報保護法で、情報セキュリティの見地から個人データの安全管理措置を要求（同法23条）しているため、個人情報保護の対策と情報セキュリティが「第Ⅱ課題」として試験範囲に設定されています。

　以上のことから、本書では、改正法に対応した法令及びガイドラインの解説を充実させ、マイナンバーに関連する解説にも同試験の出題範囲を意識しつつ力を入れ、個人情報保護法が定める安全管理措置の具体的内容については第Ⅱ課題に記載して、以前の版から内容を全面的に改訂しました。

　また、個人情報保護士認定試験が、基本的には民間事業者の実務者を対象とする試験であるため、本書の解説は、民間事業者を対象とする部分（法の第1章、第4章及び第8章）を中心とし、行政機関等を対象とする部分（法の第5章など）は必要最小限の言及にとどめています。

なお、本書は実務に必要な知識を解説していますが、試験対策という意味では細かいと思える記述もあります（試験は100点を取ることを目的としているわけではないため、すべての知識に目を通すのは、試験対策としては効率が悪いともいえます）。そのような記述は「参考知識」としました。試験対策としては、「参考知識」以外の本文を学習していただければ十分なように記述しましたので、お時間の関係などから、参考知識は読み飛ばしていただいても構いません。

　本書での学習を通して、個人情報の正しい取り扱いと安全管理措置（情報セキュリティ）の知識を深めていただければ幸いです。

令和4年10月

弁護士 坂東利国

■ 本 書 の 特 徴 ■

○本書は、全日本情報学習振興協会が主催する「個人情報保護士認定試験」の合格を目指す同協会公認テキストとして編集しました。

○本書の解説は、改正法に対応した内容になっています。

○本書は、試験の出題に即した内容となっており、「課題Ⅰ 個人情報保護法の理解」「課題Ⅰ マイナンバー法の理解」「課題Ⅱ 個人情報保護の対策と情報セキュリティ」の3つの分野から構成されています。

○本書は、過去の出題傾向を徹底分析し精選した過去問題を掲載しています。詳しい解説を付けていますので、試験突破に向け、理解力を身に付けることができます。

○本書は、試験対策だけでなく、実務に必要な知識を中心に解説しています。企業などにおいて、個人情報を適法・適正に利用する知識を習得できます。

個人情報保護士認定試験　試験概要

■試験内容

制限時間	課題Ⅰ・課題Ⅱ　合計150分
問題数	課題Ⅰ：50問　課題Ⅱ：50問
試験形態	マークシート
合格点	課題Ⅰ・課題Ⅱ　各70%以上
検定料	11,000円（税込）
受験資格	国籍・年齢等に制限はありません。

■出題内容

※試験開催日時点の法制度や情報を基に出題します。

※法改正につきましては「個人情報保護委員会」のご案内をご確認ください。

※出題内容の詳細項目・出題数は、本試験の目安ですので認定試験では、一部異なったり、項目にない内容が出題されることがあります。

※出題項目が変更となる場合がありますので、受験申込時に当協会ホームページにてご確認ください。

課題Ⅰ　個人情報保護の総論

Ⅰ-1．個人情報保護法の理解

〈個人情報保護法の歴史〉

- ・OECD勧告、OECDの8原則
- ・わが国の取り組み
- ・個人情報保護法の成立と施行

〈個人情報に関連する事件・事故〉

- ・個人情報が漏洩する原因（人的・物理的・技術的・管理的）
- ・個人にとっての被害・損失
- ・企業にとっての被害・損失
- ・事件・事故におけるケーススタディ

〈各種認定制度〉

- ・プライバシーマーク
- ・ISMS
- ・JIS Q 15001

課題Ⅱ　個人情報保護の対策と情報セキュリティ

- ・責任・管理規定
- ・個人情報の特定と分類
- ・監査・改善
- ・個人情報保護規定のポイント
- ・個人情報保護文書の体系（ガイドライン）
〈人的管理の実務知識〉
- ・従業員との契約
- ・機密保持に関する契約・誓約
- ・派遣社員・契約社員の受け入れのポイント
- ・外部委託業者の管理（委託契約）
- ・違反・事故・苦情への対応
- ・報告書の作成と被害届け

Ⅱ-3．オフィスセキュリティ
〈物理的管理の実務知識〉
- ・外部からの入退館管理
- ・オフィス内の入退出管理
- ・オフィス内の施錠管理
- ・情報システム設備のガイドライン
- ・災害対策

Ⅱ-4．情報システムセキュリティ
〈技術的管理の実務知識〉
- ・ユーザ ID とパスワードの管理
- ・アクセス制限とアクセス制御
- ・暗号化と認証システム
- ・不正アクセスに対する防御策
- ・ネットワーク・ウイルスに対する防御策
- ・無線 LAN のセキュリティ管理
- ・情報システムの動作検証における個人データの取り扱い
- ・機器・媒体の廃棄

主催・お問合せ先

一般財団法人　全日本情報学習振興協会

東京都千代田区神田三崎町3-7-12 清話会ビル5階　TEL. 03-5276-0030　FAX. 03-5276-0551
http://www.joho-gakushu.or.jp/

凡　例

　本書において用いる略語は、以下の通りである。

[個人情報保護法関係]

個人情報保護法、法　個人情報の保護に関する法律（平成15年法律第57号）

基本方針　個人情報の保護に関する基本方針（政府）

施行令、令　個人情報の保護に関する法律施行令（平成15年政令第507号）

施行規則、規則　個人情報の保護に関する法律施行規則（平成28年個人情報保護委員会規則第3号）

通則ガイドライン、通則GL　個人情報の保護に関する法律についてのガイドライン（通則編）（個人情報保護委員会）

外国第三者提供ガイドライン、外国第三者GL　個人情報の保護に関する法律についてのガイドライン（外国にある第三者への提供編）（個人情報保護委員会）

確認・記録ガイドライン、確認・記録GL　個人情報の保護に関する法律についてのガイドライン（第三者提供時の確認・記録義務編）（個人情報保護委員会）

仮名・匿名ガイドライン、仮名・匿名GL　個人情報の保護に関する法律についてのガイドライン（仮名加工情報・匿名加工情報編）（個人情報保護委員会）

認定個人情報保護団体ガイドライン　個人情報の保護に関する法律についてのガイドライン（認定個人情報保護団体編）（個人情報保護委員会）

Q&A　「個人情報の保護に関する法律についてのガイドライン」に関するQ&A（個人情報保護委員会）

通則GLパブコメ　「個人情報の保護に関する法律についてのガイドライン（通則編）（案）」に関する意見募集結果（平成28年・個人情報保護委員会）

医療・介護事業者ガイダンス　医療・介護関係事業者における個人情報の適切な取扱いのためのガイダンス（個人情報保護委員会・厚生労働省）

経産ガイドライン、経産GL　個人情報の保護に関する法律についての経済産業分野を対象とするガイドライン（経済産業省）

行政機関等ガイドライン　個人情報の保護に関する法律についてのガイドライン（行政機関等編）（個人情報保護委員会）

Q&A（行政機関等）　個人情報の保護に関する法律についてのQ&A（行政機関等編）（個人情報保護委員会）

[マイナンバー法関係]

マイナンバー法、番号法　行政手続における特定の個人を識別するための番号の利用等に関する法律（平成25年法律第27号）

番号法施行令　行政手続における特定の個人を識別するための番号の利用等に関する法律施行令（平成26年政令第155号）

番号法施行規則　行政手続における特定の個人を識別するための番号の利用等に関する法律施行規則（平成26年内閣府・総務省令第3号）

総務省令　行政手続における特定の個人を識別するための番号の利用等に関する法律に規定する個人番号、個人番号カード、特定個人情報の提供等に関する命令（平成26年総務省令第85号）

事業者ガイドライン、事業者GL　特定個人情報の適正な取扱いに関するガイドライン（事業者編）（個人情報保護委員会）

[その他の法令関係]

民法　民法（明治29年法律第89号）

会社法　会社法（平成17年法律第86号）

労働基準法　労働基準法（昭和22年法律第49号）

労働契約法　労働契約法（平成19年法律第128号）

職業安定法　職業安定法（昭和22年法律第141号）

労働者派遣法　労働者派遣事業の適正な運営の確保及び派遣労働者の保護等に関する法律（昭和60年法律第88号）

不正アクセス禁止法　不正アクセス行為の禁止等に関する法律（平成11年法律第128号）

不正競争防止法　不正競争防止法（平成5年法律第47号）

独占禁止法、独禁法　私的独占の禁止及び公正取引の確保に関する法律（昭和22年法律第54号）

電子署名法　電子署名及び認証業務に関する法律（平成12年法律第102号）

電子帳簿保存法　電子計算機を使用して作成する国税関係帳簿書類の保存方法等の特例に関する法律（平成10年法律第25号）

刑法　刑法（明治40年法律第45号）

[日本産業規格（JIS）関係]

JIS Q 10002　JIS Q 10002:2019　品質マネジメント－顧客満足－組織における苦情対応のための指針

JIS Q 13335-1　JIS Q 13335-1:2006　情報技術－セキュリティ技術－情報通信技術セキュリティマネジメント－第1部：情報通信技術セキュリティマネジメントの概念及びモデル（※本規格はJIS Q 27000シリーズに置き換えられ、2017年に廃止されている）

JIS Q 15001　JIS Q 15001:2017　個人情報保護マネジメントシステム－要求事項

JIS Q 22301　JIS Q 22301:2020　セキュリティ及びレジリエンス－事業継続マネジメントシステム－要求事項

JIS Q 27000　JIS Q 27000:2019　情報技術－セキュリティ技術－情報セキュリティマネジメントシステム－用語

JIS Q 27001　JIS Q 27001:2014　情報技術－セキュリティ技術－情報セキュリティマネジメントシステム－要求事項

JIS Q 27002　JIS Q 27002:2014　情報技術－セキュリティ技術－情報セキュリティ管理策の実践のための規範

JIS Q 27014　JIS Q 27014:2015　情報技術－セキュリティ技術－情報セキュリティガバナンス

【その他の参考資料関係】

内部不正防止ガイドライン　組織における内部不正防止ガイドライン（IPA：独立行政法人情報処理推進機構）

目　次

課題 I　個人情報保護の総論

第1編　個人情報保護法総説　　　　　　　　3

第2編　個人情報保護法の基本法部分　　　　11

第3編　個人情報保護法の一般法部分（総論）　37

第4編　個人情報に関する義務　　　　　　　41

第5編　個人データに関する義務（法22条〜30条）　67

課題 I

個人情報保護の総論

第1編

個人情報保護法総説

第1章　個人情報保護の法体系

第1節　法令

1　個人情報保護法

　個人情報保護法（個人情報の保護に関する法律（平成15年法律第57号）。本書で「法」というときは、個人情報保護法を指す。）は、個人情報の適正な取扱いに関し、個人情報を取り扱う事業者及び行政機関等が遵守すべき義務を定めること等により、個人情報の有用性に配慮しつつ、個人の権利利益を保護することを目的とする法律である。

　我が国の個人情報保護に関する法制は、かつては、民間部門の個人情報保護法、行政機関の行政機関個人情報保護法、独立行政法人等の独立行政法人等個人情報保護法、そして各地方公共団体が定めた個人情報保護条例という多元的な構造をとっていた。

　しかし、令和3年の法改正により個人情報保護制度の官民一元化が行われ、個人情報保護法に統合された。

　なお、個人情報の適正な取扱いに関する事業者等の措置等に関する規律については、個人情報保護法で大枠を定め、具体的な内容は政省令、規則及びガイドラインにより対応する形がとられている。

2　基本方針

　個人情報保護法7条1項の規定に基づき、個人情報の保護に関する施策の推進の基本的な方向及び国が講ずべき措置を定めるとともに、地方公共団体、独立行政法人等、地方独立行政法人、個人情報取扱事業者及び認定個人情報保護団体等が講ずべき措置に関する基本的な事項等を示すものとして、政府により「個人情報の保護に関する基本方針」（本書では「基本方針」という。）が策定されている。

3　施行令

　個人情報保護法の規定に基づき、内閣による「政令」として、「個人情報の保護に関する法律施行令」（本書では「施行令」又は「令」という。）が制定され、法が定める用語の具体的な要件等が定められている。

4　規則

　個人情報保護法及び施行令の規定に基づき、並びに同法を実施するため、個人情報保護委員会により「個人情報の保護に関する法律施行規則」（本書では「施行規則」又は「規則」という。）が定められている。

第2節　ガイドラインその他の規範

1　ガイドライン

　事業者が個人情報の適正な取扱いの確保に関して行う活動を支援すること、及び当該支援により事業者が講ずる措置が適切かつ有効に実施されることを目的として、個人情報保護法4条及び9条等に基づく具体的な指針として、個人情報保護委員会により「個人情報の保護に関する法律についてのガイドライン」が策定されている。

　民間部門向けとしては、分野別に以下5編のガイドラインがある（かっこ内は本書における略称）。

・通則編（本書では「通則ガイドライン」又は「通則GL」と略称する。）
・外国にある第三者への提供編（本書では、「外国第三者提供ガイドライン」又は「外国第三者GL」と略称する。）
・第三者提供時の確認・記録義務編（本書では、「確認・記録ガイドライン」又は「確認・記録GL」と略称する。）
・仮名加工情報・匿名加工情報編（本書では、「仮名・匿名ガイドライン」又は「仮名・匿名GL」と略称する。）
・認定個人情報保護団体編

　個人情報保護委員会は、これらのガイドラインの実務的な解説として、「個人情報の保護に関する法律についてのガイドラインに関するQ&A」（本書では「Q&A」という。）も公表している。

　なお、個別分野において、より事業者の理解を深めるために、事業所管大臣等が事例集やQ&A、解説等を公表している場合もある。

図表1　ガイドラインの関係

個人情報保護委員会

個人情報保護法ガイドライン「通則編」（通則ガイドライン）

| 外国にある第三者への提供編 | 第三者提供時の確認・記録義務編 | 仮名加工情報・匿名加工情報編 | 認定個人情報保護団体編 |

- 「個人情報の保護に関する法律についてのガイドライン」及び「個人データの漏えい等の事案が発生した場合等の対応について」に関するQ&A
- 雇用管理分野における個人情報のうち健康情報を取り扱うにあたっての留意事項

個別分野

金融関連分野ガイドライン類（個人情報保護委員会，金融庁・経産省・法務省）

医療関連分野（医療介護分野及び医療保険分野）のガイドライン（ガイダンス）

・・・・・・・・・・・・・・・・・・・

2　各種認定制度

（1）JIS Q 15001とプライバシーマーク制度

①　JIS Q 15001

　JIS Q 15001「個人情報保護マネジメントシステム－要求事項」は、個人情報の保護に関するマネジメントシステムの日本産業規格であり、プライバシーマークの審査基準の根拠となっている。

> ☞　JIS Q 15001は、企業が個人情報を扱う際の基本的な方針（個人情報保護方針）や、それに基づいた具体的な計画の策定、その実施と運用、一定期間毎の運用の評価や見直しまでを含めたトータルな個人情報保護管理体系の構築を要求している。

　本規格に沿った措置は法的義務として行われるものではなく、事業者が自主的に行うものという位置づけとなるが、後述するプライバシーマーク制度においては、本規格が認証基準となっているので、プライバシーマーク付与事業者は、本規格の遵守が求められる。

　JIS Q 15001は個人情報保護法に対応しているので、JIS Q 15001を遵守することで、個人情報保護法も遵守することができる。

②　プライバシーマーク制度

　プライバシーマーク制度は、JIS Q 15001を審査基準とした第三者認証制度である（1998年に創設）。

プライバシーマークの付与を受けたい事業者は、一般財団法人日本情報経済社会推進協会（JIPDEC）又は JIPDEC が指定する審査機関に申請する。審査機関が申請者のプライバシーマーク付与適格性を審査し、付与適格性が認められた事業者に JIPDEC がプライバシーマークを付与して登録する。

（2）JIS Q 27001と ISMS 適合性評価制度

① JIS Q 27001

　JIS Q 27001「情報技術－セキュリティ技術－情報セキュリティマネジメントシステム－要求事項」は、情報セキュリティマネジメントシステム（ISMS ＝ Information Security Management System）の要求事項を定めた日本産業規格である。

　後述する ISMS 適合性評価制度の認証取得事業者は、その認証基準である JIS Q 27001の遵守が求められる。

② ISMS 適合性評価制度

　「ISMS 適合性評価制度」は、JIS Q 27001（ISO/IEC 27001）を認証基準とした ISMS の第三者認証制度である。

　ISMS を取得することにより、事業者は、ISMS の構築・運用による組織の総合的な情報セキュリティ対策が実現できるとともに、対外的には、顧客や取引先などの要求に対応して情報セキュリティの信頼性を確保し、国際的にもアピールすることができる。

　ISMS 適合性評価制度の認定を受けたい組織は、一般財団法人日本情報経済社会推進協会（JIPDEC）の認定を受けた認証機関に申請する。認証機関は、申請者が構築した ISMS が JIS Q 27001に適合しているかを審査し認証する。認証された事業者は JIPDEC に ISMS 認証取得組織として登録される。

　ISMS 適合性評価制度の認定申請ができる組織は、法人単位に限られず、事業所、部門、事業やグループ企業での取得も可能である。

（3）JIS Q 15001と JIS Q 27001の関係

　JIS Q 15001も JIS Q 27001も、リスクマネジメントシステムの一般的な原則に従い、いわゆる PDCA サイクルを繰り返す手法を採用する点は共通している。

　しかし、JIS Q 15001は、個人情報保護法（国内法）に準拠し、主に個人情報を対象とするのに対し、JIS Q 27001は、ISO/IEC 27001（国際規格）に準拠しており、対象も個人情報を含む情報資産全般である点に大きな違いがある。

図表2　プライバシーマーク制度と ISMS 適合性評価制度

	プライバシーマーク	ISMS 適合性評価制度
共通点	・情報保護に関するマネジメントシステムの整備 ・PDCA サイクルの運用	
認証取得単位	事業者単位	部門単位など柔軟
保護の対象	事業者が取り扱う個人情報等	組織が保護すべき情報資産
基準となる規格	JIS Q 15001	JIS Q 27001 ISO/IEC27001
維持・更新	有効期限は2年 2年ごとに更新審査	通常、1年ごとにサーベイランス （認証維持）審査 再認証（更新）審査は3年ごと

　JIS Q 15001を認証基準とするプライバシーマーク制度は、保護対象を個人情報とし、法人単位での認証が原則とされている。

　一方、JIS Q 27001を認証基準とする ISMS 適合性評価制度は、保護対象が情報全般となっており、また、企業の事業・部門やサービスなどの単位での認証が可能である。

　　☞　このため、企業としては、まず特定の部門 ISMS 適合性評価制度の認証を受け、順次企業内に ISMS を拡大していくという用い方ができる。そして、マネジメントシステムの考え方が企業全体に浸透した段階で、プライバシーマーク制度の付与を目指すという方法が考えられる（プライバシーマークは全社での導入が必要）。

第3節　個人情報保護法の背景と成立・改正

1　個人情報保護法の成立（平成15年）

［参考知識：個人情報保護法の成立］

　平成12年（2000年）10月に、政府の情報通信技術（IT）戦略本部・個人情報保護法制化専門委員会が「個人情報保護基本法制に関する大綱」を公表し、我が国の個人情報保護法制に関する方針が示された。

　その後は、内閣官房を中心に個人情報保護法案の立案が進められ、法案が国会に提出され、法案審議は紆余曲折を経て、平成15年（2003年）3月に、個人情報保護関係5法（①個人情報保護法、②行政機関個人情報保護法、③独立行政法人等個人情報保護法、④情報公開・個人情報保護審査会設置法及び⑤行政機関の保有する個人情報の保護に関する法律等の施行に伴う関係法律の整備等に関する法律）が可決成立した。

2　平成27年改正（2015年）

[参考知識：平成27年改正]

　個人情報保護法は、成立後10年以上にわたって改正が行われなかったが、この間、同法が定める「個人情報」の定義があいまいであることや、EU から個人データを移転する際の障壁をなくすための法対応が不十分であること、法成立後の ICT の更なる発展や国境を超えた情報流通の拡大といった社会情勢の変化への対応が必要であること、名簿取引規制の強化が必要であることなどが指摘されていた。

　このような観点から、平成27年改正が行われた。

3　令和 2 年改正（2020年）

[参考知識：令和 2 年改正]

　平成27年改正においては、法改正後の社会・経済政策の変化に対応するために、改正後 3 年を目途として所要の措置を講ずることとされていた。そこで、個人情報保護委員会は、個人情報保護をめぐる国内外の政策、技術、産業等の状況等についての実態把握や、様々な分野の専門家からのヒアリング等を実施して論点整理を進めた。そして、令和元年12月、個人情報保護委員会が「個人情報保護法 いわゆる 3 年ごと見直し制度改正大綱」を公表した。

　これをもとに立案作業が進められ、令和 2 年の第201回国会に改正法案が提出されて可決・成立し、同年 6 月12日に公布された。

　その後、政令・規則やガイドラインも改正された。

　令和 4 年（2022年） 4 月に、令和 2 年改正法及びそれにともなって改正された政令・規則やガイドラインが全面施行された。

4　令和 3 年改正（2021年）

[参考知識：令和 3 年改正]

　令和 2 年改正に続き、令和 3 年にも大きな改正が行われた。

　大きな改正点は、個人情報保護法制の官民一元化である。すなわち、それまでは、個人情報に関する法制は、民間部門の個人情報保護法、行政機関の行政機関個人情報保護法、独立行政法人等の独立行政法人等個人情報保護法、そして各地方公共団体が定めた個人情報保護条例というように、多元的な法規制となっており、所管も、個人情報保護法は個人情報保護委員会、行政個人情報保護法及び独立行政法人等個人情報保護法は総務省、個人情報保護条例は各地方公共団体となっており、煩雑であった。

　そこで、令和 3 年改正では、 3 つの法律を個人情報保護法 1 本に統合した。また、地方公共団体の個人情報保護制度についても、個人情報保護法において全国的な共通ルールを規定することとした。更に、全体の所管を個人情報保護委員会に一元化した。

　☞　令和 3 年改正のうち、国・独立行政法人等・学術研究関係の改正にかかる部分の施行期日は令和 4 年 4 月 1 日であり、地方関係の施行期日は令和 5 年 4 月 1 日である。

第4節　個人情報保護法の構成

　個人情報保護法の第1章から第3章は、基本理念のほか、国・地方公共団体の責務や個人情報の保護に関する施策等が規定されており、民間部門・公的部門を通じた個人情報の取扱いに関する政策を定める「基本法」に相当する部分である。

　個人情報保護法の第4章から第8章は、個人情報取扱事業者等の義務等（第4章）や行政機関等の義務等（第5章）、個人情報保護委員会（第6章）のほか、罰則（第8章）などが規定されており、民間部門や公的部門に対する必要最小限度の規律を定める「一般法」に相当する部分である。

図表3　個人情報保護法の構成

基本法部分

```
第1章　総則（1条-3条）
第2章　国及び地方公共団体の責務等（4条-6条）
第3章　個人情報の保護に関する施策等（7条-14条）
    第1節　個人情報の保護に関する基本方針（7条）
    第2節　国の施策（8条-11条）
    第3節　地方公共団体の施策（12条-14条）
    第4節　国及び地方公共団体の協力（15条）
```

一般法部分

```
第4章　個人情報取扱事業者等の義務等（16条-59条）
    第1節　総則（16条）
    第2節　個人情報取扱事業者及び個人関連情報取扱事業者の義務（17条-40条）
    第3節　仮名加工情報取扱事業者等の義務等（41条-42条）
    第4節　匿名加工情報取扱事業者の義務（43条-46条）
    第5節　民間団体による個人情報の保護の推進（47条-56条）
    第6節　雑則（57条-59条）
第5章　行政機関等の義務等（60条-126条）
第6章　個人情報保護委員会（127条-165条）
第7章　雑則（166条-170条）
第8章　罰則（171条-180条）
附則
```

ガイドライン

ガイドライン

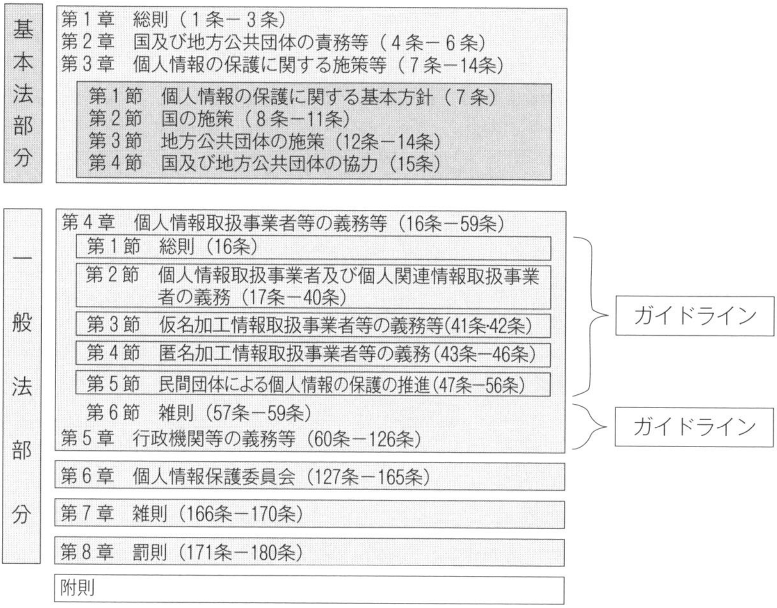

第2編

個人情報保護法の
基本法部分

第2章 法の目的と基本理念

第1節 法の目的（法1条）

法第1条（目的）

　この法律は、デジタル社会の進展に伴い個人情報の利用が著しく拡大していることに鑑み、個人情報の適正な取扱いに関し、基本理念及び政府による基本方針の作成その他の個人情報の保護に関する施策の基本となる事項を定め、国及び地方公共団体の責務等を明らかにし、**個人情報を取り扱う事業者及び行政機関等についてこれらの特性に応じて遵守すべき義務等を定める**とともに、個人情報保護委員会を設置することにより、行政機関等の事務及び事業の適正かつ円滑な運営を図り、並びに個人情報の適正かつ効果的な活用が新たな産業の創出並びに活力ある経済社会及び豊かな国民生活の実現に資するものであることその他の個人情報の有用性に配慮しつつ、個人の権利利益を保護することを目的とする。

1　個人情報の有用性と個人の権利利益の保護

　個人情報保護法は、「個人情報の有用性に配慮しつつ、個人の権利利益を保護すること」を目的としている（法1条）。「個人情報の有用性」とは、個人情報の適正かつ効果的な活用が新たな産業の創出並びに活力ある経済社会及び豊かな国民生活の実現に資するものであること（法1条）などを意味する。

　政府の基本方針でも、「個人情報の保護に関する施策を推進するに当たっては、個人情報の保護と適正かつ効果的な活用のバランスを考慮した取組が求められる」（「基本方針」1（2）①）と定められ、個人情報の有用性への配慮が明確にされている。

　　☞　個人情報の有用性に対する配慮は、個人情報取扱事業者の遵守すべき義務の例外の規定（法18条3項各号、27条1項各号・2項・4項、33条2項但書等、多数ある）や、仮名加工情報の規定（法42条・43条）などに現れている。

第2節　基本理念（法3条）

　個人情報は、プライバシー等の個人の人格的な権利利益に密接に関わる情報で

あるから、個人が「個人として尊重される」ことを定めた憲法13条の下、慎重に取り扱われるべきことが求められる。

このため、個人情報保護法3条は、個人情報が「個人の人格尊重の理念の下に慎重に取り扱われるべきものである」ことを示すとともに、「適正な取扱いが図られなければならない」という基本理念を示している。

第3章　用語の定義

個人情報保護法は、法2条と法16条で、用語の定義を定めている。

第1節　個人情報（法2条1項）

1　定義と趣旨

> 法第2条（定義）
> 1　この法律において「個人情報」とは、生存する個人に関する情報であって、次の各号のいずれかに該当するものをいう。
> 　一　当該情報に含まれる氏名、生年月日その他の記述等（文書、図画若しくは電磁的記録（電磁的方式（電子的方式、磁気的方式その他人の知覚によっては認識することができない方式をいう。次項第二号において同じ。）で作られる記録をいう。以下同じ。）に記載され、若しくは記録され、又は音声、動作その他の方法を用いて表された一切の事項（個人識別符号を除く。）をいう。以下同じ。）により特定の個人を識別することができるもの（他の情報と容易に照合することができ、それにより特定の個人を識別することができることとなるものを含む。）
> 　二　個人識別符号が含まれるもの

個人情報の定義を簡単にいうと、以下の通りである。

① 生存する
② 個人に関する情報であって、
③ 特定の個人を識別することができるもの又は個人識別符号が含まれるもの

個人情報は、大きく次の2種類に分類できる（法2条1項）。

1号　文書、図画、電磁的記録に記載・記録等された事項等により特定の個人を識別できる情報

2号　個人識別符号が含まれる情報

2　生存する者の情報であること

個人情報は、「生存する」個人に関する情報でなければならない。

　☞　当該情報の取得時は本人が生存していたが、その後本人が死亡した場合

は、当該情報は個人情報ではなくなるのが原則である。

3　個人に関する情報であること

（1）個人に関する

　個人情報は、「個人に関する情報」でなければならない。情報の主体が「個人」であれば、国籍や所属等を問わない。

[参考知識：統計情報の扱い]

　「統計情報」（複数人の情報から共通要素に係る項目を抽出して同じ分類ごとに集計して得られる情報）は、個人情報から作成されたものでも、個人との対応関係が排斥されている限りにおいて「個人に関する情報」に該当せず、個人情報に該当しない。

（2）情報

　個人情報となりうる情報には限定がなく、「当該情報に含まれる氏名、生年月日その他の記述等」により特定の個人を識別することができる情報であり、「その他の記述等」には、文書、図画もしくは電磁的記録に記載され、もしくは記録され、又は音声、動作その他の方法を用いて表された一切の事項が含まれる（法2条1項1号）。

　従って、個人の属性※に関する情報は、記載・記録の方式や情報の価値、プライバシー権として保護される情報であるかなどは問わず、個人識別性などの要件を満たせば個人情報となる。

　※「属性」とは、性別、生年月日、家族構成、社会的地位、電話番号、郵便番号、年収等、ある時点における個人の情報である。

4　特定の個人を識別できるもの（法2条1項1号）

（1）個人識別性

　生存する個人に関する情報に含まれる一切の事項から特定の個人が識別できる場合には、当該情報は個人情報となる（法2条1項1号）。

　特定の個人を識別できることを「個人識別性」ということもある。

[参考知識：個人識別に関する例]

・芸能人の周知の芸名（本名ではない）は、その芸能人を特定できるので個人情報といえる。

・オンラインゲームのニックネームやIDは、通常は（周知である等の事情がない限り）特定の個人を識別できないので、単体では個人情報とはいえないが、当該情報に含まれる他の情報とともに特定の個人が識別できる場合には、個人情報といえる。

・防犯カメラの映像は氏名を含んでいないが、会社内の防犯カメラ映像であれば、その会社にとっては容貌等により従業員の特定が可能であるから、その会社にとっては個人情報といえる。

（2）容易照合性

当該情報単体で特定の個人を識別できる場合（（1）の場合）のほか、当該情報単体では特定の個人を識別できなくても、**当該情報を他の情報と容易に照合することができ、それにより特定の個人を識別することができる場合**は、個人情報となる（法2条1項）。

他の情報と容易に照合することができ、それにより特定の個人を識別することができることを、「容易照合性」ということもある。

図表4　容易に照合できる他の情報との照合による識別

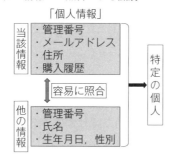

[参考知識：容易照合性を有している場合の例]

・メールアドレスは、文字列だけから特定個人の情報とわかる場合（例：joho_taro@meti.go.jp）は、個人情報といえる。それ以外のメールアドレスは、一般には個人情報とはいえないが、取扱業者において従業員名簿等と容易に照合できる（照合容易性を有している）場合は、当該取扱業者にとっては個人情報となる。
・通信履歴（アクセスログ）は、事業者が通信履歴を保有し顧客データ等と容易に連携できる場合は、個人情報といえる。
・電子タグ内の情報と個人情報データベース等を容易に連係できる場合は、電子タグ内の情報も個人情報といえる。
・ある情報の取得時には特定の個人を識別することができなかったとしても、取得後に、新たな情報が付加され、又は照合された結果、生存する特定の個人を識別できた場合は、その時点で個人情報となる。

照合が「容易」であるとは、**特別な手間や費用を掛けることなく、通常の業務における一般的な方法で照合が可能な状態**をいう。

[参考知識：照合が容易な場合（○）と容易とはいえない場合（×）]

× 部門ごとに設置されているデータベースに別々に情報を保管している場合で、別部門とのシステムの違いから技術的に照合困難な場合は「容易」とはいえない。
○ 部門ごとに設置されているデータベースに別々に情報を保管している場合で、他部門のデータベースへのアクセスが厳格に禁止されていても、各部門の統括者等が双方にアクセス可能な場合は、照合が容易といえる（Q&A）。
× 部門ごとに設置されているデータベースに別々に情報を保管している場合で、各部

門の統括的立場の者等が、規程上・運用上、双方のデータベースを取り扱うことが厳格に禁止され、通常の業務における一般的な方法で双方のデータベース上の情報を照合することができない状態である場合は、照合容易性は認められない（Q&A）。

○ 特定の個人を識別できる情報（氏名等）に割り当てられている識別子（管理番号や顧客ID等）と共通のものが割り当てられていることにより、事業者内部において特定の個人を識別できる情報（氏名等）とともに参照できる場合は、照合が容易といえる（Q&A）。

5　個人識別符号が含まれるもの（法2条1項2号）

生存する個人に関する情報であって、「個人識別符号が含まれるもの」も、個人情報となる（法2条1項2号）。

第2節　個人識別符号（法2条2項）

法第2条（定義）
2　この法律において「個人識別符号」とは、次の各号のいずれかに該当する文字、番号、記号その他の符号のうち、政令で定めるものをいう。
一　特定の個人の身体の一部の特徴を電子計算機の用に供するために変換した文字、番号、記号その他の符号であって、当該特定の個人を識別することができるもの
二　個人に提供される役務の利用若しくは個人に販売される商品の購入に関し割り当てられ、又は個人に発行されるカードその他の書類に記載され、若しくは電磁的方式により記録された文字、番号、記号その他の符号であって、その利用者若しくは購入者又は発行を受ける者ごとに異なるものとなるように割り当てられ、又は記載され、若しくは記録されることにより、特定の利用者若しくは購入者又は発行を受ける者を識別することができるもの。

1　定義と趣旨

個人識別符号は、当該情報単体から特定の個人を識別できる文字、番号、記号その他の符号であって、政令（施行令）で定めるものである。

個人識別符号は、次の2種類がある（法2条2項）。

1号　身体的特徴をデータ化した符号（「1号個人識別符号」と呼ばれる）
2号　個人に提供されるサービスの利用等に関し割り当てられ、又は個人に発行されるカード等に記載・記録された符号（「2号個人識別符号」と呼ばれる）

2　1号個人識別符号

[参考知識：1号個人識別符号]

1号個人識別符号は、

ア．「特定の個人の身体の一部の特徴を電子計算機の用に供するために変換した文字、番号、記号その他の符号」、すなわち、身体的特徴をデータ化した符号であって、当該特定の個人を識別することができるもの（個人識別性を備えるもの）のうち、

イ．政令で定めるもの

である。

「政令で定めるもの」については、施行令1条1号に、以下の（1）及び（2）の要件が定められている。

（1）イからトの7種類の「身体の特徴」のいずれかを電子計算機の用に供するために変換した文字、番号、記号その他の符号であって、

（2）特定の個人を識別するに足りるものとして個人情報保護委員会規則（規則2条）で定める基準に適合するもの

（1）施行令1条1号のイ～トに該当する身体の特徴（令1条1号）

[参考知識：身体の特徴]

「身体の特徴」として、施行令1条1号は、以下のイからトの7種類を定めている。

図表5　施行令1条1号が掲げる「身体の特徴」

施行令1条1号イ～ト	
イ	細胞から採取されたデオキシリボ核酸（DNA）を構成する塩基の配列
ロ	顔の骨格及び皮膚の色並びに目、鼻、口その他の顔の部位の位置及び形状によって定まる容貌
ハ	虹彩の表面の起伏により形成される線状の模様
ニ	発声の際の声帯の振動、声門の開閉並びに声道の形状及びその変化（声紋）
ホ	歩行の際の姿勢及び両腕の動作、歩幅その他の歩行の態様（歩容）
ヘ	手のひら又は手の甲若しくは指の皮下の静脈の分岐及び端点によって定まるその静脈の形状
ト	指紋又は掌紋

（2）個人情報保護委員会規則で定める基準（令1条1号）

[参考知識：個人情報保護委員会規則で定める基準]

施行令1条1号は、1号個人識別符号であるために、イからトのいずれかに該当する身体的特徴をデータ化した符号であるだけでなく、特定の個人を識別するに足りるものとして施行規則（規則2条）で定める基準に適合するものであることも要求している。

施行規則2条は、「基準」を「特定の個人を識別することができる水準が確保されるよう、適切な範囲を適切な手法により電子計算機の用に供するために変換すること」と定

めている。

　これは、「本人を認証することを目的とした装置やソフトウェアにより、本人を認証することができるようにしたもの」という趣旨である（通則GL）。

3　2号個人識別符号

　2号個人識別符号は、旅券の番号、基礎年金番号、運転免許証の番号、住民票コード、個人番号などがこれに該当する（令1条）。

[参考知識：2号個人識別符号]

　2号個人識別符号は、

　ア.「個人に提供される役務の利用若しくは個人に販売される商品の購入に関し割り当てられ、又は個人に発行されるカードその他の書類に記載され、若しくは電磁的方式により記録された文字、番号、記号その他の符号であって、その利用者若しくは購入者又は発行を受ける者ごとに異なるものとなるように割り当てられ、又は記載され、若しくは記録されることにより特定の利用者等を識別することができるもの」（個人識別性を備えるもの）のうち、

　イ.　政令で定めるもの

である。

　イ.　の「政令で定めるもの」は、施行令（令1条2号から8号）に定められている。

[参考知識：施行令1条2号から8号の定め]

図表6　施行令1条2号〜8号が掲げる2号個人識別符号

施行令1条2号〜8号	
2号	旅券の番号
3号	基礎年金番号
4号	運転免許証の番号
5号	住民票コード
6号	個人番号
7号 規則3条	国民健康保険の被保険者証、後期高齢者医療制度の被保険者証、介護保険の被保険者証に、その発行を受ける者ごとに異なるものとなるように記載された規則3条で定めた文字、番号、記号その他の符号
	（規則3条） 国民健康保険の被保険者証の記号・番号・保険者番号 後期高齢者医療制度の被保険者証の番号・保険者番号 介護保険の被保険者証の番号・保険者番号
8号 規則4条	その他前各号に準ずるものとして規則4条で定める文字、番号、記号その他の符号

> （規則 4 条）
> 健康保険の被保険者証等の記号・番号・保険者番号
> 健康保険の高齢受給者証の記号・番号・保険者番号
> （以下略）

☞　健康保険証等の記号・番号・保険者番号は、2 つ又は 3 つ揃うことで個人識別符
　　号となる（Q&A）。

第 3 節　要配慮個人情報（法 2 条 3 項）

法第 2 条（定義）
3　この法律において「要配慮個人情報」とは、本人の人種、信条、社会的
　身分、病歴、犯罪の経歴、犯罪により害を被った事実その他本人に対する
　不当な差別、偏見その他の不利益が生じないようにその取扱いに特に配慮
　を要するものとして政令で定める記述等が含まれる個人情報をいう。

1　定義と概要

　要配慮個人情報は、本人の人種、信条、社会的身分、病歴、犯罪の経歴、犯罪
により害を被った事実のほか、本人に対する不当な差別、偏見その他の不利益が
生じないようにその取扱いに特に配慮を要するものとして施行令（令 2 条）で定
める記述等が含まれる個人情報である（法 2 条 3 項）。

　要配慮個人情報は、個人情報としての規制に加えて、以下の規制が定められて
いる。

　①　要配慮個人情報の取得には、原則として、あらかじめ本人の同意を得る
　　ことが必要である（法20条 2 項）。

　②　オプトアウトによる第三者提供は認められない（法27条 2 項但書）。

　③　要配慮個人情報が含まれる個人データの漏えい等が発生し、又は発生し
　　たおそれがある事態が生じた場合には、個人情報保護委員会に報告しなけ
　　ればならない（法26条、規則 7 条 1 号）。

　要配慮個人情報となる記述等は、法 2 条 3 項及び施行令（令 2 条）に定められ
ている。その意味や該当例は、以下のとおりである。

図表 7　要配慮個人情報となる記述等

（○は該当する記述等、×は該当しない記述等）

記述等	意味や該当例
法第 2 条 3 項が定める記述等	
人種	人種、世系又は民族的若しくは種族的出身を広く意味する ×　国籍や肌の色（人種を推知させるにとどまる記述等＝推知情報）。
信条	思想や信仰など、個人の基本的なものの見方、考え方 ○　特定の政党の党員であること（政治上の主義を特定させる情報） ×　宗教に関する書籍や政党の機関紙の購買情報（信条の推知情報にとどまる） ×　嫌煙家であること、菜食主義者であること
社会的身分	ある個人にその境遇として固着していて、一生の間、自らの力によって容易にそれから脱し得ないような地位 ○　同和地区の出身であること ×　職業的地位や学歴
病歴	病気に罹患した経歴 ×　体重、血圧、脈拍等の健康情報、レントゲン写真等（病歴の推知情報） ×　「A は○○病らしい」（真偽不明の伝聞情報であり推知情報にとどまる）
犯罪の経歴	前科（有罪の判決を受けこれが確定した事実） ○　前科に該当する犯罪行為を行った事実、受刑の経歴 ×　反社会的集団に所属し、関係を有している事実（推知情報） ×　犯罪行為を撮影した防犯カメラ映像や不確定の犯罪情報（推知情報）
犯罪により害を被った事実	身体的被害、精神的被害、財産的被害を問わず、犯罪の被害を受けた事実
政令 2 条 1 号〜 5 号が定める記述等	
（1 号） 身体障害、知的障害、精神障害（発達障害を含む）その他の個人情報保護委員会規則で定める心身の機能の障害があること	①身体障害者福祉法が掲げる身体上の障害 ②知的障害者福祉法にいう知的障害 ③精神保健及び精神障害者福祉に関する法律にいう精神障害 ④治療方法が確立していない疾病その他の特殊の疾病であって障害の程度が厚生労働大臣が定める程度であるもの

（2号）本人に対して医師その他医療に関連する職務に従事する者（医師等）により行われた疾病の予防及び早期発見のための健康診断その他の検査の結果	○ 法律に定められた検査（労働安全衛生法の健康診断やストレスチェック、高齢者の医療の確保に関する法律の特定健康診査等）の結果 ○ 任意で実施する人間ドック、医療機関を介さないで行った遺伝子検査等の結果 × フィットネスクラブで計測された会員の身長、体重、血圧などのデータ（健康診断事業、診療事業、遺伝子検査ビジネスなどに該当せず、医師等による検査結果といえない） × 体調不良等を理由に自宅で本人が計測した体温など（同上）
（3号）健康診断等の結果に基づき、又は疾病、負傷その他の心身の変化を理由として、本人に対して医師等により心身の状態の改善のための指導又は診療若しくは調剤が行われたこと	○ 法律に定められた指導（労働安全衛生法に基づく医師・保健師による指導や医師による面接指導、高齢者の医療の確保に関する法律に基づく医師・保健師・栄養管理士による特定保健指導等）の内容 ○ 任意で実施された保健指導等の内容 ○ 診療記録等 ○ 調剤録、薬剤服用歴、お薬手帳に記載された情報等 ○ 保健指導を受けた事実、病院等を受診した事実及び薬局等で調剤を受けた事実 × 病院でクレジットカードを利用した場合のクレジットカード売上明細の記録事項（推知情報） × 薬局等の調剤に対する共通ポイント付与サービス（推知情報）
（4号）本人を被疑者又は被告人として、逮捕、捜索、差押え、勾留、公訴の提起その他の刑事事件に関する手続が行われたこと	○ 不起訴、不送致、微罪処分、無罪判決を受けた事実 ○ 告訴された事実 × 被害届の段階、本人が被疑者か判然としない段階（推知情報） × 他人を被疑者とする犯罪捜査のために取調べを受けた事実 × 他人を被告人とする裁判で証人として尋問を受けた事実 × 行政処分に関する手続（交通違反の反則金・免停等、勧告、業務停止命令等）を受けた事実
（5号）本人を少年法第3条1項に規定する少年非行少年又はその疑いのある者として、調査、観護の措置、審判、保護処分その他の少年の保護事件に関する手続が行われたこと	本人を非行少年又はその疑いのある者として、保護処分等の少年の保護事件に関する手続が行われたという事実

2 EU 域内及び英国から十分性認定に基づき提供を受けた個人データの対応

EU 又は英国の域内から、「十分性認定」により日本に移転を受けた個人データについては、その取扱いを GDPR（英国 GDPR）※に適合させるために、個人情報保護委員会により、個人情報保護法及びガイドラインに加えて最低限実施すべき規律を定めた補完的ルールが公表されている（「個人情報の保護に関する法律に係る EU 及び英国域内から十分性認定により移転を受けた個人データの取扱いに関する補完的ルール」）。

　※GDPR：EU の「一般データ保護規則」
　※英国 GDPR：「英国一般データ保護規則」

補完的ルールでは、EU 又は英国の域内から十分性認定に基づき提供を受けた個人データに性生活、性的指向又は労働組合に関する情報が含まれる場合には、個人情報取扱事業者は、当該情報について、「要配慮個人情報と同様に取り扱うこととする」としている。

このため、EU 又は英国域内から十分性認定に基づいて提供を受けた個人データを取り扱う個人情報取扱事業者は、性生活、性的指向又は労働組合に関する情報を含む個人情報を「要配慮個人情報」として取り扱うことが求められる。

第4節　本人（法2条4項）

「本人」とは、個人情報によって識別される特定の個人をいう（法2条4項）。

第5節　仮名加工情報（法2条5項）

☞　「第33章　第2節　1　仮名加工情報（法2条5項）」を参照

第6節　匿名加工情報（法2条6項）

☞　「第34章　第2節　1　匿名加工情報（法2条6項）」を参照

第7節　個人関連情報（法2条7項）

☞　「第22章　第2節　1　個人関連情報（法2条7項）」を参照

第8節　行政機関（法2条8項）

法第2条（定義）
8　この法律において「行政機関」とは、次に掲げる機関をいう。
　一　法律の規定に基づき内閣に置かれる機関（内閣府を除く。）及び内閣の所轄の下に置かれる機関
　二　内閣府、宮内庁並びに内閣府設置法第49条第1項及び第2項に規定する機関（これらの機関のうち第4号の政令で定める機関が置かれる機関にあっては、当該政令で定める機関を除く。）

三　国家行政組織法第3条第2項に規定する機関（第5号の政令で定める
　機関が置かれる機関にあっては、当該政令で定める機関を除く。）
四　内閣府設置法第39条及び第55条並びに宮内庁法第16条第2項の機関並
　びに内閣府設置法第40条及び第56条（宮内庁法第18条第1項において準
　用する場合を含む。）の特別の機関で、政令で定めるもの
五　国家行政組織法第8条の2の施設等機関及び同法第8条の3の特別の
　機関で、政令で定めるもの
六　会計検査院

第9節　独立行政法人等（法2条9項）

法第2条（定義）
　9　この法律において「独立行政法人等」とは、独立行政法人通則法第2条
　第1項に規定する独立行政法人及び別表第1に掲げる法人をいう。

第10節　地方独立行政法人（法2条10項）

法第2条（定義）
　10　この法律において「地方独立行政法人」とは、地方独立行政法人法第2
　条第1項に規定する地方独立行政法人をいう。

第11節　行政機関等（法2条11項）

法第2条（定義）
　11　この法律において「行政機関等」とは、次に掲げる機関をいう。
　一　行政機関
　二　独立行政法人等（別表第2に掲げる法人を除く。第16条第2項第3
　　号、第63条、第78条第7号イ及びロ、第89条第3項から第5項まで、第
　　117条第3項から第5項まで並びに第123条第2項において同じ。）

第12節　個人情報データベース等（法16条1項）

法第16条（定義）
　1　この章及び第8章において「個人情報データベース等」とは、個人情報
　を含む情報の集合物であって、次に掲げるもの（利用方法からみて個人の
　権利利益を害するおそれが少ないものとして政令で定めるものを除く。）

をいう。

一　特定の個人情報を電子計算機を用いて検索することができるように体系的に構成したもの

二　前号に掲げるもののほか、特定の個人情報を容易に検索することができるように体系的に構成したものとして政令で定めるもの

1　定義と趣旨

　個人情報データベース等は、個人情報を含む情報の集合物であって、特定の個人情報を容易に検索できるように体系的に構成されたものである（法16条1項）。

　個人情報データベース等には、①コンピュータ（電子計算機）を用いる場合（法16条1項1号）と、②コンピュータを用いない場合（同項2号）がある。

図表8　個人情報データベース等

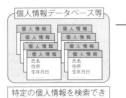

個人情報の集合物

特定の個人情報を検索できるように体系的に構成されていない

個人情報データベース等

特定の個人情報を検索できるように体系的に構成（規則に従い整理）

・不正な利益を図る目的による個人情報データベース等提供罪（法174）
・個人情報データベース等を事業で扱う者が「個人情報取扱事業者」（法16②）
・個人情報データベース等を構成する個人情報は「個人データ」（法16③）
➡　個人情報に関する義務（法17～21）
　　＋
　　個人データに関する義務（法22～30）

2　電子計算機（コンピュータ）を用いる場合（法16条1項1号）

　「特定の個人情報を電子計算機を用いて検索することができるように体系的に構成したもの」とは、特定の個人情報をコンピュータを用いて検索することができるように体系的に構成した、個人情報を含む情報の集合物をいう。

[参考知識：個人情報データベース等に該当する例]

・電子メールソフトのアドレス帳に個人情報を登録している場合や、携帯電話の電話帳に個人情報を登録している場合は、個人情報データベース等に該当する。
・名刺の情報を業務用パソコンの表計算ソフト等を用いて入力・整理している場合は、個人情報データベース等に該当する。

3　電子計算機（コンピュータ）を用いない場合（法16条１項２号）

　コンピュータ（電子計算機）を用いない場合であっても、紙媒体に記録されている個人情報を含む情報の集合物を一定の規則に従って整理することにより特定の個人情報を容易に検索することができるように体系的に構成したものであって、目次、索引その他検索を容易にするためのものを有するものは、個人情報データベースに該当する（令４条２項）。

（１）一定の規則に従って整理する

　「一定の規則に従って整理する」とは、五十音順、企業別、住所別などの方法で個人情報を整理することである。

［参考知識：該当する例（○）と該当しない例（×）］

○　五十音別に索引を付して並べた顧客カードや名刺ホルダー、電話帳などは、原則として個人情報データベース等に該当する。
　　但し、市販の電話帳については、個人情報データベース等に該当しない（次項の「４　個人情報データベース等の除外事由」を参照）。
×　アンケートの戻り葉書を分類整理してない状態で保管している場合や、宅配便の送り状を受付日付順に綴じただけの場合は、「一定の規則に従って整理」したといえないため、個人情報データベース等には該当しない（Q&A）。

（２）目次、索引その他検索を容易にするためのものを有する（令４条２項）

［参考知識：該当しない例］

・社員が自己の名刺入れで、他人には容易に検索できない独自の分類方法で名刺を分類している場合は、一定の規則に従って個人情報が整理されているが、「検索を容易にするためのものを有する」とはいえないので、個人情報データベース等には該当しない。

4　個人情報データベース等の除外事由

　市販の紳士録のように、個人情報データベース等の要件に形式的に該当するものでも、「利用方法からみて個人の権利利益を害するおそれが少ないものとして政令で定めるもの」に該当する場合は、個人情報データベース等から除外される（法16条１項柱書のかっこ書き）。

［参考知識：除外事由に関する政令の定め］

　政令の定め（令４条１項）によると、次の各号のいずれにも該当するものが、個人情報データベース等から除外される。
　　１号　不特定かつ多数の者に販売することを目的として発行され、かつ、その発行が個人情報保護法に違反して行われたものでないこと。
　　２号　不特定かつ多数の者により随時に購入することができ、又はできたものであること。

3号　生存する個人に関する他の情報を加えることなくその本来の用途に供しているものであること。

【除外事由に該当する例】

・書店で誰もが容易に入手できる市販の名簿や紳士録（入手した事業者において全く加工をしていないもの）は、個人情報データベース等から除外される。

第13節　個人情報取扱事業者（法16条 2 項）

> 法第16条（定義）
> 2　この章及び第六章から第八章までにおいて「個人情報取扱事業者」とは、個人情報データベース等を事業の用に供している者をいう。ただし、次に掲げる者を除く。
> 一　（略）

1　定義と適用除外

個人情報取扱事業者は、個人情報データベース等を事業の用に供している者である（法16条 2 項）。

図表 9　個人情報取扱事業者

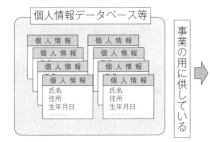

ただし、次に掲げる者は個人情報取扱事業者から除外される（法16条 2 項但書 1 号から 4 号）。

① 国の機関

② 地方公共団体

③ 独立行政法人等

④ 地方独立行政法人

☞ ①から④に該当する者が個人情報取扱事業者から除外されるのは、これら公的機関による個人情報の取扱いは民間事業者とは異ならざるを得ないからである。

2　事業の用に供している

「事業」（法16条2項）とは、一定の目的をもって反復継続して遂行される同種の行為であって、かつ社会通念上事業と認められるものをいい、営利・非営利の別は問わない（通則GL）。

☞　法人格のない任意団体や個人であっても、個人情報データベース等を事業の用に供していれば個人情報取扱事業者に該当する（通則GL）。

［参考知識：事業の用に供している］

【該当する例（○）と該当しない例（×）】
○　自治会、同窓会、NPO法人、マンション管理組合の活動は、「事業」に該当する。
×　個人が個人として年賀状を送るために友人のリストを使用する場合は、「事業」に該当しない。

第14節　個人データ（法16条3項）

法第16条（定義）
3　この章において「個人データ」とは、個人情報データベース等を構成する個人情報をいう。

1　定義と趣旨

個人データとは、個人情報データベース等を構成する個人情報である（法16条3項）。個人データについては、個人情報よりも保護措置が加重されていて、個人情報取扱事業者には、個人情報に関する規律（法17条から21条）に加えて、個人データに関する規律（法22条から30条）が適用される。

☞　個人情報がデータベース化したもの（個人データ）は、大量の個人情報が含まれていることが多く、特定の個人情報を検索するなどの利用もしやすい反面、悪用する者の標的とされやすく、漏えい等により本人の権利利益が侵害されるおそれが高いからである。

図表10　個人情報と個人データ

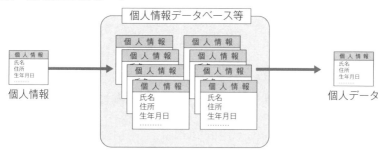

2 「個人情報データベース等を構成する」

[参考知識：個人情報データベース等を構成する]

【個人情報データベース等を構成している例（○）と構成していない例（×）】

- ×　個人情報データベース等を構成する前の入力帳票に記載されている個人情報は、個人データとはいえない。
- ○　個人情報データベースからプリントアウトした帳票等に印字された個人情報は、それが単一の個人情報であっても（個人情報データベース等を構成する個人情報なので）、個人データである。
- ×　市販の電話帳は一般に個人情報データベース等に該当しないため（法2条4項・令3条）、市販の電話帳に含まれる個人情報は、個人データではない。

第15節　保有個人データ（法16条4項）

法第16条（定義）

4　この章において「保有個人データ」とは、個人情報取扱事業者が、開示、内容の訂正、追加又は削除、利用の停止、消去及び第三者への提供の停止を行うことのできる権限を有する個人データであって、その存否が明らかになることにより公益その他の利益が害されるものとして政令で定めるもの以外のものをいう。

1　定義と趣旨

　保有個人データは、個人情報取扱事業者が開示、内容の訂正、追加又は削除、利用の停止、消去及び第三者への提供の停止を行うことのできる権限を有する個人データである（法16条4項）。

　保有個人データについては、個人情報取扱事業者に対し、開示・訂正・利用停止等の権限を有していることに対応して、開示・訂正・利用停止等の義務（法32条から39条）が課されている。

図表11　個人情報等の関係

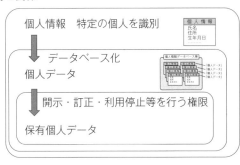

課題Ⅰ　個人情報保護の総論

2 開示等を行う権限を有する個人データ

保有個人データは、個人情報取扱事業者が、開示から第三者への提供の停止までのすべてを行うことのできる権限を有する個人データであり、一部の権限のみを有する個人データは含まれない。

[参考知識：保有個人データといえる例（○）といえない例（×）]

× 委託元がその保有個人データの処理を外部に委託した場合で、委託先の業者が当該個人データにつき自らの判断では本人に開示等できない場合は、委託先にとっては、当該個人データは「保有個人データ」ではない（Q&A）。
 ☞ 委託先は、「個人データ」に関する義務は負うが、「保有個人データ」に関する開示等の義務までは負わない。
○ 委託元が保有個人データの処理を外部に委託した場合で、委託元とともに委託先も開示等を行う権限を与えられている場合は、委託元とともに委託先にとっても保有個人データとなる。
○ 委託元が開示等の権限を全て委託先に委ねてしまう場合は、当該個人データは、委託先のみの保有個人データとなる。
 ☞ 委託元にとっては個人データではない。

3 除外事由

形式的に保有個人データの要件に該当するデータのうち、その存否が明らかになることにより公益その他の利益が害されるものとして政令（施行令5条）で定めるものは、保有個人データから除外される（法16条4項但書）。

【施行令5条が定める事由】

 1号 本人又は第三者の生命、身体又は財産に危害が及ぶおそれがあるもの
 2号 違法又は不当な行為を助長し、又は誘発するおそれがあるもの
 3号 国の安全が害されるおそれ、他国若しくは国際機関との信頼関係が損なわれるおそれ又は他国若しくは国際機関との交渉上不利益を被るおそれがあるもの
 4号 犯罪の予防、鎮圧又は捜査その他の公共の安全と秩序の維持に支障が及ぶおそれがあるもの

[参考知識：保有個人データの除外事由に該当する場合の例]

① 「本人又は第三者の生命、身体又は財産に危害が及ぶおそれがあるもの」（施行令5条1号）の該当例
【例】
 ・家庭内暴力、児童虐待の被害者を支援する民間団体が保有している、加害者（配偶者又は親権者）及び被害者（配偶者又は子）を本人とする個人データ
② 「違法又は不当な行為を助長し、又は誘発するおそれがあるもの」（施行令5条2号）の該当例

【例】
・暴力団等の反社会的勢力による不当要求の被害等を防止するために事業者が保有している、当該反社会的勢力に該当する人物を本人とする個人データ（反社データベース）
・悪質なクレーマー等による不当要求の被害等を防止するために事業者が保有している、当該行為を行った者を本人とする個人データ
・防犯目的で保有する万引の疑いがある者の情報や、安全確保目的で保有する不審者情報などの個人データ（通則 GL パブコメ318）

③ 「国の安全が害されるおそれ、他国若しくは国際機関との信頼関係が損なわれるおそれ又は他国若しくは国際機関との交渉上不利益を被るおそれがあるもの」（施行令5条3号）の該当例

【例】
・製造業者、情報サービス事業者等が保有している、防衛に関連する兵器・設備・機器・ソフトウェア等の設計又は開発の担当者名が記録された、当該担当者を本人とする個人データ
・要人の訪問先やその警備会社が保有している、当該要人を本人とする行動予定等の個人データ

④ 「犯罪の予防、鎮圧又は捜査その他の公共の安全と秩序の維持に支障が及ぶおそれがあるもの」（施行令5条4号）の該当例

【例】
・警察から捜査関係事項照会等がなされることにより初めて取得した個人データ

　　例えば、ある人物に関して、警察から、刑事訴訟法197条2項に基づいて顧客情報の提供依頼を受けた事業者が、依頼の時点ではその人物の個人データを保有していなかった場合は、事業者は情報提供依頼によって初めて当該人物の個人データを取得することになる。このような個人データの存否が明らかになれば、捜査等に支障が及ぶおそれがあるため、当該人物の情報は、保有個人データの除外事由に該当し、開示請求の対象外となる（開示を拒否できる）。

・警察から契約者情報等について捜査関係事項照会等を受けた事業者が、その対応の過程で作成した照会受理簿・回答発信簿、照会対象者リスト等の個人データ

　　なお、当該契約者情報自体は、存否が明らかになっても犯罪の予防等に支障が及ぶおそれはないから、除外事由には該当せず、保有個人データとして開示請求等の対象となる。

・犯罪による収益の移転防止に関する法律8条1項に基づく疑わしい取引の届出の有無及び届出に際して新たに作成した個人データ

　　なお、新たに作成したのではない元々ある取引情報は除外事由に該当せず、保有個人データとして開示請求等の対象となる。

・振り込め詐欺に利用された口座に関する警察からの照会に対応する過程で作成した照会受理簿・回答発信簿、照会対象者リスト等の個人データ

　　なお、振り込め詐欺に利用された口座であっても、名義人の氏名、住所、連絡先、口座番号等、口座開設の際に必要な当該名義人に関する情報そのものは、保有個人データとして開示請求等の対象となる（Q&A）。

（3）短期保有データの除外規定の削除

　令和２年改正の前は、６か月以内に消去することとなる個人データ（短期保有データ）は保有個人データから除外されていたが、令和２年改正により、短期保有データの除外規定は削除され、保有個人データは、その保有期間にかかわらず一律に取り扱われることとなった。

第16節　仮名加工情報取扱事業者（法16条５項）

☞　「第33章　第２節　２　仮名加工情報取扱事業者（法16条５項）」を参照

第17節　匿名加工情報取扱事業者（法16条６項）

☞　「第34章　第２節　２　匿名加工情報取扱事業者（法16条６項）」を参照

第18節　個人関連情報取扱事業者（法16条７項）

☞　「第22章　第２節　２　個人関連情報取扱事業者（法16条７項）」を参照

第19節　学術研究機関等（法16条８項）

> 法第16条（定義）
> 8　この章において「学術研究機関等」とは、大学その他の学術研究を目的とする機関若しくは団体又はそれらに属する者をいう。

☞　国立の大学等、法別表第２に掲げる法人のうち、学術研究機関等にも該当するものについては、原則として私立の大学、民間の学術研究機関等と同等の規律が適用される。

［参考知識：学術］

　「学術」とは、人文・社会科学及び自然科学並びにそれらの応用の研究であり、あらゆる学問分野における研究活動及びその所産としての知識・方法の体系をいう（通則GL）。

　具体的活動としての「学術研究」としては、新しい法則や原理の発見、分析や方法論の確立、新しい知識やその応用法の体系化、先端的な学問領域の開拓などをいう（同）。

［参考知識：学術研究目的］

　「学術研究目的」とは、当該個人情報を学術研究の用に供する目的である（法18条３項５号）。

　製品開発を目的として個人情報を取り扱う場合は、当該活動は、学術研究目的とは解されない（通則GL）。

[参考知識：大学その他の学術研究を目的とする機関若しくは団体]

　「大学その他の学術研究を目的とする機関若しくは団体」とは、国立・私立大学、公益法人等の研究所等の学術研究を主たる目的として活動する機関や「学会」をいう（通則GL）。

　「それらに属する者」とは、国立・私立大学の教員、公益法人等の研究所の研究員、学会の会員等をいう（同）。

　民間団体付属の研究機関等における研究活動についても、当該機関が学術研究を主たる目的とするものである場合には、「学術研究機関等」に該当する（同）。

　当該機関が単に製品開発を目的としている場合は「学術研究を目的とする機関又は団体」には該当しないが、製品開発と学術研究の目的が併存している場合には、主たる目的により判断する（同）。

第4章 国及び地方公共団体の責務や施策等

第1節　国及び地方公共団体の責務等（法4条〜6条）

[参考知識：国及び地方公共団体の責務等]

　国は、個人情報保護法の趣旨にのっとり、個人情報の適正な取扱いを確保するために必要な施策を総合的に策定し、及びこれを実施する責務を有する（法4条）。

　地方公共団体も、個人情報保護法の趣旨にのっとり、その地方公共団体の区域の特性に応じて、個人情報の適正な取扱いを確保するために必要な施策を策定し、及びこれを実施する責務を有する（法5条）。

　そして、政府は、個人情報の性質及び利用方法に鑑み、個人の権利利益の一層の保護を図るため特にその適正な取扱いの厳格な実施を確保する必要がある個人情報について、保護のための格別の措置が講じられるよう必要な法制上の措置その他の措置を講ずるとともに、国際機関その他の国際的な枠組みへの協力を通じて、各国政府と共同して国際的に整合のとれた個人情報に係る制度を構築するために必要な措置を講ずるものとされている（法6条）。

第2節　個人情報の保護に関する基本方針（法7条）

[参考知識：基本方針]

　政府は、個人情報の保護に関する施策の総合的かつ一体的な推進を図るため、「個人情報の保護に関する基本方針」を定めなければならない（法7条）。法7条に基づいて、政府は「基本方針」を閣議決定している。

第3節　国・地方公共団体等の施策及び相互の協力（法8条〜15条）

[参考知識：国・地方公共団体等の施策及び相互の協力]

　個人情報保護法は、法8条から14条において、国や地方公共団体の講ずべき施策、相互の連携について定めている。

1　国の施策（法8条〜11条）

[参考知識：国の施策]

　国は、地方公共団体が策定し、又は実施する個人情報の保護に関する施策及び国民又は事業者等が個人情報の適正な取扱いの確保に関して行う活動を支援するため、情報の提供、事業者等が講ずべき措置の適切かつ有効な実施を図るための指針の策定その他の必要な措置を講ずるものとする（法9条）。

国による個人情報の適正な取扱いを確保するための措置として、国は、地方公共団体との適切な役割分担を通じ、個人情報保護法第4章に規定する個人情報取扱事業者による個人情報の適正な取扱いを確保するために必要な措置を講ずるものとする（法11条）。

2　地方公共団体の施策（法12条〜14条）

［参考知識：地方公共団体の施策］

地方公共団体は、その保有する個人情報の性質、当該個人情報を保有する目的等を勘案し、その保有する個人情報の適正な取扱いが確保されるよう必要な措置を講ずることに努めなければならない（法12条）。

また、地方公共団体は、個人情報の適正な取扱いを確保するため、その区域内の事業者及び住民に対する支援に必要な措置を講ずるよう努めなければならない（法13条）。

更に、地方公共団体は、個人情報の取扱いに関し事業者と本人との間に生じた苦情が適切かつ迅速に処理されるようにするため、苦情の処理のあっせんその他必要な措置を講ずるよう努めなければならない（法14条）。

3　国及び地方公共団体の協力（法15条）

［参考知識：地方公共団体の施策］

個人情報保護法14条は、「国及び地方公共団体は、個人情報の保護に関する施策を講ずるにつき、相協力するものとする。」と定めている。

第4節　法第6章が定める関連事項（法127条〜165条）

［参考知識：法第6章が定める関連事項］

個人情報保護委員会は、毎年、内閣総理大臣を経由して国会に対し所掌事務の処理状況を報告するとともに、その概要を公表しなければならない（法163条）。

内閣総理大臣及び個人情報保護法の施行に関係する行政機関及び内閣の所轄の下に置かれる機関等の長（会計検査院長を除く）は、相互に緊密に連絡し、及び協力しなければならない（法169条）。

個人情報保護法の実施のため必要な事項は、政令で定める（法170条）。この規定に基づき、「個人情報の保護に関する法律施行令」（平成15年12月10日政令第507。「施行令」）が制定されている。

第 **3** 編

個人情報保護法の
一般法部分（総論）

第5章　構成と個人情報取扱事業者の義務

第1節　一般法部分の構成

　個人情報保護法の一般法部分は、個人情報取扱事業者の義務等（第4章）のほか、行政機関等の義務等（第5章）、個人情報保護委員会（第6章）、雑則（第7章）及び罰則（第8章）により構成されている。

図表12　個人情報保護法の一般法部分の構成

一般法部分の構成		条文
第4章	個人情報取扱事業者等の義務等	
	第1節　総則	16条
	第2節　個人情報取扱事業者及び個人関連情報取扱事業者の義務	17条～40条
	第3節　仮名加工情報取扱事業者等の義務	41条・42条
	第4節　匿名加工情報取扱事業者等の義務	43条～46条
	第5節　民間団体による個人情報の保護の推進	47条～56条
	第6節　雑則	57条～59条
第5章	行政機関等の義務等	60条～126条
第6章	個人情報保護委員会	127条～165条
第7章	雑則	166条～170条
第8章	罰則	171条～180条

第2節　個人情報取扱事業者等の義務等の概要

1　個人情報取扱事業者の義務

　法17条から30条及び法32条から40条には、個人情報取扱事業者（法16条2項）の義務が定められている。

　このうち、法17条から21条が個人情報に関する義務、法22条から30条が個人データに関する義務、そして法32条から39条が保有個人データに関する義務の定めである。

　なお、個人データは個人情報であることを要件とするから、個人データには個人情報に関する義務も適用される。また、保有個人データは個人データであるこ

とを要件とするから、保有個人データには個人情報に関する義務と個人データに関する義務も適用される。

このように、個人情報取扱事業者の義務は、個人情報→個人データ→保有個人データの順で重くなっている。

図表13　個人情報取扱事業者の義務

	個人情報(2条1項)	個人データ(16条3項)	保有個人データ(16条4項)
17条　利用目的の特定・変更	○	○	○
18条　目的外利用の制限	○	○	○
19条　不適正な利用の禁止	○	○	○
20条　適正な取得・要配慮個人情報の取得制限	○	○	○
21条　取得に際しての利用目的の通知・公表等	○	○	○
22条　データ内容の正確性の確保		○	○
23条　安全管理措置		○	○
24条　従業者の監督		○	○
25条　委託先の監督		○	○
26条　漏えい等の報告等		○	○
27条　第三者提供の制限		○	○
28条　外国にある第三者への提供の制限		○	○
29条　第三者提供に係る記録の作成等		○	○
30条　第三者提供を受ける際の確認等		○	○
32条　保有個人データに関する事項の公表等			○
33条　開示			○
34条　訂正等			○
35条　利用停止等			○
36条　理由の説明			○
37条　開示等の請求等に応じる手続			○
38条　手数料			○
39条　事前の請求			○
40条　苦情の処理	○	○	○

2　個人関連情報取扱事業者の義務等

法31条には、「個人関連情報取扱事業者」の義務等が規定されている。

3　仮名加工情報取扱事業者等の義務等

法41条・42条には、「仮名加工情報取扱事業者」の義務等が規定されている。

4　匿名加工情報取扱事業者等の義務等

法43条から46条には、「匿名加工情報取扱事業者」の義務等が規定されている。

第 4 編

個人情報に関する義務

個人情報に関する義務（法17条〜21条）

　個人情報取扱事業者が個人情報に関して負う義務（法17条から21条）は、個人情報の取得と利用に関する規律である。

図表14　個人情報に関する義務の関係

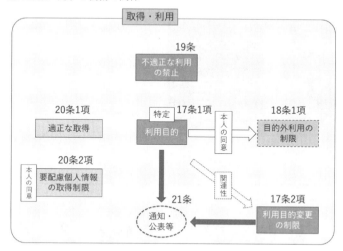

第6章 利用目的の特定・変更 (法17条)

第1節　利用目的の特定 (法17条1項)

法第17条（利用目的の特定）
1　個人情報取扱事業者は、個人情報を取り扱うに当たっては、その利用の目的（以下「利用目的」という。）をできる限り特定しなければならない。

1　概要・趣旨

個人情報を取り扱うにあたっては、その利用目的をできる限り特定しなければならない（法17条1項）。

☞　利用目的の特定の趣旨・機能は、次のように説明される（通則GL）。

・個人情報を取り扱う者が、個人情報がどのような事業の用に供され、どのような目的で利用されるかについて明確な認識を持ち、できるだけ具体的に明確にすることにより、個人情報が取り扱われる範囲を確定する（法18条で利用目的による制限にかかる）。

・個人情報が取り扱われる範囲についての本人の予測を可能とする（法21条で利用目的の通知・公表等がなされる）。

図表15　利用目的の特定とその機能

2　「できる限り特定しなければならない」

利用目的の特定に際しては、「利用目的を単に抽象的、一般的に特定するのではなく、個人情報が個人情報取扱事業者において、最終的にどのような事業の用に供され、どのような目的で個人情報を利用されるのかが、本人にとって一般的かつ合理的に想定できる程度に具体的に特定することが望ましい」（通則GL）。

【具体的に利用目的を特定しているとはいえない例】
　　×　「事業活動に用いるため」
　　×　「お客様のサービスの向上のため」
　　×　「マーケティング活動に用いるため」

[参考知識：利用目的の特定の判断]

【具体的に利用目的を特定しているといえる例】
○　商品の販売に伴い、個人から氏名・住所・メールアドレス等を取得するにあたり、「お客様の個人情報は、○○事業における商品の発送、関連するアフターサービス、新商品・サービスに関する情報のお知らせのために利用いたします。」と、業種（事業内容）と利用態様を明示している。
（１）業種（事業内容）
　「○○事業」のように事業を明示する場合は、社会通念上、本人からみてその特定に資すると認められる範囲に特定することが望ましい（通則GL）。
（２）利用態様
　利用態様に関しては、例えば、「商品の発送、関連するアフターサービス、新商品・サービスに関する情報のお知らせのため」というように、最終的にどのような形で個人情報が利用されるかを具体的に記載することが望ましい（通則GL）。

[参考知識：第三者提供や委託を予定している場合]

　第三者提供（委託）することを利用目的で特定すること
　個人データの第三者提供を想定している場合は、利用目的の特定にあたっては、その旨が明確に分かるよう特定しなければならない（通則GL）。
【第三者提供することの利用目的例】
・「ご記入いただいた氏名、住所、電話番号は、名簿として販売することがあります。」（第三者提供に関する部分）
・委託を受けて個人情報を処理することを取り扱う場合は、その旨を利用目的において特定するべきである。
【委託することの利用目的例】
・「給与計算処理サービス、あて名印刷サービス、伝票の印刷・発送サービス等の情報処理サービスを業として行うために、委託された個人情報を取り扱います。」（委託業務の遂行に関する部分）

第2節　利用目的の変更（法17条2項）

法第17条（利用目的の特定）
　2　個人情報取扱事業者は、利用目的を変更する場合には、**変更前の利用目的と関連性を有すると合理的に認められる範囲を超えて行ってはならない**。

1　概要と趣旨

　利用目的の変更をする場合は、変更前の利用目的と関連性を有すると合理的に認められる範囲を超えて行ってはならない（法17条2項）。

2　変更前の利用目的と関連性を有すると合理的に認められる

　変更後の利用目的が変更前の利用目的と「関連性を有すると合理的に認められる」といえるかどうかは、変更後の利用目的が変更前の利用目的からみて、社会通念上、本人が通常予期し得る限度と客観的に認められる範囲内かどうかで判断する（通則GL）。

[参考知識：関連性を有すると合理的に認められるとはいえない例]

- ×　「アンケート集計に利用」という利用目的に、「商品カタログ送付に利用」を追加する場合
- ×　個人情報の第三者提供が利用目的に入っていない場合に、利用目的に第三者提供を追加する場合
- ×　「会員カード等の盗難・不正利用発覚時の連絡のため」としてメールアドレス等を取得している場合に、「当社が提供する商品・サービスに関する情報のお知らせ」を追加する場合（Q&A）。
- ×　利用目的で示した事業の範囲を超えての変更

[参考知識：関連性を有すると合理的に認められる例]

- ○　「当社が提供する既存の商品・サービスに関する情報のお知らせ」という利用目的に「新規に提供を行う関連商品・サービスに関する情報のお知らせ」を追加する場合（Q&A）。
  - ex.　フィットネスクラブが、会員向けにレッスン等の開催情報をメール配信する目的で個人情報を保有していたところ、同じ情報を用いて新たに始めた栄養指導サービスの案内を配信する場合
- ○　「当社が取り扱う既存の商品・サービスの提供」という利用目的に「新規に提供を行う関連商品・サービスに関する情報のお知らせ」を追加する場合（Q&A）。
  - ex.　防犯目的で警備員が駆け付けるサービスの提供のため個人情報を保有していた事業者が、新たに始めた「高齢者見守りサービス」について、既存の顧客に当該サービスを案内するためのダイレクトメールを配信する場合
- ○　「当社が取り扱う商品・サービスの提供」という利用目的に「当社の提携先が提供する関連商品・サービスに関する情報のお知らせ」を追加する場合（Q&A）。
  - ex.　住宅用太陽光発電システムを販売した事業者が、対象の顧客に対して、提携先である電力会社の自然エネルギー買取サービスを紹介する場合

3　法17条2項の制限の範囲内の変更の場合の処理

　変更前の利用目的と関連性を有すると合理的に認められる範囲内で利用目的を変更した場合は、変更後の利用目的を本人に通知するか、又は公表しなければな

らない（法21条3項）。

4　法17条2項の制限の範囲を超える変更をする場合の処理

　変更前の利用目的と関連性を有すると合理的に認められる範囲を超えて利用目的を変更する場合は、法17条2項による利用目的の変更はできない。この場合に、変更後の利用目的で個人情報を利用することは目的外利用となる。

第7章 利用目的による制限（法18条）

第1節 概要と趣旨

法第18条（利用目的による制限）
1 　個人情報取扱事業者は、あらかじめ**本人の同意を得ないで**、前条の規定により**特定された利用目的の達成に必要な範囲を超えて**、個人情報を取り扱ってはならない。

　個人情報の目的外利用をするためには、あらかじめ本人の同意を得なければならない（法18条1項）。

[参考知識：目的外利用に該当する例]
・就職のための履歴書情報をもとに、自社商品の販売促進のためにカタログと商品購入申込書を送る場合
・電気通信事業者が本人確認のために個人情報を取得することがあるが、収入や学歴まで取得するのは、本人確認のためという利用目的の範囲外である。
・個人情報の利用目的達成後は、個人情報の速やかな廃棄・消去が望ましいから、利用目的を達成した個人情報の取扱いは、利用目的の範囲外となる。

第2節 事業承継の場合の利用目的の制限（法18条2項）

法第18条（利用目的による制限）
2 　個人情報取扱事業者は、合併その他の事由により他の個人情報取扱事業者から事業を承継することに伴って個人情報を取得した場合は、あらかじめ本人の同意を得ないで、**承継前における当該個人情報の利用目的の達成に必要な範囲を超えて**、当該個人情報を取り扱ってはならない。

　法18条2項により、事業承継においては、事業の譲渡人が特定した個人情報の利用目的が譲受人にも引き継がれ、譲受人がその利用目的の範囲を超えて個人情報を取り扱うためには、本人の同意を得なければならない。

　☞ 　事業の承継に伴って個人データが提供される場合は個人データの第三者提供に該当せず（法27条5項2号）、本人の同意なく事業の譲受人に個人データを提供できる。この場合に、事業の譲受人が当該個人データについて自ら利用目的を特定して取り扱うことができるとすると、事業承継を利

47

用すれば利用目的による制限（法18条1項）の規定を潜脱できてしまう。そこで、法18条2項により、事業の譲渡人が特定した利用目的を譲受人に引き継ぐことにしたのである。

図表16　事業承継と利用目的の制限

第3節　本人の同意（法18条1項・2項）

1　同意の方式

　本人の「同意」とは、本人の個人情報が、個人情報取扱事業者によって示された取扱方法で取り扱われることを承諾する旨の意思表示である（通則GL）。

　「同意」の具体的内容について法に定めはない。このため、同意の方式は書面に限定されず、口頭、同意の確認欄のチェック、ウェブ画面上の同意ボタンのクリック、タッチパネルへのタッチ等によることもできる。また、黙示の同意（目的外利用を示したことに対し明確な反対の意思表示がない場合）も含む。

　しかし、同意が意思表示である以上、郵便やメールで回答を求め、一定期間回答がなければ同意とみなすという方法は、同意とは認められない（Q&A）。

　「本人の同意を得（る）」とは、承諾する旨の本人の意思表示を当該個人情報取扱事業者が認識することをいい、事業の性質及び個人情報の取扱状況に応じ、本人が同意に係る判断を行うために必要と考えられる合理的かつ適切な方法によらなければならない（通則GL）。

　また、「本人の同意」は、同意をする本人であることを個人情報取扱事業者が確認できていることが前提となる。

2　本人が判断能力を有していない場合

　同意は意思表示であるから、本人が同意により生じる結果につき判断能力を有していない場合は、法定代理人等（親権者、成年後見人等）の同意を得なければならない（通則GL）。

　☞　未成年者については、一般に12歳から15歳までの年齢以下は、判断能力

を有していないといえる（Q&A）。

3 同意を得るための個人情報の利用

同意を得るために個人情報を利用してメールや電話等をすることは、当初の利用目的として記載されていない場合でも、目的外利用には該当しない（通則GL）。

第4節 適用除外事由（法18条3項各号）

> 法第18条（利用目的による制限）
> 3 前二項の規定は、次に掲げる場合については、適用しない。
> 一 （略）

法18条3項1号から6号が規定する適用除外事由に該当する場合は、同条1項・2項による利用目的による制限は適用されず、本人の同意を得ずに個人情報を目的外利用できる。

☞ これらの場合は、本人の事前同意を得ないで目的外利用する必要性があり、又は目的外利用により本人の権利利益を侵害する危険性がないことから、目的外利用に関する本人の同意を要しないこととされた。

図表17 法18条3項1号～4号の適用除外事由の例

1号：法令に基づく場合	
例	・警察や検察等の捜査機関からの照会に対する回答（刑訴法197条2項） ・裁判官の発する令状に基づく捜査への対応（刑訴法218条） ・検察官及び裁判官等からの裁判の執行に関する照会に対する回答（刑訴法507条） ・触法少年の調査に必要な質問や調査関係事項照会等（少年法6条の4）、令状による触法少年の調査（少年法6条の5） ・裁判所からの文書送付嘱託・調査嘱託への対応（民訴法186条、226条、家事事件手続法62条） ・家庭裁判所調査官による事実の調査への対応（家事事件手続法58条） ・弁護士会からの照会への対応（弁護士法23条の2） ・証券取引等監視委員会の職員による犯則事件の調査への対応（金融商品取引法210条、211条等） ・取引時確認への対応（犯罪収益移転防止法4条）、特定事業者による疑わしい取引の届出（犯罪収益移転防止法8条1項） ・税務署の所得税等に関する調査への対応（国税通則法74条の2等） ・税務署長に対する支払調書等の提出（所得税法225条1項等） ・税関の職員による消費税に関する調査への対応（国税通則法74条の2） ・税関の職員による関税法に基づく質問検査への対応（関税法105条1項各号） ・税務署等及び税関の職員による犯則事件の調査への対応（国税犯則法1条、関税法119条等）

	・税務署等及び税関の職員による滞納処分のための調査への対応（国税徴収法141条） ・検察官や被害回復事務管理人からの照会への対応（犯罪被害財産等による被害回復給付金の支給に関する法律28条） ・国勢調査などの基幹統計調査に対する報告（統計法13条）、基幹統計調査に関する協力要請への対応（統計法30条、31条） ・親会社の監査役の子会社に対する調査への対応（会社法381条3項） ・財務諸表調査への対応（会社法396条、金融商品取引法193条の2） ・製造・輸入業者が消費生活用製品安全法39条1項による危害防止命令を受けて製品回収等の措置をとる際に、販売業者が製品の購入者等の情報を当該製造・輸入事業者に提供する場合（同法38条3項） ・株主より株主名簿の閲覧を求められた場合（株主には株主名簿閲覧請求権が認められている。会社法125条2項）

2号：人の生命、身体又は財産の保護のために必要がある場合であって、本人の同意を得ることが困難であるとき	
例	・急病人の血液型や家族の連絡先等を医師・看護師に伝える ・大規模災害時に被災者情報、負傷者情報を家族に提供する ・商品の販売事業者等が当該商品をリコールしたメーカーの求めに応じて購入者情報を提供する ・反社会的勢力情報や業務妨害を行う悪質者情報を事業者間で共有する ・不正送金等の金融犯罪被害の事実に関する情報を、関連する犯罪被害の防止のために、他の事業者に提供する ・万引犯・疑われる者の情報を事業者間で共有する（通則 GL パブコメ407） ・介護施設の入居者の家族の依頼を受けて当該入居者に関する情報を提供する（当該入居者の同意を得ることが困難である場合のみ。Q&A） ・民事訴訟において、訴訟代理人の弁護士や裁判所に、訴訟の相手方に係る個人データを含む証拠等を提出する場合（財産の保護のために必要があり、かつ、一般的に当該相手方の同意を取得することが困難であるといえる（Q&A）

3号：公衆衛生の向上又は児童の健全な育成の推進のために必要がある場合であって、本人の同意を得ることが困難であるとき	
例	・問題行動のある児童の情報や児童虐待のおそれのある家庭情報を、児童相談所・警察・学校・医療機関等で共有する ・健康保険組合等の保険者等が実施する健康診断の結果等に係る情報を、健康増進施策の立案、保健事業の効果の向上、疫学調査等に利用する（学術研究目的利用の場合は、法76条1項3号により個人情報取扱事業者の義務は適用されない）

4号：国の機関等が法令の定める事務を遂行することに対して協力する場合であって、本人の同意を得ることにより当該事務の遂行に支障を及ぼすおそれがあるとき	
例	・警察や税務署・税関職員の任意の求めに応じて個人情報を提供する ・一般統計調査や地方公共団体が行う統計調査に回答する ・民生委員・児童委員（＝特別職地方公務員）に対し、個人情報を提供する（Q&A）

1 法令に基づく場合（1号）

該当する場合の具体例については、図表17を参照。

2 人の生命、身体又は財産の保護のために必要がある場合であって、本人の同意を得ることが困難であるとき（2号）

該当する場合の具体例については、図表17を参照。

3 公衆衛生の向上又は児童の健全な育成の推進のために特に必要がある場合であって、本人の同意を得ることが困難であるとき（3号）

具体例については、図表17を参照。

4 国の機関若しくは地方公共団体又はその委託を受けた者が法令の定める事務を遂行することに対して協力する必要がある場合であって、本人の同意を得ることにより当該事務の遂行に支障を及ぼすおそれがあるとき（4号）

具体例については、図表17を参照。

5 学術研究機関等に関連する適用除外事由（5号・6号）

学術研究機関等が個人情報を取り扱う必要がある場合や、個人情報取扱事業者が学術研究機関等に個人データを提供する場合は、学術研究機関等に学術研究目的で個人情報を取り扱う必要があり、個人の権利利益を不当に侵害するおそれがない場合は、法18条1項又は2項は適用されず、本人の同意を得ることなく個人データを目的外利用できる（法18条1項5号・6号）。

> ☞ 「学術研究機関等」「学術研究目的」については、「第3章　第19節　学術研究機関等（法16条8項）」を参照のこと。

（1）5号の事由

[参考知識：5号の事由]

学術研究機関等が個人情報を学術研究目的で取り扱う必要がある場合（当該個人情報を取り扱う目的の一部が学術研究目的である場合を含む。）であって、個人の権利利益を不当に侵害するおそれがない場合は、当該学術研究機関等は、法18条1項又は第2項の適用を受けず、あらかじめ本人の同意を得ることなく、特定された利用目的の達成に必要な範囲を超えて個人情報を取り扱うことができる。

「個人の権利利益を不当に侵害するおそれがある場合」には、個人情報の目的外利用をすることはできない。

（2）6号の事由

[参考知識：6号の事由]

　個人情報取扱事業者が、学術研究機関等に個人データを提供し、かつ、当該学術研究機関等が当該個人データを学術研究目的で取り扱う必要がある場合（当該個人データを取り扱う目的の一部が学術研究目的である場合を含み、個人の権利利益を不当に侵害するおそれがある場合を除く。）は、法第18条1項又は2項の適用を受けず、あらかじめ本人の同意を得ることなく、特定された利用目的の達成に必要な範囲を超えて個人情報を取り扱うことができる。

　「個人の権利利益を不当に侵害するおそれがある場合」には、学術研究機関等に個人情報を提供することはできない。

第8章 不適正な利用の禁止（法19条）

> 法第19条（不適正な利用の禁止）
> 　個人情報取扱事業者は、違法又は不当な行為を助長し、又は誘発するおそれがある方法により個人情報を利用してはならない。

第1節　概要と趣旨

　違法又は不当な行為を助長し、又は誘発するおそれがある不適正な方法により個人情報を利用すること（不適正な利用）は禁じられている（法19条）。

☞　法19条は、不適正な方法による個人情報の利用を禁止する趣旨で令和2年改正により新設された。

第2節　違法又は不当な行為

　「違法又は不当な行為」とは、個人情報保護法その他の法令に違反する行為に限定されず、直ちに違法とはいえないものの、個人情報保護法その他の法令の制度趣旨又は公序良俗に反する等、社会通念上適正とは認められない行為も含む（通則 GL、Q&A）。

第3節　助長・誘発するおそれ

　違法又は不当な行為を「助長」するおそれがある方法による個人情報の利用とは、個人情報の利用が、直接に、既に存在する特定の違法又は不当な行為をさらに著しくするおそれがあることをいう。

　違法又は不当な行為を「誘発」するおそれがある方法による個人情報の利用とは、個人情報の利用が原因となって、違法又は不当な行為が新たに引き起こされるおそれがあることをいう（Q&A）。

［参考知識：助長・誘発する「おそれ」の判断］

【「おそれ」が認められない場合の例】

・個人情報取扱事業者が第三者に個人情報を提供した場合において、当該第三者が当該個人情報を違法な行為に用いた場合であっても、当該第三者が当該個人情報の取得目的を偽っていた等、当該個人情報の提供の時点において、提供した個人情報が違法に利用されることについて、当該個人情報取扱事業者が一般的な注意力をもってしても予見できない状況であった場合（提供元の事業者による個人情報の提供は、不適正利

用には該当しない）。

【「おそれ」が認められる場合の例】

・提供の時点において、提供先の第三者が個人情報を違法に利用していることが窺われる客観的な事情を提供元の事業者が認識しており、提供した個人情報も当該第三者により違法に利用されることが一般的な注意力をもって予見できる状況であったにもかかわらず、当該第三者に対して個人情報を提供した場合（提供元の事業者による個人情報の提供は、不適正利用に該当する可能性がある）。

第4節　不適正な利用の該当例

　個人情報取扱事業者が違法又は不当な行為を助長し、又は誘発するおそれがある方法により個人情報を利用している事例は、以下のとおりである（通則GL）。

[参考知識：不適正な利用]

【不適正な方法による利用の例】

・違法な行為を営むことが疑われる事業者（例：貸金業登録を行っていない貸金業者等）からの突然の接触による本人の平穏な生活を送る権利の侵害等、当該事業者の違法な行為を助長するおそれが想定されるにもかかわらず、当該事業者に当該本人の個人情報を提供する場合

・裁判所による公告等により散在的に公開されている個人情報（例：官報に掲載される破産者情報）を、当該個人情報に係る本人に対する違法な差別が、不特定多数の者によって誘発されるおそれがあることが予見できるにもかかわらず、それを集約してデータベース化し、インターネット上で公開する場合

・暴力団員により行われる暴力的要求行為等の不当な行為や総会屋による不当な要求を助長し、又は誘発するおそれが予見できるにもかかわらず、事業者間で共有している暴力団員等に該当する人物を本人とする個人情報や、不当要求による被害を防止するために必要な業務を行う各事業者の責任者の名簿等を、みだりに開示し、又は暴力団等に対しその存在を明らかにする場合

・個人情報を提供した場合、提供先において法27条1項に違反する第三者提供がなされることを予見できるにもかかわらず、当該提供先に対して、個人情報を提供する場合

・採用選考を通じて個人情報を取得した事業者が、性別、国籍等の特定の属性のみにより、正当な理由なく本人に対する違法な差別的取扱いを行うために、個人情報を利用する場合

・広告配信を行っている事業者が、第三者から広告配信依頼を受けた商品が違法薬物等の違法な商品であることが予見できるにもかかわらず、当該商品の広告配信のために、自社で取得した個人情報を利用する場合

第9章 適正な取得（法20条1項）

> 法第20条（適正な取得）
> 1 個人情報取扱事業者は、**偽りその他不正の手段により個人情報を取得し
> てはならない**。

第1節　概要

個人情報を偽りその他不正の手段により取得することは禁止されている（法20
条1項）。

第2節　不正の手段

「不正」は、不適法よりも広く、「不適正」を含む趣旨である。

[参考知識：不正の手段により取得している場合の例]

・窃盗罪、横領罪、不正アクセス禁止法違反、不正競争防止法21条・22条に抵触する犯
　罪行為により個人情報を取得する。
・プライバシー権や肖像権の侵害等、民事上違法とされる行為により個人情報を取得する。
・第三者提供の制限（法27条）違反をするよう強要して取得する。
・十分な判断能力を有さない子供や障害者から、取得状況から考えて関係のない家族の
　収入事情などの個人情報を取得する。
・個人情報を取得する主体や利用目的等について、意図的に虚偽の情報を示して、本人
　から個人情報を取得する。
・他の事業者に指示して不正の手段で個人情報を取得させ、当該他の事業者から取得する。
・第三者提供の制限違反や不正の手段により取得された個人情報であることを知り、又
　は容易に知り得たのに取得する。
・オプトアウト手続違反（第三者提供停止の未実施、オプトアウト事項の通知等や届出
　義務の懈怠。法27条2項・3項）の第三者提供であることを知りながら取得する。

第3節　取得

個人情報を「取得」したといえるためには、提供を「受ける」行為が必要であ
るとされている。

個人情報を含む情報がインターネット等により公にされている場合であって、
単にこれを閲覧するにすぎず、転記等を行わない場合は、個人情報を「取得」し
ているとは解されない（通則 GL）。

［参考知識：「取得」に該当する場合（○）と該当しない場合（×）の例］

- ○　公表情報や提供された情報を転記した。
- ○　当該情報が含まれるファイルをダウンロードした。
- ×　インターネット等により公にされている個人情報を含む情報を画面上で閲覧するにとどまる。
- ×　個人情報の記載された書類の提示を受けたが、この内容を転記等していない（通則GLパブコメ415）。
- ×　対面や電話口で相手の個人情報を聞いたが、録音や転記等をしていない（同上）。
- ×　求めていない個人情報が送られてきたために、当該個人情報を直ちに返送したり廃棄した。
- ×　電子メールで届いた個人情報を直ちに削除し、システム上に残っていない。

第4節　第三者提供を受ける際の確認・記録義務と適正取得の関係

　個人情報取扱事業者は、第三者から個人データの提供を受けるに際しては、当該個人データの取得経緯等を確認・記録しなければならない（法30条1項）。

　事業者がこの確認・記録義務を怠って個人情報を取得したところ、後に当該個人情報が漏えいしたもの等であることが発覚した場合には、当該事業者は個人情報を不正の手段により取得した（法20条1項違反）と判断される可能性がある。

第10章 要配慮個人情報の取得制限（法20条 2 項）

法第20条（不適正な利用の禁止）

2　個人情報取扱事業者は、次に掲げる場合を除くほか、あらかじめ本人の同意を得ないで、要配慮個人情報を取得してはならない。

一　（略）

第 1 節　概要と趣旨

原則として、あらかじめ本人の同意を得ないで、要配慮個人情報を取得してはならない（法20条 2 項）。

☞　法20条 2 項は、平成27年改正によって新設された規制である。本人の意図しないところで要配慮個人情報が取得・利用され、それに基づいて差別的扱い（病歴に基づいて不採用とする、社会的身分に基づいて入店を拒否する等）がなされることを防止するためである。

[参考知識：法20条 2 項に違反している場合の例]

・法20条 2 項 7 号及び規則 6 条で定める者（本人、国の機関、地方公共団体、学術研究機関等、放送機関・新聞社・通信社その他の報道機関、著述を業として行う者、宗教団体、政治団体等）以外の者がインターネット上で公開している情報から、本人の同意を得ることなく、本人の信条や犯罪歴等に関する情報を取得し、既に保有している当該本人に関する情報の一部として自己のデータベース等に登録する。

第 2 節　取得

法20条 2 項における「取得」の意味は、適正な取得（法20条 1 項）における「取得」の意味と同じである（「第 9 章　適正な取得（法20条 1 項）」を参照）。

☞　要配慮個人情報を記載した書類を提示されたが、見ただけであり、書類をコピーしたり要配慮個人情報をメモしたりしなければ、要配慮個人情報を「取得」したことにはならない。

第 3 節　本人の同意

法20条 2 項における「同意」の解釈は、利用目的による制限（法18条 1 項・ 2 項）における「同意」の解釈と基本的に同じである（「第 7 章　利用目的による

制限（法18条）第 3 節　本人の同意（法18条 1 項・ 2 項）」を参照）。

「本人の同意」については、要配慮個人情報を書面又は口頭により本人から適正に直接取得する場合は、本人の当該行為をもって、要配慮個人情報の取得について本人の同意があったものと解してよい（通則 GL、医療・介護事業者ガイダンス）。

☞　欠勤した従業員が診断書を会社に提出した場合は、診断書（要配慮個人情報）の取得について従業員本人の同意があったものとみてよい。

第 4 節　適用除外事由（法20条 2 項各号）

1　概要と趣旨

法20条 2 項 1 号から 8 号に、要配慮個人情報の取得制限の適用除外事由が定められている。適用除外事由に該当する場合は、本人の同意を得ることなく、要配慮個人情報を取得できる。

☞　本人の意思（同意）に優先すべき必要性が認められる場合や、本人の権利利益を侵害する危険性がない場合である。

2　1 号～ 4 号の事由

法20条 2 項が定める適用除外事由のうち、 1 号から 4 号までは、利用目的による制限の適用除外事由（法18条 3 項 1 から 4 号）と同じ事由である。

☞　適用除外事由のうち 1 号から 4 号までの解釈については、利用目的による制限の適用除外事由に関する解説（「第 7 章　第 4 節　適用除外事由（法18条 3 項各号）」）を参照されたい。

法20条 2 項 5 号から 8 号までが、要配慮個人情報の取得制限独自の適用除外事由である。

[参考知識：法20条 2 項 1 号～ 4 号までの適用除外事由の例]

1 号：法令に基づく場合	
例	利用目的による制限の適用除外事由としての法令に基づく場合の例のほか、次の事例も該当する（通則 GL）。 ・労働安全衛生法に基づく健康診断を実施し、従業員の身体状況、病状、治療等の情報【健康診断の結果】を健康診断実施機関から取得する場合
2 号：人の生命、身体又は財産の保護のために必要がある場合であって、本人の同意を得ることが困難であるとき	
例	・急病等に際し、本人の病歴等を医師や看護師が家族から聴取する場合（同上） ・不正対策等のために、暴力団等の反社会的勢力情報、意図的に業務妨害を行う者の情報のうち、過去に業務妨害罪や脅迫罪で逮捕された事実等の情報【犯罪の経歴】について、事業者間で共有する場合（同上）

	・不正送金等の金融犯罪被害の事実に関する情報【犯罪の経歴】を、関連する犯罪被害の防止のために、他の事業者から取得する場合（同上）
3号：	公衆衛生の向上又は児童の健全な育成の推進のために必要がある場合であって、本人の同意を得ることが困難であるとき
例	・健康保険組合等が実施する健康診断等の結果判明した病名等について、健康増進施策の立案や保健事業の効果の向上を目的として疫学調査等のために提供を受けて取得する場合（同上） ・児童生徒の不登校や不良行為等について、児童相談所、学校、医療機関等の関係機関が連携して対応するために、他の関係機関から当該児童生徒の保護事件に関する手続が行われた情報を取得する場合（同上） ・児童虐待のおそれのある家庭情報のうち被害を被った事実に係る情報を、児童相談所、警察、学校、病院等の関係機関が、他の関係機関から取得する場合（同上）
4号：	国の機関等が法令の定める事務を遂行することに対して協力する場合であって、本人の同意を得ることにより当該事務の遂行に支障を及ぼすおそれがあるとき
例	・事業者が警察の任意の求めに応じて要配慮個人情報に該当する個人情報を提出するために、当該個人情報を取得する場合（同上）

3 5号・6号の事由

　学術研究機関等が要配慮個人情報を取り扱う場合や、個人情報取扱事業者が学術研究機関等から個人情報を取得する場合には、一定の要件のもとで、本人の同意を得ることなく要配慮個人情報を取得することができる（法20条2項5号・6号）。

[参考知識：5号の適用除外事由]

　学術研究機関等が要配慮個人情報を学術研究目的で取り扱う必要がある場合（当該要配慮個人情報を取り扱う目的の一部が学術研究目的である場合を含む。）であって、個人の権利利益を不当に侵害するおそれがない場合は、当該学術研究機関等は、あらかじめ本人の同意を得ることなく、要配慮個人情報を取得することができる。

　「学術研究機関等」及び「学術研究目的」については、「第3章　第19節　学術研究機関等（法16条8項）」を参照されたい。

　「個人の権利利益を不当に侵害するおそれがある場合」には、学術研究機関等であっても要配慮個人情報を取得することはできない。この場合、個人の権利利益を不当に侵害しないような措置を講ずるなど適切に処理する必要がある。この点、学術研究目的で要配慮個人情報を取り扱う必要がある場合であっても、本人又は第三者の権利利益の保護の観点から、取得する要配慮個人情報の範囲を限定するなど、学術研究の目的に照らして可能な措置を講ずることが望ましい（通則GL）。

[参考知識：6号の適用除外事由]

　個人情報取扱事業者と学術研究機関等が共同して学術研究を行う場合に、当該個人情報取扱事業者が学術研究機関等から要配慮個人情報を取得する場合であって、当該要配慮個人情報を学術研究目的で取得する必要があるとき（当該要配慮個人情報を取得する目的の一部が学術研究目的である場合を含む）であって、個人の権利利益を不当に侵害するおそれがない場合は、当該個人情報取扱事業者は、あらかじめ本人の同意を得ることなく、要配慮個人情報を取得することができる。

　「学術研究機関等」及び「学術研究目的」については、「第3章　第19節　学術研究機関等（法16条8項）」を参照されたい。

4　7号の事由（適正に公開されている場合）

　当該要配慮個人情報が、本人、国の機関、地方公共団体、学術研究機関等、法57条1項各号に掲げる者その他個人情報保護委員会規則で定める者により公開されている場合は、あらかじめ本人の同意を得ることなく、要配慮個人情報を取得できる（法20条2項7号）。

　　☞　これらの場合は、当該要配慮個人情報が既に適正に公開されており、取得を制限する必要がないからである。

[参考知識：法57条1項各号に掲げる者]

1号　放送機関、新聞社、通信社その他の報道機関（報道を業として行う個人を含む。）
2号　著述を業として行う者
3号　宗教団体
4号　政治団体

[参考知識：個人情報保護委員会規則で定める者]

　個人情報保護委員会規則で定める者は、以下の各号のいずれかに該当する者である（規則6条）。
1号　外国政府、外国の政府機関、外国の地方公共団体又は国際機関
2号　外国において法第16条第8項に規定する学術研究機関等に相当する者
3号　外国において法第57条第1項各号に掲げる者に相当する者

5　8号の事由（政令で定める事由）

　法20条2項1号から7号に掲げる場合に準ずるものとして政令（施行令9条1号・2号）で定める場合も、あらかじめ本人の同意を得ることなく、要配慮個人情報を取得できる（法20条2項8号）。

[参考知識：施行令9条1号の事由]

　「本人を目視し、又は撮影することにより、その外形上明らかな要配慮個人情報を取得する場合」（施行令9条1号）は、あらかじめ本人の同意を得ることなく、当該要配慮個人情報を取得することができる。

【例】

・身体の不自由な者が店舗に来店し、対応した店員がその旨をお客様対応録等に記録した場合（目視による取得）
・身体の不自由な者の様子が店舗に設置された防犯カメラに映りこんだ場合（撮影による取得）

[参考知識：施行令9条2号の事由]

　法27条5項各号に定める委託、事業承継又は共同利用により要配慮個人情報の提供を受けるときは、あらかじめ本人の同意を得ることなく、当該要配慮個人情報を取得することができる。

第11章 取得に際しての利用目的の通知等（法21条）

第1節 概要と趣旨

　個人情報取扱事業者は、個人情報を取得する際の態様に応じて、その利用目的を本人に通知・公表等しなければならない（法21条1項・2項）。

　また、個人情報取扱事業者は、利用目的を変更した場合（法17条2項）は、変更された利用目的を本人に通知・公表しなければならない（法21条3項）。

第2節 利用目的の通知・公表（法21条1項）

> 法第21条（取得に際しての利用目的の通知等）
> 1　個人情報取扱事業者は、個人情報を取得した場合は、あらかじめその利用目的を公表している場合を除き、速やかに、その利用目的を、本人に通知し、又は公表しなければならない。

1　概要

　個人情報を取得するにあたっては、①又は②のいずれかの措置を講じなければならない（法21条1項）。

　① あらかじめ個人情報の利用目的を公表する。
　② 取得後速やかに、個人情報の利用目的を本人に通知し又は公表する。

［参考知識：法21条1項の適用場面］

　法21条2項が、本人から書面等により個人情報を直接取得する際の義務を定めているので、法21条1項は、同条2項に該当する場合以外の取得（間接取得等）について適用される。

図表18　法21条1項と2項の適用関係

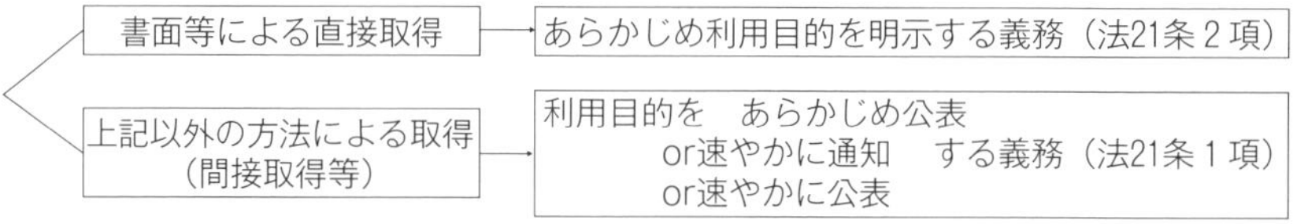

```
書面等による直接取得 ──→ あらかじめ利用目的を明示する義務（法21条2項）

上記以外の方法による取得 ──→ 利用目的を　あらかじめ公表
（間接取得等）              or速やかに通知　する義務（法21条1項）
                          or速やかに公表
```

【法21条1項が適用される取得態様（間接取得等）の例】
・本人がインターネットで公表している個人情報を取得する（本人以外からの間接的な取得）。

・本人からの電話による問い合わせ等（口頭）で提供された個人情報を取得する（書面等によらない取得）。

・個人情報の第三者提供を受ける（本人以外の第三者からの間接的な取得）。

・委託元が保有する顧客情報（個人情報）の取扱いの委託を受けて、委託元から顧客情報を取得する（本人以外の第三者からの間接的な取得）。

図表19　法21条1項が想定する取得態様（間接取得等）のイメージ

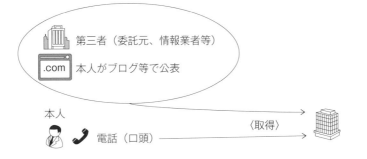

2　公表と通知

（1）公表

「公表」とは、広く一般に自己の意思を知らせること、すなわち、不特定多数の人々が知ることができるように発表することである（通則GL）。

法には公表の方法についての具体的な定めはなく、事業の性質及び個人情報の取扱状況に応じ、合理的かつ適切な方法によらなければならないと解されている。

【公表の例】

・自社ホームページのトップページから1回程度の操作で到達できる場所への掲載

・店舗・事務所内に、ポスターを掲示する／パンフレット等を備置する。

・窓口等に、掲示する／パンフレット等を備え付ける。

・通信販売用のパンフレットやカタログ等に掲載する。

（2）本人に通知

「通知」は、本人に直接知らしめることである（通則GL）。

法には「通知」の具体的な方法の限定はなく、事業の性質及び個人情報の取扱状況に応じ、内容が本人に認識される合理的かつ適切な方法によらなければならない（通則GL）。

[参考知識：通知の例]

・（面談）チラシ等の文書を直接渡すことにより知らせる。

・（電話）口頭又は自動応答装置等で知らせる。

・（隔地）電子メール、FAX等により送信し、又は文書を郵便等で送付することにより

知らせる。

・（電子商取引）取引確認のための自動応答電子メールに掲載して送信する。

第3節 直接書面等取得の場合の利用目的の明示（法21条2項）

> 法第21条（取得に際しての利用目的の通知等）
> 2 個人情報取扱事業者は、前項の規定にかかわらず、本人との間で契約を締結することに伴って契約書その他の書面（電磁的記録を含む。以下この項において同じ。）に記載された当該本人の個人情報を取得する場合その他本人から直接書面に記載された当該本人の個人情報を取得する場合は、あらかじめ、本人に対し、その利用目的を明示しなければならない。ただし、人の生命、身体又は財産の保護のために緊急に必要がある場合は、この限りでない。

1 概要と趣旨

契約書その他の書面（電磁的記録を含む）に記載された個人情報を、直接本人から取得する場合は、原則として、あらかじめ、本人に対し、その利用目的を明示しなければならない（法21条2項）。

☞ 本人から直接、書面等により個人情報を取得する場合は、直接本人に利用目的を知らせる機会が存在しているので、「明示」により本人に対して明確・確実に利用目的を伝達することにしたのである。

2 書面等による直接取得

利用目的の明示を要するのは、直接、本人から、契約書その他の書面（電磁的記録を含む）に記載された個人情報を取得する場合であり（法21条2項）、「直接書面等取得」ということもある。

☞ 本人から直接、口頭で個人情報を取得する場合は、書面等による取得ではないから、法21条2項は適用されない（法21条1項の通知・公表によればよい）。

[参考知識：直接書面等取得の例]

・申込書やアンケート等の書面に記載された個人情報を本人から受け取る（書面による直接取得）。

・本人から直接、戸籍謄本・住民票や運転免許証・健康保険証を受け取る（書面による直接取得）。

・本人が電子メールに記載して送信した個人情報を受信する（電磁的記録による直接取得）。

・本人がホームページ申込画面に入力した個人情報を取得する（電磁的記録による直接取得）。

2 明示

（1）明示の意味と例

「明示」とは、本人に対し、**利用目的を明確に示す**ことであり、事業の性質及び個人情報の取扱状況に応じ、合理的かつ適切な方法によらなければならない（通則GL）。

> **[参考知識：明示に該当する場合（○）と該当しない場合（×）の例]**
>
> ○ 利用目的を明記した契約書等を本人に手渡す。／本人に送付する。
> ☞ 約款や利用条件等の書面中に利用目的を記載する場合は、記載されている旨を本人に伝えたり、記載されている旨を表面に記述する等して、本人が実際に目にできるよう留意する必要がある。
> ○ 本人がアクセスした自社ウェブ画面上や本人の端末装置上に利用目的を明記する。
> ☞ 本人が個人情報を記載した書面等の送信ボタン等をクリックする前に本人の目にとまるように留意する必要がある。
> × 利用目的の記載箇所が容易に分からない書面を交付するのでは、「明示」とはいえない。
> × 何度もリンク先をたどらないと利用目的を閲覧できないのでは、「明示」とはいえない。

（2）利用目的の明示義務が適用されない場合

人の生命、身体又は財産の保護のために緊急に必要がある場合は、直接書面等取得の場合の利用目的の明示義務は適用されない（法21条2項但書）。

この場合は、法21条第1項が適用されるから、取得後速やかにその利用目的を、本人に通知し、又は公表しなければならない（法21条4項の適用除外事由にも該当すれば、通知・公表も不要である）。

第4節　変更された利用目的の通知・公表（法21条3項）

> 法第21条（取得に際しての利用目的の通知等）
> 3　個人情報取扱事業者は、利用目的を変更した場合は、変更された利用目的について、本人に通知し、又は公表しなければならない。

利用目的を変更した場合は、変更された利用目的を本人に通知するか、又は公表しなければならない（法21条3項）。

☞ 法21条3項の「通知」及び「公表」の意味と例は、法21条1項における「通知」及び「公表」と同じである。

第5節　適用除外事由（法21条4項各号）

> 法第21条（取得に際しての利用目的の通知等）
> 4　前三項の規定は、次に掲げる場合については、適用しない。
> 　一　（略）

　以下の適用除外事由に該当する場合には、個人情報の利用目的（又は変更後の利用目的）の通知・公表等の義務に関する規定（法21条1項から3項）は適用されず、個人情報の利用目的の通知・公表・明示を要しない（法21条4項各号）。

【利用目的の通知・公表等の義務の適用除外事由】

　1号　利用目的を本人に通知し、又は公表することにより本人又は第三者の生命、身体、財産その他の権利利益を害するおそれがある場合

　2号　利用目的を本人に通知し、又は公表することにより当該個人情報取扱事業者の権利又は正当な利益を害するおそれがある場合

　3号　国の機関又は地方公共団体が法令の定める事務を遂行することに対して協力する必要がある場合であって、利用目的を本人に通知し、又は公表することにより当該事務の遂行に支障を及ぼすおそれがあるとき

　4号　取得の状況からみて利用目的が明らかであると認められる場合

第 **5** 編

個人データに関する義務
（法22条〜30条）

個人データに関する義務（法22条〜30条）

法22条から30条までは、「個人データ」を取り扱う場合の規律を規定している。

「個人データ」は、個人情報データベース等を構成する個人情報である（法16条3項）。

「個人情報」が複数あっても個人情報データベース等を構成していない場合は、「個人データ」ではなく、法22条から30条の適用対象外である。これに対して、個人情報データベース等を構成している個人情報は、1件でも「個人データ」であり、法22条から30条の適用対象である。

図表20　個人情報と個人データの関係

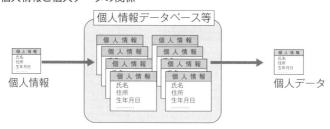

個人データについては、個人情報の取扱いに関する義務（法17条から21条）に加えて、個人データの取り扱いに関する義務（法22条から30条）が適用される（図表21　個人情報取扱事業者の義務一覧を参照）。

個人情報取扱事業者が個人データに関して負う義務（法22条から30条）は、個人データの保管と第三者提供に関する規律である（図表22 個人データに関する義務の関係 を参照）。

☞　「個人情報データベース等」（法16条1項）は、そこに含まれる個人情報の数が多数であるのが通常であり、特定の個人を容易に検索できるようになっているため、個人データは、個人情報データベース等を構成していない個人情報と比べると、その漏えい等により、多くの情報が検索・利用しやすい状態で漏えいすることにつながりやすく、本人の権利利益を侵害するおそれが高い。そこで、個人情報データベース等を構成している個人情報を「個人データ」として、個人情報よりも上乗せして、保管と第三者提供に関する規律を定めたのである。

図表21　個人情報取扱事業者の義務一覧

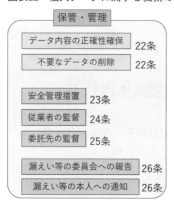

	個人情報(2条1項)	個人データ(16条3項)	保有個人データ(16条4項)
17条 利用目的の特定・変更	○	○	○
18条 目的外利用の制限	○	○	○
19条 不適正な利用の禁止	○	○	○
20条 適正な取得・要配慮個人情報の取得制限	○	○	○
21条 取得に際しての利用目的の通知・公表等	○	○	○
22条 データ内容の正確性の確保		○	○
23条 安全管理措置		○	○
24条 従業者の監督		○	○
25条 委託先の監督		○	○
26条 漏えい等の報告等		○	○
27条 第三者提供の制限		○	○
28条 外国にある第三者への提供の制限		○	○
29条 第三者提供に係る記録の作成等		○	○
30条 第三者提供を受ける際の確認等		○	○
32条 保有個人データに関する事項の公表等			○
33条 開示			○
34条 訂正等			○
35条 利用停止等			○
36条 理由の説明			○
37条 開示等の請求等に応じる手続			○
38条 手数料			○
39条 事前の請求			○
40条 苦情の処理	○	○	○

図表22　個人データに関する義務の関係

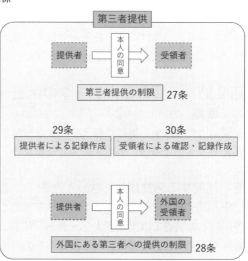

第12章　個人データの正確性の確保と不要な個人データの削除（法22条）

> 法第22条（データ内容の正確性の確保等）
>
> 　個人情報取扱事業者は、利用目的の達成に必要な範囲内において、個人データを正確かつ最新の内容に保つとともに、利用する必要がなくなったときは、当該個人データを遅滞なく消去するよう努めなければならない。

第1節　個人データの正確性の確保（法22条前段）

1　概要

　個人情報取扱事業者は、利用目的の達成に必要な範囲内において、個人データを正確かつ最新の内容に保つ努力義務を負う（法22条前段）。

2　利用目的の達成に必要な範囲内において

　データ内容の正確性の確保にあたっては、保有する個人データを一律に又は常に最新化する必要はなく、各個人情報データベース等の利用目的に応じて、必要な範囲内で正確性・最新性を確保すれば足りる（通則GL）。

第2節　不要な個人データの消去（法22条後段）

1　概要

　個人情報取扱事業者は、個人データを利用する必要がなくなったときは、当該個人データを遅滞なく消去する努力義務を負う（法22条後段）。

2　利用する必要がなくなったとき

　個人データを「利用する必要がなくなったとき」は、利用目的が達成され、当該目的との関係では当該個人データを保有する合理的な理由が存在しなくなった場合や、利用目的が達成されなかったものの当該目的の前提となる事業自体が中止となった場合等が考えられる（通則GL）。

3　遅滞なく消去する

　個人データを「消去する」とは、当該個人データを個人データとして使えなくすることであり、当該データを削除することのほか、当該データから特定の個人を識別できないように加工することを含む（通則GL）。

第13章 安全管理措置（法23条）

> 法第23条（安全管理措置）
>
> 　個人情報取扱事業者は、その取り扱う個人データの漏えい、滅失又は毀損の防止その他の個人データの安全管理のために必要かつ適切な措置を講じなければならない。

第1節　概要

　法23条は、個人情報取扱事業者が安全管理措置を講ずる義務を定めている。

- ☞　法は、「安全管理措置」の具体的な内容や手法については明確にせず、ガイドライン等の定めに委ねている。

- ☞　通則ガイドラインは、「当該措置は、個人データが漏えい等をした場合に本人が被る権利利益の侵害の大きさを考慮し、事業の規模及び性質、個人データの取扱状況（取り扱う個人データの性質及び量を含む。）、個人データを記録した媒体の性質等に起因するリスクに応じて、必要かつ適切な内容としなければならない。」とした上で、具体的に講じなければならない措置や当該項目を実践するための手法の例等を、「10　（別添）講ずべき安全管理措置の内容」に記載している。

　具体的に講じなければならない措置や当該項目を実践するための手法の例等については、第Ⅱ課題で説明する。ここでは、安全管理措置の義務違反となる場合とならない場合の例をあげておく。

第2節　安全管理措置の義務違反となる場合、ならない場合

[参考知識：義務違反となる場合の例]

- ・公開されることを前提としていない個人データが、事業者のウェブ画面上で不特定多数に公開されている状態を放置している場合
- ・組織変更が行われ、個人データにアクセスする必要がなくなった従業者が個人データにアクセスできる状態を個人情報取扱事業者が放置していたところ、その従業者が個人データを漏えいした場合
- ・本人が継続的にサービスを受けるために登録していた個人データが、システム障害により破損した。その個人データを復旧できずに滅失又はき損し、本人がサービスの提供を受けられなくなった場合

・個人データに対してアクセス制御が実施されておらず、アクセスを許可されていない従業者がアクセスして個人データを入手し、漏えいした場合
・個人データをバックアップした媒体が、持ち出しを許可されていない者により持ち出し可能な状態になっており、その媒体が持ち出されてしまった場合
・委託する業務内容に対して必要のない個人データを委託先に提供し、委託先が個人データを漏えいした場合

[参考知識：義務違反とはならない場合の例]

・内容物に個人情報が含まれない荷物等の宅配又は郵送を委託したところ、誤配によって宛名に記載された個人データが第三者に開示された場合

第14章 従業者の監督（法24条）

> 法第24条（従業者の監督）
> 　個人情報取扱事業者は、その**従業者**に個人データを取り扱わせるに当たっては、当該個人データの安全管理が図られるよう、当該従業者に対する必要かつ適切な監督を行わなければならない。

第1節　従業者

　法24条は、従業者に対する監督義務を定めている。

　「従業者」とは、個人情報取扱事業者の組織内にあって直接間接に事業者の指揮監督を受けて事業者の業務に従事している者をいい、雇用関係にある従業員（正社員、契約社員、嘱託社員、パート社員、アルバイト社員等）のみならず、取締役、執行役、理事、監査役、監事、派遣社員等も含まれる。

　　☞　情報漏えい等を防ぐためには、雇用関係のある「従業員」（労働者）だけを監督するのでは不十分であり、実際に事業者の下で業務に従事し、個人データに接触する可能性のある者全てを監督しなければ意味がない。そこで、従業員に限らず、役員や派遣社員等も含めた用語として、「従業者」が用いられている。

第2節　監督

　従業者の監督に際しては、個人データが漏えい等をした場合に本人が被る権利利益の侵害の大きさを考慮し、事業の規模及び性質、個人データの取扱状況、取り扱う個人データの性質及び量、個人データを記録した媒体の性質等に起因するリスクに応じて、個人データを取り扱う従業者に対する教育、研修等の内容及び頻度を充実させるなど、必要かつ適切な措置を講ずることが望ましい（通則GL）。

　従業者の監督は、法23条の安全管理措置として講じなければならない「組織的安全管理措置」や「人的安全管理措置」と重なるところが多い。

　ここでは、従業者の監督を行っているといえない場合の例（通則GL）をあげておく。

第3節　従業者の監督を行っているといえない場合の例

[参考知識：従業者の監督を行っていない場合の例]

・従業者が個人データの安全管理措置を定める規程等に従って業務を行っていることを確認しなかった結果、個人データが漏えいした場合

・内部規程等に違反して個人データが入ったノート型パソコン又は外部記録媒体が繰り返し持ち出されていたにもかかわらず、その行為を放置した結果、当該機器が紛失し、個人データが漏えいした場合

第15章　委託先の監督（法25条）

法第25条（委託先の監督）
　個人情報取扱事業者は、個人データの取扱いの全部又は一部を委託する場合は、その取扱いを委託された個人データの安全管理が図られるよう、委託を受けた者に対する必要かつ適切な監督を行わなければならない。

第1節　概要・趣旨

　法25条は、個人データの取扱いの全部又は一部を委託する場合の委託先に対する監督義務を定めている。

☞　個人データの保存・処理等の業務のアウトソーシング（外部委託）は業務の効率化に不可欠である。このため、法は、委託に伴って個人データを提供する場合は個人データの「第三者」への提供に該当しないことにして（27条5項1号）、第三者提供の制限から除外している。他方で、個人データの漏えい等の事故を極力防ぐ必要があるため、法25条により委託元（委託者）が委託先を監督することを義務づけることで、委託先において確実に安全管理措置が遵守されるようにした。

図表23　委託先の監督

第2節　個人データの取扱いの委託

　「個人データの取扱いの全部又は一部の委託」とは、契約の形態・種類を問わず、個人情報取扱事業者が他の者に個人データの取扱いを行わせることをいう。

　例えば、個人データの本人からの取得や入力、編集、分析、出力等の処理を行うことを委託すること等が想定される（通則GL）。

第3節　監督

　委託元（委託者）が委託先に対する「必要かつ適切な監督」を行っているとい

えるために、委託元は、法23条に基づいて自らが講ずべき安全管理措置と同等の措置が委託先においても講じられるよう、委託先の監督を行うことが求められる。

　もっとも、委託元が法23条により求められる水準を超える高い水準の安全管理措置を講じている場合にまで、委託先に対してもこれと同等の措置を求める趣旨ではなく、委託先は、法23条が求める水準の安全管理措置を講じれば足りる（通則GL）。

　委託先に対する「必要かつ適切な監督」を行うために、委託元は、取扱いを委託する個人データの内容を踏まえ、個人データが漏えい等をした場合に本人が被る権利利益の侵害の大きさを考慮し、委託する事業の規模及び性質、個人データの取扱状況、取り扱う個人データの性質及び量等に起因するリスクに応じて、次の（1）から（3）までに掲げる措置を講じなければならない（同上）。

（1）適切な委託先の選定

（2）委託契約の締結

（3）委託先における個人データ取扱状況の把握

　（1）（2）（3）の具体的な内容については後述することとし、ここでは、委託先に対して必要かつ適切な監督を行っているといえない場合の例をみておく。

[参考知識：委託先に対して必要かつ適切な監督を行っているといえない場合の例]

・個人データの安全管理措置の状況を契約締結時及びそれ以後も適宜把握せず外部の事業者に委託した結果、委託先が個人データを漏えいした場合

・個人データの取扱いに関して必要な安全管理措置の内容を委託先に指示しなかった結果、委託先が個人データを漏えいした場合

・再委託の条件に関する指示を委託先に行わず、かつ委託先の個人データの取扱状況の確認を怠り、委託先が個人データの処理を再委託した結果、当該再委託先が個人データを漏えいした場合

・契約の中に、委託元は委託先による再委託の実施状況を把握することが盛り込まれているにもかかわらず、委託先に対して再委託に関する報告を求めるなどの必要な措置を行わず、委託元の認知しない再委託が行われた結果、当該再委託先が個人データを漏えいした場合

第16章　漏えい等の報告等（法26条）

第1節　漏えい等事案が発覚した場合に講ずべき措置

　個人情報取扱事業者は、漏えい等又はそのおそれのある事案（漏えい等事案）が発覚した場合は、漏えい等事案の内容等に応じて、次の（1）から（5）に掲げる事項について、必要な措置を講じなければならない（通則GL）。

（1）事業者内部における報告及び被害の拡大防止

　責任ある立場の者に直ちに報告するとともに、漏えい等事案による被害が発覚時よりも拡大しないよう必要な措置を講ずる。

　【必要な措置の例】

　・外部からの不正アクセスや不正プログラムの感染が疑われる場合に、当該端末等のLANケーブルを抜いてネットワークからの切り離しを行う又は無線LANの無効化を行うなどの措置を直ちに行う。

（2）事実関係の調査及び原因の究明

　漏えい等事案の事実関係の調査及び原因の究明に必要な措置を講ずる。

（3）影響範囲の特定

　上記（2）で把握した事実関係による影響範囲の特定のために必要な措置を講ずる。

　【必要な措置の例】

　・個人データの漏えいの場合に、漏えいした個人データに係る本人の数、漏えいした個人データの内容、漏えいした原因、漏えい先等を踏まえ、影響の範囲を特定する（Q&A）。

（4）再発防止策の検討及び実施

　上記（2）の結果を踏まえ、漏えい等事案の再発防止策の検討及び実施に必要な措置を講ずる。

（5）個人情報保護委員会への報告及び本人への通知

　個人情報保護委員会への報告は法26条1項、本人への通知は法26条2項に従っ

て実施する。

　なお、漏えい等事案の内容等に応じて、二次被害の防止、類似事案の発生防止等の観点から、事実関係及び再発防止策等について、速やかに公表することが望ましい（通則 GL）。

第2節　漏えい等の報告（法26条1項）

> 法第26条（漏えい等の報告等）
> 1　個人情報取扱事業者は、その取り扱う個人データの漏えい、滅失、毀損その他の個人データの安全の確保に係る事態であって**個人の権利利益を害するおそれが大きいものとして個人情報保護委員会規則で定めるもの**が生じたときは、個人情報保護委員会規則で定めるところにより、当該事態が生じた旨を個人情報保護委員会に報告しなければならない。ただし、（略）

1　概要と趣旨

　個人情報取扱事業者は、その取り扱う個人データの漏えい、滅失、毀損その他の個人データの安全の確保に係る事態（漏えい等事案）であって、規則7条1号から4号に該当する事態（報告対象事態）を知ったときは、規則8条で定めるところにより、当該事態が生じた旨を個人情報保護委員会に報告しなければならない（法26条1項）。

　個人情報保護委員会への報告については、速報（規則8条1項）と確報（規則8条2項）が定められ、報告事項（規則8条1項1号から9号）も定められている。

　☞　令和2年改正前は、個人データの漏えい等の報告は、法令上の義務ではなく通則ガイドラインで定める「努力義務」だった。そこで、個人情報保護委員会が漏えい等事案を把握し適切に対応することができるようにするため、令和2年改正により法26条1項が新設されて、個人情報保護委員会への報告等が法的義務とされた。

2　漏えい等事案（法26条1項本文）

　個人情報取扱事業者が取り扱う個人データの「漏えい、滅失、毀損その他の個人データの安全の確保に係る事態」（漏えい等又はそのおそれのある事案）を「漏えい等事案」という（通則 GL）。

（1）漏えい

　個人データの「漏えい」とは、個人データが外部に流出することをいう（通則GL）。

個人データが外部に流出しても、個人データを第三者に閲覧されないうちに全てを回収した場合は、漏えいに該当しない（通則GL）。

（2）滅失

個人データの「滅失」とは、個人データの内容が失われることをいう。

ただし、その内容と同じデータが他に保管されている場合は、「滅失」に該当せず、また、個人情報取扱事業者が合理的な理由により個人データを削除する場合も、「滅失」に該当しない（通則GL）。

（3）毀損

　個人データの「毀損」とは、個人データの内容が意図しない形で変更されることや、内容を保ちつつも利用不能な状態となることをいう。

　ただし、その内容と同じデータが他に保管されている場合は「毀損」に該当しない（通則 GL）。

[参考知識：個人データの毀損に該当する例]

・個人データの内容が改ざんされた場合
・暗号化処理された個人データの復元キーを喪失したことにより復元できなくなった場合
・ランサムウェア等により個人データが暗号化され、復元できなくなった場合

3　報告対象事態（規則7条各号）

　個人情報取扱事業者は、漏えい等事案のうち、規則7条1号から4号が定める事態（報告対象事態）を知ったときは、個人情報保護委員会に報告しなければならない（法26条1項・規則7条各号）。

【報告対象事態】

　　1号　要配慮個人情報が含まれる個人データの漏えい、滅失若しくは毀損（「漏えい等」）が発生し、又は発生したおそれがある事態

　　2号　不正に利用されることにより財産的被害が生じるおそれがある個人データの漏えい等が発生し、又は発生したおそれがある事態

　　3号　不正の目的をもって行われたおそれがある個人データの漏えい等が発生し、又は発生したおそれがある事態

　　4号　個人データに係る本人の数が1,000人を超える漏えい等が発生し、又は発生したおそれがある事態

　報告対象事態における「おそれ」については、その時点で判明している事実関係に基づいて個別の事案ごとに蓋然性を考慮して判断し、**その時点で判明している事実関係からして、漏えい等が疑われるものの漏えい等が生じた確証がない場合**がこれに該当する（通則 GL）。

　1号から3号までの報告対象事態は、件数にかかわらない（1件でも報告対象事態に該当しうる）。

　なお、報告対象事態に該当しない漏えい等事案であっても、個人情報取扱事業者は個人情報保護委員会に任意の報告をすることができる（通則 GL）。

（1）要配慮個人情報が含まれる個人データの漏えい等が発生し、又は発生したおそれがある事態（規則7条1号）

[参考知識：規則7条1号の報告対象事態に該当する例]

・病院における患者の診療情報や調剤情報を含む個人データを記録した USB メモリー

・を紛失した。
・従業員の健康診断等の結果を含む個人データが漏えいした。
・医療機関において、健康診断等の結果を誤って本人以外の者に交付した（Q&A）。

（2）不正に利用されることにより財産的被害が生じるおそれがある個人データの漏えい等が発生し、又は発生したおそれがある事態（規則 7 条 2 号）

「財産的被害が生じるおそれ」については、対象となった個人データの性質・内容等を踏まえ、財産的被害が発生する蓋然性を考慮して判断する（通則 GL）。漏えい等した個人データを利用し、本人になりすまして財産の処分が行われる場合が想定されている（Q&A）。

[参考知識：規則 7 条 2 号の報告対象事態に該当する例]
・EC サイトからクレジットカード番号を含む個人データが漏えいした。
・送金や決済機能のあるウェブサービスのログイン ID とパスワードの組み合わせを含む個人データが漏えいした。

[参考知識：規則 7 条 2 号の報告対象事態に該当しない例]
・住所、電話番号、メールアドレス、SNS アカウントといった個人データのみの漏えい（Q&A）
・個人データであるクレジットカード番号の下 4 桁のみとその有効期限の組合せが漏えいした（Q&A）。
・個人データである銀行口座情報（金融機関名、支店名、預金種別、口座番号、口座名義等）のみが漏えいした（Q&A）。

（3）不正の目的をもって行われたおそれがある個人データの漏えい等が発生し、又は発生したおそれがある事態（規則 7 条 3 号）

「不正の目的をもって」漏えい等を発生させた主体には、第三者のみならず、従業者も含まれる。

[参考知識：規則 7 条 3 号の報告対象事態に該当する例]
・不正アクセスにより個人データが漏えいした場合
・ランサムウェア等により個人データが暗号化され、復元できなくなった場合
・個人データが記載又は記録された書類・媒体等が盗難された場合
・従業者が顧客の個人データを不正に持ち出して第三者に提供した場合

[参考知識：サイバー攻撃の事案について、「漏えい」が発生したおそれがある事態に該当し得る場合の例]
・個人データを格納しているサーバや、当該サーバにアクセス権限を有する端末において外部からの不正アクセスによりデータが窃取された痕跡が認められた場合
・個人データを格納しているサーバや、当該サーバにアクセス権限を有する端末において、情報を窃取する振る舞いが判明しているマルウェアの感染が確認された場合

> ☞　単にマルウェアを検知したことをもって直ちに漏えいのおそれがあると判断するものではなく、防御システムによるマルウェアの実行抑制の状況、外部通信の遮断状況等についても考慮する（Q&A）。

・マルウェアに感染したコンピュータに不正な指令を送り、制御するサーバ（C&C サーバ）が使用しているものとして知られている IP アドレス・FQDN（Fully Qualified Domain Name の略。サブドメイン名及びドメイン名からなる文字列であり、ネットワーク上のコンピュータ（サーバ等）を特定するもの。）への通信が確認された場合

・不正検知を行う公的機関、セキュリティ・サービス・プロバイダ、専門家等の第三者から、漏えいのおそれについて、一定の根拠に基づく連絡を受けた場合

［参考知識：従業者による個人データの持ち出しの事案について、「漏えい」が発生したおそれがある事態に該当し得る場合の例］

・個人データを格納しているサーバや、当該サーバにアクセス権限を有する端末において、通常の業務で必要としないアクセスによりデータが窃取された痕跡が認められた場合

（4）個人データに係る本人の数が1,000人を超える漏えい等が発生し、又は発生したおそれがある事態（規則7条4号）

「個人データに係る本人の数」は、当該個人情報取扱事業者が取り扱う個人データのうち、漏えい等が発生し、又は発生したおそれがある個人データに係る本人の数をいう（通則 GL）。

> ☞　事態が発覚した当初1,000人以下であっても、その後1,000人を超えた場合には、1,000人を超えた時点で規則7条4号に該当することになる（通則 GL）。

4　報告対象から除外される場合

漏えい等が発生し、又は発生したおそれがある個人データについて、**高度な暗号化その他の個人の権利利益を保護するために必要な措置を講じている場合**は、報告対象から除外される（規則7条1号）。

［参考知識：高度な暗号化その他の個人の権利利益を保護するために必要な措置を講じている場合］

「漏えい等が発生し、又は発生したおそれがある個人データについて、高度な暗号化」等の秘匿化がされている場合に該当するためには、当該漏えい等事案が生じた時点の技術水準に照らして、漏えい等が発生し、又は発生したおそれがある個人データについて、これを第三者が見読可能な状態にすることが困難となるような暗号化等の技術的措置が講じられるとともに、そのような暗号化等の技術的措置が講じられた情報を見読可能な状態にするための手段が適切に管理されていることが必要である（Q&A）。

> ☞　第三者が見読可能な状態にすることが困難となるような暗号化等の技術的措置としては、適切な評価機関等により安全性が確認されている電子政府推奨暗号リストや ISO/IEC18033等に掲載されている暗号技術が用いられ、それが適切に実装されていることが考えられる（Q&A）。

暗号化等の技術的措置が講じられた情報を見読可能な状態にするための手段が適切に管理されているといえるためには、①暗号化した情報と復号鍵を分離するとともに復号鍵自体の漏えいを防止する適切な措置を講じていること、②遠隔操作により暗号化された情報若しくは復号鍵を削除する機能を備えていること、又は③第三者が復号鍵を行使できないように設計されていることのいずれかの要件を満たすことが必要である（Q&A）。

　　☞　テンプレート保護技術（暗号化等の技術的措置を講じた生体情報を復号することなく本人認証に用いる技術）を施した個人識別符号が漏えいした場合は、高度な暗号化等の秘匿化がされており、かつ、当該個人識別符号が漏えいした場合に、漏えいの事実を直ちに認識し、テンプレート保護技術に用いる秘匿化のためのパラメータを直ちに変更するなど漏えいした個人識別符号を認証に用いることができないようにしている場合には、「高度な暗号化その他の個人の権利利益を保護するために必要な措置」を講じていることになる（Q&A）。

5　報告義務の主体

（1）当該個人データを取り扱う個人情報取扱事業者

　法26条1項の報告義務を負う主体は、漏えい等が発生し、又は発生したおそれがある個人データを取り扱う個人情報取扱事業者である。

（2）個人データの取扱いを委託している場合

①　原則

　個人データの取扱いを委託している場合においては、委託元と委託先の双方が個人データを取り扱っていることになるため、報告対象事態に該当する場合には、原則として委託元と委託先の双方が報告する義務を負う。

②　委託元への通知による例外

　個人データの取扱いを委託している場合において、委託先が、個人情報保護委員会への報告義務を負っている委託元に対し、報告事項（規則8条1項1号から9号）のうち、その時点で把握しているもの（規則9条）を通知したときは、委託先は、個人情報保護委員会への報告義務を免除されるとともに（法26条1項但書）、本人への通知義務も免除される（法26条2項かっこ書）。

　　☞　報告事項については、「6　（1）速報と報告事項（規則8条1項)」を参照されたい。

6　速報と確報

（1）速報と報告事項（規則8条1項）

①　速報

　　個人情報取扱事業者は、報告対象事態（規則7条1号から4号）を知った後、速やかに、施行規則（規則8条1項1号から9号）が定める報告事項を個人情報保護委員会に報告しなければならない。

　　これを「速報」という。

　　「速やか」の日数の目安については、個別の事案によるものの、**個人情報取扱事業者が当該事態を知った時点から概ね3から5日以内である**（通則GL）。

②　報告事項（規則8条1項各号）

　　法26条1項による個人情報保護委員会への報告は、施行規則（8条1項1号から9号）が定める事項（報告事項）を、原則として、個人情報保護委員会のホームページの報告フォームに入力する方法により行う。

　　速報の場合、**報告をしようとする時点において把握している内容を報告すれば足りる**（規則8条1項かっこ書き）。

【報告事項】

　1号　概要

　　　　当該事態の概要について、発生日、発覚日、発生事案、発見者、報告対象事態（規則7条各号）該当性、委託元及び委託先の有無、事実経過等を報告する。

　2号　漏えい等が発生し、又は発生したおそれがある個人データの項目

　　　　漏えい等が発生し、又は発生したおそれがある個人データの項目について、媒体や種類（顧客情報、従業員情報の別等）とともに報告する。

　3号　漏えい等が発生し、又は発生したおそれがある個人データに係る本人の数

　　　　漏えい等が発生し、又は発生したおそれがある個人データに係る本人の数について報告する。

　4号　原因

　　　　当該事態が発生した原因について、当該事態が発生した主体（報告者又は委託先）とともに報告する。

　5号　二次被害又はそのおそれの有無及びその内容

　　　　当該事態に起因して発生する被害又はそのおそれの有無及びその内容について報告する。

　6号　本人への対応の実施状況

　　　　当該事態を知った後、本人に対して行った措置（通知を含む。）の実施状況について報告する。

7号　公表の実施状況

当該事態に関する公表の実施状況について報告する。

8号　再発防止のための措置

漏えい等事案が再発することを防止するために講ずる措置について、実施済みの措置と今後実施予定の措置に分けて報告する。

9号　その他参考となる事項

1号から8号までの事項を補完するため、個人情報保護委員会が当該事態を把握する上で参考となる事項を報告する。

（2）確報（規則8条2項）

個人情報取扱事業者は、報告対象事態（規則7条1号から4号）を知ったときは、速報に加えて、次の報告期限内に、個人情報保護委員会に報告しなければならない（規則8条2項）。

これを「確報」という。

【確報の報告期限】

・規則7条3号の事態以外の事態の場合は、報告対象事態を知った日から30日以内

・規則7条3号の事態（不正の目的をもって行われたおそれがある個人データの漏えい等が発生し、又は発生したおそれがある事態）の場合は、報告対象事態を知った日から60日以内

・規則7条3号の事態に加え、同条1号、2号又は4号の事態にも該当する場合も、報告対象事態を知った日から60日以内

確報においては、報告事項（規則8条1項1号から9号）の全てを報告しなければならない。

☞　速報の時点で全ての事項を報告できる場合には、1回の報告で速報と確報を兼ねることができる。

☞　確報を行う時点（報告対象事態を知った日から30日以内又は60日以内）において、合理的努力を尽くした上で、一部の事項が判明しておらず、全ての事項を報告することができない場合には、その時点で把握している内容を報告し、判明次第、報告を追完するものとする（通則GL）。

第3節　本人への通知（法26条2項）

法第26条（漏えい等の報告等）

2　前項に規定する場合には、個人情報取扱事業者（同項但書の規定による通知をした者を除く。）は、本人に対し、個人情報保護委員会規則で定め

るところにより、**当該事態が生じた旨を通知しなければならない。**ただし、本人への通知が困難な場合であって、本人の権利利益を保護するため必要なこれに代わるべき措置をとるときは、この限りでない。

1　概要

　個人情報取扱事業者は、報告対象事態（規則7条1号から4号）を知った後、当該事態の状況に応じて速やかに、**当該本人の権利利益を保護するために必要な範囲において、**報告事項のうち、規則8条1項1号、2号、4号、5号及び9号に定める事項を本人に通知しなければならない（法26条2項、規則10条）。

　☞　法26条は、令和2年改正によって新設された規律である。

2　通知義務の主体

（1）原則

　通知義務を負う主体は、漏えい等が発生し、又は発生したおそれがある個人データを取り扱う個人情報取扱事業者である。

（2）委託元への通知による例外

　個人データの取扱いを委託している場合において、委託先が、個人情報保護委員会への報告義務を負っている委託元に対し、報告事項のうち、その時点で把握しているもの（規則9条）を通知したときは、委託先は、個人情報保護委員会への報告義務を免除されるとともに、本人への通知義務も免除される（法26条1項但書、法26条2項かっこ書）。

3　当該事態の状況に応じて速やかに

[参考知識：その時点では通知を行う必要があるといえない場合の例]

・インターネット上の掲示板等に漏えいした複数の個人データがアップロードされており、個人情報取扱事業者において当該掲示板等の管理者に削除を求める等、必要な初期対応が完了しておらず、本人に通知することで、かえって被害が拡大するおそれがある場合
・漏えい等のおそれが生じたものの、事案がほとんど判明しておらず、その時点で本人に通知したとしても、本人がその権利利益を保護するための措置を講じられる見込みがなく、かえって混乱が生じるおそれがある場合

4　通知事項

　本人へ通知すべき事項は、個人情報保護委員会への報告事項（規則8条1項1号から9号）のうち、以下の事項である（規則10条）。

1号　概要

2号　漏えい等が発生し、又は発生したおそれがある個人データの項目

4号　原因

5号　二次被害又はそのおそれの有無及びその内容

9号　その他参考となる事項

これらの事項が全て判明するまで本人への通知をする必要がないというものではなく、本人への通知は、「当該事態の状況に応じて速やかに」行う必要がある（通則 GL）。

5　本人の権利利益を保護するために必要な範囲

本人への通知は、「本人の権利利益を保護するために必要な範囲において」行う（規則10条）。

[参考知識：本人の権利利益を保護するために必要な範囲の通知の例]

・不正アクセスにより個人データが漏えいした場合において、その原因を本人に通知するにあたり、個人情報保護委員会に報告した詳細な内容ではなく、必要な内容を選択して本人に通知する。

・漏えい等が発生した個人データの項目が本人ごとに異なる場合において、当該本人に関係する内容のみを本人に通知する。

6　本人への通知の方法

「本人への通知」とは、本人に直接知らしめることをいい、事業の性質及び個人データの取扱状況に応じ、通知すべき内容が本人に認識される合理的かつ適切な方法によらなければならない（通則 GL）。

☞　法26条2項の「通知」の意味や解釈は、法21条1項（利用目的の本人への通知）の「通知」と基本的に同じである（「第11章　第2節　2　（2）本人に通知」を参照）。

個人情報保護委員会への報告（法26条1項）と異なり、本人への通知の様式は法令上定められていないが、本人にとって分かりやすい形で通知を行うことが望ましい（通知 GL）。

[参考知識：本人への通知の例]

・文書を郵便等で送付することにより知らせる。

・電子メールを送信することにより知らせる。

7 本人への通知の例外

　本人への通知を要する場合であっても、本人への通知が困難な場合であって、本人の権利利益を保護するため必要なこれに代わるべき措置をとるときは、本人への通知を要しない（法26条2項但書）。

[参考知識：本人への通知が困難な場合の例]

・保有する個人データの中に本人の連絡先が含まれていない。
・連絡先が古いために通知を行う時点で本人へ連絡できない。

[参考知識：本人への通知に代わるべき措置の例]

・事案を公表する。
　　公表すべき内容は、個別の事案ごとに判断されるが、本人へ通知すべき内容を基本とする（通則GL）。
・問合せ窓口を用意してその連絡先を公表し、本人が自らの個人データが対象となっているか否かを確認できるようにする。

第17章　第三者提供の制限（法27条）

第1節　本人同意（オプトイン）の原則（法27条1項）

> 法第27条（第三者提供の制限）
> 1　個人情報取扱事業者は、次に掲げる場合を除くほか、あらかじめ本人の同意を得ないで、個人データを第三者に提供してはならない。
> 一　（以下略）

　個人情報取扱事業者が個人データを第三者に提供する場合、原則として、あらかじめ本人の同意を得なければならない（法27条1項）。

> ☞　無限定な個人データの提供を排除し、本人の権利利益侵害を防止するための規制であり、オプトイン（Opt-in）の原則ともいう。オプトインは、「参加する」という意味であり、個人データの第三者提供について本人に主導権を認める方法である。

1　対象情報（個人データ）

　法27条の対象となる情報は、「個人データ」（個人情報データベース等を構成している個人情報。法16条3項）である。

[参考知識：「個人情報」の第三者提供にとどまる例]

・旅行代理店が旅館への宿泊申込書を顧客から取得して、その場で（＝データベースに入力する前に）、旅館へFAXする場合は、（個人情報の提供にとどまるので）本人の同意を得る必要はない。
・学校行事で撮影された写真（特定の個人を識別できる）を広報誌に掲載したり関係者に配布したりする場合も、個人情報の提供にとどまるので、本人の同意を得る必要はない（Q&A）。
> ☞　もっとも、写真の公表はプライバシー権や肖像権の侵害にあたる場合もあるため、展示期間を限定したり、不特定多数への提供に際しては本人の同意を得るようにする等の取組みが望ましい（Q&A）。

・退職した従業員の在籍確認や勤務状況等の問い合わせが外部からあった場合の回答は、当該個人情報が個人データに該当しなければ法27条1項の制限にかからない（Q&A）。

2 あらかじめ本人の同意を得る

（1）同意

「同意」の解釈は、目的外利用を認める本人の「同意」（法18条1項）と基本的に同じである（「第7章 第3節 本人の同意」を参照）。

「同意」は意思表示であるが、明示されていなくても同意があると評価できる場合はある。

なお、「同意」は意思表示であるから、本人が同意により生じる結果につき判断能力を有していない場合は、法定代理人等（親権者、成年後見人等）の同意を得なければならない。

> **［参考知識：同意に関連する事例］**
>
> ・デパートで、顧客データベースで確認した客の名前をアナウンスして呼び出す場合は、原則として個人データの第三者提供として本人の同意を得る必要があるが、状況から判断して本人の同意が得られていると評価できる場合がある。
>> ☞ 同意が得られていると評価できない場合でも、落とし物や忘れ物の連絡等、客の生命、身体又は財産の保護のために必要がある場合であって、本人の同意を得ることが困難である場合は、本人の同意を得ずにアナウンスできる（法27条1項2号の適用除外事由に該当する）。
>
> ・公開されている個人情報を取得して個人データとして第三者提供する場合は、氏名のみ等であれば、本人の同意があると事実上推認してよい場合がある。
>> ☞ ある企業の代表取締役の氏名等が当該会社のホームページで公開されていて、当該本人の役職及び氏名のみを第三者に伝える場合等、提供する個人データの項目や提供の態様によっては、本人の同意があると事実上推認してよい場合もある（Q&A）。
>
> ・黙示の同意（通常必要と考えられる個人情報の利用範囲を掲示しておき、本人から特段明確な反対・留保の意思表示がない場合）も認められる（医療・介護事業者ガイダンス）。

（2）同意を得る方法

個人情報の取得前から、個人情報を第三者に提供することを想定している場合には、法17条1項による利用目的の特定において、第三者に提供する旨を特定しなければならない。

第三者提供の同意は、第三者提供の都度ではなく、本人が予測できる範囲において包括的に得ることもできる（通則 GL）。
> ☞ 第三者が特定されていないことに不安を抱く本人は、同意をしなければよいからである。

3 提供

個人データを「第三者に提供」するとは、個人データを自己以外の者が利用可

能な状態に置くことをいう（通則GL）。

　個人データが物理的に提供されていなくても、ネットワーク等を利用することにより、個人データを利用できる状態にあれば（利用する権限が与えられていれば）、「提供」に該当する（同上）。

　他方で、自己以外の者に個人データを含む情報を交付・送信する場合でも、その者が個人データを利用できる状態になければ、「提供」にあたらない。

4　第三者

　個人データを「第三者」に提供したかどうかは、法人格ごとに形式的に判断する。

　従って、親子兄弟会社、グループ会社、提携会社、協力会社、フランチャイズ本部と加盟店という関係であっても、法人格が別である以上、親子会社間、グループ会社間、本部・加盟店間の個人データの移動は「第三者への提供」にあたる。

　これに対し、同一法人内で、他部門と個人データのやりとりをすることは、同一法人内での個人データの「利用」に過ぎず、個人データを「第三者」に提供するわけではないので、あらかじめ本人の同意を得ておく必要はない。

第2節　適用除外事由（法27条1項各号）

1　概要と趣旨

　法27条1項各号に掲げる適用除外事由に該当する場合は、第三者提供の制限は適用されず、本人の同意を得ずに個人データを第三者に提供できる。

　　　☞　各号に該当する場合は、他の権利利益を優先する必要があり、又は第三者提供によって本人の権利利益が侵害される蓋然性がないこと等から、第三者提供の制限の適用除外事由とされている。

【適用除外事由（法27条）】

　1号　法令に基づく場合
　2号　人の生命、身体又は財産の保護のために必要がある場合であって、本人の同意を得ることが困難であるとき

3号　公衆衛生の向上又は児童の健全な育成の推進のために必要がある場合であって、本人の同意を得ることが困難であるとき

4号　国の機関等が法令の定める事務を遂行することに対して協力する場合

5号　学術研究機関等が個人データを提供する場合（学術研究の成果の公表又は教授）

6号　学術研究機関等が個人データを提供する場合（共同して学術研究を行う第三者への提供）

7号　学術研究機関等が個人データの第三者提供を受ける場合

2　1号〜4号の適用除外事由

法27条1項1号から4号の規定は、法18条3項1号から4号（利用目的による制限の適用除外事由）の規定と同じである。

そこで、法27条1項1号から4号の事由の意味や該当例については、法18条3項1号から4号の解説（「第7章　第4節　適用除外事由（法18条3項各号）」）を参照されたい。

3　学術研究機関等に関連する適用除外事由（5号〜7号）

学術研究機関等が個人データを第三者提供する場合や、学術研究機関が個人データの提供を受ける場合は、学術研究目的などの一定の要件をみたし、個人の権利利益を不当に侵害するおそれがない場合は、法27条1項は適用されず、あらかじめ本人の同意を得ることなく個人データの提供を行うことができる（法27条1項5号から7号）。

☞　「学術研究機関等」「学術研究目的」については、「第3章　第19節　学術研究機関等（法16条8項）」を参照されたい。

［参考知識：5号の事由］

学術研究機関等が個人データを提供する場合であり、かつ、当該個人データの提供が学術研究の成果の公表又は教授のためやむを得ない場合であって、個人の権利利益を不当に侵害するおそれがない場合は、当該学術研究機関等は、法27条1項の適用を受けず、あらかじめ本人の同意を得ないで、個人データを第三者提供できる。

「個人の権利利益を不当に侵害するおそれがある場合」には、個人データを第三者に提供することはできない。

［参考知識：6号の事由］

学術研究機関等が個人データを提供する場合であり、かつ、当該学術研究機関等と共同して学術研究を行う第三者（学術研究機関等であるか否かを問わない。）に当該個人データを学術研究目的で提供する必要がある場合（当該個人データを提供する目的の一部が学術研究目的である場合を含む。）であって、個人の権利利益を不当に侵害するおそ

れがない場合は、当該学術研究機関等は、法27条１項の適用を受けず、あらかじめ本人の同意を得ないで、個人データを第三者提供できる。

「個人の権利利益を不当に侵害するおそれがある場合」には、個人データを第三者に提供することはできない。

［参考知識：７号の事由］

学術研究機関等が個人データの第三者提供を受ける場合であり、かつ、当該学術研究機関等が当該個人データを学術研究目的で取り扱う必要がある場合（当該個人データを取り扱う目的の一部が学術研究目的である場合を含む。）であって、個人の権利利益を不当に侵害するおそれがない場合は、当該学術研究機関等に個人データを提供する者は、法27条１項の適用を受けず、あらかじめ本人の同意を得ないで、個人データを提供できる。

「個人の権利利益を不当に侵害するおそれがある場合」には、個人データを第三者に提供することはできない。

第18章　オプトアウトによる第三者提供（法27条2項〜4項）

> 法第27条（第三者提供の制限）
> 2　個人情報取扱事業者は、第三者に提供される個人データについて、本人の求めに応じて当該本人が識別される個人データの第三者への提供を停止することとしている場合であって、次に掲げる事項について、個人情報保護委員会規則で定めるところにより、あらかじめ、本人に通知し、又は本人が容易に知り得る状態に置くとともに、個人情報保護委員会に届け出たときは、前項の規定にかかわらず、当該個人データを第三者に提供することができる。ただし、（略）
> 一（略）

第1節　概要

　個人データについて、本人の求めに応じて当該本人が識別される個人データの第三者への提供を停止することとしている場合であって、法27条2項1号から8号に掲げるオプトアウト事項について、あらかじめ、本人に通知し、又は本人が容易に知り得る状態に置くとともに、個人情報保護委員会に届け出たときは、本人の同意を得ることなく、当該個人データを第三者に提供することができる（法27条2項）。

　このような個人データの提供方法を、オプトアウトによる第三者提供という。

　　☞　オプトアウト（Opt-out）は、「脱退する」という意味であり、個人情報の利用・提供等の停止を申し入れる場合に用いる。オプトアウトによる第三者提供は、個人データの第三者提供について、事業者に主導権を認めつつ、本人から第三者提供停止の申し入れがあれば第三者提供を停止することにして、それまでは事業者に第三者提供を認める方式である。

【オプトアウトによる第三者提供が想定される例】
　・データベース事業者がダイレクトメール用の名簿を作成・販売する。
　・住宅地図業者が表札や郵便受けを調べて住宅地図を作成し、販売する。

第2節　オプトアウトによる第三者提供が禁止される場合

　以下の場合には、オプトアウトによる個人データの第三者提供をすることはで

きない（法27条2項但書）。
- （1）第三者提供される個人データが要配慮個人情報である場合
- （2）第三者提供される個人データが法20条1項に違反して不正取得された個人データ（その全部又は一部を複製し、又は加工したものを含む。）である場合
- （3）第三者提供する個人データがオプトアウトにより提供を受けた個人データ（その全部又は一部を複製し、又は加工したものを含む。）である場合（オプトアウトにより提供を受けた個人データのオプトアウトによる提供の禁止）
  - ☞ （2）と（3）は令和2年改正により追加された事由である。

第3節　オプトアウトの要件等

1　オプトアウト事項（法27条2項各号）

オプトアウトによる第三者提供を利用するためには、法27条2項1号から8号に掲げるオプトアウト事項を、あらかじめ本人に通知し、又は本人が容易に知りうる状態に置かなければならない。

[参考知識：法27条2項各号が定めるオプトアウト事項]

- 1号　個人情報取扱事業者の氏名又は名称及び住所並びに法人等の代表者の氏名
- 2号　第三者への提供を利用目的とすること
- 3号　第三者に提供される個人データの項目
- 4号　第三者に提供される個人データの取得の方法
- 5号　第三者への提供の方法
- 6号　本人の求めに応じて第三者への提供を停止すること
- 7号　本人の求めを受け付ける方法
- 8号　第三者に提供される個人データの更新の方法（規則11条4項1号）

2　本人に通知・本人が容易に知り得る状態（法27条2項）

オプトアウト事項（法27条2項各号）は、本人に通知するか又は本人が容易に知り得る状態に置かなければならない（法27条2項）。

3　オプトアウト事項の届出と公表（法27条2項）

オプトアウト事項は、個人情報保護委員会に届け出なければならない（法27条2項）。

必要な事項を個人情報保護委員会に届け出たときは、その内容を自らもインターネットの利用その他の適切な方法により公表するものとする（規則14条）。

4　取得時の利用目的に第三者提供を含むこと

　法17条1項の規定により特定された当初の個人情報の利用目的に、個人情報の第三者提供に関する事項が含まれていない場合は、第三者提供を行うと目的外利用（法18条1項により、あらかじめ本人の同意が必要）となるため、オプトアウトによる第三者提供を行うことはできない（通則GL）。

第4節　届出事項の変更及び提供をやめた場合（法27条3項）

［参考知識：届出事項の変更及び提供をやめた場合］

　オプトアウトによる第三者提供を行っている個人情報取扱事業者は、次の（1）から（3）までのいずれかに該当する場合は、その旨について、本人に通知し、又は本人が容易に知り得る状態に置くとともに、個人情報保護委員会に届け出なければならない（法27条3項）。

　なお、個人情報取扱事業者が必要な事項を個人情報保護委員会に届け出たときは、その内容を自らも公表するものとする（規則14条）。
（1）届出事項（第三者に提供される個人データの項目等）の変更があった場合
（2）届出事項（氏名又は名称、住所、法人等の代表者の氏名）の変更があった場合
（3）個人データの提供をやめた場合

第5節　個人情報保護委員会による公表（法27条4項）

　個人情報保護委員会は、オプトアウト事項の届出等を受けたときは、当該届出に係る事項を公表する（法27条4項）。

第6節　オプトアウト手続

　オプトアウトによる個人データの第三者提供が行われている場合、第三者提供を望まない本人は、個人情報取扱事業者に対し、当該本人が識別される個人データの第三者への提供を停止することを求めることができる（法27条2項）。

　　☞　オプトアウト方式により名簿販売をしている事業者は、本人の求めがあれば、その氏名等の個人データを次回印刷分から抹消するといった対応をしなければならない。

第19章 「第三者」に該当しない場合（法27条5項各号）

法第27条（第三者提供の制限）

5 次に掲げる場合において、当該個人データの提供を受ける者は、前各項の規定の適用については、**第三者に該当しないものとする。**

　一　個人情報取扱事業者が利用目的の達成に必要な範囲内において個人データの取扱いの全部又は一部を委託することに伴って当該個人データが提供される場合

　二　合併その他の事由による事業の承継に伴って個人データが提供される場合

　三　特定の者との間で共同して利用される個人データが当該特定の者に提供される場合であって、その旨並びに共同して利用される個人データの項目、共同して利用する者の範囲、利用する者の利用目的並びに当該個人データの管理について責任を有する者の氏名又は名称及び住所並びに法人にあっては、その代表者の氏名について、あらかじめ、本人に通知し、又は本人が容易に知り得る状態に置いているとき。

6 （略）

第1節　概要・趣旨

　法27条5項1号から3号に掲げる場合において、個人データの提供を受ける者は、「第三者に該当しないものとする」（法27条5項）。

【法27条5項】

　　1号　委託に伴う提供

　　2号　事業承継に伴う提供

　　3号　共同利用の場合の提供

　これらの場合は個人データの「第三者」への提供ではないから、本人の同意（法27条1項）を得る必要はない。

　　☞　1号から3号の提供を受ける者（委託先、事業の譲渡先及び共同利用者）は形式的には「第三者」であるが、本人との関係において、個人データの提供を受ける者を提供者と一体のものとして扱うことに合理性があるため、法は、「第三者」には該当しないこととし、本人同意原則等とは異

なる規律のもとで個人データを利活用できるようにした。

☞　委託に伴う提供（1号）の場合、委託者と委託先を一体のものとして扱うために、委託者には委託先の監督義務を課している（法25条）。

☞　事業承継に伴う提供（2号）の場合、譲渡人と譲受人を一体のものとして扱うために、事業の譲渡人が特定した利用目的を譲受人に引き継ぐことにしている（法18条2項）。

☞　共同利用の場合の提供（3号）は、本人から見て、個人データの共同利用者間の利用が同一の事業者内での個人データの利用と同視できる程度の実態がある場合（法27条5項）に、共同利用者の範囲内での個人データの利活用を認めるものである。

図表24　第三者の不該当事由

1号　委託に伴う提供

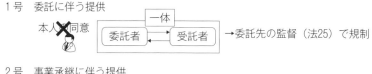

2号　事業承継に伴う提供

3号　共同利用

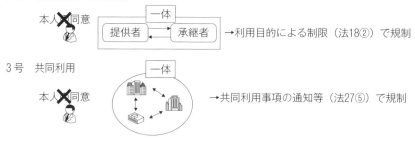

第2節　委託に伴う提供（法27条5項1号）

1　概要

個人情報取扱事業者が利用目的の達成に必要な範囲内において**個人データの取扱いの全部又は一部を委託する**ことに伴って、個人データが提供される場合は、個人データの提供を受ける者は「第三者」に該当しない（法27条5項1号）。

委託に伴う提供の場合は、委託に際して本人の同意を得る必要はないが、委託者は委託先の監督義務を負う（法25条）。

［参考知識：個人データの取扱いの委託に該当する例］

・データの打ち込み等、情報処理を委託した場合に、委託先に個人データを渡す場合や、委託元に個人データを含む成果物を納品する場合
・百貨店が注文を受けた商品の配送のために、宅配業者に個人データを渡す場合
・ダイレクトメールの発送業務を業者に委託することに伴い、ダイレクトメールの送付

先である顧客の氏名や住所等をこの業者に伝える場合

2 個人データの取り扱いの委託に該当しない場合

[参考知識：個人データの取り扱いの委託に該当しない例]

・配送事業者や通信事業者を利用して個人データを含むものを送付したが、配送事業者・通信事業者が依頼された中身の詳細には関知しない場合
・クラウドサービスを利用して個人データを含む情報を保存しているが、クラウドサービス事業者が個人データを取り扱うことになっていない場合

☞ これらの場合は、個人データの交付・送信を受ける第三者（運送業者・通信事業者・クラウドサービス事業者）が個人データを利用できる状態に置かれていないから、個人データの第三者への「提供」にも該当せず、本人の同意を得る必要はない。

第3節 事業承継に伴う提供（法27条5項2号）

1 内容

合併その他の事由による事業の承継に伴って個人データが提供される場合は、譲受人は「第三者」に該当しない（法27条5項2号）。

☞ 「事業の承継」が行われる事由としては、合併のほか、分社化、営業譲渡等が考えられる。

なお、譲受人は、事業承継前における利用目的の達成に必要な範囲を超えて個人情報を取り扱ってはならない（法18条2項）。

2 デューディリジェンスにおける個人データの提供

[参考知識：デューディリジェンスにおける個人データの提供]

事業承継においては、事業承継の契約を締結する交渉段階で、デューディリジェンス（DD：Due diligence。対象企業や資産の調査）が行われるのが一般であり、その際に個人データを含む情報が交渉相手に提供されることもある。このような場合も「事業承継に伴って個人データが提供される場合」に該当し、本人同意やオプトアウト方式によることなく、個人データを交渉相手に提供できるものと解されている（通則GL）。

もっとも、デューディリジェンスの結果、事業承継の契約締結に至らない場合もありうるから、提供者は、自ら果たすべき安全管理措置（法23条）の一環として、交渉中の情報漏えいや契約締結に至らない場合の手当をしておく必要があるから、当該データの利用目的及び取扱方法、漏えい等が発生した場合の措置、事業承継の交渉が不調となった場合の措置等、相手会社に安全管理措置を遵守させるために必要な契約を締結しなければならない（通則GL）。

第4節　共同利用の場合の提供（法27条5項3号、6項）

1　概要と趣旨

「共同利用」の要件をみたす場合に、共同利用者間で個人データの提供を受ける者は、「第三者」に該当しない（法27条5項3号）。

☞　共同利用者は、本人同意原則（法27条1項）やオプトアウト方式（法23条2項）によることなく個人データを提供し合える。

☞　「共同利用」は、個人データを共同して利用している複数の事業者を、一定の要件を満たす場合に、全体として一体の当事者とみなし、共同利用者間の個人データの提供を一事業者の部門間の個人データのやりとりと同様に扱う制度である。

図表25　共同利用のイメージ

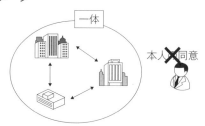

[参考知識：共同利用に該当しうる例]

・旅行業者や宿泊業者が顧客情報を交換する。
・親子兄弟会社間で顧客データを利用する。
・企業ポイントを通じた連携サービス提供のために提携企業間で顧客情報を利用する。
・グループ企業のイベント開催にあたり、子会社が保有している顧客情報を親会社に集めて案内を発送する。
・病院と訪問看護ステーションが共同で医療サービスを提供する（医療・介護関係事業者ガイダンス）。

2　要件（法27条5項3号）

共同利用による提供の適用を受けるためには以下の要件をみたさなければならない（法27条5項3号）。

（1）個人データを特定の者との間で共同して利用する場合であること

（2）以下の共同利用事項を、あらかじめ本人に通知し、又は本人が容易に知りうる状態に置いていること

①　共同利用する旨

②　共同利用される個人データの項目

③　共同して利用する者の範囲

④　利用する者の利用目的

⑤　管理について責任を有する者の氏名又は名称

3　共同利用に関する事項の変更（法27条6項）

［参考知識：共同利用に関する事項の変更］

（1）概要

　個人情報取扱事業者は、共同利用事項のうち、個人データの管理について責任を有する者の氏名、名称、住所等（⑤）に変更があったときは遅滞なく、利用する者の利用目的（④）又は⑤のうち当該責任を有する者を変更しようとするときはあらかじめ、その旨について、本人に通知し、又は本人が容易に知り得る状態に置かなければならない（法27条6項）。

　　　☞　変更に際して本人の同意を得る必要はない。

（2）「利用する者の利用目的」を変更できる範囲

　「利用する者の利用目的」（④）の変更は、法17条2項の制限の範囲内で行わなければならない。

　もっとも、④の変更が法17条2項の制限の範囲を超える場合であっても、目的外利用についての本人の同意（法18条1項）を得れば、④を変更して共同利用を続けることができる。

［参考知識：変更が認められない事項］

　共同利用に関する事項のうち、共同利用される個人データの項目（②）と共同して利用する者の範囲（③）については、変更は原則として認められない。

　もっとも、②又は③の変更であっても、本人の同意を得れば、②又は③を変更して共同利用を続けることができる（通則GL）。

第20章　外国にある第三者への提供の制限（法28条）

第1節　概要と趣旨

> 法第28条（外国にある第三者への提供の制限）
>
> 1　個人情報取扱事業者は、外国（本邦の域外にある国又は地域をいう。
> …）（個人の権利利益を保護する上で我が国と同等の水準にあると認められる個人情報の保護に関する制度を有している外国として個人情報保護委員会規則で定めるものを除く。…）にある第三者（個人データの取扱いについてこの節の規定により個人情報取扱事業者が講ずべきこととされている措置に相当する措置（第三項において「相当措置」という。）を継続的に講ずるために必要なものとして個人情報保護委員会規則で定める基準に適合する体制を整備している者を除く。…）に個人データを提供する場合には、前条第1項各号に掲げる場合を除くほか、あらかじめ外国にある第三者への提供を認める旨の本人の同意を得なければならない。この場合においては、同条の規定は、適用しない。

　外国にある第三者に個人データを提供する場合には、原則として、あらかじめ外国にある第三者への提供を認める旨の本人の同意を得なければならない（法28条1項）。

【外国にある第三者への提供に該当する例】

　　・国内の旅行会社が、国内にいる旅行予定者の個人データを外国のホテルに提供する場合

　法28条の解釈においては、外国にある第三者への個人データの提供に関して特化して分かりやすく解釈指針を示す必要があることから、個人情報保護委員会は、「個人情報保護ガイドライン（外国にある第三者への提供編）」（本書では、「外国第三者提供ガイドライン」又は「外国第三者GL」と略称する。）を策定・公表している。

図表26　外国にある第三者への提供 - 原則

第2節　外国にある第三者への個人データの提供を認める旨の本人の同意（法28条1項）

1　外国にある第三者

「外国」とは、本邦の域外にある国又は地域をいう。

外国にある「第三者」とは、個人データの提供者又は本人以外の者であって、外国に所在するものであり、法人・自然人を問わない。

（1）法人格ごとの形式的判断

「第三者」に該当するか否かは、法人格が異なるか否かで判断する。

[参考知識：外国にある第三者]

【「外国にある第三者」への提供に該当する例】

○　日本企業が、外国で法人格を取得している現地子会社に個人データを提供する場合

図表27　イメージ

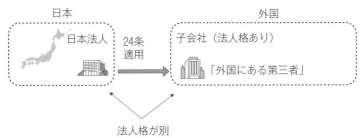

○　外国に住所のある外国事業者の日本子会社（日本で法人格取得）が、外国にある親会社に個人データを提供する場合

図表28　イメージ

課題Ⅰ　個人情報保護の総論

【「外国にある第三者」への提供に該当しない例】

×　日本企業の外国支店や現地駐在所等が外国で法人格を取得していない場合の、当該支店・駐在所への個人データの提供（同一事業者内での利用にすぎない）。

☞　外国にある第三者への提供の同意を得る必要はないが、提供者である日本企業は、自ら果たすべき安全管理措置（法23条）の一環として、現地支店・駐在所から個人データが漏えいしないように、適切な措置を講じなければならない。

図表29　イメージ

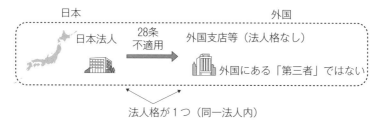

×　日本企業が、別法人を介在しないで、自社サーバを外国に設置して運用している場合（同一事業者内での利用）。

（2）外国に住所を有する外国事業者への提供

[参考知識：外国に住所を有する外国事業者への提供]

外国に住所を有する外国事業者であっても、日本国内で個人情報データベース等を事業の用に供している（法16条2項）と認められる場合は、その外国事業者が日本における「個人情報取扱事業者」に該当するから、当該外国事業者への個人データの提供は、「外国にある」第三者への提供にはあたらない（個人データの第三者提供にとどまる）。

【例】

・外国に住所を有する外国事業者の日本子会社（日本で法人格を有する）に個人データを提供する場合は、当該日本子会社が個人情報取扱事業者に該当するのが通常だから、当該日本子会社への提供は「外国にある」第三者への提供に該当しない。

・外国事業者が、日本国内に事業所・出張所を設置していたり、日本国内で事業活動をしている場合は、日本国内で個人情報データベース等を事業の用に供していると認められ、個人情報取扱事業者に該当するのが通常だから、このような外国事業者への個人データの提供は、「外国にある」第三者への提供に該当しない（通則GL）。

（3）成果物の納品の場合

[参考知識：成果物の納品の場合]

個人情報保護法の適用が及ばない域外の外国事業者から個人情報の編集・加工等の業務を受託して個人情報の提供を受けた国内の事業者が、委託の成果物を当該外国事業者に納品する行為については、法28条は適用されず（「外国にある第三者」への提供にはあたらない）、法27条5項1号（委託にともなう提供）が適用されると解されている（Q&A）。

2　提供

（1）意味

「提供」とは、個人データを自己以外の者が利用可能な状態に置くことである。

> ☞　「提供」に関する解釈や例は、個人データの第三者提供の制限（法27条）における「提供」と同じである（第17章　第1節　3　提供」を参照）。

（2）外国事業者が運営するクラウドサービスの利用

外国に住所のある事業者が運営するクラウドサービスを利用して、個人データをサーバに保存する場合は、そもそも「提供」に該当しないか、又は「外国にある第三者への提供」に該当しない場合が多いと考えられる。

［参考知識：「提供」にあたらない場合］

「提供」とは、個人データを自己以外の者が利用可能な状態に置くことである。

従って、クラウドサービス事業者がサーバに保存された個人データを取り扱わないことになっており、適切にアクセス制御を行っている場合には、クラウドサービスのサーバに個人データを保存しても、クラウドサービス事業者に個人データを「提供」したことにはならず、外国にある第三者への提供に該当しない（Q&A）。

> ☞　この場合は、法27条の第三者「提供」にも該当しないから、本人同意原則（法27条1項）も適用されない。

［参考知識：国内にある第三者への提供にあたる場合］

外国のクラウドサービス事業者が運営するサーバが国内にある場合は、その外国事業者が、国内で個人情報データベース等を事業の用に供していると認められ、個人情報取扱事業者に該当することが多いであろう。

また、外国のクラウドサービス事業者が日本に出張所を有している場合も、その外国事業者が国内で個人情報データベース等を事業の用に供していると認められ、個人情報取扱事業者に該当することが多いであろう。

これらの場合は、クラウドのサーバに個人データを保存する行為が個人データの「提供」に該当する場合であっても、「外国」にある第三者への提供にはあたらず（Q&A）、国内にある第三者への提供にあたるから、第三者への提供を認める旨の本人の同意（法27条1項）を得れば足りる。

（3）委託・事業承継・共同利用による場合

委託・事業承継・共同利用により外国にある第三者へ個人データを提供する場合は、外国にある第三者への提供を認める旨の本人の同意が必要である。

> ☞　法28条には、委託・事業承継・共同利用による提供を「第三者」への提供に該当しないとする法27条5項に相当する規定がない。

3 本人の同意

（1）同意

外国にある第三者への個人データの提供を認める旨の「本人の同意」とは、本人の個人データが、個人情報取扱事業者によって外国にある第三者に提供されることを承諾する旨の当該本人の意思表示をいう（外国第三者提供GL）。

☞ 法28条の「同意」に関する解釈は、目的外利用を認める旨の本人の「同意」（法18条1項）や第三者提供を認める旨の本人の「同意」（法27条1項）と同様である（「第7章 第3節 本人の同意」を参照）。

外国にある第三者への提供を認める旨の本人の同意を得れば、第三者提供を認める旨の本人の同意（法27条1項）を得る必要はない（法28条1項）。

（2）同意を得る方法

「本人の同意を得（る）」とは、本人の承諾する旨の意思表示を当該個人情報取扱事業者が認識することをいう。

☞ 事業の性質及び個人情報の取扱状況に応じ、本人が同意にかかる判断を行うために必要と考えられる合理的かつ適切な方法によらなければならない（外国第三者提供GL）。

第3節 外国にある第三者への提供を認める旨の本人の同意を得なくてよい場合

次のいずれかに該当する場合には、外国にある第三者への提供の制限の規定は適用されない（法28条1項）。

① 個人の権利利益を保護する上で我が国と同等の水準にあると認められる個人情報の保護に関する制度を有している外国にある第三者への提供の場合

② 個人情報取扱事業者が講ずべき措置に相当する措置を継続的に講ずるために必要な体制の基準に適合する体制（基準適合体制）を整備している第三者への提供の場合

③ 法27条1項各号（第三者提供の制限の適用除外事由）に該当する場合

☞ ①と②は、日本国内にある第三者への提供と同視できる場合である。

☞ ③は、法27条1項各号の適用除外事由と同様の趣旨で、外国にある第三者への提供の適用除外事由となっている。

図表30　外国にある第三者への提供の制限が適用されない場合

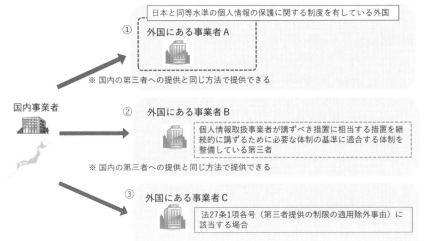

※ 法27条1項の第三者の提供を認める旨の本人の同意も不要

1　個人の権利利益を保護する上で我が国と同等の水準にあると認められる個人情報の保護に関する制度を有している外国にある第三者の場合

（1）内容

　個人の権利利益を保護する上で日本と同等の水準にあると認められる個人情報の保護に関する制度を有している外国として個人情報保護委員会が指定した国又は地域は、法28条の「外国」から除外され、法28条は適用されない（法28条1項）。

　この場合は、国内にある第三者への提供と同じ方法（法27条1項から6項）によって個人データの第三者提供を行うことができる。

（2）個人情報保護委員会規則で定める国又は地域の例

　個人情報保護委員会規則で、EU及び英国に対する指定をしているため、EU又は英国にある第三者への個人データの提供については、法28条は適用されない。

2　基準適合体制を整備している第三者への提供の場合

　外国にある第三者が、個人情報保護法により個人情報取扱事業者が講ずべきこととされている措置に相当する措置を継続的に講ずるために必要なものとして施行規則16条で定める基準に適合する体制（基準適合体制）を整備している者である場合は、法28条は適用されない（法28条1項）。

　この場合は、国内にある第三者への提供と同じ方法（法27条1項から6項）に

よって個人データの第三者提供を行うことができる。

	必要な体制として規則16条が定める基準
16条	次の各号のいずれかに該当することとする。
1号	個人情報取扱事業者（提供元）と個人データの提供を受ける者（提供先）との間で、提供先における当該個人データの取扱いについて、適切かつ合理的な方法により、法第4章第2節の規定の趣旨に沿った措置の実施が確保されていること
2号	個人データの提供を受ける者（提供先）が、個人情報の取扱いに係る国際的な枠組みに基づく認定を受けていること

（1）施行規則16条1号について

[参考知識：施行規則16条1号について]

① 適切かつ合理的な方法

「適切かつ合理的な方法」は、個人データの提供先である外国にある第三者が、日本の個人情報取扱事業者が講ずべきこととされている措置に相当する措置を継続的に講ずることを担保することができる方法である必要がある（外国第三者提供GL）。

【例】

・（外国にある事業者に個人データの取扱いを委託する場合）提供元及び提供先間の契約、確認書、覚書等を取り交わす。

・提供元事業者がAPEC CBPRシステムの認証を取得しており、外国にある提供先が提供元に代わって個人情報を取り扱う者である場合

② 法第4章第2節の規定の趣旨に沿った措置

「法第4章第2節の規定の趣旨に沿った措置」の具体例については、外国第三者提供ガイドラインにおいて詳細に記述されている。これは、法第4章第2節の規定の趣旨を、OECDプライバシーガイドラインやAPECプライバシーフレームワークといった国際的な枠組みの基準に整合するように解説したものである。

（2）施行規則16条2号について

[参考知識：施行規則16条2号について]

「個人情報の取扱いに係る国際的な枠組みに基づく認定」とは、国際機関等において合意された規律に基づき権限のある認証機関等が認定するものをいい、当該枠組みは、個人情報取扱事業者が講ずべきこととされている措置に相当する措置を継続的に講ずることのできるものである必要がある（外国第三者提供GL）。

例えば、外国にある提供先が、APEC CBPRシステムの認証を取得している場合がこれに該当する（外国第三者提供GL）。

3 法27条1項各号に該当する場合

法27条1項1号から7号（第三者提供の制限の適用除外事由）に該当する場合には、法28条は適用されない（法28条1項）。

☞ この場合は、外国にある第三者への提供を認める旨の本人の同意だけでなく第三者提供を認める旨の本人の同意も得る必要がない。

第4節 同意取得時の情報提供（法28条2項）

> 法第28条（外国にある第三者への提供の制限）
> 2 個人情報取扱事業者は、前項の規定により本人の同意を得ようとする場合には、個人情報保護委員会規則で定めるところにより、あらかじめ、当該外国における個人情報の保護に関する制度、当該第三者が講ずる個人情報の保護のための措置その他当該本人に参考となるべき情報を当該本人に提供しなければならない。

個人情報取扱事業者は、外国にある第三者への個人データの提供を認める旨の本人の同意を取得しようとする場合には、当該外国における個人情報の保護に関する制度、当該第三者が講ずる個人情報の保護のための措置その他当該本人に参考となるべき情報（規則17条2項から4項）を本人に提供しなければならない（法28条2項）。

☞ 情報を提供する方法は、電磁的記録の提供による方法、書面の交付による方法その他の適切な方法とする（規則17条1項）。

☞ 法28条2項及び3項は、令和2年改正で追加された規律である。

[参考知識：施行規則17条2項から4項が定める情報]

2項（原則）
　1号 当該外国の名称
　2号 適切かつ合理的な方法により得られた当該外国における個人情報の保護に関する制度に関する情報
　3号 当該第三者が講ずる個人情報の保護のための措置に関する情報
3項（当該外国の名称が特定できない場合は、2項1号・2号の事項に代えて、以下の事項）
　1号 当該外国の名称が特定できない旨及びその理由
　2号 当該外国の名称に代わる本人に参考となるべき情報がある場合には、当該情報
4項（当該第三者が講ずる個人情報の保護のための措置に関する情報が提供できない場合は、2項3号の事項に代えて、以下の事項）
　・当該第三者が講ずる個人情報の保護のための措置に関する情報が提供できない旨及びその理由

第5節　基準適合体制を整備している者に個人データを提供した場合に講ずべき措置等（法28条3項）

> 法第28条（外国にある第三者への提供の制限）
> 3　個人情報取扱事業者は、個人データを外国にある第三者（第1項に規定する体制を整備している者に限る。）に提供した場合には、個人情報保護委員会規則で定めるところにより、当該第三者による相当措置の継続的な実施を確保するために必要な措置を講ずるとともに、本人の求めに応じて当該必要な措置に関する情報を当該本人に提供しなければならない。

1　概要

　外国にある第三者が、個人情報保護法により個人情報取扱事業者が講ずべきこととされている措置に相当する措置を継続的に講ずるために必要なものとして施行規則16条で定める基準に適合する体制（基準適合体制）を整備している者である場合は、法28条は適用されない（法28条1項）。

　この方法で外国にある第三者に個人データを提供した場合には、当該第三者による相当措置の継続的な実施を確保するために必要な措置を講ずるとともに、本人の求めに応じて当該必要な措置に関する情報を当該本人に提供しなければならない（法28条3項）。

2　相当措置の継続的な実施を確保するために必要な措置

[参考知識：相当措置の継続的な実施を確保するために必要な措置]

　相当措置の継続的な実施を確保するために必要な措置（法28条3項）の具体的内容は、規則18条1項に規定されている。

【規則18条1項に規定されている措置】

　　1号　当該第三者による相当措置の実施状況並びに当該相当措置の実施に影響を及ぼすおそれのある当該外国の制度の有無及びその内容を、適切かつ合理的な方法により、定期的に確認すること。

　　2号　当該第三者による相当措置の実施に支障が生じたときは、必要かつ適切な措置を講ずるとともに、当該相当措置の継続的な実施の確保が困難となったときは、個人データ（法第31条第2項において読み替えて準用する場合にあっては、個人関連情報）の当該第三者への提供を停止すること。

3　相当措置の継続的な実施を確保するために必要な措置に関する情報提供

[参考知識：相当措置の継続的な実施を確保するために必要な措置に関する情報提供]

　本人の求めに応じて相当措置の継続的な実施を確保するために必要な措置に関する情

報を提供する具体的な方法等は、規則18条2項・3項に規定されている。

【規則18条2項・3項に規定されている措置】

　2項　情報を提供する方法は、電磁的記録の提供による方法、書面の交付による方法その他の適切な方法とする。

　3項　個人情報取扱事業者は、法28条3項の規定による求めを受けたときは、本人に対し、遅滞なく、次に掲げる事項について情報提供しなければならない。ただし、情報提供することにより当該個人情報取扱事業者の業務の適正な実施に著しい支障を及ぼすおそれがある場合は、その全部又は一部を提供しないことができる。

　1号　当該第三者による法第28条1項に規定する体制の整備の方法

　2号　当該第三者が実施する相当措置の概要

　3号　規則18条1項1号の規定による確認の頻度及び方法

　4号　当該外国の名称

　5号　当該第三者による相当措置の実施に影響を及ぼすおそれのある当該外国の制度の有無及びその概要

　6号　当該第三者による相当措置の実施に関する支障の有無及びその概要

　7号　前号の支障に関して規則18条1項2号の規定により当該個人情報取扱事業者が講ずる措置の概要

第21章　第三者提供時の確認・記録義務（法29条・30条）

第1節　総論

1　概要・趣旨

　個人情報取扱事業者が第三者に個人データを提供する場合は、提供者は、個人データの譲受や個人データに関する事項等の記録を作成・保存しなければならない（法29条。提供者の記録義務）。

　個人情報取扱事業者が第三者から個人データの提供を受ける場合には、受領者は、提供者が個人データを取得した経緯等の確認事項を確認するとともに、確認事項や個人データに関する事項等の記録を作成・保存しなければならない（法30条。受領者の確認・記録義務）。

> **［参考知識：法29条・30条の趣旨］**
>
> 　第三者提供に係る確認・記録義務の規定は、平成27年改正時に導入された。
>
> 　第三者提供に係る確認・記録義務は、名簿業者を介在として違法に入手された個人データが社会に流通する実態を受けて、違法な個人データの流通を防止するとともに、個人データが不正に流通した場合に個人情報保護委員会による報告徴収・立入検査（法143条）等により個人データの流通経路を事後的に追跡できるようにすること（トレーサビリティの確保）を目的とするものである。
>
> 　2014年7月に、大手通信教育事業者からの顧客情報の大量漏えい事件が発覚し、いわゆる名簿業者を介して、違法に入手された個人データが流通している実態が社会問題化した。顧客情報は最終的には500以上の業者に流出したとの報道もある。この事件が平成27年改正で法29条・30条が新設される直接の要因となったといわれる。

　法29条及び30条の適用においては、規制の目的と実効性を確保しつつ、事業者に過度な負担とならないよう十分に配慮することが求められるため、第三者提供における確認・記録義務に関して特化した分かりやすい解釈指針を示す必要がある。そこで、個人情報保護委員会は、「個人情報保護ガイドライン（第三者提供時の確認・記録義務編）」（本書では「確認・記録ガイドライン」又は「確認・記録GL」と略称する）を策定・公表している。

図表31　第三者提供に係る提供者・受領者の義務

【経緯等確認（法30条1項）】

【確認に係る事項を偽ってはならない（法30条2項）】

提供者

受領者

【記録作成・保存（法29条1項・2項）】

①当該個人データを提供した年月日
②当該第三者の氏名又は名称
③その他の個人情報保護委員会規則で
　定める事項

【記録作成・保存（法30条1項・2項）】

①当該個人データの提供を受けた年月日
②当該確認に係る事項
③その他の個人情報保護委員会規則で定
　める事項

第2節　「個人データ」の「提供」

1　個人データ

　確認・記録義務の対象は「個人データ」の第三者提供だから、授受された情報が「個人データ」に該当しない場合は、法29条及び30条は適用されない。

2　提供

　法29条及び30条における「提供」の意味は、法27条（第三者提供の制限）における「提供」と同じである（第17章　第1節　3　提供」を参照）。

第3節　受領者の確認義務等（法30条1項・2項）

法第30条（第三者提供を受ける際の確認等）
1　個人情報取扱事業者は、第三者から個人データの提供を受けるに際しては、個人情報保護委員会規則で定めるところにより、次に掲げる事項の確認を行わなければならない。ただし、（略）
一　当該第三者の氏名又は名称及び住所並びに法人にあっては、その代表者の氏名
二　当該第三者による当該個人データの取得の経緯
2　前項の第三者は、個人情報取扱事業者が同項の規定による確認を行う場合において、当該個人情報取扱事業者に対して、当該確認に係る事項を偽ってはならない。

1　確認事項（法30条１項）

　受領者は、第三者から個人データの提供を受けるに際しては、当該第三者（提供者）に対して、以下の確認事項の確認を行わなければならない（法30条１項）。

（１）第三者の氏名・名称、住所等（法30条１項１号）

　受領者は、第三者（提供者）の氏名又は名称及び住所のほか、提供者が法人である場合は、その代表者の氏名も確認しなければならない（法30条１項１号）。

　確認を行う方法は、個人データを提供する第三者（提供者）から申告を受ける方法その他の適切な方法とする（規則22条１項）。

［参考知識：第三者（提供者）から申告を受ける方法に該当する例］

・口頭で申告を受ける。
・所定の申込書等に記載をさせた上で、当該申込書等の提出を受け入れる。
・本人確認書類の写しの送付を受け入れる。

［参考知識：その他の適切な方法に該当する例］

・登記されている事項を確認する（受領者が自ら登記事項証明書・登記情報提供サービスで当該第三者の名称・住所・代表者の氏名を確認する。
・法人番号の提示を受けて、当該法人の名称、住所を確認する。
・当該第三者が自社のホームページなどで名称、住所、代表者の氏名を公開している場合において、その内容を確認する。
・信頼性のおける民間のデータ業者のデータベースを確認する。
・上場会社等の有価証券報告書等を確認する。

（２）第三者による個人データの取得の経緯（法30条１項２号）

　第三者（提供者）による「個人データの取得の経緯」の具体的な内容は、個人データの内容や第三者提供の態様などにより異なり得るが、基本的には、取得先の別と、取得行為の態様などを確認しなければならない（確認・記録GL）。

> ☞　取得先：顧客としての本人、従業員としての本人、他の個人情報取扱事業者、家族・友人等の私人、公開情報など
> ☞　取得行為の態様：本人から直接取得した、有償で取得した、公開情報から取得した、紹介により取得した、私人として取得したなど
> ☞　なお、第三者による個人データの取得の経緯を確認した結果、適法に入手されたものではないと疑われるにもかかわらず、あえて個人データの提供を受けた場合には、法20条１項（適正な取得）の規定違反と判断される可能性がある。

　「個人データの取得の経緯」の確認を行う方法は、個人データを提供する第三者（提供者）から当該第三者による当該個人データの取得の経緯を示す契約書そ

の他の書面の提示を受ける方法その他の適切な方法とする（規則22条2項）。

（3）既に確認を行った第三者に対する確認方法（規則22条3項）

　複数回にわたって同一本人の個人データの授受をする場合においては、既に受領者が確認事項を確認し、適法な方法で記録の作成・保存（後述）もしている場合は、当該事項の確認を省略することができる（規則22条3項）。

2　提供者の真実義務

　受領者による確認義務の実効性を確保するため、第三者（提供者）は、受領者が法30条1項の確認を行う場合において、当該確認に係る事項を偽ってはならない（法30条2項）。

　第三者（提供者）がこれに違反した場合は、10万円以下の過料に処せられる（法180条1号）。

第4節　提供者・受領者の記録義務等（法29条1項・2項、30条3項・4項）

法第29条（第三者提供に係る記録の作成等）
1　個人情報取扱事業者は、個人データを第三者…（略）…に提供したときは、個人情報保護委員会規則で定めるところにより、当該個人データを提供した年月日、当該第三者の氏名又は名称その他の個人情報保護委員会規則で定める事項に関する記録を作成しなければならない。ただし、（略）
2　個人情報取扱事業者は、前項の記録を、当該記録を作成した日から個人情報保護委員会規則で定める期間保存しなければならない。

法第30条（第三者提供を受ける際の確認等）
3　個人情報取扱事業者は、第1項の規定による確認を行ったときは、個人

> 　情報保護委員会規則で定めるところにより、当該個人データの提供を受け
> た年月日、当該確認に係る事項その他の個人情報保護委員会規則で定める
> 事項に関する記録を作成しなければならない。
> 　4　個人情報取扱事業者は、前項の記録を、当該記録を作成した日から個人
> 　　情報保護委員会規則で定める期間保存しなければならない。

　個人データの提供者・受領者とも、法及び規則が定める事項に関する記録を作
成し、一定期間保存しなければならない（法29条1項・2項、30条3項・4項）。
　提供者・受領者の記録事項は相違するが（後述）、記録の作成方法と保存期間
は同一である。

　　［参考知識：「記録を作成した」といえる場合の例］

・特別に台帳を作成して記録していないが、契約書の記載が記録事項を充たしている場
　合に契約書を保存する。
・データ伝送日時・伝送先等のログやIPアドレス等を分析すれば記録事項が明らかにな
　るような場合に、それらを保存する。

図表32　提供者の記録義務等

提供者　　　　　　　　　　　　　　　　　　　　受領者

【記録作成・保存（法29条1項・2項）】

①当該個人データを提供した年月日
②当該第三者の氏名又は名称
③その他の個人情報保護委員会規則で
　定める事項

図表33　受領者の記録義務等

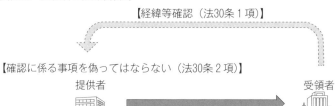

【経緯等確認（法30条1項）】

【確認に係る事項を偽ってはならない（法30条2項）】

提供者　　　　　　　　　　　　　　　　受領者

【記録作成・保存（法30条3項・4項）】

①当該個人データの提供を受けた年月日
②当該確認に係る事項
③その他の個人情報保護委員会規則で定
　める事項

1　記録を作成する媒体（規則19条１項・23条１項）

　提供者・受領者が記録を作成する方法は、文書、電磁的記録又はマイクロフィルムを用いて作成する方法とする（規則19条１項・23条１項）。

2　記録を作成する方法

（１）原則的な作成方法（規則19条２項、23条２項）

　提供者・受領者は、原則として、個人データの授受の都度、速やかに記録を作成しなければならない（規則19条２項、23条２項）。

（２）例外：一括して記録を作成する方法（規則19条２項、23条２項）

　一定の期間内に特定の事業者との間で継続的に又は反復して個人データを授受することが確実であると見込まれる場合は、個々の授受に係る記録を作成する代わりに、一括して記録を作成することができる（19条２項、23条２項）。

　　☞　オプトアウトによる第三者提供については、一括して記録を作成する方法は認められない（規則19条２項かっこ書、23条２項かっこ書）。

[参考知識：一括して記録を作成する方法に該当する例]

・最初の提供の際に一旦記録を作成した上で、継続的に又は反復して個人データを提供する対象期間内に、随時、追加の記録事項を作成する。
・継続的に又は反復して個人データを提供する対象期間内に、月ごとに記録を作成する。
・継続的に又は反復して個人データを提供する対象期間の終了後、速やかに記録を作成する。

（３）例外：契約書等の代替手段による方法（規則19条３項、23条３項）

①　概要

　本人に対する物品又は役務の提供に係る契約を締結し、かかる契約の履行に伴って、契約の締結の相手方を本人とする個人データを当該個人情報取扱事業者から第三者に提供する場合は、当該提供に関して作成された契約書その他の書面をもって記録に代えることができる（規則19条３項、23条３項）。

　　☞　オプトアウトによる第三者提供については、契約書等の代替手段による方法は認められない（規則19条２項かっこ書、23条２項かっこ書）。

②　本人に対する物品又は役務の提供

[参考知識：本人に対する物品又は役務の提供]

　「本人に対する物品又は役務の提供」の主体には、次の場合が含まれる（確認・記録GL）。

　①　提供者が「本人に対する物品又は役務の提供」をする。

② 受領者が「本人に対する物品又は役務の提供」をする。

③ 提供者・受領者の双方が「本人に対する物品又は役務の提供」をする。

【③の例】

・親会社と子会社の共同で本人に役務を提供する場合に、親会社・子会社間で個人データを含む情報の連携をする場合

☞ 親会社・子会社間で情報連携を行うことについて承諾する旨の本人の同意書をもって、記録事項に関する記録に代えることができる。

［参考知識：法令を根拠とした本人に対する物品・役務の提供］

「本人に対する物品又は役務の提供」には、契約を根拠とする場合のほか、法令を根拠とする場合を含む（確認・記録 GL）。

【法令を根拠とした本人に対する物品・役務の提供の例】

・自賠責保険の直接請求制度（自動車損害賠償保障法）により、自動車の運行による事故の被害者が、加害者の自賠責保険の保険会社に直接請求（被害者請求）した場合は、当該保険会社（被害者本人に対する役務提供者）が、被害者が診療を受ける病院に診療費を支払う際に、病院との間で、被害者本人の個人データ（診断書等）を授受する。

---

③ 当該提供に関して作成された契約書その他の書面

［参考知識：「当該提供に関して作成された契約書その他の書面」］

「契約書その他の書面」が 1 枚である必要はなく、複数の書面を合わせて一つの記録とすることは妨げられない（確認・記録 GL）。

また、個人データを第三者提供する際に作成された契約書その他の書面のほか、当該個人データの内容を構成する契約書その他の書面も、「当該提供に関して作成された」ものに該当する（同）。

【個人データの内容を構成する契約書その他の書面の例】

・事業者が本人を債務者とする金銭債権を第三者に債権譲渡する際の金銭債権に係る契約書

（4）代行により記録を作成する方法

［参考知識：代行により記録を作成する方法］

提供者（又は受領者）は、受領者（又は提供者）の記録義務の全部又は一部を代替して行うことができる（確認・記録義務 GL）。

3　記録事項

提供者・受領者のいずれも記録の作成方法・保存期間は同一であるが、提供者と受領者の記録事項は異なっている。

（1）提供者の記録事項（法29条1項）

　提供者は、当該個人データを提供した年月日、当該第三者の氏名又は名称その他の規則20条で定める記録事項に関する記録を作成しなければならない（法29条1項）。

①　オプトアウトによる第三者提供をする場合（規則20条1項1号）

[参考知識：オプトアウトによる第三者提供の提供者の記録事項]

　オプトアウトによる第三者提供（法27条2項）をする場合の提供者の記録事項は、原則として、イからニの事項である（規則20条1項1号）。

【オプトアウトによる第三者提供の提供者の記録事項】
- イ　個人データを提供した年月日
- ロ　受領者の氏名又は名称その他の受領者を特定するに足りる事項（不特定かつ多数の者に対して提供したときは、その旨）
- ハ　当該個人データによって識別される本人の氏名その他の当該本人を特定するに足りる事項
- ニ　提供する個人データの項目

②　本人の同意による第三者提供をする場合（規則24条1項2号）

[参考知識：本人の同意による第三者提供の提供者の記録事項]

　法27条1項又は法28条1項の規定により個人データを第三者提供した場合（本人の同意による第三者提供の場合）の提供者の記録事項は、原則として、イからニの事項である（規則24条1項2号）。

【本人の同意による第三者提供の提供者の記録事項】
- イ　法第27条第1項又は法第28条1項の本人同意を得ている旨
- ロ　受領者の氏名又は名称その他の受領者を特定するに足りる事項（不特定かつ多数の者に対して提供したときは、その旨）
- ハ　当該個人データによって識別される本人の氏名その他の当該本人を特定するに足りる事項
- ニ　提供する個人データの項目

（2）受領者の記録事項（法30条3項）

①　オプトアウトによる第三者提供を受ける場合（規則24条1項1号）

[参考知識：オプトアウトによる第三者提供の受領者の記録事項]

　オプトアウトによる第三者提供（法27条2項）を受ける場合の受領者の記録事項は、原則として、以下のイからホの事項である（規則24条1項1号）。

【オプトアウトによる第三者提供の受領者の記録事項】
- イ　個人データの提供を受けた年月日
- ロ　受領者の確認事項（法30条1項各号に掲げる事項）
- ハ　当該個人データによって識別される本人の氏名その他の当該本人を特定するに足

りる事項

ニ　当該個人データの項目

ホ　法27条第4項の規定によりオプトアウトに関する事項が個人情報保護委員会により公表されている旨

② 本人の同意に基づく第三者提供を受ける場合

[参考知識：本人の同意による第三者提供の受領者の記録事項]

個人情報取扱事業者から法27条1項又は法28条1項の規定による個人データの提供を受ける場合（第三者への提供又は外国にある第三者への提供の同意による提供を受ける場合）の受領者の記録事項は、原則として、以下のイからニの事項である（規則24条1項2号）。

【本人の同意による第三者提供の受領者の記録事項】

イ　法27条1項又は法28条1項の本人の同意を得ている旨

ロ　受領者の確認事項（法30条1項各号に掲げる事項）

ハ　当該個人データによって識別される本人の氏名その他の当該本人を特定するに足りる事項

ニ　当該個人データの項目

③ 私人などから第三者提供を受ける場合

[参考知識：私人などから第三者提供を受ける場合の受領者の記録事項]

私人など個人情報取扱事業者に該当しない第三者から個人データの提供を受ける場合の受領者の記録事項は、以下のロ、ハ、ニである（規則24条1項4号）。

【私人などからの第三者提供の受領者の記録事項】

ロ　受領者の確認事項（法30条1項各号に掲げる事項）

ハ　当該個人データによって識別される本人の氏名その他の当該本人を特定するに足りる事項

ニ　当該個人データの項目

（3）記録事項の省略（規則20条2項、24条2項）

複数回にわたって同一本人の個人データの授受をする場合に、既に記録・保存されている記録事項と内容が同一であるものについては、提供者・受領者とも、当該事項の記録を省略することができる（規則20条2項、24条2項）。

第5節　記録の保存期間

個人情報取扱事業者は、提供者・受領者の記録義務により作成した記録を、当該記録を作成した日から規則で定める期間保存しなければならない（法29条2項、30条4項）。

保存期間は記録の作成方法に応じて定められており、提供者・受領者とも同じ

期間である（提供者は規則21条、受領者は規則25条）。

図表34　記録の保存期間（規則21条、25条）

区分		保存期間
1号	契約書等の代替手段による方法	最後に当該記録に係る個人データの提供を行った日から1年を経過する日までの間
2号	一括して記録を作成する方法	最後に当該記録に係る個人データの提供を行った日から起算して3年を経過する日までの間
3号	提供の都度作成する方法	当該記録を作成してから3年

第6節　明文により確認・記録義務が適用されない第三者提供

以下の3類型に該当する第三者提供については、確認・記録義務は適用されない（法29条・30条）。

1　法27条1項各号に掲げる場合

2　法第27条5項各号に掲げる場合

3　第三者が法16条2項各号に掲げる者である場合

1　法27条1項各号に掲げる場合

個人データの第三者提供が法27条1項1号から7号に掲げる事由（第三者提供の制限の適用除外事由）に該当する場合は、提供者の記録義務も受領者の確認・記録義務も適用されない（法29条1項但書・30条1項但書）。

☞　第三者提供の制限の適用除外事由に該当する場合は、個人データが転々流通することが想定されにくく、確認・記録義務を課す必要性がないからである。

☞　法27条1項各号の適用除外事由については、「第17章　第2節　適用除外事由（法27条1項各号）」を参照

[参考知識：法27条1項2号の適用除外事由に該当する例]

・訴訟追行のために、訴訟代理人の弁護士や裁判所に、訴訟の相手方に係る個人データを含む証拠等を提出する場合

☞　「財産の保護のために必要がある」に該当し、確認・記録義務が適用されない（Q&A）。

2　法第27条5項各号に掲げる場合

個人データの第三者提供が法27条5項1号から3号に掲げる事由（委託に伴う提供、事業承継に伴う提供及び共同利用）に該当する場合は、提供者の記録義務も受領者の確認・記録義務も適用されない（法29条1項但書・30条1項但書）。

☞　法27条5項各号に掲げる事由に該当する場合は、第三者提供の制限においては「第三者に該当しないものとする」とされていることに鑑みて、確認・記録義務を課さないこととしたのである。

3　第三者が法16条2項各号に掲げる者である場合

法16条2項1号から4号に掲げる者（国の機関、地方公共団体、独立行政法人等及び地方独立行政法人）が個人データの受領者又は提供者である場合は、提供者又は受領者の確認・記録義務は適用されない（法29条1項本文かっこ書き）。

☞　これらの者との間での個人データの授受については、個人データの不正流通対策としての確認・記録義務を課す必要性がないからである。

第7節　解釈により確認・記録義務が適用されない場合

1　提供者・受領者とも確認・記録義務が適用されない場合

形式的には第三者提供の外形を有する場合でも、確認・記録義務の趣旨に鑑みて、実質的に確認・記録義務を課す必要性に乏しい第三者提供は、確認・記録義務の対象たる第三者提供には該当しないものと解釈されている（確認・記録GL）。

第三者提供は、「提供者」から「受領者」に対する「提供」行為であるから、確認・記録ガイドラインは、確認・記録義務の趣旨に鑑みて、「提供者」「受領者」「提供」の各要素の該当性を判断するものとしている。

☞　確認・記録ガイドラインが提示している「提供者」「受領者」「提供」の各要素の該当性の判断は、実質的に本人同意があることが前提であり、オプトアウトによる第三者提供（法27条2項）には、基本的には、当てはまらない（確認・記録GL）。

（1）「提供者」による提供に該当しないといえる場合

①「本人による提供」と評価できる場合と②「本人に代わって提供」と評価できる場合は、実質的に「提供者」による提供ではないものとして、確認・記録義務は適用されない（確認・記録GL）。

①　「本人による提供」であると評価できる場合

本人による個人データの提供であると評価できる場合は、実質的に「提供者」による提供には該当せず、確認・記録義務が適用されない（確認・記録GL）。

[参考知識：本人による提供と評価できる例]
・事業者Aが運営するSNS等に本人が入力した内容（投稿者のプロフィールや投稿内容等）が個人データとして公開されており、事業者Bがこれを取得する場合。SNS

は本人が入力した内容が自動的に（SNSの運営事業者に裁量の余地がなく）第三者B
が取得できる状態に置かれるため、実質的に、SNS運営事業者Aによる提供ではな
く本人による提供といえる。

図表35 「本人による提供」と評価できる場合

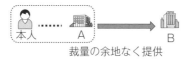

裁量の余地なく提供

② 「本人に代わって提供」したと評価できる場合

　事業者が本人からの委託等に基づいて個人データを第三者に提供する場合は、
当該事業者は「本人に代わって」個人データの提供をしているものであり、実質
的に「提供者」による提供には該当せず、確認・記録義務が適用されない（確
認・記録GL）。

図表36 「本人に代わって提供」と評価できる場合

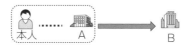

本人からの委託等に基づく提供

［参考知識：「本人に代わって提供」したと評価できる場合の例］

・本人から、別の者の口座への振込依頼を受けた仕向銀行Aが、振込先の口座を有する
　被仕向銀行Bに対して、当該振込依頼に係る本人の情報を提供する場合（通則GL）
・事業者Aのオペレーターが、顧客本人から販売商品の修理依頼の連絡を受けたため、
　提携先の修理業者Bにつなぐこととなり、当該顧客の同意を得た上で当該顧客に代
　わって、当該顧客の氏名、連絡先等を当該修理業者Bに伝える場合（同）
・事業者Aが、取引先Bから、製品サービス購入希望者の紹介を求められたため、顧客
　の中から希望者を募り、購入希望者リストを取引先Bに提供する場合（同）
・本人がアクセスするサイトの運営業者Bが、本人認証の目的で、既に当該本人を認証
　している他のサイトの運営業者のうち当該本人が選択した者Aとの間で、インター
　ネットを経由して、当該本人に係る情報を授受する場合（同）
・保険会社Aが事故車の修理手配をする際に、本人が選択した提携修理工場Bに当該本
　人に係る情報を提供する場合（同上）
・事業者Aが、取引先や契約者（B）から、専門業者・弁護士等の紹介を求められ、専
　門業者・弁護士等のリストからBに紹介を行う場合（同）
・事業者Aが、顧客Bから電話で契約内容の照会を受けたため、A社内の担当者の氏
　名、連絡先等の情報を（担当者の同意を得て）当該顧客Bに案内する場合（同）
・本人から取引の媒介を委託された事業者Aが、相手先の候補となる他の事業者Bに、
　価格の妥当性等の検討に必要な範囲の当該本人の情報を提供する場合（同）

（2）「受領者」に対する提供に該当しないといえる場合

　本人側に対する提供とみなせる場合は、実質的に「受領者」に対する提供には該当せず、確認・記録義務は適用されない。

　例えば、本人の代理人又は家族等、本人と一体と評価できる関係にある者に提供する場合は、本人側に対する提供とみなせる（確認・記録GL）。

図表37　本人と一体と評価できる関係にある者への提供

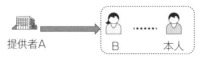

本人と一体と評価できる関係

提供者A　　　　　B　　　本人

　　[参考知識：本人と一体と評価できる関係にある者への提供の例]

・金融機関の営業員Ａが、家族Ｂと共に来店した顧客（本人）に対して、保有金融商品の損益状況等を説明する場合
・顧客（本人）が事業者Ａに対し、自分（顧客（本人））に連絡する際は私が指定したＢを通して連絡するようにと要請していたため、事業者Ａが顧客の個人データを含む情報をＢに伝えて連絡する場合（Q&A）

　また、提供者Ａが、最終的に本人に提供することを意図した上で、受領者Ｂを介在して第三者提供を行い、本人がそれを明確に認識できる場合も、本人側に対する提供とみなせる（確認・記録GL）。

図表38　上記の例

最終的に本人に提供することを意図した上で、受領者を介在して提供

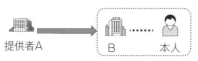

提供者A　　　　　B　　　本人

　　[参考知識：提供者が、最終的に本人に提供することを意図した上で、受領者を介在して提供を行う事例の例]

・振込依頼人の法人が、受取人本人の口座に振り込むため、個人の氏名、口座番号などの個人データを仕向銀行を通じて被仕向銀行に提供する場合

（3）「提供」行為に該当しないといえる場合

　例えば、不特定多数の者が取得できる公開情報を第三者に提供する場合は、本来であれば受領者も自ら取得できる情報であり、それをあえて提供者から受領者に提供する行為は、受領者による取得行為を提供者が代行しているものであることから、実質的に確認・記録義務を課すべき第三者「提供」には該当しない（確

認・記録 GL）。

・ホームページ等で公表されている個人情報や報道機関により報道されている個人情報を収集してデータベース化している事業者 A から B 社が情報提供を受ける場合（Q&A）

図表39　公開情報を提供する場合

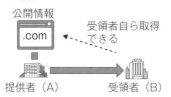

公開情報

受領者自ら取得
できる

提供者（A）　　　　　受領者（B）

○　公開に供する行為

公開情報を取得して第三者に提供する行為は、上記で説明したように、確認・記録義務の対象となる第三者提供とされない。

しかし、最初に個人データを公開に供する行為については、個人データの第三者提供に該当するから、提供者は法27条により記録義務を負う（確認・記録 GL）。

この場合、記録すべき受領者に関する事項については、「不特定かつ多数の者」に提供した旨を記録すればよい。

○　確認・記録義務以外の義務は負う

公開情報を取得して第三者に提供する事業者は、確認・記録義務は負わないが、当該事業者が扱う情報は個人情報（個人データ又は保有個人データ）であるから、個人情報取扱事業者の義務のうち、確認・記録義務以外の規定は適用される（通則 GL）。

3　受領者の確認・記録義務が適用されない場合

（1）受領者にとって個人情報といえる情報の提供を受けた場合

法30条は、受領者が「個人データ」の提供を受ける際に適用される義務である。従って、受領者が、「個人データ」（個人情報データベース等を構成する個人情報）に該当しない情報の提供を受けたと評価できる場合は、法30条の確認・記録義務は適用されない。

従って、提供者にとっては「個人データ」の提供であっても、受領者にとっては「個人情報」の提供を受けたにとどまるという場合には、受領者には確認・記録義務が適用されない。

☞　一般に市販の電話帳は「個人情報データベース等」に該当しないため（第3章　12節　4　個人情報データベース等の除外事由」を参照）、市販の電話帳に含まれる情報は「個人データ」ではない。従って、市販の電話

帳の授受は、「個人情報」の提供・受領に過ぎず、確認・記録義務は適用されないのが一般である。

（2）受領者が個人情報に該当しない情報の提供を受けた場合

法30条は、受領者が「個人データ」の提供を受ける際に適用される義務である。従って、提供者にとっては「個人データ」の提供であっても、受領者が「個人情報」に該当しない情報の提供を受けたにとどまる場合は、受領者には確認・記録義務は適用されない。

[参考知識：個人情報に該当しない情報の提供を受けた場合の例]

・提供者が氏名を削除するなどして個人を特定できないようにしたデータの提供を受けた場合
・提供者で管理している ID 番号のみが付されたデータの提供を受けた場合

（3）受領者にとって「提供を受ける」行為がない場合

法30条の確認・記録義務は、受領者にとって、「第三者から個人データの提供を受ける」行為がある場合に適用される。

従って、受領者にとって、「提供を受ける」行為があるとはいえない場合は、法30条の確認・記録義務は適用されない。

[参考知識：「提供を受ける」行為がない場合の例]

・提供者がインターネット等により第三者が利用可能な状態に置いた個人データを閲覧したが、転記等は行わなかった。
・口頭、FAX、メール、電話等で、受領者の意思とは関係なく、一方的に個人データを提供された。

第**6**編

個人関連情報に関する義務

第22章

個人関連情報の第三者提供の制限等

第1節　総論

　個人関連情報に関する2条7項、16条7項及び法31条等は、令和2年改正により新設された規律である。

　　☞　個人関連情報に関する規律は、Cookie等の識別子に紐付く個人情報ではないユーザデータを、提供先において他の情報と照合することにより個人データとされることをあらかじめ知りながら他の事業者に提供する事業形態が出現したことに対する危惧を受けて導入された。

第2節　個人関連情報と個人関連情報取扱事業者
1　個人関連情報（法2条7項）

> 法第2条（定義）
> 7　この法律において「個人関連情報」とは、生存する個人に関する情報であって、個人情報、仮名加工情報及び匿名加工情報のいずれにも該当しないものをいう。

　「個人関連情報」とは、生存する個人に関する情報であって、個人情報、仮名加工情報及び匿名加工情報のいずれにも該当しないものをいう（法2条7項）。

　　☞　「個人に関する情報」とは、ある個人の身体、財産、職種、肩書等の属性に関して、事実、判断、評価を表す全ての情報である（通則GL）。

［参考知識：個人関連情報に該当しうる情報の例］
・Cookie等の端末識別子を通じて収集された、ある個人のウェブサイトの閲覧履歴
・メールアドレスに結び付いた、ある個人の年齢・性別・家族構成等
・ある個人の商品購買履歴・サービス利用履歴
・ある個人の位置情報
・ある個人の興味・関心を示す情報
　　☞　これらの情報は、一般的に、それ単体では特定の個人を識別できず個人情報に該当しないものである。しかし、例えば、個人に関する位置情報が連続的に蓄積される等して特定の個人を識別することができる場合には、個人情報に該当するから、個人関連情報には該当しないことになる。

図表40　個人関連情報のイメージ

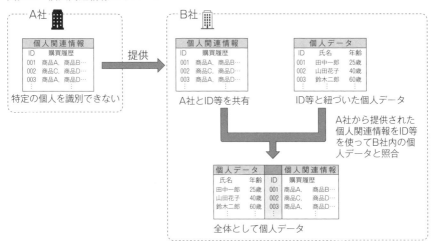

2　個人関連情報取扱事業者（法16条7項）

> 法第16条（定義）
> 7　この章、第6章及び第7章において「個人関連情報取扱事業者」とは、個人関連情報を含む情報の集合物であって、特定の個人関連情報を電子計算機を用いて検索することができるように体系的に構成したものその他特定の個人関連情報を容易に検索することができるように体系的に構成したものとして政令で定めるもの（第31条第1項において「個人関連情報データベース等」という。）を事業の用に供している者をいう。ただし、第2項各号に掲げる者を除く。

　「個人関連情報取扱事業者」とは、個人関連情報データベース等を事業の用に供している者をいう（法16条7項）。

　　☞　法16条2項各号に掲げる者（国の機関等）は除外される（法16条7項但書）。

　　☞　「事業の用に供している」の意味や例は、個人情報取扱事業者の定義における「事業の用に供している」と同じである（「第3章　第13節　2　事業の用に供している」を参照）

　「個人関連情報データベース等」とは、個人関連情報を含む情報の集合物であって、特定の個人関連情報を電子計算機を用いて検索することができるように体系的に構成したものその他特定の個人関連情報を容易に検索することができるように体系的に構成したものとして政令で定めるものである。

☞　「電子計算機を用いて検索することができるように体系的に構成したも
のその他特定の個人関連情報を容易に検索することができるように体系的
に構成したものとして政令で定めるもの」の意味等は、個人情報データ
ベース等の定義におけるそれと同様である（第3章　第12節　個人情報
データベース等（法16条1項）」を参照）

3　個人関連情報に関する規律の概要

個人関連情報（個人関連情報データベース等を構成するものに限る）の第三者
提供の制限等として、以下の規律が規定されている。

☞　以下の本章の解説では、「個人関連情報」という場合は、個人関連情報
データベース等を構成するものであることを前提とする。

（1）提供元による確認義務等（法31条1項・2項）

（2）提供元による記録義務等（法31条3項・30条3項・4項）

図表41　第三者提供の制限等のイメージ

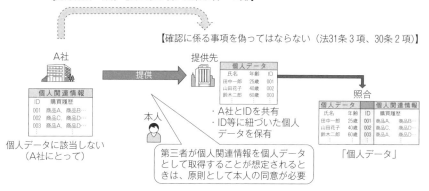

第3節　提供元による確認義務等（法31条1項・2項）

1　提供元による確認義務（法31条1項1号）

法第31条（個人関連情報の第三者提供の制限等）

1　個人関連情報取扱事業者は、第三者が個人関連情報（個人関連情報デー
タベース等を構成するものに限る。以下この章及び第6章において同じ。）
を個人データとして取得することが想定されるときは、第27条第1項各号
に掲げる場合を除くほか、次に掲げる事項について、あらかじめ個人情報
保護委員会規則で定めるところにより確認することをしないで、当該個人

関連情報を当該第三者に提供してはならない。

一　当該第三者が個人関連情報取扱事業者から個人関連情報の提供を受けて本人が識別される**個人データとして取得する**ことを認める旨の当該本人の同意が得られていること。

二　（略）

個人関連情報の提供元である個人関連情報取扱事業者は、**提供先の第三者が個人関連情報を個人データとして取得する**ことが想定されるときは、原則として、当該第三者が当該個人関連情報を個人データとして取得することを認める旨の本人の同意が得られていることを確認しないで、当該個人関連情報を提供してはならない（法31条1項1号）。

（1）個人データとして取得することが想定されるとき

①　個人データとして取得する

「個人データとして取得する」とは、個人関連情報の提供先である第三者が、個人データに個人関連情報を付加する等、個人データとして利用しようとする場合をいう（通則 GL）。

> **[参考知識：「個人データとして取得する」]**
>
> 【該当する例】
> ・提供先の第三者が、提供を受けた個人関連情報を、ID 等を介して提供先が保有する他の個人データに付加する場合
> 【該当しない例】
> ・提供先の第三者が、提供を受けた個人関連情報を直接個人データに紐付けて利用しない場合

②　想定される

> **[参考知識：「想定される」]**
>
> 個人データとして取得することが「想定される」とは、（1）提供元の個人関連情報取扱事業者において、提供先の第三者が「個人データとして取得する」ことを現に想定している場合、又は（2）一般人の認識を基準として「個人データとして取得する」ことを通常想定できる場合をいう（通則 GL）。
> （1）提供元が現に想定している場合
> 　提供元の個人関連情報取扱事業者において、提供先の第三者が個人データとして取得することを「現に想定している場合」とは、提供元の個人関連情報取扱事業者において、提供先の第三者が個人データとして取得することを現に認識している場合をいう（通則GL）。
> （2）通常想定できる場合
> 　提供先の第三者が個人データとして取得することについて、提供元の個人関連情報取

扱事業者が現に想定していない場合であっても、提供先の第三者との取引状況等の客観的事情に照らし、一般人の認識を基準として「個人データとして取得する」ことを通常想定できる場合は、「想定される」に該当する。

（2）個人データとして取得することを認める旨の本人の同意を得られていることを確認する（法31条1項1号）

① 本人の同意

［参考知識：「本人の同意」］

　法31条1項1号の「本人の同意」とは、個人関連情報取扱事業者が第三者に個人関連情報を提供し、当該第三者が当該個人関連情報を個人データとして取得することを承諾する旨の当該本人の意思表示をいう（通則GL）。

① 同意を取得する主体

　法31条1項1号の「本人の同意」を取得する主体は、本人と接点を持ち、情報を利用する主体となる提供先の第三者である。

　もっとも、同等の本人の権利利益の保護が図られることを前提に、同意取得を提供元の個人関連情報取扱事業者が代行することも認められる。

　提供先の第三者自らによる同意取得の場合であっても、提供元の個人関連情報取扱事業者による同意取得の代行の場合であっても、個人関連情報の提供を受けて個人データとして取得する主体、対象となる個人関連情報の項目、個人関連情報の提供を受けて個人データとして取得した後の利用目的等について、本人が認識できるようにする必要がある（通説GL）。

② 提供先が自ら同意取得する場合の留意点

　提供先の第三者が自ら本人の同意を得る場合は、個人関連情報の提供を受けて個人データとして取得する主体として、本人に対して、対象となる個人関連情報を特定できるように示した上で同意を取得しなければならない（通則GL）。

③ 提供元が同意取得を代行する場合の留意点

　提供元の個人関連情報取扱事業者が同意取得を代行する場合、本人は利用の主体（提供先の第三者）を認識できないことから、提供元の個人関連情報取扱事業者において、個人関連情報の提供を受けて個人データとして取得する提供先の第三者を個別に明示し、また、対象となる個人関連情報を特定できるように示さなければならない（通説GL）。

② 第三者が本人の同意を取得する方法

［参考知識：提供先の第三者による（代行含む）同意取得の方法］

【同意取得の方法の例】

・本人から同意する旨を示した書面や電子メールを受領する方法

・確認欄へのチェックを求める方法

・ウェブサイト上で同意を取得する場合は、単にウェブサイト上に本人に示すべき事項を記載するのみでは足りず、それらの事項を示した上でウェブサイト上のボタンのクリックを求める方法等によらなければならない。

③　提供元による本人同意の確認方法

[参考知識：本人同意の確認方法]

（1）概要

　提供元である個人関連情報取扱事業者は、提供先である第三者から**申告を受ける方法その他の適切な方法**によって、個人データとして取得することを認める旨の本人同意が得られていることを確認する（規則26条1項）。

（2）提供先である第三者から申告を受ける方法

【第三者から申告を受ける方法に該当する例】

・提供先の第三者から口頭で申告を受ける。

・提供先の第三者から、本人の同意を得ていることを誓約する書面を受け入れる。

（3）その他の適切な方法

【その他の適切な方法に該当する例】

・提供先の第三者が取得した本人の同意を示す書面等を確認する。

・提供元の個人関連情報取扱事業者において、提供先である第三者による本人同意の取得を代行して、提供元が当該同意を自ら確認する。

2　外国にある第三者への提供の場合（法31条1項2号）

法第31条（個人関連情報の第三者提供の制限等）

1　個人関連情報取扱事業者は、**第三者が個人関連情報**（個人関連情報データベース等を構成するものに限る。以下この章及び第6章において同じ。）**を個人データとして取得することが想定されるとき**は、第27条第1項各号に掲げる場合を除くほか、次に掲げる事項について、あらかじめ個人情報保護委員会規則で定めるところにより確認することをしないで、当該個人関連情報を当該第三者に提供してはならない。

一　（略）

二　外国にある第三者への提供にあっては、前号の本人の同意を得ようとする場合において、個人情報保護委員会規則で定めるところにより、あらかじめ、**当該外国における個人情報の保護に関する制度、当該第三者が講ずる個人情報の保護のための措置その他当該本人に参考となるべき情報が当該本人に提供されていること。**

（1）原則

　個人関連情報取扱事業者は、個人関連情報の提供先が外国にある第三者である場合には、法31条1項1号の本人の同意が得られていることの確認に加えて、当該本人に参考となるべき情報（規則17条2項各号の情報）が当該本人に提供されていることも確認しなければならない（法31条1項2号）。

[参考知識：施行規則17条2項各号が規定する本人に参考となるべき情報]
1号　当該外国の名称
2号　適切かつ合理的な方法により得られた当該外国における個人情報の保護に関する
　　制度に関する情報
3号　当該第三者が講ずる個人情報の保護のための措置に関する情報

（2）法31条1項2号が適用されない場合

　提供元である個人関連情報取扱事業者は、個人関連情報の提供先である外国に
ある第三者が、次の①又は②のいずれかに該当する場合には、法31条1項1号の
本人の同意が得られていることの確認に加えて、当該本人に参考となるべき情報
（規則17条2項各号の情報）が当該本人に提供されていることまで確認する必要
はない（通則GL）。

①　当該第三者が個人の権利利益を保護する上で我が国と同等の水準にあると
　　認められる個人情報保護制度を有している国にある場合
②　当該第三者が個人情報取扱事業者が講ずべき措置に相当する措置を継続的
　　に講ずるために必要な体制（規則16条で定める基準に適合する体制）を整備
　　している場合

（3）施行規則17条2項各号の情報を確認する方法

[参考知識：施行規則17条2項各号の情報を確認する方法]
　提供元である個人関連情報取扱事業者が、外国にある第三者への提供の場合に確認す
べき事項（規則17条2項1号から3号）の確認を行う方法は、書面の提示を受ける方法
その他の適切な方法である（規則26条2項）。

3　既に確認を行った第三者に対する確認の方法（規則26条3項）

　既に、個人データとして取得することを認める旨の本人の同意を得られている
ことの確認（法31条1項1号）や、外国にある第三者への提供の場合に本人の参
考となるべき情報が当該本人に提供されていることの確認（法31条1項2号）を
行い、確認事項について記録の作成・保存（「第5節　提供元による保存義務
（法31条3項・30条4項）」を参照）をしている場合には、保存されている記録に
記録された事項と確認事項の内容が「同一であることの確認」を行えばよく、確
認事項の確認を省略することができる（規則26条3項）。

4　提供先の真実義務（法31条3項・30条2項）

　個人関連情報の提供先である第三者は、提供元が法31条1項の規定による確認
を行う場合において、提供元に対して、当該確認に係る事項を偽ってはならない

（法31条3項による法30条2項の準用）。

第4節　提供元による記録義務（法31条3項・30条3項）

> 法第31条（個人関連情報の第三者提供の制限等）
> 3　前条第2項から第4項までの規定は、第1項の規定により個人関連情報
> 　取扱事業者が確認する場合について準用する。この場合において、同条第
> 　3項中「の提供を受けた」とあるのは、「を提供した」と読み替えるもの
> 　とする。

　提供元である個人関連情報取扱事業者は、法31条1項の規定による確認を行った場合は、その記録を作成しなければならない（法31条3項において準用される法30条3項）。

　☞　「第三者」のうち、次の（1）から（4）までに掲げる者に個人関連情報の提供を行う場合は、記録義務は適用されない（法31条3項において読み替えて準用する法30条3項、29条1項）。
　　　（1）国の機関　　　　（3）独立行政法人等
　　　（2）地方公共団体　　（4）地方独立行政法人

1　記録を作成する方法等（規則27条）

[参考知識：記録を作成する方法等]

　1　記録を作成する媒体（規則27条1項）
　記録を作成する方法は、文書、電磁的記録又はマイクロフィルムを用いて作成する方法とする（規則27条1項）。
　2　記録を作成する方法
（1）原則（規則27条2項）
　個人関連情報取扱事業者は、記録を作成する場合、原則として、個人関連情報の提供の都度、速やかに、記録を作成しなければならない（規則27条2項）。
（2）一括して記録を作成する方法（規則27条2項）
　一定の期間内に特定の事業者に対して継続的に又は反復して個人関連情報を提供したとき、又は当該第三者に対し個人関連情報を継続的にもしくは反復して提供することが確実であると見込まれる場合は、個々の提供に係る記録を作成する代わりに、一括して記録を作成することができる（規則27条2項）
（3）契約書等の代替手段による方法（規則27条3項）
　本人に対する物品又は役務の提供に関連して当該本人に係る個人関連情報を第三者に提供した場合において、当該提供に関して作成された契約書その他の書面に施行規則28条1項各号に掲げる事項が記載されているときは、当該契約書その他の書面をもって記録とすることができる（規則27条3項）。

2　提供元における記録事項（規則28条）

（1）原則（規則28条1項）

[参考知識：記録事項]

　提供元の個人関連情報取扱事業者は、法31条1項の規定による確認を行ったときは、次の項目を記録しなければならない（規則28条）。

　　1号　法31条1項1号の本人の同意が得られていることを確認した旨及び外国にある第三者への提供にあっては、同項2号の規定による情報の提供が行われていることを確認した旨

　　2号　個人関連情報を提供した年月日（規則27条2項但書の規定により、法31条3項において読み替えて準用する法30条3項の記録を一括して作成する場合にあっては、当該提供の期間の初日及び末日）

　　3号　当該第三者の氏名又は名称及び住所並びに法人にあっては、その代表者の氏名

　　4号　当該個人関連情報の項目

（2）記録事項の省略（規則28条2項）

　既に提供元における記録義務（法31条1項）に規定する方法により作成した記録（現に保存している場合に限る。）に記録された事項と内容が同一であるものについては、当該事項の記録を省略することができる（規則28条2項）。

第5節　提供元による保存義務（法31条3項・30条4項）

　個人関連情報の提供者である個人関連情報取扱事業者は、作成した記録を施行規則29条で定める期間保存しなければならない（法31条3項により準用される法30条4項）。

図表42　記録の保存期間（規則29条）

区分		保存期間
1号	契約書等の代替手段による方法	最後に当該記録に係る提供を受けて個人データとして取得した日から起算して1年を経過する日までの間
2号	一括して記録を作成する方法	最後に当該記録に係る提供を受けて個人データとして取得した日から起算して3年を経過する日までの間
3号	提供の都度作成する方法	当該記録を作成してから3年

第 7 編

保有個人データに関する義務（法32条〜39条）

保有個人データに関する義務（法32条〜39条）

　保有個人データとは、個人情報取扱事業者が開示、内容の訂正、追加又は削除、利用の停止、消去及び第三者への提供の停止を行うことのできる権限を有する個人データである（法16条4項）。

　保有個人データについては、個人情報取扱事業者が開示等の権限を有していることに対応して、開示・内容の訂正・利用停止等の義務が課されている（法32条から39条）。

　なお、保有個人データは、個人情報・個人データでもあるから、保有個人データを有する個人情報取扱事業者は、個人情報に関する義務（法17条から20条）及び個人データに関する義務（法21条から30条）も負う。

図表43　個人情報取扱事業者の義務の関係

	個人情報(2条1項)	個人データ(16条3項)	保有個人データ(16条4項)
17条　利用目的の特定・変更	○	○	○
18条　目的外利用の制限	○	○	○
19条　不適正な利用の禁止	○	○	○
20条　適正な取得・要配慮個人情報の取得制限	○	○	○
21条　取得に際しての利用目的の通知・公表等	○	○	○
22条　データ内容の正確性の確保		○	○
23条　安全管理措置		○	○
24条　従業者の監督		○	○
25条　委託先の監督		○	○
26条　漏えい等の報告等		○	○
27条　第三者提供の制限		○	○
28条　外国にある第三者への提供の制限		○	○
29条　第三者提供に係る記録の作成等		○	○
30条　第三者提供を受ける際の確認等		○	○
32条　保有個人データに関する事項の公表等			○
33条　開示			○
34条　訂正等			○
35条　利用停止等			○
36条　理由の説明			○
37条　開示等の請求等に応じる手続			○
38条　手数料			○
39条　事前の請求			○
40条　苦情の処理	○	○	○

　保有個人データの開示（法33条1項）、訂正・追加・削除（法34条1項）、利用停止・消去（法35条1項）、第三者提供停止（法35条3項）及び利用停止等又は第三者への提供の停止（法35条5項）の各請求は、本人が「請求することができる」と規定され、裁判所に訴えを提起することができる「具体的請求権」である（「裁判規範性」が認められる権利ともいう）。

　☞　これらの請求を合わせて「開示等の請求」という。

　☞　開示等の請求と利用目的の通知の求めをあわせて、法は「開示等の請求等」と呼んでいる。

第23章 保有個人データに関する事項の本人への周知（法32条1項）

法第32条（保有個人データに関する事項の公表等）
1 個人情報取扱事業者は、保有個人データに関し、次に掲げる事項について、本人の知り得る状態（本人の求めに応じて遅滞なく回答する場合を含む。）に置かなければならない。
一 （略）

第1節 概要と趣旨

保有個人データに関しては、法が掲げる事項を本人の知り得る状態に置かなければならない（法32条1項）。

第2節 本人への周知事項

「本人の知りうる状態」に置かなければならないのは、以下の事項である（法32条1項）。

- 1号 当該個人情報取扱事業者の氏名・名称及び住所
  法人にあっては、その代表者の氏名
  - ☞ 「法人にあっては、その代表者の氏名」は、令和2年改正で追加された。
- 2号 全ての保有個人データの利用目的
- 3号 開示請求等に応じる手続及び手数料の額を定めたときは手数料の額
- 4号 保有個人データの適正な取扱いの確保に関し必要な事項として政令で定めるもの

1 氏名・名称及び住所等（法32条1項1号）

個人情報取扱事業者が外国に所在する場合は、当該外国の名称を含む（通則GL）。

2 全ての保有個人データの利用目的（法32条1項2号）

（1）内容

「全ての」保有個人データの利用目的とは、個人情報取扱事業者が取り扱う各

種の保有個人データの利用目的が異なる場合は、その全ての利用目的という意味である。

　利用目的に第三者提供が含まれる場合は、その旨も明らかにしなければならない（通則GL）。

（2）適用除外事由

　法21条4項1号から3号に該当する場合は、「全ての保有個人データの利用目的」の周知義務が適用されない（法32条1項2号）。

　　☞　法21条4項1号から3号に該当する場合については、「第11章　第5節　適用除外事由（法21条4項各号）」を参照）。

3　開示等の請求等に応じる手続・手数料額（法32条1項3号）

　開示等の請求等に応じる手続と手数料を定めた場合は、本人の知りうる状態に置かなければならない（法32条1項3号）。

4　政令で定めるもの（法32条1項4号）

　保有個人データの適正な取扱いの確保に関し必要な事項として政令（施行令10条）で定めるものは、次の事項である。

　　1号　法23条の定めにより保有個人データの安全管理のために講じた措置
　　2号　保有個人データの取扱いに関する苦情の申出先
　　3号　認定個人情報保護団体の対象事業者である場合は、認定個人情報保護団体の名称及び苦情の申出先

（1）保有個人データの安全管理のために講じた措置（令10条1号）

　法23条の規定により講じた保有個人データの安全管理措置の内容を本人の知り得る状態に置かなければならないが、当該保有個人データの安全管理に支障を及ぼすおそれがあるものについては、その必要はない（令10条1号かっこ書）。

　　☞　令和2年改正により、新たに周知事項に追加された規律である。

（2）苦情の申出先（令10条2号・3号）

　「苦情の申出先」（令10条2号）は、苦情を受け付ける担当窓口名・係名、郵送用住所、受付電話番号その他の苦情申出先などである（通則GL）。

　　☞　個人情報取扱事業者が認定個人情報保護団体の対象事業者である場合は、上記に加えて、その団体の名称及び苦情解決の申出先を本人の知りうる状態に置く（令10条3号）。

第3節　本人の知りうる状態（周知）

1　本人の知りうる状態

「本人の知り得る状態（本人の求めに応じて遅滞なく回答する場合を含む。）」（法32条1項）は、本人が知ろうとすれば知ることができる状態に置くことをいい、「本人への周知」と表現されることもある。

ホームページへの掲載や窓口等での掲示が継続的に行われることまでは要しないが、事業の性質及び個人情報の取扱状況に応じ、内容が本人に認識される合理的かつ適切な方法によらなければならない（通則GL）。

[参考知識：本人が知ろうとすれば知ることができる状態の例]

・問合せ窓口を設け、問合せがあれば、口頭又は文書で回答できるよう体制を構築しておく。
・店舗にパンフレットを備え置く。
・電子商取引において、商品を紹介するホームページに問合せ先のメールアドレスを表示する。

2　本人の求めに応じて遅滞なく回答する場合

本人への周知は「本人の求めに応じて遅滞なく回答する場合を含む」から、周知事項を店頭に掲示するなどして本人の知りうる状態に置くことまでしなくても、次の例のような状態に置いておくことも許容される。

[参考知識：本人の求めに応じて遅滞なく回答する場合の例]

・問合せ窓口を設け、問合せがあれば口頭・文章で回答できる体制を構築しておく。
・電子商取引において、商品を紹介するホームページに問合せ先のメールアドレスを明記する。

第24章　利用目的の通知の求め（法32条2項・3項）

法第32条（保有個人データに関する事項の公表等）
2　個人情報取扱事業者は、本人から、**当該本人が識別される保有個人デー**タの利用目的の通知を求められたときは、本人に対し、遅滞なく、これを通知しなければならない。ただし、次の各号のいずれかに該当する場合は、この限りでない。
一　（略）
3　個人情報取扱事業者は、前項の規定に基づき求められた保有個人データの利用目的を通知しない旨の決定をしたときは、本人に対し、遅滞なく、その旨を通知しなければならない。

第1節　概要

本人から、当該本人が識別される保有個人データの利用目的の通知を求められたときは、原則として、本人に対し遅滞なくこれを通知しなければならない（法32条2項）。

第2節　本人からの通知の求め（法32条2項）

本人が通知を求めることができるのは、「当該本人が識別される保有個人データの利用目的」である。

☞　全ての保有個人データの利用目的の通知を求められても、「当該本人が識別される」保有個人データの利用目的のみを通知すればよい。

第3節　通知の求めへの対応（法32条2項本文）

1　本人に通知

本人に「通知」するとは、**本人に直接知らしめること**をいい、事業の性質及び個人情報の取扱状況に応じ、内容が本人に認識される合理的かつ適切な方法によらなければならない。

☞　「通知」の意味は、法21条1項の「通知」と同じである（「第11章　第2節　2　（2）本人に通知」を参照）。

2　適用除外事由（法32条２項但書）

　次の各号のいずれかに該当する場合は、保有個人データの利用目的の通知の規定は適用されない（法32条２項但書）。

　　１号　法32条１項の規定（保有個人データに関する事項の周知）により当該本人が識別される保有個人データの利用目的が明らかな場合
　　２号　法21条４項１号から３号までに該当する場合

第４節　通知しない場合の処置（法32条３項）

　保有個人データの利用目的を本人に通知しない旨を決定したときは、遅滞なく、その旨を本人に通知しなければならない（法32条３項）。

　この場合は、利用目的を通知しない理由を説明するよう努めなければならない（努力義務。法36条）。

第25章　保有個人データの開示請求（法33条）

第1節　概要・趣旨

　本人は、個人情報取扱事業者に対し、当該本人が識別される保有個人データの開示を請求することができ（法32条1項）、開示請求を受けた個人情報取扱事業者は、本人に対し、原則として、遅滞なく、当該保有個人データを開示しなければならない（法32条2項）。

第2節　本人の請求（法33条1項）

> 法第33条（開示）
> 1　本人は、個人情報取扱事業者に対し、当該本人が識別される保有個人データの電磁的記録の提供による方法その他の個人情報保護委員会規則で定める方法による開示を請求することができる。

　保有個人データの開示請求の対象事項は、「当該本人が識別される保有個人データ」である（法33条1項）。

- ☞　本人の家族などの他人が識別される保有個人データは開示の対象外である。
- ☞　個人情報や個人データではあるが「保有個人データ」とはいえない情報も、開示の対象外である。

第3節　開示請求への対応（法33条2項）

> 法第33条（開示）
> 2　個人情報取扱事業者は、前項の規定による請求を受けたときは、本人に対し、同項の規定により当該本人が請求した方法（当該方法による開示に多額の費用を要する場合その他の当該方法による開示が困難である場合にあっては、書面の交付による方法）により、遅滞なく、当該保有個人データを開示しなければならない。ただし、開示することにより次の各号のいずれかに該当する場合は、その全部又は一部を開示しないことができる。
> 一　（略）

1　個人データの開示の方法（法33条2項本文）

　個人情報取扱事業者は、保有個人データの開示請求に対し、原則として、電磁的記録の提供による方法その他の個人情報保護委員会規則で定める方法により本人が請求した方法により、遅滞なく、当該保有個人データを開示しなければならない（法33条2項本文）。

　　☞　令和2年改正の前は書面の交付による開示が原則であったが、改正により、「本人の請求した方法」による開示が原則となった。

　「個人情報保護委員会規則で定める方法」は、電磁的記録の提供による方法、書面の交付による方法その他当該個人情報取扱事業者の定める方法とする（規則30条）。

（1）本人が請求した方法

　開示の方法は、原則として本人が請求した方法によらなければならないが、開示の請求を行った者から開示の方法について特に指定がなく、個人情報取扱事業者が提示した方法に対して異議を述べなかった場合は、当該個人情報取扱事業者が提示した方法で開示することができる（通則GL）。

（2）電磁的記録の提供による方法

　「電磁的記録の提供による方法」については、個人情報取扱事業者が、ファイル形式や記録媒体などの具体的な方法を定めることができる。

[参考知識：電磁的記録の提供による方法の例]
・電磁的記録をCD-ROM等の媒体に保存して、当該媒体を郵送する方法
・電磁的記録を電子メールに添付して送信する方法
・会員専用サイト等のウェブサイト上で電磁的記録をダウンロードしてもらう方法

（3）その他当該個人情報取扱事業者の定める方法

[参考知識：その他当該個人情報取扱事業者の定める方法の例]
・個人情報取扱事業者が指定した場所における音声データの視聴
・個人情報取扱事業者が指定した場所における文書の閲覧

（4）本人が請求した方法による開示に多額の費用を要する場合その他の当該方法による開示が困難である場合

　本人が請求した方法による開示に多額の費用を要する場合その他の当該方法による開示が困難である場合にあっては、書面の交付による方法で開示することができる（法33条2項本文かっこ書）。

　この場合は、その旨を本人に通知した上で（法33条3項）、書面の交付による方法により開示を行わなければならない。

［参考知識：当該方法による開示が困難である場合の例］

・本人が電磁的記録の提供による開示を請求した場合であって、個人情報取扱事業者が当該開示請求に応じるために、大規模なシステム改修を行わなければならないような場合
・本人が電磁的記録の提供による開示を請求した場合であって、書面で個人情報や帳簿等の管理を行っている小規模事業者が、電磁的記録の提供に対応することが困難な場合

2　不開示事由（法33条2項但書）

　保有個人データの開示請求に対しては、以下の不開示事由のいずれかに該当する場合は、その全部又は一部を開示しないことができる（法32条2項但書）。

　　　1号　本人又は第三者の生命、身体、財産その他の権利利益を害するおそれ
　　　　　がある場合
　　　2号　当該個人情報取扱事業者の業務の適正な実施に著しい支障を及ぼすお
　　　　　それがある場合
　　　3号　他の法令に違反することとなる場合

（1）本人又は第三者の生命、身体、財産その他の権利利益を害するおそれがある場合（1号）

［参考知識：該当する例］

・医療機関等で、病名を開示することにより本人の心身状況を悪化させるおそれがある場合

（2）当該個人情報取扱事業者の業務の適正な実施に著しい支障を及ぼすおそれがある場合（2号）

　「著しい支障を及ぼすおそれ」に該当する場合とは、**個人情報取扱事業者の業務の実施に単なる支障ではなく、より重い支障を及ぼすおそれが存在するような例外的なときに限定され、単に開示すべき保有個人データの量が多いという理由のみでは、一般には、これに該当しない**（通則GL）。

［参考知識：該当する例］

・試験実施機関において、採点情報の全てを開示することによって、試験制度の維持に著しい支障を及ぼすおそれがある場合
・同一の本人から複雑な対応を要する同一内容について繰り返し開示の請求があり、事実上問合せ窓口が占有されることによって他の問合せ対応業務が立ち行かなくなるなど、業務上著しい支障を及ぼすおそれがある場合

・電磁的記録の提供にふさわしい音声・動画ファイル等のデータを、あえて書面で請求することにより、業務上著しい支障を及ぼすおそれがある場合

（3） 他の法令に違反することとなる場合

［参考知識：該当する例］

・刑法134条（秘密漏示罪）や電気通信事業法4条（通信の秘密の保護）に違反することとなる場合

第4節　開示しない場合等の通知（法33条3項）

> 法第33条（開示）
> 3　個人情報取扱事業者は、第1項の規定による請求に係る保有個人データの全部若しくは一部について**開示しない旨の決定をしたとき**、当該保有個人データが**存在しないとき**、又は同項の規定により**本人が請求した方法による開示が困難であるとき**は、本人に対し、遅滞なく、その旨を通知しなければならない。

1　概要

保有個人データの開示請求に対し、保有個人データの全部もしくは一部について開示しない旨の決定をしたとき、又は当該保有個人データが存在しないときは、本人に対し、遅滞なく、その旨を通知しなければならない（法33条3項）。

☞　「通知」の意味は、法21条1項（個人情報の利用目的の通知等）における「通知」と同じである（「第11章　第2節　利用目的の通知・公表（法21条1項」を参照）。

なお、開示の措置をとらない旨を通知する場合は、その理由を説明するよう努めなければならない（努力義務。法36条）。

2　不開示を決定した場合

前述した不開示事由（法33条2項但書）に該当する場合には、保有個人データの全部もしくは一部について開示しない旨の決定をし、開示しない旨を本人に通知しなければならない（法33条3項）。

3　存在しない場合

当該個人データが保有個人データの除外事由（法16条4項・令5条1号から4号）に該当する場合や、当該データが個人情報もしくは個人データにとどまり保

有個人データとはいえない場合、又は本人が識別される保有個人データがない場合は、当該保有個人データが存在しない旨を本人に通知しなければならない（法33条3項）。

4 本人が請求した方法による開示が困難であるとき

保有個人データの開示は原則として本人が請求した方法によらなければならないが（法33条1項）、本人が請求した方法による開示が困難であるときは、本人に対し、遅滞なく、その旨を本人に通知しなければならない（法33条3項）。

第4節 他の法令の規定が適用される場合（法33条4項）

法第33条（開示）

4 他の法令の規定により、本人に対し第2項本文に規定する方法に相当する方法により当該本人が識別される保有個人データの全部又は一部を開示することとされている場合には、当該全部又は一部の保有個人データについては、第1項及び第2項の規定は、適用しない。

第26章 第三者提供記録の開示請求（法33条5項）

法第33条（開示）
5　第1項から第3項までの規定は、**当該本人が識別される個人データに係る第29条第1項及び第30条第3項の記録**（その存否が明らかになることにより公益その他の利益が害されるものとして政令で定めるものを除く。第37条第2項において「第三者提供記録」という。）について準用する。

第1節　概要

　個人情報取扱事業者は、本人から、当該本人が識別される個人データに係る第三者提供記録の開示の請求を受けたときは、原則として、本人に対し、電磁的記録の提供による方法、書面の交付による方法その他当該個人情報取扱事業者の定める方法のうち本人が請求した方法により、遅滞なく、当該第三者提供記録を開示しなければならない（法33条5項により準用される同条1項から3項）。

　☞　令和2年改正で新設された制度である。

第2節　第三者提供記録と除外事由

　「第三者提供記録」とは、法29条1項及び30条3項の記録（第三者提供における提供者及び受領者の記録義務に基づいて作成された記録）のうち、次の1号から4号の除外事由に該当するものを除いたものをいう（令11条）。

　　　1号　当該記録の存否が明らかになることにより、本人又は第三者の生命、身体又は財産に危害が及ぶおそれがあるもの
　　　2号　当該記録の存否が明らかになることにより、違法又は不当な行為を助長し、又は誘発するおそれがあるもの
　　　3号　当該記録の存否が明らかになることにより、国の安全が害されるおそれ、他国若しくは国際機関との信頼関係が損なわれるおそれ又は他国若しくは国際機関との交渉上不利益を被るおそれがあるもの
　　　4号　当該記録の存否が明らかになることにより、犯罪の予防、鎮圧又は捜査その他の公共の安全と秩序の維持に支障が及ぶおそれがあるもの

　なお、明文又は解釈により法29条1項又は30条3項の規定が適用されない場合において、これらの規定に基づくことなく作成された記録は第三者提供記録に含

まれない（通則 GL。明文又は解釈により法29条1項又は30条3項の規定が適用されない場合については、「第21章　第6節　明文により確認・記録義務が適用されない第三者提供」及び「第21章　第7節　解釈により確認・記録義務が適用されない場合」を参照）。

第3節　開示請求への対応

1　開示の方法（法33条5項、33条2項本文）

当該本人が識別される個人データに係る第三者提供記録の開示請求に対し、原則として、電磁的記録の提供による方法その他の個人情報保護委員会規則で定める方法により本人が請求した方法により、遅滞なく、当該保有個人データを開示しなければならない（法33条5項、33条2項本文）。

「個人情報保護委員会規則で定める方法」は、電磁的記録の提供による方法、書面の交付による方法その他当該個人情報取扱事業者の定める方法とする（規則30条）。

> ☞　「電磁的記録の提供による方法、書面の交付による方法その他当該個人情報取扱事業者の定める方法」の解釈は、基本的に、保有個人データの開示の方法の場合と同じである（「第25章　第3節　1　個人データの開示の方法」を参照）。

[参考知識：記録事項以外の事項の開示]

第三者提供記録を本人に開示するにあたっては、法において記録事項とされている事項を、本人が求める方法により開示すれば足り、それ以外の事項を開示する必要はない（通則 GL）。

> ☞　法において記録事項とされている事項については、第21章　第4節　3　記録事項」を参照

【例】
・契約書の代替手段による方法で記録を作成した場合には、当該契約書中、記録事項となっている事項を抽出した上で、本人が求める方法により開示すれば足り、契約書そのものを開示する必要はない。

2　不開示事由（法33条5項、33条2項但書）

第三者提供記録の開示請求に対しては、以下の不開示事由のいずれかに該当する場合は、その全部又は一部を開示しないことができる（法33条5項、33条2項但書）。

> 1号　本人又は第三者の生命、身体、財産その他の権利利益を害するおそれがある場合
>
> 2号　当該個人情報取扱事業者の業務の適正な実施に著しい支障を及ぼすおそれがある場合
>
> 3号　他の法令に違反することとなる場合

（1）本人又は第三者の生命、身体、財産その他の権利利益を害するおそれがある場合（1号）

[参考知識：該当する例]

・第三者提供記録に個人データの項目として本人が難病であることを示す内容が記載されている場合において、当該第三者提供記録を開示することにより、患者本人の心身状況を悪化させるおそれがある場合

・企業の与信判断等に用いられる企業情報の一部として代表者の氏名等が提供され、第三者提供記録が作成された場合において、当該第三者提供記録を開示することにより、提供を受けた第三者が与信判断、出資の検討、提携先・取引先の選定等を行っていることを含む秘密情報が漏えいするおそれがある場合

（2）当該個人情報取扱事業者の業務の適正な実施に著しい支障を及ぼすおそれがある場合（2号）

[参考知識：該当する例]

・同一の本人から複雑な対応を要する同一内容について繰り返し開示の請求があり、事実上問合せ窓口が占有されることによって他の問合せ対応業務が立ち行かなくなる等、業務上著しい支障を及ぼすおそれがある場合

　他の事業者と取引関係にあることが契約上秘密情報とされている場合であっても、記録事項そのものを開示することについては、直ちに「当該個人情報取扱事業者の業務の適正な実施に著しい支障を及ぼすおそれがある場合」に該当するものではなく、個別具体的に判断する必要がある（通則GL）。

（3）他の法令に違反することとなる場合

[参考知識：該当する例]

・刑法134条（秘密漏示罪）に違反することとなる場合

第4節　開示しない場合の通知（法33条5項、33条3項）

　第三者提供記録の開示請求に対し、第三者提供記録の全部もしくは一部について開示しない旨の決定をしたとき、当該第三者提供記録が存在しないとき、又は本人が請求した方法による開示が困難であるときは、本人に対し、遅滞なく、その旨を通知しなければならない（法33条5項、33条3項）。

　　☞　「通知」の意味は、法21条1項（個人情報の利用目的の通知等）における「通知」と同じである（「第11章　第2節　利用目的の通知・公表（法21条1項」を参照）。

　なお、開示の措置をとらない旨を通知する場合は、その理由を説明するよう努めなければならない（努力義務。法36条）。

第27章 保有個人データの訂正等の請求（法34条）

第1節　概要

　個人情報取扱事業者は、本人から、当該本人が識別される保有個人データの内容が事実でないという理由によって、内容の訂正、追加又は削除（以下「訂正等」という。）の請求を受けた場合は、利用目的の達成に必要な範囲で遅滞なく必要な調査を行い、その結果に基づき、原則として、訂正等を行い（法34条1項・2項）、本人に通知しなければならない（法34条3項）。

第2節　本人の請求（法34条1項）

> 法第34条（訂正等）
> 1　本人は、個人情報取扱事業者に対し、当該本人が識別される保有個人データの内容が事実でないときは、当該保有個人データの内容の訂正、追加又は削除（以下この条において「訂正等」という。）を請求することができる。

1　当該本人が識別される保有個人データ

　保有個人データの開示請求の対象事項は、「当該本人が識別される保有個人データ」である（法33条1項）。

2　保有個人データの内容が事実でない

　本人が保有個人データの訂正等の請求をすることができるのは、「当該本人が識別される保有個人データの内容が事実でないとき」である（法34条1項）。

[参考知識：「事実でないとき」に該当しない例]
・勤務評価が納得いかないと訂正を求められても、評価の内容自体を訂正する必要はない。

第3節　訂正等の請求への対応（法34条2項）

> 法第34条（訂正等）
> 2　個人情報取扱事業者は、前項の規定による請求を受けた場合には、その

内容の訂正等に関して他の法令の規定により特別の手続が定められている場合を除き、利用目的の達成に必要な範囲内において、遅滞なく必要な調査を行い、その結果に基づき、当該保有個人データの内容の訂正等を行わなければならない。

1　利用目的の達成に必要な範囲内における調査と訂正等

　保有個人データの内容の訂正、追加又は削除（訂正等）の請求がなされた場合に、個人情報取扱事業者は、「利用目的の達成に必要な範囲内において」、遅滞なく調査を行わなければならない（法34条2項）。

　調査の結果、保有個人データの内容が事実でないと判断される場合は、利用目的の達成に必要な範囲内で、当該保有個人データの訂正等を行わなければならない（同）。

2　訂正等

　保有個人データの訂正等の請求に対して調査を行った結果、当該「保有個人データの内容が事実でない」と判断される場合は、内容の訂正、追加又は削除をしなければならない（法34条2項）。

　「削除」とは、不要な情報を除くことをいう（通則GL）。

3　本人への通知（法34条3項）

法第34条（訂正等）
3　個人情報取扱事業者は、第1項の規定による請求に係る保有個人データの内容の全部若しくは一部について訂正等を行ったとき、又は訂正等を行わない旨の決定をしたときは、本人に対し、遅滞なく、その旨（訂正等を行ったときは、その内容を含む。）を通知しなければならない。

（1）訂正等を行った場合

　保有個人データの全部又は一部について訂正等を行ったときは、本人に対し、遅滞なく、訂正等を行った旨及び訂正等の内容を通知しなければならない（法34条3項）。

（2）訂正等を行わない旨の決定をした場合

　保有個人データの訂正等を行わない旨の決定をしたときは、本人に対し、遅滞なく、訂正等をしない旨を決定した旨を通知しなければならない（法34条3項）。

　訂正等をしない旨を通知する場合は、その理由を説明するよう努めなければならない（努力義務。法36条）。

第28章　保有個人データの利用停止等の請求（法35条1項・2項）

第1節　概要

　個人情報取扱事業者は、本人から、当該本人が識別される保有個人データが、法18条ないし20条の規定に違反して取り扱われ、又は取得されたものであるとして、当該保有個人データの利用の停止又は消去（利用停止等）の請求を受けた場合であって、その請求に理由があることが判明したときは、原則として、遅滞なく、当該保有個人データの利用停止等をし（法35条1項・2項）、本人に通知しなければならない（法35条7項）。

第2節　本人の請求（法35条1項）

> 法第35条（利用停止等）
> 1　本人は、個人情報取扱事業者に対し、当該本人が識別される保有個人データが第18条若しくは第19条の規定に違反して取り扱われているとき、又は第20条の規定に違反して取得されたものであるときは、当該保有個人データの利用の停止又は消去（以下この条において「利用停止等」という。）を請求することができる。

1　当該本人が識別される保有個人データ

　利用停止等の請求の対象となるのは、「当該本人が識別される保有個人データ」である（法35条1項）。

2　法18条、19条又は20条違反の利用

　本人は、当該本人が識別される保有個人データが、次の法違反による利用又は取得がなされたものであるという理由によって、当該保有個人データの利用停止等を請求することができる（法35条1項）。

- ・法18条の規定に違反して、本人の同意なく目的外利用がされている。
- ・法19条の規定に違反して、不適正な利用が行われている。
- ・法20条1項の規定に違反して、偽りその他不正の手段により個人情報が取得されている。
- ・法20条2項の規定に違反して、本人の同意なく要配慮個人情報が取得された

ものである。

第3節　利用停止等の請求への対応（法35条2項）

法第35条（利用停止等）
2　個人情報取扱事業者は、前項の規定による請求を受けた場合であって、その請求に理由があることが判明したときは、違反を是正するために必要な限度で、遅滞なく、当該保有個人データの利用停止等を行わなければならない。ただし、当該保有個人データの利用停止等に多額の費用を要する場合その他の利用停止等を行うことが困難な場合であって、本人の権利利益を保護するため必要なこれに代わるべき措置をとるときは、この限りでない。

1　利用停止等

　保有個人データの利用停止等の請求に理由があることが判明したときは、**違反を是正するために必要な限度で、遅滞なく、当該保有個人データの利用の停止又は消去（利用停止等）を行わなければならない**（法35条2項）。

　「消去」は、当該保有個人データを保有個人データとして使えなくすることであり、当該データを「削除」することのほか、当該データから特定の個人を識別できないようにすること（＝個人データを加工し本人を特定できないようにすること）等を含む（通則GL）。

2　多額の費用を要する場合等

　保有個人データの利用停止等の請求に理由があることが判明した場合であっても、当該保有個人データの利用停止等に多額の費用を要する場合その他の利用停止等を行うことが困難な場合であって、本人の権利利益を保護するため必要なこれに代わるべき措置をとるときは、利用停止等を行わないことができる（法35条2項但書）。

[参考知識：「困難な場合」と代替措置]

　「困難な場合」については、利用停止等に多額の費用を要する場合のほか、個人情報取扱事業者が正当な事業活動において保有個人データを必要とする場合についても該当し得る（通則GL）。

【困難な場合と代替措置の例】

・既に市販されている名簿の刷り直し及び回収作業に多額の費用を要するとして、名簿の増刷時の訂正を約束する場合や必要に応じて金銭の支払いをする。

・他の法令の規定により保存が義務付けられている保有個人データを遅滞なく消去する代わりに、当該法令の規定による保存期間の終了後に消去することを約束する。

3　本人への通知（法35条7項）

> 法第35条（利用停止等）
> 7　個人情報取扱事業者は、第1項若しくは第5項の規定による請求に係る保有個人データの全部若しくは一部について利用停止等を行ったとき若しくは利用停止等を行わない旨の決定をしたとき、又は第3項若しくは第5項の規定による請求に係る保有個人データの全部若しくは一部について第三者への提供を停止したとき若しくは第三者への提供を停止しない旨の決定をしたときは、本人に対し、遅滞なく、その旨を通知しなければならない。

（1）利用停止等を行った場合

　利用停止等の請求にかかる保有個人データの全部又は一部について利用停止等を行ったときは、本人に対し、遅滞なく、その旨を通知しなければならない（法35条7項）。

（2）利用停止等を行わない旨の決定をした場合

　利用停止等の請求にかかる保有個人データの全部又は一部について利用停止等を行わない旨の決定をしたときは、本人に対し、遅滞なく、その旨を通知しなければならない（法35条7項）。

　本人に通知する際には、利用停止等を行わない理由を説明するよう努めなければならない（努力義務。法36条）。

第29章 保有個人データの第三者提供停止の請求（法35条3項・4項）

第1節　概要

　個人情報取扱事業者は、本人から、当該本人が識別される保有個人データが、法27条1項又は28条の規定に違反して本人の同意なく第三者に提供されているとして、当該保有個人データの第三者提供の停止の請求を受けた場合であって、その請求に理由があることが判明したときは、原則として、遅滞なく、当該保有個人データの第三者への提供を停止し（法35条3項・4項）、本人に通知しなければならない（法35条7項）。

第2節　本人の請求（法35条3項）

> 法第35条（利用停止等）
> 3　本人は、個人情報取扱事業者に対し、当該本人が識別される保有個人データが第27条第1項又は第28条の規定に違反して第三者に提供されているときは、当該保有個人データの第三者への提供の停止を請求することができる。

1　当該本人が識別される保有個人データ

　第三者提供停止請求の対象となるのは、「当該本人が識別される保有個人データ」である（法35条1項）。

2　法27条1項又は法28条違反の第三者提供

　保有個人データの第三者提供の停止を請求することができるのは、以下の場合である。
　① 当該保有個人データが本人の同意を得ないで第三者に提供されている場合（法27条1項条違反。適用除外事由等に該当する場合を除く）
　② 当該保有人データが外国にある第三者への提供についての本人の同意を得ないで外国にある第三者に提供されている場合（法28条違反。適用除外事由等に該当する場合を除く）

第3節 第三者提供停止請求への対応（法35条4項）

法第35条（利用停止等）

4 個人情報取扱事業者は、前項の規定による請求を受けた場合であって、その請求に理由があることが判明したときは、遅滞なく、当該保有個人データの第三者への提供を停止しなければならない。ただし、当該保有個人データの第三者への提供の停止に多額の費用を要する場合その他の第三者への提供を停止することが困難な場合であって、本人の権利利益を保護するため必要なこれに代わるべき措置をとるときは、この限りでない。

1 第三者提供の停止

保有個人データの第三者提供停止の請求に理由があることが判明したときは、遅滞なく、当該保有個人データの第三者への提供を停止しなければならない（法35条4項）。

2 多額の費用を要する場合等

保有個人データの第三者提供停止の請求に理由があることが判明した場合であっても、当該保有個人データの第三者提供停止に多額の費用を要する場合その他の利用停止等を行うことが困難な場合であって、本人の権利利益を保護するため必要なこれに代わるべき措置をとるときは、第三者提供の停止を行わないことができる（法35条4項但書）。

☞ 「困難な場合」及び代替措置の意味は、利用停止等の請求の場合と同様である。

3 本人への通知（法35条7項）

（1）第三者への提供を停止した場合

第三者提供停止の請求にかかる保有個人データの全部又は一部について第三者への提供を停止したときは、本人に対し、遅滞なく、その旨を通知しなければならない（法35条7項）。

（2）第三者提供の停止を行わない旨の決定をした場合

第三者提供停止の請求にかかる保有個人データの全部又は一部について第三者への提供の停止を行わない旨の決定をしたときは、本人に対し、遅滞なく、その旨を通知しなければならない（法35条7項）。

本人に通知する際には、第三者への提供の停止を行わない理由を説明するよう努めなければならない（努力義務。法36条）。

第30章 法35条5項の要件を満たす場合の利用停止等又は第三者提供の停止

第1節 概要・趣旨

　個人情報取扱事業者は、本人から、法35条5項の要件を満たす場合として、当該保有個人データの利用停止等又は第三者への提供の停止の請求を受けた場合であって、その請求に理由があることが判明したときは、原則として、本人の権利利益の侵害を防止するために必要な限度で、遅滞なく、当該保有個人データの利用停止等又は第三者への提供の停止を行い（法35条5項・6項）、本人に通知しなければならない（法35条7項）。

> ☞　令和2年改正の際に、保有個人データに関する本人の関与を強化する観点から、法35条5項から7項が新設されて、保有個人データの利用停止等の請求及び第三者提供の停止の請求ができる範囲が拡大された。

第2節 本人の請求（法35条5項）

> 法第35条（利用停止等）
> 5　本人は、個人情報取扱事業者に対し、当該本人が識別される保有個人データを当該個人情報取扱事業者が利用する必要がなくなった場合、当該本人が識別される保有個人データに係る第26条第1項本文に規定する事態が生じた場合その他当該本人が識別される保有個人データの取扱いにより当該本人の権利又は正当な利益が害されるおそれがある場合には、当該保有個人データの利用停止等又は第三者への提供の停止を請求することができる。

1　当該本人が識別される保有個人データ

　利用停止等の請求又は第三者提供停止請求の対象となるのは、「当該本人が識別される保有個人データ」である（法35条5項）。

2　法35条5項の要件を満たす場合

　保有個人データの利用停止等又は第三者提供停止を請求することができるのは、以下の場合である。

（1）保有個人データを利用する必要がなくなった場合

　（2）当該本人が識別される保有個人データに係る法26条1項本文に規定する
　　　事態（漏えい等事態）が生じた場合
　（3）当該本人の権利又は正当な利益が害されるおそれがある場合

（1）保有個人データを利用する必要がなくなった場合

　「保有個人データを当該個人情報取扱事業者が利用する必要がなくなった」と
は、法22条後段（不要な個人データの消去）と同様に、**利用目的が達成され当該
目的との関係では当該保有個人データを保有する合理的な理由が存在しなくなっ
た場合や利用目的が達成されなかったものの当該目的の前提となる事業自体が中
止となった場合**等をいう（通則 GL）。

　[参考知識：利用する必要がなくなった場合の例]

　・ダイレクトメールを送付するために個人情報取扱事業者が保有していた情報について、
　　当該個人情報取扱事業者がダイレクトメールの送付を停止している場合
　・電話勧誘のために個人情報取扱事業者が保有していた情報について、当該個人情報取
　　扱事業者が電話勧誘を停止している場合
　・キャンペーンの懸賞品送付のために個人情報取扱事業者が保有していた当該キャン
　　ペーンの応募者の情報について、懸賞品の発送が終わり、不着対応等のための合理的
　　な期間が経過した後
　・採用応募者のうち、採用に至らなかった応募者の情報について、再応募への対応等の
　　ための合理的な期間が経過した後

（2）当該本人が識別される保有個人データに係る法26条1項本文に規定する事
　　態が生じた場合

　「当該本人が識別される保有個人データに係る法第26条第1項本文に規定する
事態が生じた」とは、法26条1項本文に定める漏えい等事案が生じたことをいう
（「第16章　第2節　2　漏えい等事案（法26条1項本文）」を参照）。

（3）当該本人の権利又は正当な利益が害されるおそれがある場合

　「本人の権利又は正当な利益が害されるおそれがある場合」とは、**法目的に照
らして保護に値する正当な利益が存在し、それが侵害されるおそれがある場合**を
いう。

　[参考知識：本人の権利又は正当な利益が害されるおそれがある場合の例]

　・ダイレクトメールの送付を受けた本人が、送付の停止を求める意思を表示したにもか
　　かわらず、個人情報取扱事業者がダイレクトメールを繰り返し送付している場合
　・電話勧誘を受けた本人が、電話勧誘の停止を求める意思を表示したにもかかわらず、
　　個人情報取扱事業者が本人に対する電話勧誘を繰り返し行っている場合
　・個人情報取扱事業者が、安全管理措置を十分に講じておらず、本人を識別する保有個

人データが漏えい等するおそれがある場合

・個人情報取扱事業者が、法27条1項に違反して第三者提供を行っており、本人を識別する保有個人データについても本人の同意なく提供されるおそれがある場合

・個人情報取扱事業者が、退職した従業員の情報を現在も自社の従業員であるようにホームページ等に掲載し、これによって本人に不利益が生じるおそれがある場合

［参考知識：本人の権利又は正当な利益が害されるおそれがない場合の例］

・電話の加入者が、電話料金の支払いを免れるため、電話会社に対して課金に必要な情報の利用停止等を請求する場合

・インターネット上で匿名の投稿を行った者が、発信者情報開示請求による発信者の特定やその後の損害賠償請求を免れるため、プロバイダに対してその保有する接続認証ログ等の利用停止等を請求する場合

・過去に利用規約に違反したことを理由としてサービスの強制退会処分を受けた者が、再度当該サービスを利用するため、当該サービスを提供する個人情報取扱事業者に対して強制退会処分を受けたことを含むユーザ情報の利用停止等を請求する場合

・過去の信用情報に基づく融資審査により新たな融資を受けることが困難になった者が、新規の借入れを受けるため、当該信用情報を保有している個人情報取扱事業者に対して現に審査に必要な信用情報の利用停止等又は第三者提供の停止を請求する場合

第3節　利用停止等又は第三者提供停止の請求への対応（法35条6項）

> 法第35条（利用停止等）
>
> 6　個人情報取扱事業者は、前項の規定による請求を受けた場合であって、その請求に理由があることが判明したときは、**本人の権利利益の侵害を防止するために必要な限度で**、遅滞なく、当該保有個人データの利用停止等又は第三者への提供の停止を行わなければならない。ただし、当該保有個人データの利用停止等又は第三者への提供の停止に多額の費用を要する場合その他の利用停止等又は第三者への提供の停止を行うことが困難な場合であって、本人の権利利益を保護するため必要なこれに代わるべき措置をとるときは、この限りでない。

1　利用停止等又は第三者提供の停止

保有個人データの利用停止等又は第三者提供停止の請求に理由があることが判明したときは、本人の権利利益の侵害を防止するために必要な限度で、遅滞なく、当該保有個人データの利用停止等又は第三者への提供の停止を行わなければならない（法35条6項）。

[参考知識：本人の権利利益の侵害を防止するために必要な限度での対応の例]
・本人から、保有個人データの全てについて利用停止等が請求された場合に、一部の保有個人データの利用停止等によって、生じている本人の権利利益の侵害のおそれを防止できるものとして、一部の保有個人データに限定して対応を行う場合
・法27条１項に違反して第三者提供が行われているとして保有個人データの消去を請求された場合に、利用停止又は第三者提供の停止による対応によって、生じている本人の権利利益の侵害のおそれを防止できるものとして、利用停止又は第三者提供の停止による対応を行う場合

2　多額の費用を要する場合等

　保有個人データの利用停止等又は第三者提供停止の請求に理由があることが判明した場合であっても、当該保有個人データの第三者提供停止に多額の費用を要する場合その他の利用停止等を行うことが困難な場合であって、本人の権利利益を保護するため必要なこれに代わるべき措置をとるときは、第三者提供の停止を行わないことができる（法35条6項但書）。

[参考知識：困難な場合と代替措置の例]
・他の法令の規定により保存が義務付けられている保有個人データを遅滞なく消去する代わりに、当該法令の規定による保存期間の終了後に消去することを約束する。
・個人情報保護委員会への報告の対象となる重大な漏えい等が発生した場合において、当該本人との契約が存続しているため、利用停止等が困難であるとして、以後漏えい等の事態が生じることがないよう、必要かつ適切な再発防止策を講じる。

3　本人への通知（法35条7項）

（1）第三者への提供を停止した場合

　利用停止等又は第三者提供停止の請求にかかる保有個人データの全部又は一部について利用停止等を行い、又は第三者への提供を停止したときは、本人に対し、遅滞なく、その旨を通知しなければならない（法35条7項）。

（2）第三者提供の停止を行わない旨の決定をした場合

　利用停止等又は第三者提供停止の請求にかかる保有個人データの全部又は一部について利用停止等又は第三者の提供の停止を行わない旨の決定をしたときは、本人に対し、遅滞なく、その旨を通知しなければならない（法35条7項）。

　本人に通知する際には、利用停止等又は第三者提供の停止を行わない理由を説明するよう努めなければならない（努力義務。法36条）。

第31章 開示等の請求等に応じる手続・手数料（法37条・38条）

第1節　概要・趣旨

　個人情報取扱事業者は、「開示等の請求等」において、これを受け付ける方法として施行令12条で定める事項を定めることができる（法37条）。

☞　「開示等の請求等」とは、保有個人データの利用目的の通知の求め（法32条2項）、保有個人データの開示請求（法33条1項）、保有個人データの訂正等の請求（法34条1項）、保有個人データの利用停止等もしくは第三者提供の停止（法35条1項・5項）、又は第三者提供記録の開示請求（法33条5項）をいう（法37条）。

　また、個人情報取扱事業者は、保有個人データの利用目的の通知の求め（法32条2項）又は保有個人データの開示請求（法33条1項）若しくは第三者提供記録の開示請求（法33条5項において準用する同条1項）については、その実施に関し、合理的範囲内の額の手数料を徴収することができる（法38条）。

図表44　開示等の請求等の比較

開示等の請求等の類型	手数料徴収	裁判上の請求
利用目的の通知の求め（法32条2項）	○	×
開示請求（法33条1項）	○	○
訂正等の請求（法34条1項）	×	○
利用停止等又は第三者提供の停止の請求（法35条1項・5項）	×	○
第三者提供記録の開示請求（法33条5項）	○	○

第2節　開示等の請求等に応じる手続の定め（法37条）

1　開示等の請求等を受け付ける方法の定め（法37条1項）

法第37条（開示等の請求等に応じる手続）
1　個人情報取扱事業者は、第32条第2項の規定による求め又は第33条第1項（同条第5項において準用する場合を含む。次条第1項及び第39条において同じ。）、第34条第1項若しくは第35条第1項、第3項若しくは第5項の規定による請求（以下この条及び第54条第1項において「**開示等の請求**

等」という。）に関し、政令で定めるところにより、その求め又は請求を受け付ける方法を定めることができる。この場合において、本人は、当該方法に従って、開示等の請求等を行わなければならない。

　個人情報取扱事業者は、「開示等の請求等」に関し、政令（令12条）で定めるところにより、その求め又は請求を受け付ける方法を定めることができる（法37条1項）。

【施行令12条で定める事項】
　　1号　開示等の請求等の申出先
　　2号　開示等の請求等に際して提出すべき書面（電磁的記録を含む。）の様式、その他の開示等の請求等の受付方法
　　3号　開示等の請求等をする者が本人又はその代理人であることの確認の方法
　　4号　保有個人データの利用目的の通知又は保有個人データの開示をする際に徴収する手数料の徴収方法

　個人情報取扱事業者が開示等の請求等を受け付ける方法を定めた場合は、本人は、当該方法に従って開示等の請求等を行わなければならない（法37条1項）。本人が当該方法に従わなかった場合は、個人情報取扱事業者は当該開示等の請求等を拒否することができる（通則GL）。

　開示等の請求等を受け付ける方法を定めない場合には、本人は、自由な方法で開示等の請求等をすることが認められる。

　開示等の請求等を受け付ける方法を定めた場合には、本人の知り得る状態（本人の求めに応じて遅滞なく回答する場合を含む。）に置かなければならない（法32条1項3号）。

　　☞　「本人の知りうる状態」については、「第23章　第3節　本人の知りうる状態（周知）」を参照

第3節　保有個人データを特定するに足りる事項の提示（法37条2項）

法第37条（開示等の請求等に応じる手続）
2　個人情報取扱事業者は、本人に対し、開示等の請求等に関し、その対象となる保有個人データ又は第三者提供記録を特定するに足りる事項の提示を求めることができる。この場合において、個人情報取扱事業者は、本人が容易かつ的確に開示等の請求等をすることができるよう、当該保有個人データ又は当該第三者提供記録の特定に資する情報の提供その他本人の利便を考慮した適切な措置をとらなければならない。

個人情報取扱事業者は、本人に対し、開示等の請求等に関し、その対象となる保有個人データ又は第三者提供記録を特定するに足りる事項の提示を求めることができる（法37条2項前段）。

開示等の請求等の対象となる保有個人データ又は第三者提供記録を特定するに足りる事項の提示を求める際には、本人が容易かつ的確に開示等の請求等をすることができるよう、当該保有個人データ又は第三者提供記録の特定に資する情報を提供するなど、本人の利便性を考慮しなければならない（法37条2項後段）。

第4節　代理人の利用（法37条3項）

法第37条（開示等の請求等に応じる手続）
3　開示等の請求等は、政令で定めるところにより、代理人によってすることができる。

【政令（施行令13条）が定める代理人】
1号　未成年者又は成年被後見人の法定代理人
2号　本人が委任した代理人（任意代理人）

第5節　本人の負担への配慮（法37条4項）

法第37条（開示等の請求等に応じる手続）
4　個人情報取扱事業者は、前3項の規定に基づき開示等の請求等に応じる手続を定めるに当たっては、本人に過重な負担を課するものとならないよう配慮しなければならない。

【過重な負担の例】
・必要以上に煩雑な書類を書かせたり、請求等を受け付ける窓口をいたずらに不便な場所に限定したりする。

第6節　手数料の徴収（法38条）

法第38条（手数料）

1　個人情報取扱事業者は、第32条第2項の規定による利用目的の通知を求められたとき又は第33条第1項の規定による開示の請求を受けたときは、当該措置の実施に関し、手数料を徴収することができる。

2　個人情報取扱事業者は、前項の規定により手数料を徴収する場合は、実費を勘案して合理的であると認められる範囲内において、その手数料の額を定めなければならない。

1　概要

　個人情報取扱事業者は、保有個人データの利用目的の通知の求め（法32条2項）又は保有個人データの開示請求（法33条1項）若しくは第三者提供記録の開示請求（法33条5項において準用する同条1項）については、その実施に関し、合理的範囲内の額の手数料を徴収することができる（法38条）。

2　手数料の額

　個人情報取扱事業者は、手数料を徴収する場合は、実費を勘案して合理的であると認められる範囲内において、その手数料の額を定めなければならない（法38条2項）。

　手数料額を定めた場合は、「本人の知りうる状態（本人の求めに応じて遅滞なく回答する場合を含む。）」に置かなければならない（法32条1項3号）。

第32章 裁判上の訴えの事前請求（法39条）

第1節　原則（法39条1項本文）

法第39条（事前の請求）

1　本人は、第33条第1項、第34条第1項又は第35条第1項、第3項若しくは第5項の規定による請求に係る訴えを提起しようとするときは、その訴えの被告となるべき者に対し、あらかじめ、当該請求を行い、かつ、その到達した日から2週間を経過した後でなければ、その訴えを提起することができない。ただし、当該訴えの被告となるべき者がその請求を拒んだときは、この限りでない。

2　前項の請求は、その請求が通常到達すべきであった時に、到達したものとみなす。

3　前2項の規定は、第33条第1項、第34条第1項又は第35条第1項、第3項若しくは第5項の規定による請求に係る仮処分命令の申立てについて準用する。

　本人は、開示等の請求に係る訴えを提起しようとするときは、原則として、その訴えの被告となるべき者に対し、あらかじめ、当該請求を行い、かつ、その到達した日から2週間を経過した後でなければ、その訴えを提起することができない（法39条1項本文）。仮処分命令を申し立てるときも同様である（法39条3項）。

　これを「事前の請求」という。

　事前の請求は、当該請求が通常到達すべきであった時に到達したものとみなされる（法39条2項）。

第2節　事前の請求を拒んだとき（法39条1項但書）

　請求の到達から2週間の経過前であっても、「被告となるべき者がその請求を拒んだとき」は、訴えの提起が可能である（法39条1項但書）。仮処分命令申立の場合についても同様である（同条3項）。

第 8 編

仮名加工情報取扱事業者
等の義務

第33章　仮名加工情報取扱事業者等の義務（法41条・42条）

第1節　総論

　仮名加工情報に関する規律（法2条5項、16条5項、41条及び42条等）は、令和2年改正で新設された規定である。

　　☞　平成27年改正時に、個人情報を特定の個人を識別できないように加工したものを「匿名加工情報」と位置づけ、個人情報の規制よりも緩やかな一定の条件のもとで匿名加工情報を利活用できる環境が整備された。しかし、匿名加工情報については、匿名加工の基準が厳格で利用が容易でないことや、データとしての有用性が加工前の個人情報に劣り、データ利活用によるイノベーションの促進にとって不十分であるという指摘がなされていた。

　　　　そこで、令和2年改正により、個人情報と匿名加工情報の中間的な制度として、「仮名加工情報」が創設された。

　法41条・42条は、仮名加工情報を作成する個人情報取扱事業者の義務のほか、仮名加工情報取扱事業者が仮名加工情報を取り扱う場合等に遵守すべき義務などを規定している。

　個人情報保護委員会は、個人情報保護法が定める事業者の義務のうち、仮名加工情報及び匿名加工情報の取扱いに関する部分に特化して分かりやすく一体的に示す観点から、通則ガイドラインとは別に、「個人情報の保護に関する法律についてのガイドライン（仮名加工情報・匿名加工情報編）」（本書では「仮名・匿名ガイドライン」又は「仮名・匿名GL」と略称する。）を策定・公表している。

［参考知識：仮名加工情報の利活用事例］

　以下のいずれの場合も、個人情報を保有する者（医療機関や金融機関）が仮名加工情報の作成やAIの開発を外部（ベンダ）に委託することができる。

・医療機関が診療目的で取得した患者のMRI画像を加工して作成した仮名加工情報について、利用目的をAI開発目的に変更した上で、医用画像処理AIの研究用データとして用いる。

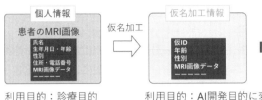

利用目的：診療目的　　　　　利用目的：AI開発目的に変更

・金融機関が個人向けローンの審査等の目的で取得した顧客の取引履歴等の個人情報を加工して作成した仮名加工情報について、利用目的を与信審査 AI 開発目的に変更した上で、与信審査 AI の学習データとして用いる

利用目的：ローン審査等

第2節　仮名加工情報と仮名加工情報取扱事業者

1　仮名加工情報（法2条5項）

> 法2条（定義）
>
> 5　この法律において「仮名加工情報」とは、次の各号に掲げる個人情報の区分に応じて当該各号に定める措置を講じて他の情報と照合しない限り特定の個人を識別することができないように個人情報を加工して得られる個人に関する情報をいう。
>
> 　一　（法2条）第1項第1号に該当する個人情報　当該個人情報に含まれる記述等の**一部**を削除すること（当該一部の記述等を復元することのできる規則性を有しない方法により他の記述等に置き換えることを含む。）。
>
> 　二　（法2条）第1項第2号に該当する個人情報　当該個人情報に含まれる個人識別符号の**全部**を削除すること（当該個人識別符号を復元することのできる規則性を有しない方法により他の記述等に置き換えることを含む。）。

（1）定義

「仮名加工情報」とは、以下のいずれかの措置を講じて、他の情報と照合しない限り特定の個人を識別することができないように個人情報を加工して得られる

個人に関する情報をいう（法2条5項）。

　　1号　一般の個人情報の場合

　　　　当該個人情報に含まれる記述等の**一部を削除**すること（当該一部の記述等を復元することのできる規則性を有しない方法により他の記述等に置き換えることを含む。）

　　2号　個人識別符号を含む個人情報の場合

　　　　当該個人情報に含まれる個人識別符号の**全部を削除**すること（当該個人識別符号を復元することのできる規則性を有しない方法により他の記述等に置き換えることを含む。）

　仮名加工情報を作成するときは、施行規則31条各号で定める加工基準に従って加工する必要がある（法41条1項）。

① 　復元することのできる規則性を有しない方法

　「復元することのできる規則性を有しない方法」（法2条5項1号）とは、置き換えた記述等から、**置き換える前の特定の個人を識別することとなる記述等又は個人識別符号の内容を復元することができない方法**である（仮名・匿名GL）。

② 　他の情報と照合しない限り特定の個人を識別することができない

　仮名加工情報に求められる「他の情報と照合しない限り特定の個人を識別することができない」という要件は、加工後の情報それ自体により特定の個人を識別することができないような状態にすることを求めるものであり、当該加工後の情報とそれ以外の他の情報を組み合わせることによって特定の個人を識別することができる状態にあることを否定するものではない。（仮名・匿名GL）。

（2）個人情報である仮名加工情報と個人情報でない仮名加工情報

　仮名加工情報は、「当該個人情報を復元することができないようにしたもの」に加工することまでは要求されていない。

　すなわち、仮名加工情報は、当該情報単体では特定の個人を識別することができないように加工されているが、他の情報と照合することで特定の個人が識別できる可能性のある情報である。

　従って、例えば、仮名加工情報取扱事業者において、仮名加工情報の作成の元となった個人情報や当該仮名加工情報にかかる「削除情報等」を保有している等により、当該仮名加工情報が「他の情報と容易に照合することができ、それにより特定の個人を識別することができる」（法2条1項）状態にある場合には、当該仮名加工情報は、「個人情報」に該当する（個人情報である仮名加工情報）。

　☞　「削除情報等」とは、仮名加工情報の作成に用いられた個人情報から削

除された記述等及び個人識別符号並びに法41条1項により行われた加工の方法に関する情報をいう（法41条2項）。

これに対し、例えば、仮名加工情報の提供を受けた「仮名加工情報取扱事業者」において、当該仮名加工情報の作成の元となった個人情報や当該仮名加工情報に係る削除情報等を保有していない等により、当該仮名加工情報が「他の情報と容易に照合することができ、それにより特定の個人を識別することができる」状態にない場合には、当該仮名加工情報は、「個人情報」に該当しない（個人情報でない仮名加工情報）。

図表45　仮名加工情報のイメージ

①一般の個人情報の場合

①含まれる記述等の一部を削除（他の記述等に置き換えることを含む）

②含まれる個人識別符号の全部を削除（他の記述等に置き換えることを含む）

（3）仮名加工情報と匿名加工情報

仮名加工情報も匿名加工情報も、個人情報を加工して特定の個人を識別することができないようにした個人に関する情報である。

匿名加工情報は、「当該個人情報を復元することができないように」することまで要求されるが（法2条6項）、仮名加工情報は、そこまでの加工は求められていない。このため、仮名加工情報の取扱いに関する規制は、匿名加工情報の取扱いに関する規制よりも厳しい。

☞　仮名加工情報と匿名加工情報の比較については、「第34章　第2節　1（5）当該個人情報を復元することができないようにしたもの」の図表48「仮名加工情報と匿名加工情報の比較」及び図表49「仮名加工情報と匿名加工情報の主な規律の比較」を参照

2　仮名加工情報取扱事業者（法16条５項）

> 法第16条（定義）
>
> 5　この章、第６章及び第７章において「仮名加工情報取扱事業者」とは、仮名加工情報を含む情報の集合物であって、特定の仮名加工情報を電子計算機を用いて検索することができるように体系的に構成したものその他特定の仮名加工情報を容易に検索することができるように体系的に構成したものとして政令で定めるもの（第41条第１項において「仮名加工情報データベース等」という。）を事業の用に供している者をいう。ただし、第２項各号に掲げる者を除く。

　「仮名加工情報取扱事業者」とは、仮名加工情報データベース等を事業の用に供している者をいう（法16条５項）。

　　　☞　「事業の用に供している」の意味や例は、個人情報取扱事業者の定義における「事業の用に供している」と同じである（「第３章　第13節　2　事業の用に供している」を参照）

　「仮名加工情報データベース等」とは、仮名加工情報を含む情報の集合物であって、特定の仮名加工情報を電子計算機（コンピュータ）を用いて検索することができるように体系的に構成したものその他特定の仮名加工情報を容易に検索することができるように体系的に構成したものとして政令で定めるものである（法16条５項）。

　　　☞　「電子計算機を用いて検索することができるように体系的に構成したものその他特定の仮名加工情報を容易に検索することができるように体系的に構成したものとして政令で定めるもの」の意味等は、個人情報データベース等の定義におけるそれと同様である（第３章　第12節　個人情報データベース等（法16条１項）」を参照）

3　仮名加工情報取扱事業者等の義務の類型

　法41条及び42条が規定する仮名加工情報（仮名加工情報データベースを構成するものに限る）に関連する仮名加工情報取扱事業者等の義務は、次のように分類できる。

　　　☞　以下の本章の解説では、「仮名加工情報」という場合は、仮名加工情報データベース等を構成するものであることを前提とする。

　　①　仮名加工情報を作成する個人情報取扱事業者の義務等（法41条１項・２項）

　　②　個人情報である仮名加工情報の取扱いに関する義務等（法41条３項から９項）

③ 個人情報でない仮名加工情報の取扱いに関する義務等（法42条1項から3項）

第3節　仮名加工情報を作成する個人情報取扱事業者の義務等（法41条1項・2項）

仮名加工情報を作成する個人情報取扱事業者は、以下の義務を遵守しなければならない。

1　仮名加工情報の適正な加工（法41条1項）
2　削除情報等の安全管理措置（法41条2項）

1　仮名加工情報の適正な加工（法41条1項）

法第41条（仮名加工情報の作成等）
1　個人情報取扱事業者は、仮名加工情報（仮名加工情報データベース等を構成するものに限る。以下この章及び第6章において同じ。）を作成するときは、他の情報と照合しない限り特定の個人を識別することができないようにするために必要なものとして個人情報保護委員会規則で定める基準に従い、個人情報を加工しなければならない。

（1）概要

個人情報取扱事業者は、仮名加工情報を作成するときは、他の情報と照合しない限り特定の個人を識別することができないようにするために、施行規則31条各号に定める加工基準に従って、個人情報を加工しなければならない（法41条1項）。

☞　仮名加工情報を「作成するとき」は、仮名加工情報として取り扱うために、当該仮名加工情報を作成するときのことを指す（仮名・匿名 GL）。

従って、例えば、安全管理措置の一環として個人情報に含まれる記述等の一部を削除（又は他の記述等に置き換え）した上で引き続き個人情報として取り扱う場合、あるいは匿名加工情報又は統計情報を作成するために個人情報を加工する場合等については、仮名加工情報を「作成するとき」には該当しない。

（2）加工基準（規則31条各号）

施行規則31条各号に定める加工基準は、以下のとおりである。

1号　個人情報に含まれる特定の個人を識別することができる記述等の全部又は一部を削除すること（当該全部又は一部の記述等を復元することのでき

る規則性を有しない方法により他の記述等に置き換えることを含む。）。

2号　個人情報に含まれる個人識別符号の全部を削除すること（当該個人識別符号を復元することのできる規則性を有しない方法により他の記述等に置き換えることを含む。）。

3号　個人情報に含まれる不正に利用されることにより財産的被害が生じるおそれがある記述等を削除すること（当該記述等を復元することのできる規則性を有しない方法により他の記述等に置き換えることを含む。）。

① 特定の個人を識別することができる記述等の削除（1号）

個人情報に含まれる個人に関する記述等の全部又は一部を削除することには、「他の記述等に置き換える」場合も含まれる。

個人情報に含まれる個人に関する記述等を他の記述等に置き換える場合は、元の記述等を復元できる規則性を有しない方法による必要がある。

［参考知識：加工の例］

・会員ID、氏名、年齢、性別、サービス利用履歴が含まれる個人情報を加工する場合に氏名を削除する。

　☞　氏名の削除後、当該個人情報に含まれる他の記述等により、なお特定の個人を識別することができる場合には、当該記述等によって特定の個人を識別することができなくなるよう加工する必要がある（通則GL）。

・氏名、住所、生年月日が含まれる個人情報を加工する場合に次の1）から3）までの措置を講ずる。

　1）氏名を削除する。

　2）住所を削除する。又は、○○県△△市に置き換える。

　3）生年月日を削除する。又は、日を削除し、生年月に置き換える。

---

② 個人識別符号の削除（2号）

個人識別符号は、それ単体で特定の個人を識別できるため、加工対象となる個人情報が、個人識別符号を含む情報であるときは、当該個人識別符号の**全部**を削除又は他の記述等へ置き換えて、特定の個人を識別できないようにしなければならない。

個人識別符号を他の記述等に置き換える場合は、元の記述等を復元できる規則性を有しない方法による必要がある。

③ 不正に利用されることにより財産的被害が生じるおそれのある記述等の削除（3号）

仮名加工情報を作成するにあたっては、個人情報に含まれる不正に利用されることにより財産的被害が生じるおそれがある記述について削除又は他の記述等へ

の置き換えを行わなければならない。

☞　不正に利用されることにより個人の財産的被害が生じるおそれが類型的に高い記述等については、それが漏えいした場合に個人の権利利益の侵害が生じる蓋然性が相対的に高いと考えられるからである。

　不正に利用されることにより財産的被害が生じるおそれがある記述を他の記述等に置き換える場合は、元の記述等を復元できる規則性を有しない方法による必要がある。

2　削除情報等の安全管理措置（法41条2項）

> 法第41条（仮名加工情報の作成等）
> 2　個人情報取扱事業者は、仮名加工情報を作成したとき、又は仮名加工情報及び当該仮名加工情報に係る削除情報等（**仮名加工情報の作成に用いられた個人情報から削除された記述等及び個人識別符号並びに前項の規定により行われた加工の方法に関する情報**をいう。以下この条及び次条第3項において読み替えて準用する第7項において同じ。）を取得したときは、削除情報等の漏えいを防止するために必要なものとして個人情報保護委員会規則で定める基準に従い、削除情報等の安全管理のための措置を講じなければならない。

　個人情報取扱事業者は、仮名加工情報を作成したとき、又は仮名加工情報及び当該仮名加工情報に係る「削除情報等」を取得したときは、削除情報等の漏えいを防止するために必要なものとして施行規則32条で定める基準に従い、削除情報等の安全管理のための措置を講じなければならない（法41条2項）。

　「削除情報」とは、**仮名加工情報の作成に用いられた個人情報から削除された記述等及び個人識別符号並びに法41条の規定により行われた加工の方法に関する情報**をいう。

☞　削除情報は、法41条1項の規定により行われた加工の方法に関する情報にあっては、「その情報を用いて仮名加工情報の作成に用いられた個人情報を復元することができるもの」に限る（規則32条1号）。

[参考知識：「その情報を用いて仮名加工情報の作成に用いられた個人情報を復元することができるもの」]

【該当する例】
・氏名等を仮IDに置き換えた場合における置き換えアルゴリズムに用いられる乱数等のパラメータ又は氏名と仮IDの対応表等のような加工の方法に関する情報
【該当しない例】
・「氏名を削除した」というような復元につながらない情報

図表46　安全管理措置の項目・具体例（仮名・匿名 GL）

講じなければならない措置	具体例
①　削除情報等を取り扱う者の権限及び責任の明確化（規則32条 1 号）	・削除情報等の安全管理措置を講ずるための組織体制の整備
②　削除情報等の取扱いに関する規程類の整備及び当該規程類に従った削除情報等の適切な取扱い並びに削除情報等の取扱状況の評価及びその結果に基づき改善を図るために必要な措置の実施（規則32条 2 号）	・削除情報等の取扱いに係る規程等の整備とこれに従った運用 ・従業者の教育 ・削除情報等の取扱状況を確認する手段の整備 ・削除情報等の取扱状況の把握、安全管理措置の評価、見直し及び改善
③　削除情報等を取り扱う正当な権限を有しない者による削除情報等の取扱いを防止するために必要かつ適切な措置の実施（規則32条 3 号）	・削除情報等を取り扱う権限を有しない者による閲覧等の防止 ・機器、電子媒体等の盗難等の防止 ・電子媒体等を持ち運ぶ場合の漏えいの防止 ・削除情報等の削除並びに機器、電子媒体等の廃棄 ・削除情報等へのアクセス制御 ・削除情報等へのアクセス者の識別と認証 ・外部からの不正アクセス等の防止 ・情報システムの使用に伴う削除情報等の漏えいの防止

第 4 節　個人情報である仮名加工情報の取扱いに関する義務等（法41条 3 項〜 9 項）

　仮名加工情報取扱事業者が個人情報である仮名加工情報を取り扱う場合については、以下の義務等が定められている。

　　1　利用目的による制限（法41条 3 項）

　　2　利用目的の公表（法41条 4 項）

　　3　利用する必要がなくなった場合の消去（法41条 5 項）

　　4　第三者提供の禁止等（法41条 6 項）

　　5　識別行為の禁止（法41条 7 項）

　　6　本人への連絡等の禁止（法41条 8 項）

　　7　適用除外（法41条 9 項）

　　8　個人情報・個人データに関する義務の適用

1　利用目的による制限（法41条3項）

法第41条（仮名加工情報の作成等）
　3　仮名加工情報取扱事業者（個人情報取扱事業者である者に限る。以下この条において同じ。）は、第18条の規定にかかわらず、法令に基づく場合を除くほか、第17条第1項の規定により特定された利用目的の達成に必要な範囲を超えて、仮名加工情報（個人情報であるものに限る。以下この条において同じ。）を取り扱ってはならない。

（1）作成元の個人情報の利用目的による制限

　仮名加工情報取扱事業者は、原則として、法17条1項の規定により特定された個人情報の利用目的の達成に必要な範囲を超えて、**個人情報である仮名加工情報を取り扱ってはならない**（法41条3項）。

　　☞　個人情報取扱事業者が仮名加工情報を作成したときは、作成の元となった個人情報に関して法17条1項の規定により特定された利用目的が、当該仮名加工情報の利用目的として引き継がれる。

（2）利用目的の変更と公表

　法17条1項の規定により特定された利用目的の達成に必要な範囲を超えて、個人情報である仮名加工情報を取り扱う場合には、あらかじめ利用目的を変更する必要がある。

　ここで、仮名加工情報については、**利用目的の変更の制限に関する法17条2項の規定は適用されない**ため（法41条9項）、変更前の利用目的と関連性を有すると合理的に認められる範囲を超える利用目的の変更も認められる。

　利用目的を変更した場合には、原則として変更後の利用目的を公表しなければならない（法41条4項）。

（3）適用除外

　個人情報である仮名加工情報を「法令に基づいて」取り扱う場合は、法41条3項は適用されず、利用目的の制限は課されない（同項）。

　　☞　「法令に基づく場合」の意味や例は、法18条3項1号の「法令に基づく場合」と同様である（「第7章　第4節　1　法令に基づく場合（1号）」を参照）

2　利用目的の公表（法41条4項）

法第41条（仮名加工情報の作成等）
　4　仮名加工情報についての第21条の規定の適用については、同条第1項及び第3項中「、本人に通知し、又は公表し」とあるのは「公表し」と、同条第4項第1号から第3号までの規定中「本人に通知し、又は公表する」とあるのは「公表する」とする。

① 概要

　個人情報である仮名加工情報を取得した場合には、原則として、あらかじめその利用目的を公表している場合を除き、速やかに、その利用目的を公表しなければならない（法41条4項により読み替えて適用される法21条1項）。

　また、利用目的の変更を行った場合には、変更後の利用目的を公表しなければならない（法41条4項により読み替えて適用される法21条3項）。

② 取得した場合

[参考知識：個人情報である仮名加工情報を取得した場合の利用目的の公表は、匿名加工情報を作成する個人情報取扱事業者には適用されない]

　法41条4項のうち、個人情報である仮名加工情報を取得した場合の利用目的の公表（法41条4項により準用される法21条1項）は、仮名加工情報を「作成」する個人情報取扱事業者には適用されない（仮名加工情報を作成する個人情報取扱事業者は、当該仮名加工情報を「取得」するわけではないため）。

[参考知識：個人情報である仮名加工情報を取得した場合の利用目的の公表が適用される場合]

　仮名加工情報を作成した個人情報取扱事業者が、当該仮名加工情報とともに当該仮名加工情報に係る削除情報等を、委託、事業承継又は共同利用に伴って他の事業者に提供した場合は、当該他の事業者にとって、当該仮名加工情報は、通常、当該削除情報等と「容易に照合でき、それにより特定の個人を識別することができることとなる情報」（法2条1項かっこ書）に該当するため、個人情報に該当する。

　この場合には、当該他の事業者が個人情報である仮名加工情報の提供を受けて「取得した場合」に該当するから、法41条4項が適用され、当該他の事業者は、利用目的を公表しなければならない。

　　☞　仮名加工情報である個人データの第三者提供や個人情報ではない仮名加工情報の第三者提供は原則禁止されるが（法41条6項及び42条1項）、法令に基づく場合又は委託、事業承継もしくは共同利用による場合には、例外的に提供できる（法41条6項及び42条1項）。

③ 適用除外

　法21条4項1号から4号の事由（個人情報の利用目的の通知等の適用除外事

由）に該当する場合は、個人情報である仮名加工情報の取得時及び個人情報である仮名加工情報の利用目的の変更時における利用目的の公表は不要である（法41条により準用される法21条4項）。

> ☞ 法21条4項各号の事由については、「第11章　第5節　適用除外事由（法21条4項各号）」を参照

3　利用する必要がなくなった場合の消去（法41条5項）

法第41条（仮名加工情報の作成等）

5　仮名加工情報取扱事業者は、**仮名加工情報である個人データ及び削除情報等を利用する必要がなくなったときは、当該個人データ及び削除情報等を遅滞なく消去するよう努めなければならない。**この場合においては、第22条の規定は、適用しない。

　仮名加工情報である個人データ及び削除情報等を利用する必要がなくなったときは、当該仮名加工情報である個人データ及び削除情報等を遅滞なく消去するよう努めなければならない（法41条5項）。

[参考知識：利用する必要がなくなったとき]
【仮名加工情報である個人データを利用する必要がなくなったときの例】
・新商品の開発のため、仮名加工情報である個人データを保有していたところ、当該新商品の開発に関する事業が中止となり、当該事業の再開の見込みもない場合
【削除情報等について利用する必要がなくなったときの例】
・仮名加工情報についての取扱いを終了し、新たな仮名加工情報を作成する見込みもない場合

4　第三者提供の禁止等（法41条6項）

法第41条（仮名加工情報の作成等）

6　仮名加工情報取扱事業者は、第27条第1項及び第2項並びに第28条第1項の規定にかかわらず、法令に基づく場合を除くほか、**仮名加工情報である個人データを第三者に提供してはならない。**この場合において、第27条第5項中「前各項」とあるのは「第41条第6項」と、同項第3号中「、本人に通知し、又は本人が容易に知り得る状態に置いて」とあるのは「公表して」と、同条第6項中「、本人に通知し、又は本人が容易に知り得る状態に置かなければ」とあるのは「公表しなければ」と、第29条第1項但書中「第27条第1項各号又は第5項各号のいずれか（前条第1項の規定による個人データの提供にあっては、第27条第1項各号のいずれか）」とあり、及び第30条第1項但書中「第27条第1項各号又は第5項各号のいずれか」

> とあるのは「法令に基づく場合又は第27条第5項各号のいずれか」とする。

（1）概要

　個人情報取扱事業者である仮名加工情報取扱事業者は、原則として、仮名加工情報である個人データを第三者に提供してはならない（法41条6項）。

（2）適用除外

　「法令に基づく場合」は法41条6項が適用されず、第三者提供の禁止にかからない（法41条6項）。

　　☞　「法令に基づく場合」の意味や例は、法18条3項1号の「法令に基づく場合」と同様である（「第7章　第4節　1　法令に基づく場合（1号）」を参照）

　　☞　法令に基づく場合における仮名加工情報である個人データの提供については、確認・記録義務は課されない（法41条6項により読み替えて適用される法29条1項但書及び30条1項但書）。

（3）委託、事業の承継又は共同利用の場合

　法27条5項1号から3号に該当する委託、事業の承継又は共同利用の場合（「第三者」に該当しない場合）は、仮名加工情報である個人データの提供先は「第三者」には該当しないから（法41条6項により読み替えて適用される法27条5項）、仮名加工情報である個人データを提供することができる。

　　☞　「第三者」に該当しない趣旨や適用要件等については、法27条5項の場合と同様である（「第19章　「第三者」に該当しない場合（法27条5項）」を参照）。

　「第三者」に該当しない場合における仮名加工情報である個人データの提供については、確認・記録義務は課されない（法41条6項により読み替えて適用される法29条1項但書及び30条1項但書）。

　なお、委託により仮名加工情報を提供する場合は、提供主体（委託元）の仮名加工情報取扱事業者には、法25条により、委託先に対する監督責任が課される。また、提供主体（委託元）の仮名加工情報取扱事業者は、委託先に対する監督義務、及び仮名加工情報である個人データの安全管理措置を講ずる義務（法23条）の履行の観点から、委託先が提供を受けた仮名加工情報を取り扱うにあたり、法41条又は法42条に違反する事態が生じることのないよう、委託先に対して、提供する情報が仮名加工情報である旨を明示しなければならない（通則GL）。

5 識別行為の禁止（法41条7項）

> 法第41条（仮名加工情報の作成等）
> 7 仮名加工情報取扱事業者は、仮名加工情報を取り扱うに当たっては、当該仮名加工情報の作成に用いられた個人情報に係る本人を識別するために、当該仮名加工情報を他の情報と照合してはならない。

　個人情報である仮名加工情報を取り扱う場合には、当該仮名加工情報の作成の元となった個人情報の本人を識別する目的で、当該仮名加工情報を他の情報と照合してはならない（法41条7項）。

［参考知識：本人を識別する行為］

【本人の識別行為にあたらない事例】
・複数の仮名加工情報を組み合わせて統計情報を作成する。
・仮名加工情報を個人と関係のない情報（例：気象情報、交通情報、金融商品等の取引高）とともに傾向を統計的に分析する。
【本人の識別行為にあたる例】
・保有する個人情報と仮名加工情報について、共通する記述等を選別してこれらを照合する。
・仮名加工情報を、当該仮名加工情報の作成の元となった個人情報と照合する。

6 本人への連絡等の禁止（法41条8項）

> 法第41条（仮名加工情報の作成等）
> 8 仮名加工情報取扱事業者は、仮名加工情報を取り扱うに当たっては、電話をかけ、郵便若しくは民間事業者による信書の送達に関する法律（平成14年法律第99号）第2条第6項に規定する一般信書便事業者若しくは同条第9項に規定する特定信書便事業者による同条第2項に規定する信書便により送付し、電報を送達し、ファクシミリ装置若しくは電磁的方法（電子情報処理組織を使用する方法その他の情報通信の技術を利用する方法であって個人情報保護委員会規則で定めるものをいう。）を用いて送信し、又は住居を訪問するために、当該仮名加工情報に含まれる連絡先その他の情報を利用してはならない。

　仮名加工情報取扱事業者は、個人情報である仮名加工情報を取り扱う場合には、電話をかけ、郵便もしくは信書便により送付し、電報を送達し、ファクシミリ装置若しくは電磁的方法を用いて送信し、又は住居を訪問するために、当該仮名加工情報に含まれる連絡先その他の情報を利用してはならない（法41条8項）。

［参考知識：電磁的方法］

「電磁的方法」とは、次の１号から３号までのいずれかの方法をいう（規則33条）。

　１号　電話番号を送受信のために用いて電磁的記録を相手方の使用に係る携帯して使用する通信端末機器に送信する方法（他人に委託して行う場合を含む。）

　　　☞　いわゆるショートメールを送信する方法である。

　２号　電子メールを送信する方法（他人に委託して行う場合を含む。）

　３号　前号に定めるもののほか、その受信をする者を特定して情報を伝達するために用いられる電気通信を送信する方法（他人に委託して行う場合を含む。）

7　適用除外（法41条 9 項）

> 法第41条（仮名加工情報の作成等）
> 　9　仮名加工情報、仮名加工情報である個人データ及び仮名加工情報である保有個人データについては、第17条第 2 項、第26条及び第32条から第39条までの規定は、適用しない。

　個人情報である仮名加工情報、仮名加工情報である個人データ及び仮名加工情報である保有個人データの取扱いについては、以下の各規定が適用されない（法41条 9 項）。

【個人情報である仮名加工情報等に適用されない規定】

　（ 1 ）　利用目的の変更（法17条 2 項）

　（ 2 ）　漏えい等の報告等（法26条）

　（ 3 ）　本人からの開示等の請求等（法32条〜39条）

8　個人情報・個人データに関する義務の適用

　個人情報である仮名加工情報及び仮名加工情報である個人データの取扱いについては、前述した利用目的による制限・公表から適用除外までの各規律のほか、次の（ 1 ）から（ 6 ）までの規定が適用される。

　　　☞　各規定の詳細については、各規定の解説を参照されたい。

【個人情報である仮名加工情報等に適用される規定】

　（ 1 ）　不適正利用の禁止（法19条）

　（ 2 ）　適正取得（法20条 1 項）

　（ 3 ）　安全管理措置（法23条）

　（ 4 ）　従業者の監督（法24条）

　（ 5 ）　委託先の監督（法25条）

　（ 6 ）　苦情処理（法40条）

第5節　個人情報でない仮名加工情報の取扱いに関する義務等（法42条）

1　第三者提供の禁止等（法42条1項・2項）

法第42条（仮名加工情報の第三者提供の制限等）

1　仮名加工情報取扱事業者は、法令に基づく場合を除くほか、**仮名加工情報**（個人情報であるものを除く。次項及び第3項において同じ。）**を第三者に提供してはならない。**

2　第27条第5項及び第6項の規定は、仮名加工情報の提供を受ける者について準用する。この場合において、同条第5項中「前各項」とあるのは「第42条第1項」と、同項第1号中「個人情報取扱事業者」とあるのは「仮名加工情報取扱事業者」と、同項第3号中「、本人に通知し、又は本人が容易に知り得る状態に置いて」とあるのは「公表して」と、同条第6項中「個人情報取扱事業者」とあるのは「仮名加工情報取扱事業者」と、「、本人に通知し、又は本人が容易に知り得る状態に置かなければ」とあるのは「公表しなければ」と読み替えるものとする。

　個人情報ではない仮名加工情報の第三者提供は、原則として禁止され、例外的に、法令に基づく場合（法42条1項）と、「第三者」への提供に該当しない場合（委託、事業承継もしくは共同利用に伴って提供される場合）に限り、提供することができる（法42条2項により読み替えて適用される法27条5項各号）。

　　☞　「法令に基づく場合」の意味や例は、法18条3項1号の「法令に基づく場合」と同様である（「第7章　第4節　1　法令に基づく場合（1号）」を参照）

　　☞　「第三者」に該当しない趣旨や適用要件等については、法27条5項の場合と同様である（「第19章　「第三者」に該当しない場合（法27条5項）」を参照）。

2　その他の義務等

法第42条（仮名加工情報の第三者提供の制限等）

3　第23条から第25条まで、第40条並びに前条第7項及び第8項の規定は、仮名加工情報取扱事業者による仮名加工情報の取扱いについて準用する。この場合において、第23条中「漏えい、滅失又は毀損」とあるのは「漏えい」と、前条第7項中「ために、」とあるのは「ために、削除情報等を取得し、又は」と読み替えるものとする。

　個人情報でない仮名加工情報の取扱いについては、第三者提供の禁止等（法42

条1項・2項）のほか、次の（1）から（6）までの義務等が課される。

（1）安全管理措置（法42条3項・23条）

　仮名加工情報の漏えいの防止その他の仮名加工情報の安全管理のために必要かつ適切な措置を講じなければならない。

（2）従業者の監督（法42条3項・24条）

　従業者に仮名加工情報を取り扱わせるに当たっては、当該仮名加工情報の安全管理が図られるよう、当該従業者に対する必要かつ適切な監督を行わなければならない。

（3）委託先の監督（法42条3項・25条）

　仮名加工情報の取扱いの全部又は一部を委託する場合は、その取扱いを委託された仮名加工情報の安全管理が図られるよう、委託を受けた者に対する必要かつ適切な監督を行わなければならない。

（4）苦情処理（法42条3項・40条）

　仮名加工情報の取扱いに関する苦情の適切かつ迅速な処理に努めなければならない。また、苦情の適切かつ迅速な処理を行うに当たり、苦情処理窓口の設置や苦情処理の手順を定める等必要な体制の整備に努めなければならない。

（5）識別行為の禁止（法42条3項・41条7項）

　仮名加工情報を取り扱う場合には、当該仮名加工情報の作成の元となった個人情報の本人を識別する目的で、削除情報等を取得し、又は当該仮名加工情報を他の情報と照合してはならない。

（6）本人への連絡等の禁止（法42条3項・41条8項）

　仮名加工情報を取り扱う場合には、電話をかけ、郵便若しくは信書便により送付し、電報を送達し、ファクシミリ装置若しくは電磁的方法を用いて送信し、又は住居を訪問するために、当該仮名加工情報に含まれる連絡先その他の情報の利用を行ってはならない。

第 **9** 編

匿名加工情報に関する義務等

<table>
<tr><td>第34章</td><td>匿名加工情報に関する
義務等（法43条～46条）</td></tr>
</table>

第1節　総論

匿名加工情報と匿名加工情報の規律（法2条6項、16条6項、43条から46条等）は、平成27年改正時に導入された規定である。

☞　平成27年改正により、個人情報を特定の個人を識別できないように加工して当該個人情報を復元することができないようにしたものを「匿名加工情報」と位置づけ、「匿名加工情報」については個人情報の規制よりも緩やかな一定の条件のもとで利活用できる環境が整備された。

法43条から46条は、匿名加工情報を作成する個人情報取扱事業者が遵守する義務等のほか、匿名加工情報データベース等を事業の用に供している匿名加工情報取扱事業者が遵守する義務等を規定している。

個人情報保護委員会は、個人情報保護法が定める事業者の義務のうち、仮名加工情報及び匿名加工情報の取扱いに関する部分に特化して分かりやすく一体的に示す観点から、通則ガイドラインとは別に、「個人情報の保護に関する法律についてのガイドライン（仮名加工情報・匿名加工情報編）」（本書では「仮名・匿名ガイドライン」又は「仮名・匿名GL」と略称する。）を策定・公表している。

[参考知識：匿名加工情報の利活用例]

法の定める加工基準を遵守して作成した匿名加工情報については、個人情報の規制よりも緩やかな一定の条件（法43条2項以下）のもとで利活用できる。そこで、以下の利活用例が考えられる。

① 　乗降データの利用

鉄道のICカード乗降データを匿名加工して、イベント時期多客時の旅客流動分析用データ（短期・長期）や、観光活性化施策検討用データ（長期）として提供する。

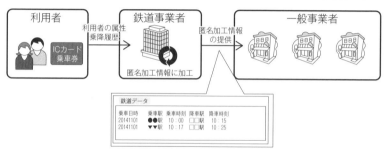

［出典：匿名加工情報作成マニュアル Ver1.0」（経済産業省）の図表24より］

② 電力利用データの利用

　電力利用データ（契約者 ID・氏名・電話番号、性別・生年・職業・住所・住居情報・家族情報、家電情報、電力利用履歴等）を匿名加工したデータを提供する。

［出典：「匿名加工情報作成マニュアル Ver1.0」（経済産業省）の図表17より］

③ クレジットカード情報の利用

　クレジットカード事業者が顧客に提供する Web 家計簿サービスにより取得する情報（①顧客属性データ、②カード利用明細データ、③加盟店 POS データ）を匿名加工した消費者動向（顧客属性を踏まえた嗜好やニーズ）を提供する。

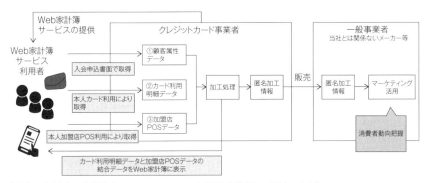

［出典：「匿名加工情報作成マニュアル Ver1.0」（経済産業省）の図表20より］

第2節　匿名加工情報と匿名加工情報取扱事業者

1　匿名加工情報（法2条6項）

> 法第2条（定義）
>
> 6　この法律において「匿名加工情報」とは、次の各号に掲げる個人情報の区分に応じて当該各号に定める措置を講じて**特定の個人を識別することができないように個人情報を加工して得られる個人に関する情報であって、当該個人情報を復元することができないようにしたもの**をいう。
>
> 　一　（法2条）第1項第1号に該当する個人情報　当該個人情報に含まれる記述等の一部を削除すること（当該一部の記述等を復元することのできる規則性を有しない方法により他の記述等に置き換えることを含む。）。
>
> 　二　（法2条）第1項第2号に該当する個人情報　当該個人情報に含まれ

> る個人識別符号の全部を削除すること（当該個人識別符号を復元すること
> のできる規則性を有しない方法により他の記述等に置き換えることを
> 含む。）。

（1）定義

「匿名加工情報」とは、以下のいずれかの措置を講じて、特定の個人を識別することができないように個人情報を加工して得られる個人に関する情報であって、当該個人情報を復元することができないようにしたものをいう。

1号　一般の個人情報の場合

当該個人情報に含まれる記述等の一部を削除すること（当該一部の記述等を復元することのできる規則性を有しない方法により他の記述等に置き換えることを含む。）

2号　個人識別符号を含む個人情報の場合

当該個人情報に含まれる個人識別符号の全部を削除すること（当該個人識別符号を復元することのできる規則性を有しない方法により他の記述等に置き換えることを含む。）

匿名加工情報と仮名加工情報は、前者が個人情報を復元することができないようにする程度の加工を要求しているのに対し、後者はそこまでの加工は要求していない点に違いがある。

なお、匿名加工情報を作成するときは、施行規則（規則34条）で定める基準に従って加工する必要がある（法43条1項）。法2条6項に定める「措置」を含む必要な措置は、当該規則で定めている（仮名・匿名GL）。

図表47　匿名加工情報のイメージ

①一般の個人情報の場合

①含まれる記述等の一部を削除（他の記述等に置き換えることを含む）

②個人識別符号が含まれる個人情報の場合

②含まれる個人識別符号の全部を削除（他の記述等に置き換えることを含む）

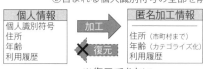

（2）復元することのできる規則性を有しない方法

　「復元することのできる規則性を有しない方法」とは、置き換えた記述から、置き換える前の特定の個人を識別することとなる記述等又は個人識別符号の内容を復元することができない方法である（仮名・匿名 GL）。

（3）特定の個人を識別することができない

　「特定の個人を識別することができる」とは、情報単体又は複数の情報を組み合わせて保存されているものから社会通念上そのように判断できるものをいい、一般人の判断力又は理解力をもって生存する具体的な人物と情報の間に同一性を認めるに至ることができるかどうかによるものである（仮名・匿名 GL）。

　従って、匿名加工情報に求められる「特定の個人を識別することができない」という要件は、あらゆる手法によって特定することができないよう技術的側面から全ての可能性を排除することまでを求めるものではなく、少なくとも、一般人及び一般的な事業者の能力、手法等を基準として当該情報を個人情報取扱事業者又は匿名加工情報取扱事業者が通常の方法により特定できないような状態にすることを求めるものである（同）。

（4）個人に関する情報

　「統計情報」（複数人の情報から共通要素に係る項目を抽出して同じ分類ごとに集計して得られる情報）は、個人情報から作成されたものでも、個人との対応関係が排斥されている限りにおいて「個人に関する情報」に該当せず、匿名加工情報、仮名加工情報又は個人情報には該当しない。

（5）当該個人情報を復元することができないようにしたもの

　「当該個人情報を復元することができないようにしたもの」とは、通常の方法では、匿名加工情報から匿名加工情報の作成の元となった個人情報に含まれていた特定の個人を識別することとなる記述等又は個人識別符号の内容を特定すること等により、匿名加工情報を個人情報に戻すことができない状態にすることをいう（仮名・匿名 GL）。

　これに対し、「仮名加工情報」の場合は、「当該個人情報を復元することができないように」することまでは求められていない。これに対応して、仮名加工情報の取扱いに関する規律は、匿名加工情報の取扱いに関する規律よりも厳格である。

図表48　仮名加工情報と匿名加工情報の比較

	仮名加工情報	匿名加工情報
定義	他の情報と照合しない限り特定の個人を識別することができないように個人情報を加工して得られる個人に関する情報	特定の個人を識別することができないように個人情報を加工して得られる個人に関する情報であって、当該個人情報を復元することができないようにしたもの
加工基準	特定の個人を識別することができる記述等の全部又は一部の削除	特定の個人を識別することができる記述等の全部又は一部の削除
加工基準	個人識別符号の全部の削除	個人識別符号の全部の削除
加工基準	－	個人情報と当該個人情報に措置を講じて得られる情報を連結する符号（現に個人情報取扱事業者において取り扱う情報を相互に連結する符号に限る。）を削除
加工基準	－	特異な記述等の削除
加工基準	－	上記各措置のほか、個人情報に含まれる記述等と当該個人情報を含む個人情報データベース等を構成する他の個人情報に含まれる記述等との差異その他の当該個人情報データベース等の性質を勘案し、その結果を踏まえて適切な措置を講ずる
加工基準	不正に利用されることにより財産的被害が生じるおそれのある記述等の削除	－

図表49　仮名加工情報と匿名加工情報の主な規律の比較

	仮名加工情報	匿名加工情報
加工に関する規律	規則31条に定める加工基準に従った加工	規則34条に定める加工基準に従った加工
安全管理に関する規律	・削除情報等の安全管理措置 ・仮名加工情報の安全管理措置	・加工方法等情報の安全管理措置 ・匿名加工情報の安全管理措置（**努力義務**）
作成時の公表に関する規律	・**利用目的の公表** 　※利用目的を変更した場合には、変更後の利用目的について公表義務あり	・**匿名加工情報に含まれる個人に関する情報の項目の公表**

| 提供に関する規律 | ・第三者提供の原則禁止
※法令に基づく場合又は委託、事業承継若しくは共同利用による例外あり | ・**本人同意なく第三者提供可能**
・提供時に、匿名加工情報に含まれる個人に関する情報の項目及びその提供の方法の公表、並びに匿名加工情報である旨の提供先に対する明示 |
| 利用に関する規律 | ・識別行為の禁止
・**本人への連絡等の禁止**
・**利用目的による制限**
※利用目的の変更は可能
・利用目的達成時の消去（努力義務）
・苦情処理（努力義務） | ・識別行為の禁止
・苦情処理（努力義務） |

（6）安全管理措置の一環としての加工

［参考知識：匿名加工情報の作成に該当しない場合］

法43条の各義務は、「匿名加工情報を作成するとき」、すなわち、匿名加工情報として取り扱うために、個人情報を加工して匿名加工情報を作成するときに適用される。

従って、例えば、安全管理措置の一環として、個人情報に含まれる記述等の一部を削除（又は他の記述等に置き換え）し、あるいは分割して保存・管理する等の加工をして、引き続き**個人情報として取り扱う**場合は、「匿名加工情報」を作成するときには該当せず、法43条の各義務は適用されない（仮名・匿名 GL）。

この場合は、個人情報を加工するときに加工基準（法43条 1 項）に従う必要もないし、加工の方法等に関する安全管理措置を講ずる義務（同条 2 項）も負わず、個人情報を加工しても公表義務（同条 3 項）はない。

また、当該情報を第三者に提供する場合の公表義務や第三者への明示義務（同条 4 項）も適用されない。

ただし、加工した情報を個人情報として取り扱うことが前提であるから、個人情報に関する規制に従うことに注意が必要である。

2　匿名加工情報取扱事業者（法16条 6 項）

法第16条（定義）

6　この章、第 6 章及び第 7 章において「匿名加工情報取扱事業者」とは、匿名加工情報を含む情報の集合物であって、特定の匿名加工情報を電子計算機を用いて検索することができるように体系的に構成したものその他特定の匿名加工情報を容易に検索することができるように体系的に構成したものとして政令で定めるもの（第43条第 1 項において「匿名加工情報データベース等」という。）を事業の用に供している者をいう。ただし、第 2 項各号に掲げる者を除く。

「匿名加工情報取扱事業者」とは、匿名加工情報データベース等を事業の用に供している者をいう（法16条6項）。

☞ 「事業の用に供している」の意味や例は、個人情報取扱事業者の定義における「事業の用に供している」と同じである（「第3章　第13節　2　事業の用に供している」を参照）

「匿名加工情報データベース等」とは、匿名加工情報を含む情報の集合物であって、特定の匿名加工情報を電子計算機（コンピュータ）を用いて検索することができるように体系的に構成したものその他特定の匿名加工情報を容易に検索することができるように体系的に構成したものとして政令で定めるものである（法16条6項）。

☞ 「電子計算機を用いて検索することができるように体系的に構成したものその他特定の匿名加工情報を容易に検索することができるように体系的に構成したものとして政令で定めるもの」の意味等は、個人情報データベース等の定義におけるそれと同様である（第3章　第12節　個人情報データベース等（法16条1項）」を参照）

3　匿名加工情報の取扱いに係る義務の類型

匿名加工情報の取扱いに係る規律は、個人データの取扱いに係る規律よりも緩やかであり、利用目的による制限や第三者提供の制限の規定はなく、法43条から46条において、主に匿名加工情報から本人が識別されることのないようにするための規律が定められている。

匿名加工情報（匿名加工情報データベース等を構成するものに限る）の取扱いに関して法43条から46条が規定する匿名加工情報取扱事業者等の義務は、次のように分類できる。

① 匿名加工情報を作成する個人情報取扱事業者が遵守する義務等（法43条1項〜6項）

② 匿名加工情報取扱事業者が遵守する義務等（法44条から46条）

☞ 以下の本章の解説では、「匿名加工情報」という場合は、匿名加工情報データベース等を構成するものであることを前提とする。

第3節　匿名加工情報を作成する個人情報取扱事業者が遵守する義務等（法43条）

匿名加工情報を作成する個人情報取扱事業者は、匿名加工情報の作成・取扱いに関し、以下各項の義務を遵守しなければならない（法43条）。

1項　匿名加工情報の適正な加工

2項　匿名加工情報等の安全管理措置等

3項　匿名加工情報の作成時の公表

4項　匿名加工情報の第三者提供

5項　識別行為の禁止

6項　匿名加工情報等の安全管理措置等

図表50　個人情報取扱事業者が自ら匿名加工情報を作成する場合の義務のまとめ

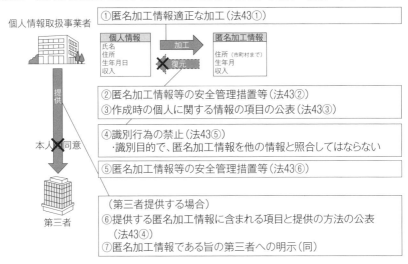

1　匿名加工情報の適正な加工（法43条1項）

法第43条（匿名加工情報の作成等）

1　個人情報取扱事業者は、**匿名加工情報**（匿名加工情報データベース等を構成するものに限る。以下この章及び第6章において同じ。）**を作成する**ときは、特定の個人を識別すること及びその作成に用いる個人情報を復元することができないようにするために必要なものとして個人情報保護委員会規則で定める基準に従い、当該個人情報を加工しなければならない。

（1）概要

匿名加工情報を作成するときは、特定の個人を識別すること及びその作成に用いる個人情報を復元することができないようにするために必要なものとして施行規則（規則34条）で定める基準に従い、当該個人情報を加工しなければならない（法43条1項）。

（2）加工基準（規則34条各号）

施行規則34条各号に定める加工基準は、以下のとおりである。

図表51　施行規則34条に定める加工基準と例

加工基準と例	
1号	個人情報に含まれる特定の個人を識別することができる記述等の全部又は一部を削除すること（当該全部又は一部の記述等を復元することのできる規則性を有しない方法により他の記述等に置き換えることを含む。）
例	・氏名、住所、生年月日が含まれる個人情報 ➢ 氏名を削除する ➢ 住所を削除する（又は○○県△△市に置き換える） ➢ 生年月日を削除する（又は生年月に置き換える） ・会員ID、氏名、住所、電話番号が含まれる個人情報 ➢ 会員ID、氏名、電話番号を削除する ➢ 住所を削除する（又は○○県△△市に置き換える）
2号	個人情報に含まれる個人識別符号の全部を削除すること（当該個人識別符号を復元することのできる規則性を有しない方法により他の記述等に置き換えることを含む。）
3号	個人情報と当該個人情報に措置を講じて得られる情報とを連結する符号（現に個人情報取扱事業者において取り扱う情報を相互に連結する符号に限る。）を削除すること（当該符号を復元することのできる規則性を有しない方法により当該個人情報と当該個人情報に措置を講じて得られる情報を連結することができない符号に置き換えることを含む。）
例	・サービス会員の情報について、氏名等の基本的な情報と購買履歴（単体では特定の個人を識別できない）を分散管理し、それらを管理用IDで連結している場合に、管理用IDを削除する ・委託先へ個人情報の一部（単体では特定の個人を識別できない）を提供する際に管理用IDを付して元の個人情報と提供用に作成した情報を連結している場合に、管理用IDを不可逆的に変換して生成した仮IDに置き換える
4号	特異な記述等を削除すること（当該特異な記述等を復元することのできる規則性を有しない方法により他の記述等に置き換えることを含む。）
例	・症例数の極めて少ない病歴を削除する ・年齢が「116歳」という情報を「90歳以上」に置き換える（トップコーティング） ・非常に高額な商品や稀少な商品を購入した場合の購入履歴を削除する
5号	前各号に掲げる措置のほか、個人情報に含まれる記述等と当該個人情報を含む個人情報データベース等を構成する他の個人情報に含まれる記述等との差異その他の当該個人情報データベース等の性質を勘案し、その結果を踏まえて適切な措置を講ずること

例	・移動履歴を含む個人情報データベース等を加工する場合に、自宅や職場などの所在が推定できる位置情報が含まれており、特定の個人の識別又は元の個人情報の復元につながるおそれがある場合に、推定につながり得る所定範囲の位置情報を削除する（項目削除／レコード削除／セル削除） ・ある小売店の購買履歴を含む個人情報データベース等を加工する場合に、当該小売店での購入者が極めて限定されている商品の購買履歴が含まれている場合に、具体的な商品情報（品番・色）を一般的な商品カテゴリーに置き換える（一般化） ・小学校の身体検査の情報を含む個人情報データベース等を加工する場合に、ある児童の身長が170cmという他の児童と比べて差異が大きい情報がある場合に、身長が150cm以上の情報を「150cm以上」という情報に置き換える（トップコーティング）

2　加工方法等情報の安全管理措置（法43条2項）

> 法第43条（匿名加工情報の作成等）
> 2　個人情報取扱事業者は、匿名加工情報を作成したときは、その作成に用いた個人情報から削除した記述等及び個人識別符号並びに前項の規定により行った加工の方法に関する情報の漏えいを防止するために必要なものとして個人情報保護委員会規則で定める基準に従い、これらの情報の安全管理のための措置を講じなければならない。

（1）概要

　匿名加工情報を作成したときは、加工方法等情報の漏えいを防止するために、施行規則（規則35条）で定める基準に従い、必要な措置を講じなければならない（法43条2項）。

　「加工方法等情報」とは、**匿名加工情報の作成に用いた個人情報から削除した記述等及び個人識別符号ならびに法43条1項の規定により行った加工の方法（加工基準）に関する情報**である（規則35条1項1号）。

（2）施行規則35条が定める安全管理措置の基準

　[参考知識：施行規則35条で定める安全管理措置と例]

　安全管理措置の内容は、対象となる加工方法等情報が漏えいした場合における復元リスクの大きさを考慮し、当該加工方法等情報の量、性質等に応じた内容としなければならない。具体的に講じなければならない項目及び具体例は、次ページの表を参照（仮名・匿名GL別表3）。

規則35条が定める基準（項目）	具体例
1号	加工方法等情報を取り扱う者の権限及び責任の明確化	・加工方法等情報の安全管理措置を講ずるための組織体制の整備
2号	加工方法等情報の取扱いに関する規程類の整備及び当該規程類に従った加工方法等情報の適切な取扱い並びに加工方法等情報の取扱状況の評価及びその結果に基づき改善を図るために必要な措置の実施	・加工方法等情報の取扱いに係る規程等の整備とこれに従った運用 ・従業者の教育 ・加工方法等情報の取扱状況を確認する手段の整備 ・加工方法等情報の取扱状況の把握、安全管理措置の評価、見直し及び改善
3号	加工方法等情報を取り扱う正当な権限を有しない者による加工方法等情報の取扱いを防止するために必要かつ適切な措置の実施	・加工方法等情報を取り扱う権限を有しない者による閲覧等の防止 ・機器、電子媒体等の盗難等の防止 ・電子媒体等を持ち運ぶ場合の漏えいの防止 ・加工方法等情報の削除並びに機器、電子媒体等の廃棄 ・加工方法等情報へのアクセス制御 ・加工方法等情報へのアクセス者の識別と認証 ・外部からの不正アクセス等の防止 ・情報システムの使用に伴う加工方法等情報の漏えいの防止

3　匿名加工情報の作成時の公表（法43条3項）

> 法第43条（匿名加工情報の作成等）
> 3　個人情報取扱事業者は、**匿名加工情報を作成したときは**、個人情報保護委員会規則で定めるところにより、**当該匿名加工情報に含まれる個人に関する情報の項目を公表**しなければならない。

（1）概要・趣旨

匿名加工情報を作成したときは、施行規則（規則36条）で定めるところにより、当該匿名加工情報に含まれる個人に関する情報の項目を公表しなければならない（法43条3項）。

［参考知識：施行規則36条で定める公表の方法］

施行規則36条で定める公表の方法は、以下のとおりである。

1項　公表は、匿名加工情報を作成した後、遅滞なく、インターネットの利用その他

の適切な方法により行うものとする。

2項　委託先が委託元の委託を受けて匿名加工情報を作成した場合は、委託元が当該匿名加工情報に含まれる個人に関する情報の項目を1項に規定する方法により公表するものとする。この場合においては、当該公表をもって委託先も当該項目を公表したものとみなす。

（2）匿名加工情報を作成したとき

「匿名加工情報を作成したとき」とは、匿名加工情報として取り扱うために個人情報を加工する作業が完了した場合を意味する（仮名・匿名 GL）。

[参考知識：匿名加工情報の作成が未完了の場合]

匿名加工情報を作成するために個人情報の加工をする作業を行っている途上で作業が完了していない場合には、加工が不十分であること等から匿名加工情報として取り扱うことが適切ではない可能性もあるため「匿名加工情報を作成したとき」とは位置付けられない（仮名・匿名 GL）。

このような加工が不十分な情報は、特定の個人を識別することができる（又は元の個人情報が復元できる状態にある可能性がある）から、原則として個人情報として取り扱うことが妥当である（Q&A）。

（3）公表事項：個人に関する情報の項目

[参考知識：公表する「個人に関する情報の項目」]

【当該匿名加工情報に含まれる個人に関する情報の項目の例】

・「氏名・性別・生年月日・購買履歴」のうち、氏名の削除、生年月日の一般化、購買履歴から特異値等を削除する加工をして「性別、生年、購買履歴」に関する匿名加工情報として作成した場合の公表項目は、「性別」「生年」「購買履歴」。

（4）公表

「公表」の意味は、利用目的の通知・公表における「公表」と同様である（「第11章　第2節　2　公表と通知（1）公表」を参照）。

4　匿名加工情報の第三者提供（法43条4項）

法第43条（匿名加工情報の作成等）

4　個人情報取扱事業者は、匿名加工情報を作成して当該匿名加工情報を第三者に提供するときは、個人情報保護委員会規則で定めるところにより、あらかじめ、**第三者に提供される匿名加工情報に含まれる個人に関する情報の項目及びその提供の方法について公表する**とともに、当該第三者に対して、当該提供に係る情報が匿名加工情報である旨を**明示しなければならない。**

（1）概要

　匿名加工情報を作成した個人情報取扱事業者が、当該匿名加工情報を第三者に提供するときは、施行規則（規則37条）で定めるところにより、以下の措置をとらなければならない（法43条4項）。

①　あらかじめ、第三者に提供される匿名加工情報に含まれる個人に関する情報の項目及びその提供の方法について公表する。

②　当該第三者に対して、当該提供に係る情報が匿名加工情報である旨を明示する。

（2）提供

　「提供」の意味は、法27条（第三者提供の制限）における「提供」と同じである（「第17章　第1節　3　提供」を参照）。

☞　匿名加工情報をインターネット等で公開する行為についても不特定多数への第三者提供にあたり、法43条4項が適用される（仮名・匿名GL）。

（3）あらかじめ公表

　「公表」の意味は、利用目的の通知・公表における「公表」と同様である（「第11章　第2節　2　公表と通知（1）公表」を参照）。

☞　「公表」の方法については、施行規則37条1項が、「インターネットの利用その他の適切な方法により行うものとする」と定めている。

①　公表事項：提供される匿名加工情報に含まれる情報の項目

[参考知識：提供される匿名加工情報に含まれる情報の項目の例]

・「氏名・性別・生年月日・購買履歴」のうち、氏名の削除、生年月日の一般化、購買履歴から特異値等を削除する加工をして「性別、生年、購買履歴」に関する匿名加工情報を作成して、第三者提供する場合の公表項目は、「性別」「生年」「購買履歴」である。

②　公表事項：匿名加工情報の提供方法

[参考知識：匿名加工情報の提供方法の例]

・ハードコピーを郵送する。
・第三者が匿名加工情報を利用できるようサーバにアップロードする。

（4）第三者への明示

　「明示」とは、第三者に対し、提供する情報が匿名加工情報であることを明確に示すことをいう（仮名・匿名GL）。

☞　施行規則37条2項は、「明示」の方法について、「電子メールを送信する方法又は書面を交付する方法その他の適切な方法により行うものとする」と定めている。

5　識別行為の禁止（法43条5項）

法第43条（匿名加工情報の作成等）
5　個人情報取扱事業者は、匿名加工情報を作成して自ら当該匿名加工情報を取り扱うに当たっては、当該匿名加工情報の作成に用いられた個人情報に係る**本人を識別するために、当該匿名加工情報を他の情報と照合しては**ならない。

（1）概要

　匿名加工情報を作成した個人情報取扱事業者は、自ら作成した匿名加工情報を取り扱うにあたっては、**当該匿名加工情報の作成に用いられた個人情報にかかる本人を識別するために、当該匿名加工情報を他の情報と照合してはならない**（法43条5項）。

［参考知識：識別行為］

【識別行為に該当する例】
・保有する個人情報と匿名加工情報について、共通する記述等を選別して照合する。
・自ら作成した匿名加工情報を、当該匿名加工情報の作成の元となった個人情報と照合する。

【識別行為に該当しない例】
・複数の匿名加工情報を組み合わせて統計情報を作成する。
・匿名加工情報を個人と関係のない情報（気象情報、交通情報、金融商品の取引高等）と照合して傾向を統計的に分析する。

（2）本人を識別するために（本人を識別する目的）

　本人を識別する目的のために他の情報と照合するのではなく、個人情報として利用目的の範囲内で取り扱う場合に（本人を識別する目的がなく）、匿名加工情報を他の情報と照合しても、法43条5項違反にはならない（仮名・匿名GL同旨）。

（3）他の情報と照合

　匿名加工情報との照合を禁じられる「他の情報」に限定はなく、**本人を識別する目的をもって行う行為であれば**、個人情報、個人関連情報、仮名加工情報及び

匿名加工情報を含む情報全般と照合する行為が禁止される（仮名・匿名GL）。

「照合」は、具体的にどのような技術又は手法を用いて照合するかは問わず（同）、実際に識別できるか否かを問わず、照合行為自体が義務違反となる。

6　匿名加工情報の安全管理措置等（法43条6項）

> 法第43条（匿名加工情報の作成等）
>
> 6　個人情報取扱事業者は、匿名加工情報を作成したときは、当該匿名加工情報の安全管理のために必要かつ適切な措置、当該匿名加工情報の作成その他の取扱いに関する苦情の処理その他の当該匿名加工情報の適正な取扱いを確保するために必要な措置を自ら講じ、かつ、当該措置の内容を公表するよう努めなければならない。

匿名加工情報を作成した個人情報取扱事業者は、当該匿名加工情報の適正な取扱いを確保するため、安全管理措置、苦情の処理などの措置を自主的に講じて、その内容を公表するよう努めなければならない（努力義務。法43条6項）。

第4節　匿名加工情報取扱事業者が遵守する義務等（法44条〜46条）

他者が作成した匿名加工情報を含む匿名加工情報データベース等を事業の用に供している匿名加工情報取扱事業者が遵守する義務等は、法44条から46条に規定されている。

【匿名加工情報取扱事業者が遵守する義務等】

1　匿名加工情報の第三者提供（法44条）

2　識別行為の禁止（法45条）

3　匿名加工情報等の安全管理措置等（法46条）

図表52　匿名加工情報取扱事業者の義務の関係

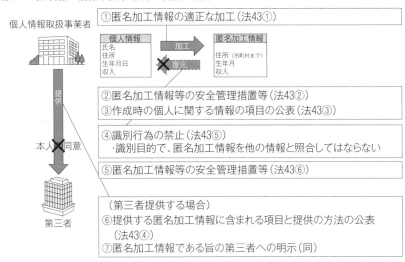

1　匿名加工情報の第三者提供（法44条）

法第44条（匿名加工情報の提供）

　匿名加工情報取扱事業者は、匿名加工情報（自ら個人情報を加工して作成したものを除く。以下この節について同じ。）を第三者に提供するときは、個人情報保護委員会規則で定めるところにより、あらかじめ、第三者に提供される**匿名加工情報に含まれる個人に関する情報の項目及びその提供の方法**について公表するとともに、当該第三者に対して、**当該提供に係る情報が匿名加工情報である旨を明示**しなければならない。

　匿名加工情報を第三者に提供する場合の、匿名加工情報に含まれる個人に関する情報の項目及びその提供の方法についての公表と、当該第三者に対する当該提供に係る情報が匿名加工情報である旨の明示の内容は、匿名加工情報を作成する個人情報取扱事業者による匿名加工情報の第三者提供の場合（法43条4項）と同じである（「第34章　第3節　4　匿名加工情報の第三者提供（法43条4項）」を参照）。

2　識別行為の禁止（法45条）

法第45条（識別行為の禁止）

　匿名加工情報取扱事業者は、匿名加工情報を取り扱うに当たっては、当該

匿名加工情報の作成に用いられた個人情報に係る**本人を識別するために**、当該個人情報から削除された記述等若しくは個人識別符号若しくは第43条第1項若しくは第114条第1項（同条第2項において準用する場合を含む。）の規定により行われた**加工の方法に関する情報を取得**し、又は当該匿名加工情報を他の情報と照合してはならない。

　匿名加工情報取扱事業者が他者の作成した匿名加工情報を取り扱うにあたっては、当該匿名加工情報の作成の元となった個人情報の本人を識別する目的で、以下の行為を行ってはならない（法45条）。

（1）受領した匿名加工情報又は行政機関等匿名加工情報の加工方法等情報を取得すること

（2）受領した匿名加工情報を、本人を識別するために他の情報と照合すること

（1）加工方法等情報の取得禁止

　匿名加工情報取扱事業者が他者から受領した匿名加工情報又は行政機関等匿名加工情報の加工方法等情報を取得することは禁止されている（法45条）。

　　☞　「行政機関等匿名加工情報」は、法60条3項に定めるものである。

（2）識別行為の禁止

　匿名加工情報を、本人を識別するために他の情報と照合することの意味は、匿名加工情報を作成した個人情報取扱事業者の識別行為の禁止（法43条5項）と同様である。

3　匿名加工情報の安全管理措置等（法46条）

> 法第46条（安全管理措置等）
> 　匿名加工情報取扱事業者は、匿名加工情報の安全管理のために必要かつ適切な措置、匿名加工情報の取扱いに関する苦情の処理その他の匿名加工情報の適正な取扱いを確保するために必要な措置を自ら講じ、かつ、当該措置の内容を公表するよう努めなければならない。

　　☞　匿名加工情報を作成する個人情報取扱事業者が講ずべき安全管理措置等（法43条2項）と同じである。

第10編

実効性を担保する仕組み等

第35章　総論

　個人情報保護法（法）は、公的部門（行政機関、独立行政法人等、地方公共団体の機関及び地方独立行政法人）及び民間部門（個人情報取扱事業者、仮名加工情報取扱事業者、匿名加工情報取扱事業者、個人関連情報取扱事業者及び学術研究機関等）といった個人情報等を取り扱う各主体を対象として、個人情報等の取扱いに関するルールを定めている。

　これらのルールの実効性を担保するために、法は、個人情報等を取り扱う各主体を広く対象として、個人情報等の取扱いに関して共通する必要最小限のルールを定めるとともに、各主体において、それぞれの政策、事務及び事業の分野や地域の実情に応じて、自律的に個人情報等の適正な取扱いが担保されることを期待している。法は、国及び地方公共団体が各主体による取組への支援や苦情処理のための措置を講ずべきことを定めるとともに、個人情報保護委員会が、各主体における個人情報等の取扱いについて監視・監督する権限と責任を有する仕組みを採っている。

図表53　実効性を担保する仕組み

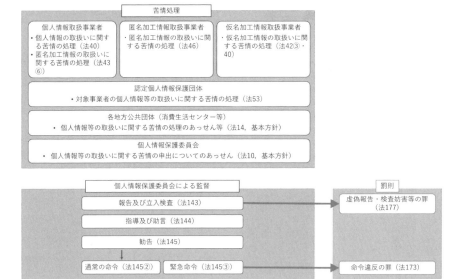

第**36**章 個人情報の取扱いに関する苦情処理（法40条）

第1節　総論

　個人情報等（個人情報、仮名加工情報又は匿名加工情報）の利用・提供あるいは開示・不開示等に関する本人の不平や不満は、訴訟等によるのではなく、事案の性質により、迅速性・経済性等の観点から、苦情処理の制度によって解決することが適当なものが多いと考えられる。そこで、個人情報保護法は、苦情処理による個人の権利利益の保護の実効性を担保するため、各主体自らの取組により苦情を解決することを基本としつつ、認定個人情報保護団体、地方公共団体等が苦情の処理に関わる複層的な仕組みを採っている（基本方針）。

図表54　個人情報の取扱いに関する複層的な苦情処理システム

苦情処理		
個人情報取扱事業者 ・個人情報の取扱いに関する苦情の処理（法40） ・匿名加工情報の取扱いに関する苦情の処理（法43⑥）	匿名加工情報取扱事業者 ・匿名加工情報の取扱いに関する苦情の処理（法46）	仮名加工情報取扱事業者 ・仮名加工情報の取扱いに関する苦情の処理（法42③、40）
認定個人情報保護団体 ・対象事業者の個人情報等の取扱いに関する苦情の処理（法53）		
各地方公共団体（消費生活センター等） ・個人情報等の取扱いに関する苦情の処理のあっせん等（法14，基本方針）		
個人情報保護委員会 ・個人情報等の取扱いに関する苦情の申出についてのあっせん（法10，基本方針）		

第2節　個人情報取扱事業者による苦情処理

法第40条（個人情報取扱事業者による苦情の処理）
1　個人情報取扱事業者は、個人情報の取扱いに関する苦情の適切かつ迅速な処理に努めなければならない。
2　個人情報取扱事業者は、前項の目的を達成するために必要な体制の整備に努めなければならない。

1　苦情処理の努力義務等（法40条）

個人情報取扱事業者は、個人情報の取扱いに関する苦情の適切かつ迅速な処理に努めなければならない（法40条1項）。

また、苦情の適切かつ迅速な処理を行うにあたり、苦情処理窓口の設置や苦情処理の手順を定める等必要な体制の整備に努めなければならない（法40条2項）。

2　関連する義務

（1）苦情の申出先の公表（法32条1項4号）

個人情報取扱事業者は、保有個人データの取扱いに関する苦情の申出先（個人情報取扱事業者が認定個人情報保護団体の対象事業者である場合は、その団体の名称及び苦情解決の申出先を含む。）について、本人の知り得る状態（本人の求めに応じて遅滞なく回答する場合を含む。）に置かなければならない（法32条1項4号、令10条2号・3号）。

（2）匿名加工情報の取扱いに関する苦情の処理（法43条6項）

匿名加工情報を取り扱う個人情報取扱事業者は、匿名加工情報の取扱いに関する苦情の処理等の努力義務を負う（法43条6項）。

第3節　その他の苦情処理方法

1　認定個人情報保護団体と苦情処理（法53条）

> 法第53条（苦情の処理）
> 1　認定個人情報保護団体は、本人その他の関係者から対象事業者の個人情報等の取扱いに関する苦情について解決の申出があったときは、その相談に応じ、申出人に必要な助言をし、その苦情に係る事情を調査するとともに、当該対象事業者に対し、その苦情の内容を通知してその迅速な解決を求めなければならない。
> 2　認定個人情報保護団体は、前項の申出に係る苦情の解決について必要があると認めるときは、当該対象事業者に対し、文書若しくは口頭による説明を求め、又は資料の提出を求めることができる。
> 3　対象事業者は、認定個人情報保護団体から前項の規定による求めがあったときは、正当な理由がないのに、これを拒んではならない。

認定個人情報保護団体は、本人その他の関係者から対象事業者の個人情報等の取扱いに関する苦情について解決の申出があったときは、その申出に係る苦情の解決について必要があると認めるときは、当該対象事業者に対し、文書若しくは口頭による説明を求め、又は資料の提出を求めることができる（法53条2項）。

対象事業者は、認定個人情報保護団体から説明・資料提出の求めがあったとき
は、正当な理由がないのに、これを拒んではならない（同条3項）。

2　地方公共団体と苦情処理（法14条）

法第14条（苦情の処理のあっせん等）
　地方公共団体は、個人情報の取扱いに関し事業者と本人との間に生じた苦
情が適切かつ迅速に処理されるようにするため、苦情の処理のあっせんその
他必要な措置を講ずるよう努めなければならない。

　地方公共団体は、消費者のための苦情相談窓口として、消費生活センター等を
設けている。

3　国と苦情処理（法10条）

法第10条（苦情処理のための措置）
　国は、個人情報の取扱いに関し事業者と本人との間に生じた苦情の適切か
つ迅速な処理を図るために必要な措置を講ずるものとする。

第37章 個人情報保護委員会による監視・監督

第1節　総説

　「個人情報保護委員会」は、個人情報の有用性に配慮しつつ、個人の権利利益を保護するため、個人情報の適正な取扱いの確保を図ることを任務とする行政機関である（法128条）。

　個人情報保護法は、個人情報等を取り扱う各主体を対象として、個人情報等の取扱いに関して共通する必要最小限のルールを定めるとともに、各主体において、それぞれの政策、事務及び事業の分野や地域の実情に応じて、自律的に個人情報等の適正な取扱いが確保されることを期待している。

　そのうえで、個人情報保護委員会が、各主体における個人情報等の取扱いについて監視・監督する権限と責任を有する仕組みを採っている。

第2節　個人情報保護委員会による監督

1　報告及び立入検査（法143条）

法第143条（報告及び立入検査）
1　委員会は、第4章（第5節を除く。次条及び第148条において同じ。）の規定の施行に必要な限度において、個人情報取扱事業者、仮名加工情報取扱事業者、匿名加工情報取扱事業者又は個人関連情報取扱事業者（以下この款において「個人情報取扱事業者等」という。）その他の関係者に対し、個人情報、仮名加工情報、匿名加工情報又は個人関連情報（以下この款及び第3款において「個人情報等」という。）の取扱いに関し、必要な報告若しくは資料の提出を求め、又はその職員に、当該個人情報取扱事業者等その他の関係者の事務所その他必要な場所に立ち入らせ、個人情報等の取扱いに関し質問させ、若しくは帳簿書類その他の物件を検査させることができる。
2　（略）

（1）内容

　個人情報保護委員会（委員会）は、法第4章（個人情報取扱事業者等の義務等。法16条から46条）の規定の施行に必要な限度において、個人情報取扱事業者

等（個人情報取扱事業者、仮名加工情報取扱事業者、匿名加工情報取扱事業者又は個人関連情報取扱事業者）その他の関係者に対し、個人情報等（個人情報、仮名加工情報、匿名加工情報又は個人関連情報）の取扱いに関し、必要な報告もしくは資料の提出を求め［報告徴収］、又は委員会の職員に、当該個人情報取扱事業者等その他の関係者の事務所その他必要な場所に立ち入らせ、個人情報等の取扱いに関し質問させ、もしくは帳簿書類その他の物件を検査させることができる［立入検査］（法143条1項）。

　立入検査は個人情報保護法の規定の施行に必要な限度で行われるものであるから、「犯罪捜査のために認められたものと解釈してはならない」（法143条3項）。

（2）罰則

　個人情報保護委員会による報告・立入検査（法143条）に対して以下の違反行為をした者は、50万円以下の罰金に処せられる（法177条）。

　・報告・資料の提出をしない者、虚偽を報告した者、虚偽の資料を提出した者
　・立入検査に際し、委員会職員の質問に対して答弁をしない者、虚偽の答弁をした者、検査を拒み、妨げ、又は忌避した者

2　指導及び助言（法144条）

法第144条（指導及び助言）
　委員会は、第4章の規定の施行に必要な限度において、個人情報取扱事業者等に対し、個人情報等の取扱いに関し必要な指導及び助言をすることができる。

　個人情報保護委員会は、法第4章（個人情報取扱事業者等の義務等。法16条から46条）の規定の施行に必要な限度において、個人情報取扱事業者等に対し、個人情報等の取扱いに関し必要な指導及び助言をすることができる（法144条）。

3　勧告及び命令（法145条）

法第145条（勧告及び命令）
　1　委員会は、個人情報取扱事業者が第18条から第20条まで、第21条（第1項、第3項及び第4項の規定を第41条第4項の規定により読み替えて適用する場合を含む。）、（…以下略）の規定に違反した場合において個人の権利利益を保護するため必要があると認めるときは、当該個人情報取扱事業者等に対し、当該違反行為の中止その他違反を是正するために必要な措置をとるべき旨を勧告することができる。

> 2　委員会は、前項の規定による勧告を受けた個人情報取扱事業者等が正当な理由がなくてその**勧告に係る措置をとらなかった場合において個人の重大な権利利益の侵害が切迫している**と認めるときは、当該個人情報取扱事業者等に対し、その勧告に係る措置をとるべきことを命ずることができる。
>
> 3　委員会は、前二項の規定にかかわらず、個人情報取扱事業者が第18条から第20条まで、（…以下略）の規定に違反した場合において個人の重大な権利利益を害する事実があるため緊急に措置をとる必要があると認めるときは、当該個人情報取扱事業者等に対し、当該違反行為の中止その他違反を是正するために必要な措置をとるべきことを命ずることができる。
>
> 4　委員会は、前二項の規定による命令をした場合において、その命令を受けた個人情報取扱事業者等がその命令に違反したときは、その旨を公表することができる。

（1）総論

　個人情報保護委員会は、法が定める義務規定の違反行為について、個人情報取扱事業者等に対し、一定の要件のもと、当該違反行為の中止その他違反を是正するために必要な措置をとるべき旨につき、勧告（1項）、命令（2項）又は緊急命令（3項）を行うことができる（法145条）。

　勧告、命令及び緊急命令を行うかは、個人情報取扱事業者等が通則ガイドラインその他のガイドラインに沿って必要な措置等を講じたか否かにつき判断して行う（通則GL）。

　この場合、ガイドラインの中で、「しなければならない」及び「してはならない」と記述している事項について、これらに従わなかった場合、個人情報取扱事業者等が、法143条1項に定める各規定に違反したと判断される可能性がある（同）。

　これに対し、ガイドラインの中で、「努めなければならない」、「望ましい」等と記述している事項については、これに従わなかったことをもって直ちに法違反と判断されることはないが、法の基本理念（法3条）を踏まえ、事業者の特性や規模に応じ可能な限り対応することが望まれるものである（同）。

（2）勧告（法144条1項）

　法145条1項に定める各規定の違反と判断された場合において、実際に個人情報保護委員会が勧告を行うのは、「個人の権利利益を保護するため必要がある」と個人情報保護委員会が認めたときである（法145条1項）。

図表55　違反が勧告（命令）の対象となりうる規定

違反すると勧告（命令）の対象となりうる規定	
個人情報取扱事業者	・法18条（利用目的による制限） ・法19条（不適正な利用の禁止） ・法20条（適正な取得・要配慮個人情報の取得制限） ・法21条（取得に際しての利用目的の通知等。1項、3項及び4項の規定を法41条4項の規定（仮名加工情報）により読み替えて適用する場合を含む。） ・法23条（安全管理措置） ・法24条（従業者の監督） ・法25条（委託先の監督） ・法26条（漏えい等の報告等） ・法27条（4項を除く。第三者提供の制限。5項及び6項の規定を法41条第6項の規定（仮名加工情報）により読み替えて適用する場合を含む。） ・法28条（外国にある第三者への提供の制限） ・法29条（第三者提供時の記録義務。1項但書の規定を法41条6項の規定（仮名加工情報）により読み替えて適用する場合を含む。） ・法30条（2項を除く。第三者提供時の確認・記録義務。1項但書の規定を第41条第6項の規定（仮名加工情報）により読み替えて適用する場合を含む。） ・法32条（保有個人データに関する事項の本人への周知及び利用目的の通知の求め） ・法33条（1項（5項において準用する場合を含む。）を除く。保有個人データの開示請求。） ・法34条2項・第3項（保有個人データの訂正等の請求） ・法35条（1項、第3項及び第5項を除く。保有個人データの利用停止等の請求） ・法38条2項（手数料の定め） ・法41条（第4項及び第5項を除く。仮名加工情報を作成する個人情報取扱事業者の義務等、利用目的による制限、第三者提供の禁止、識別行為の禁止、本人への連絡等の禁止） ・法43条（6項を除く。匿名加工情報を作成する個人情報取扱事業者が遵守する義務等）
個人関連情報取扱事業者	・法31条第1項・2項において読み替えて準用する法28条3項（個人情報取扱事業者が講ずべき措置に相当する措置を継続的に講ずるために必要な体制を整備している者に個人データを提供した場合に講ずべき措置等） ・法31条3項において読み替えて準用する法30条3項・4項（第三者提供時の記録義務）

仮名加工情報取扱事業者	・法42条第1項・2項において読み替えて準用する法27条5項・6項（共同利用事項の本人への通知等） ・法42条3項において読み替えて準用する法23条から25条まで（安全管理措置、従業者の監督、委託先の監督）若しくは法41条7項（仮名加工情報：識別行為の禁止）若しくは8項（仮名加工情報：本人への連絡等の禁止）
匿名加工情報取扱事業者	・法44条（第三者提供） ・法45条（識別行為の禁止）

（3）命令（法144条2項）

「命令」は、勧告を前提とする制度である。ただし、単に勧告に従わないことをもって命令が発せられることはなく、正当な理由なくその勧告に係る措置をとらなかった場合において個人の重大な権利利益の侵害が切迫していると個人情報保護委員会が認めたときに発せられる（法144条2項）。

（4）緊急命令（法145条3項）

「緊急命令」は、個人情報取扱事業者等が法145条3項に定める各規定に違反した場合において、個人の重大な権利利益を害する事実があるため緊急に措置をとる必要があると個人情報保護委員会が認めたときに、「勧告」を前置せずに行う（法145条3項）。

☞ 令和4年時点で、緊急命令が出された例はない。

（5）公表（法145条4項）

個人情報保護委員会は、命令・緊急命令をした場合において、その命令を受けた個人情報取扱事業者等がその命令に違反したときは、その旨を公表することができる（法145条4項）。

（6）罰則

勧告違反に対する罰則はない。勧告に従わない場合は命令を発する。

命令・緊急命令に違反した者は1年以下の懲役又は100万円以下の罰金に処せられる（法173条）。

第3節　個人情報保護委員会

1　設置・組織

　個人情報保護委員会は、内閣総理大臣の所管に属するが（法127条2項）、委員長及び委員は独立して職権を行い（法130条）、内閣の指揮監督がほとんど及ばない、いわゆる独立行政委員会である。

2　所掌事務・権限

（1）所掌事務

　個人情報保護委員会は、個人情報保護法及びマイナンバー法（番号法）に基づいて、以下の事務を行う（法129条）。

- ・個人情報保護の基本方針の策定・推進
- ・個人情報等の取扱いに関する監督等
- ・認定個人情報保護団体に関する事務
- ・特定個人情報の取扱に関する監視・監督
- ・特定個人情報保護評価に関する事務
- ・相談・苦情あっせん等に関する事務
- ・個人情報の保護等についての広報・啓発等
- ・所掌事務に係る国際協力等

図表56　個人情報保護委員会の役割

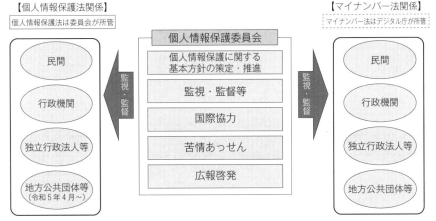

（出典：「個人情報保護委員会の任務」（個人情報保護委員会）より）

（2）監視・監督権限

　個人情報等に関する監視・監督権限は個人情報保護委員会に一元化されている（法143条から145条）。

　　　☞　個人情報保護委員会は、報告徴収・立入検査の権限（法143条）を事業所管大臣に委任することができる（法147条1項）。

（3）認定個人情報保護団体に関する権限

　個人情報保護委員会は、認定個人情報保護団体に対する認定、報告徴収、命令及び認定取消の権限を有する（法47条以下、150条以下）。

（4）その他の権限

　委員会は、所掌事務について個人情報保護委員会規則を定めることができる（法142条）。

第38章　民間団体による個人情報の保護の推進

第1節　認定個人情報保護団体

　「認定個人情報保護団体」は、業界・事業分野等の特性に応じた民間事業者による個人情報の保護の推進を図るために、自主的な取組を行うことを目的として、個人情報保護委員会の認定を受けた団体である。

　　☞　認定個人情報保護団体は、個人情報等の取扱いに関して、事業者自身による苦情処理の取組を補完するとともに、個人情報保護指針を策定・公表したときは、「対象事業者」に対して当該指針を遵守させるために必要な指導、勧告等の措置をとることが義務付けられている等、民間部門における主体的な取組みを促進する上で、重要な役割が求められている（基本方針）。

図表57　認定個人情報保護団体

個人情報保護委員会

　　　　　認定（法47①）：2022.4.1現在で、約40団体
　　　　　監督（法56〜58）

認定個人情報保護団体

・対象事業者の個人情報等の取扱いに関する苦情の処理（法①一）
・対象事業者への情報の提供（47①二）
・対象事業者の個人情報の適正な取扱の確保に関し必要な業務（47条①三）
・個人情報保護指針の策定・公表と対象事業者に個人情報保護指針を遵守させる
　ための指導・勧告等（53④）

| 対象事業者 | 対象事業者 | 対象事業者 |

第2節　認定個人情報保護団体の業務等

1　認定、監督機関等

[参考知識：監督機関等]

　認定個人情報保護団体は、個人情報保護委員会の認定を受ける必要がある（法47条1項）。

　認定個人情報保護団体は、国民から一定の信頼性を有する者として認識されるものであるから、欠格条項が定められ（法48条）、認定の基準としての要件も定められている（法49条）。

　認定個人情報保護団体の監督機関は個人情報保護委員会であり、個人情報保護委員会は、認定個人情報保護団体に対し、認定業務に関し報告をさせることができ（法150条）、認定業務の実施の方法の改善、個人情報保護指針の変更その他の必要な措置をとるべき旨を命ずることができる（151条）。

　取消事由に該当する場合は、個人情報保護委員会は、認定を取り消すこともできる（法152条）。

2　対象事業者

　認定個人情報保護団体は、個人情報等の適正な取扱いの確保を目的として、「対象事業者」に対して、法が認める認定業務を行う。

　対象事業者は、認定業務の対象となることについて同意を得た個人情報取扱事業者等である（法51条1項）。

3　認定業務等

[参考知識：認定業務等]

　認定個人情報保護団体は、以下の認定業務を行う（法47条）。

　1号　対象事業者の個人情報等の取扱いに関する苦情の処理

　2号　個人情報等の適正な取扱いの確保に寄与する事項についての対象事業者に対する情報の提供

　3号　対象事業者の個人情報等の適正な取扱いの確保に関し必要な業務

　このほかに、以下の業務も行う。

　・個人情報保護指針の作成と個人情報保護委員会への届出（法54条1項から3項）

　・対象事業者に個人情報保護指針を遵守させるための指導・勧告等（法54条4項）

4　認定個人情報保護団体の信頼性確保のための規定

　認定個人情報保護団体の信頼性を確保するために、知り得た情報の目的外利用の禁止（法55条）や「認定個人情報保護団体」の名称の使用制限（法56条）が規定されている。

5 個人情報保護指針

［参考知識：個人情報保護指針］

　認定個人情報保護団体は、対象事業者の個人情報等の適正な取扱いの確保のために、個人情報に係る利用目的の特定、安全管理のための措置、開示等の請求等に応じる手続その他の事項又は仮名加工情報若しくは匿名加工情報に係る作成の方法、その情報の安全管理のための措置その他の事項に関し、消費者の意見を代表する者その他の関係者の意見を聴いて、この法律の規定の趣旨に沿った「個人情報保護指針」を作成するよう努めなければならない（法54条1項）。

　作成した個人情報保護指針は個人情報保護委員会に届け出なければならず（同条2項）、届出があった個人情報保護指針は個人情報保護委員会により公表される（同条3項）。

　認定個人情報保護団体は、対象事業者に対し、当該個人情報保護指針を遵守させるため必要な指導、勧告その他の措置をとらなければならない（同条4項）。

第39章　雑則

第1節　適用除外（法57条）

法第57条（適用除外）

1　個人情報取扱事業者等及び個人関連情報取扱事業者のうち次の各号に掲げる者については、その個人情報等及び個人関連情報を取り扱う目的の全部又は一部がそれぞれ当該各号に規定する目的であるときは、この章の規定は、適用しない。

一　放送機関、新聞社、通信社その他の報道機関（報道を業として行う個人を含む。）　報道の用に供する目的

二　著述を業として行う者　著述の用に供する目的

三　宗教団体　宗教活動（これに付随する活動を含む。）の用に供する目的

四　政治団体　政治活動（これに付随する活動を含む。）の用に供する目的

2　前項第1号に規定する「報道」とは、不特定かつ多数の者に対して客観的事実を事実として知らせること（これに基づいて意見又は見解を述べることを含む。）をいう。

3　第1項各号に掲げる個人情報取扱事業者等は、個人データ、仮名加工情報又は匿名加工情報の安全管理のために必要かつ適切な措置、個人情報等の取扱いに関する苦情の処理その他の個人情報等の適正な取扱いを確保するために必要な措置を自ら講じ、かつ、当該措置の内容を公表するよう努めなければならない。

1　内容

報道の自由、表現の自由、信教の自由及び政治活動の自由は、憲法により保障される基本的人権であるから、これらの自由に密接に関わる活動を個人情報取扱事業者等の義務の名の下に不当に制約すべきではなく、当該事業者の自主的な規制に委ねるべきである。

そこで、個人情報取扱事業者等のうち、これらの自由に密接に関わる法57条1項各号に掲げる者（報道機関、著述を業として行う者、宗教団体及び政治団体）については、個人情報等を取り扱う目的の全部又は一部が、それぞれ当該各号に規定する目的であるときは、個人情報保護法第4章（個人情報取扱事業者の義務

等）の規定は適用されない（法57条1項）。

　なお、法57条1項各号に掲げる者であっても、個人情報データベース等不正提供罪（法174条）は適用される。

2　個人情報保護委員会の権限の行使の制限（法146条）

[参考知識：個人情報保護委員会の権限の行使の制限]

　個人情報保護委員会は、法143条ないし145条の規定により個人情報取扱事業者等に対し報告もしくは資料の提出の要求、立入検査、指導、助言、勧告又は命令を行うにあたっては、表現の自由、学問の自由、信教の自由及び政治活動の自由を妨げてはならない（法146条1項）。

　また、個人情報保護委員会は、個人情報取扱事業者等が法57条1項各号に掲げる者（それぞれ当該各号に定める目的で個人情報等を取り扱う場合に限る。）に対して個人情報等を提供する行為については、その権限を行使しないものとする（同条2項）。

第2節　適用の特例（法58条・123条）

[参考知識：適用の特例]

　国の機関である国立大学法人及び医療事業を行う独立行政法人等における個人情報の取扱い並びに独立行政法人労働者健康安全機構の行う病院の運営の業務に係る個人情報の取扱いについては、学術研究機関、医療機関等としての特性を踏まえ、基本的に民間の学術研究機関、医療機関等と同様、民間部門における個人情報の取扱いに係る規律が適用される（通説GL）。

　他方、政府の一部を構成するとみられる独立行政法人等としての特性を踏まえ、開示請求等に係る制度、行政機関等匿名加工情報の提供等については、現行の取扱いを維持し、公的部門における規律（法第5章第1節、法75条、法第5章第4節及び第5節、法122条2項、125条並びに法第6章から第8章まで（法171条、175条及び176条を除く。））が適用される（法58条、123条）。

第3節　学術研究機関等の責務（法59条）

法第59条（学術研究機関等の責務）

　個人情報取扱事業者である学術研究機関等は、学術研究目的で行う個人情報の取扱いについて、この法律の規定を遵守するとともに、その適正を確保するために必要な措置を自ら講じ、かつ、当該措置の内容を公表するよう努めなければならない。

第4節 域外適用（法166条）

法第166条（適用範囲）

　この法律は、個人情報取扱事業者、仮名加工情報取扱事業者、匿名加工情報取扱事業者又は個人関連情報取扱事業者が、**国内にある者に対する物品又は役務の提供に関連して**、国内にある者を本人とする個人情報、当該個人情報として取得されることとなる個人関連情報又は当該個人情報を用いて作成された仮名加工情報若しくは匿名加工情報を、**外国において取り扱う場合**についても、適用する。

1　概要・趣旨

　外国にある個人情報取扱事業者等が、日本の居住者等国内にある者に対する物品又は役務の提供に関連して、国内にある者を本人とする個人情報、当該個人情報として取得されることとなる個人関連情報又は当該個人情報を用いて作成された仮名加工情報もしくは匿名加工情報を、外国において取り扱う場合には、個人情報保護法が域外適用される（法166条）。

> ☞　令和2年改正前は報告徴収・立入検査や命令の規定が外国事業者には適用できなかったが、令和2年改正により、報告徴収・立入検査や命令の規定も適用されるようになった。

[参考知識：域外適用の例]

【域外適用される場合の例】

・外国のインターネット通信販売事業者が、日本の消費者に対する商品の販売・配送に関連して、日本の消費者の個人情報を取り扱う場合

・外国のメールサービス提供事業者が、日本の消費者に対するメールサービスの提供に関連して、日本の消費者の個人情報を取り扱う場合

・外国のホテル事業者が、日本の消費者に対する現地の観光地やイベント等に関する情報の配信等のサービスの提供に関連して、日本にある旅行会社等から提供を受けた日本の消費者の個人情報を取り扱う場合

・外国の広告関連事業者が、日本のインターネット通信販売事業者に対し、当該インターネット通信販売事業者による日本の消費者に対するキャンペーン情報の配信等のサービスの提供に関連して、当該インターネット通信販売事業者が保有する日本の消費者の個人データと結び付けることが想定される個人関連情報を提供する場合

・外国のアプリ提供事業者が、日本の消費者に対するサービスの提供に関連して、新サービスの開発のために、日本の消費者の個人情報を用いて作成された仮名加工情報を取り扱う場合

・外国のインターネット通信販売事業者が、日本の消費者に対する商品の販売又はサービスの提供に関連して、傾向分析等を行うために、日本の消費者の個人情報を用いて作成された匿名加工情報を取り扱う場合

【域外適用の対象とならない場合の例】

・外国にある親会社が、グループ会社の従業員情報の管理のため、日本にある子会社の
従業員の個人情報を取り扱う場合

2 国内にある者に対する物品又は役務の提供に関連して

[参考知識：国内にある者に対する物品又は役務の提供に関連して]

「物品又は役務の提供」の対象となる「国内にある者」と「個人情報」の本人である
「国内にある者」については、必ずしも同一である必要はない（通則 GL）。

【例】

・外国にある個人情報取扱事業者が、国内にある者 A を本人とする個人情報が記載され
た名簿を国内にある者 B に販売することに関連して、当該個人情報を取り扱う場合は、
域外適用の対象となる。

また、「物品又は役務の提供」に対して、本人から対価が支払われるか否かは問わない
（通則 GL）。

第40章　罰則（法171条～180条）

第1節　概要

　個人情報保護法が規定する罰則は、民間部門を対象とするものと公的部門を対象とするものに分けることができる。

　なお、個人情報保護法の罰則の対象となるのは「故意犯」であり、過失（不注意）による行為は処罰対象とされていない。

図表58　罰則の規定（民間部門）

	主体	行為	法定刑	両罰	法人処罰
173条	個人情報取扱事業者等	個人情報保護委員会による命令に違反した	1年以下の懲役又は100万円以下の罰金	○	1億円以下の罰金
174条	個人情報取扱事業者若しくはその従業者又はこれらであった者	その業務に関して取り扱った個人情報データベース等を自己若しくは第三者の不正な利益を図る目的で提供し、又は盗用した（データベース等不正提供罪）	1年以下の懲役又は50万円以下の罰金	○	
177条1号	個人情報取扱事業者等	個人情報保護委員会による報告徴収・立入検査等に対し、以下の行為をした ・報告・資料の提出拒否 ・虚偽報告、虚偽の資料提出 ・答弁拒否、虚偽答弁 ・検査を拒否・妨害・忌避	50万円以下の罰金	○	50万円以下の罰金
177条2号	認定個人情報保護団体	個人情報保護委員会の報告徴収に対し、以下の行為をした ・報告拒否・虚偽報告			
	個人情報取扱事業者に対し個人データを提供する者	個人情報取扱事業者が法30条1項による確認を行う場合に、確認にかかる事項を偽る（法30条2項違反）			

	主体	行為			
180条1号	個人関連情報取扱事業者から個人関連情報の提供を受ける者	個人関連情報取扱事業者が法31条1項による確認を行う場合に、確認にかかる事項を偽る（法31条3項により準用される法30条2項違反）	10万円以下の過料	×	—
	認定個人情報保護団体でない者	認定個人情報保護団体という名称又は紛らわしい名称を用いた（法56条違反）			
180条2号	認定個人情報保護団体	法51条1項による廃止の届出をせず、又は虚偽の届出をした			
180条3号	行政機関等の保有する保有個人情報の開示請求者	偽りその他不正の手段により、法85条3項による事案の移送による開示決定に基づく保有個人情報の開示を受けた			

図表59　罰則の規定（公的部門）

	主体	行為	法定刑
171条	行政機関等の職員若しくは職員であった者、66条2項各号に定める業務若しくは73条5項若しくは119条3項の委託を受けた業務に従事している者若しくは従事していた者又は行政機関等において個人情報、仮名加工情報若しくは匿名加工情報の取扱いに従事している派遣労働者若しくは従事していた派遣労働者	正当な理由がないのに、個人の秘密に属する事項が記録された60条2項1号に係る個人情報ファイル（その全部又は一部を複製し、又は加工したものを含む。）を提供したとき	2年以下の懲役又は100万円以下の罰金
172条	個人情報保護委員会の委員長、委員、専門委員及び事務局の職員（職務を退いた後も同様）	法140条（秘密保持義務）の規定に違反して秘密を漏らし、又は盗用した	2年以下の懲役又は100万円以下の罰金
175条	171条に規定する主体	その業務に関して知り得た保有個人情報を自己若しくは第三者の不正な利益を図る目的で提供し、又は盗用したとき	1年以下の懲役又は50万円以下の罰金

176条	行政機関等の職員	その職権を濫用して、専らその職務の用以外の用に供する目的で個人の秘密に属する事項が記録された文書、図画又は電磁的記録を収集したとき	1年以下の懲役又は50万円以下の罰金

第2節　国外犯処罰、両罰規定

1　国外犯処罰（法178条）

　法171条、172条及び174条から176条までの規定は、日本国外においてこれらの条の罪を犯した者にも適用される（法178条）。

2　両罰規定（法179条）

　民間部門を対象とする罰則のうち、法173条（個人情報保護委員会による命令の違反の罪）もしくは174条（データベース等不正提供罪）又は177条（個人情報保護委員会による報告徴収・立入検査等の妨害等の罪）の違反については、法人の代表者又は法人若しくは人の代理人、使用人その他の従業者が行為者となって、その法人又は人の業務に関して違反行為をしたときは、行為者を罰するほか、法人又は人に対し、以下の罰金刑を科す（法179条。行為者だけでなくその使用者等も罰するため「両罰規定」と呼ばれる）。

- ・法173条（個人情報保護委員会による命令の違反の罪）もしくは174条（データベース等不正提供罪）の違反は、1億円以下の罰金
- ・法177条（個人情報保護委員会による報告徴収・立入検査等の妨害等の罪）の違反は、50万円以下の罰金

第11編

行政機関等における個人情報等の取扱い（法第5章）

第**41**章　行政機関等における個人情報等の取扱い

第1節　総論

　法第5章の規定（法60条から126条）は、行政機関等における個人情報等の取扱いについて規律している。

[参考知識：法第5章の構造]

　第1節　総則（法60条）
　第2節　行政機関等における個人情報等の取扱い（法61条から73条）
　第3節　個人情報ファイル（74条・75条）
　第4節　開示、訂正及び利用停止
　第1款　開示（法76条から89条）
　第2款　訂正（法90条から97条）
　第3款　利用停止（法98条から103条）
　第4款　審査請求（法104条から106条）
　第5節　行政機関等匿名加工情報の提供等（第107条から121条）
　第6節　雑則（法122条から126条）

第2節　適用対象

1　行政機関・独立行政法人等

　法第5章の規律対象となる主体は、以下の機関・法人である。

【法第5章の適用対象】

　・行政機関（法2条8項）

　・独立行政法人等（法2条9項）

　　☞　独立行政法人通則法に規定する独立行政法人及び法別表第1に掲げる法人であり、国立研究開発法人のほか、株式会社日本政策金融公庫、国立大学法人、日本年金機構などが該当する。

2　行政機関等

　「行政機関等」とは、行政機関及び独立行政法人等である（法2条11項）。ただし、法別表第2に掲げる法人は、「行政機関等」に該当する独立行政法人から除外される（同項）。

　行政機関等は、法第5章の規定の全てが適用される。

3 法別表第2に掲げる法人

「法別表第2に掲げる法人」は、国立研究開発法人、国立大学法人、独立行政法人国立病院機構などの独立行政法人等がこれに該当する。法別表第2に掲げる法人は、「行政機関等」に含まれない（法2条11項）。

法別表第2に掲げる法人は、法第5章の規律のうち、個人情報ファイルに関する規律、開示等（開示、訂正及び利用停止）に関する規律及び匿名加工情報に関する規律については、行政機関等と同様の規律が適用される。

他方で、その他の個人情報等の取扱いに関しては、個人情報取扱事業者等に対する規定（法第4章）が適用される（法58条1項並びに123条2項及び3項）。

なお、行政機関等の行う業務のうち、独立行政法人労働者健康安全機構が行う病院の運営の業務に関する法の規律についても、法別表第2に掲げる法人の場合と同様である（法58条2項並びに123条1項及び3項）。

第3節　ガイドライン

行政機関及び独立行政法人等における個人情報の適正な取扱いを確保することを目的として、法4条、8条及び128条に基づき、個人情報保護委員会が、具体的な指針として「個人情報の保護に関する法律についてのガイドライン（行政機関等編）」を定めている。

第4節　用語の定義（法60条）

1　保有個人情報（法60条1項）

[法第60条（定義）]

1　この章及び第8章において「保有個人情報」とは、行政機関等の職員（独立行政法人等にあっては、その役員を含む。以下この章及び第8章において同じ。）が職務上作成し、又は取得した個人情報であって、当該行政機関等の職員が組織的に利用するものとして、当該行政機関等が保有しているものをいう。ただし、行政文書（行政機関の保有する情報の公開に関する法律（平成11年法律第42号。以下この章において「行政機関情報公開法」という。）第2条第2項に規定する行政文書をいう。）又は法人文書（独立行政法人等の保有する情報の公開に関する法律（平成13年法律第140号。以下この章において「独立行政法人等情報公開法」という。）第2条第2項に規定する法人文書（同項第4号に掲げるものを含む。）をいう。）（以下この章において「行政文書等」という。）に記録されているものに限る。

2　個人情報ファイル（法60条2項）

法第60条（定義）

2　この章及び第八章において「個人情報ファイル」とは、保有個人情報を

含む情報の集合物であって、次に掲げるものをいう。

一　一定の事務の目的を達成するために特定の保有個人情報を電子計算機を用いて検索することができるように体系的に構成したもの

二　前号に掲げるもののほか、一定の事務の目的を達成するために氏名、生年月日、その他の記述等により特定の保有個人情報を容易に検索することができるように体系的に構成したもの

3　行政機関等匿名加工情報（法60条3項）

法第60条（定義）

3　この章において「行政機関等匿名加工情報」とは、次の各号のいずれにも該当する個人情報ファイルを構成する保有個人情報の全部又は一部（これらの一部に行政機関情報公開法第5条に規定する不開示情報（同条第1号に掲げる情報を除き、同条第2号但書に規定する情報を含む。）又は独立行政法人等情報公開法第5条に規定する不開示情報（同条第1号に掲げる情報を除き、同条第2号但書に規定する情報を含む。）が含まれているときは、これらの不開示情報に該当する部分を除く。）を加工して得られる匿名加工情報をいう。

一　第75条第2項各号のいずれかに該当するもの又は同条第3項の規定により同条第1項に規定する個人情報ファイル簿に掲載しないこととされるものでないこと。

二　行政機関情報公開法第3条に規定する行政機関の長又は独立行政法人等情報公開法第2条第1項に規定する独立行政法人等に対し、当該個人情報ファイルを構成する保有個人情報が記録されている行政文書等の開示の請求（行政機関情報公開法第3条又は独立行政法人等情報公開法第3条の規定による開示の請求をいう。）があったとしたならば、これらの者が次のいずれかを行うこととなるものであること。

イ　当該行政文書等に記録されている保有個人情報の全部又は一部を開示する旨の決定をすること。

ロ　行政機関情報公開法第13条第1項若しくは第2項又は独立行政法人等情報公開法第14条第1項若しくは第2項の規定により意見書の提出の機会を与えること。

三　行政機関等の事務及び事業の適正かつ円滑な運営に支障のない範囲内で、第114条第1項の基準に従い、当該個人情報ファイルを構成する保有個人情報を加工して匿名加工情報を作成することができるものであること。

4 行政機関等匿名加工情報ファイル（法60条4項）

法第60条（定義）

3　この章において「行政機関等匿名加工情報ファイル」とは、行政機関等匿名加工情報を含む情報の集合物であって、次に掲げるものをいう。

一　特定の行政機関等匿名加工情報を電子計算機を用いて検索することができるように体系的に構成したもの

二　前号に掲げるもののほか、特定の行政機関等匿名加工情報を容易に検索することができるように体系的に構成したものとして政令で定めるもの

第12編

マイナンバー

第42章　マイナンバーの取扱いに関する規律

第1節　社会保障・税番号制度とマイナンバー法

1　概要

社会保障・税番号制度（マイナンバー制度）とは、住民票を有する全員に、「一人一番号」、「生涯不変」の個人番号（マイナンバー）を割り当てて、個人番号を情報連携の「キー」（鍵）として、複数の機関が管理している個人の情報が同一人の情報であることの確認（名寄せ）を行えるようにするための社会基盤（インフラ）である。

マイナンバー制度が実現しようとしているものは、①行政の効率化、②公平・公正な社会の実現、そして③国民の利便性の向上である。

> **［参考知識：マイナンバー制度の目的］**
>
> ①　行政の効率化
>
> 各機関が保有している個人情報（市町村であれば福祉情報・所得情報・住基情報等）と個人番号を紐付けて情報の検索・抽出等を容易にすることで、情報の照合、転記、入力等の情報管理の労力や作業の重複等が削減され、手続が正確でスムーズになることが期待される。
>
> ②　公平・公正な社会の実現
>
> 情報提供ネットワークシステムによる情報連携によって、所得や他の行政サービスの受給状況を把握できるようになれば、税や社会保障の負担を不当に免れることや不正受給などが防止でき、更には本当に困っている人にきめ細かな支援を行うことも期待できる。
>
> ③　国民の利便性の向上
>
> 情報連携等により、住民も、社会保障・税関係の申請をする際に求められる課税証明書などの添付書類が削減されたり、マイナポータル（情報提供等記録開示システム）を利用して自分の情報を確認できるなどの利益を享受できることになる。

2　マイナンバー法（番号法・番号利用法）

マイナンバー制度には、上述した目的があるが、他方で、個人番号によって名寄せされた個人情報の漏えい等によりプライバシー等の権利利益が侵害されるのではないかという国民の不安も根強い。

そこで、個人情報保護法の特別法として、「行政手続における特定の個人を識別するための番号の利用等に関する法律（平成25年法律第27号）」が制定され、

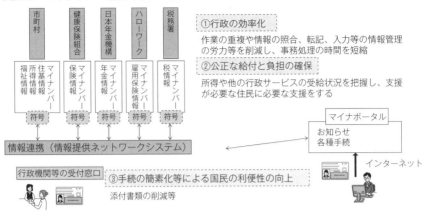

図表60　マイナンバー制度のイメージ

個人番号の利用や情報連携に関する規定だけでなく、個人情報保護のための各種の保護措置が規定されている。

同法は、「マイナンバー法」又は「番号法」、「番号利用法」と呼ばれる。

なお、本書においては、個人情報保護法を「法」、マイナンバー法を「番号法」と略称して区別する。

3　個人番号とその利用場面

個人番号（マイナンバー）は、住民票コードを変換して得られる12桁の番号であって、当該住民票コードが記載された住民票に係る者を識別するために指定されるものである（番号法2条5項）。

個人番号は、国の行政機関や地方公共団体などにおいて、社会保障、税及び災害対策等の分野で利用される。

国民は、行政機関や地方公共団体等が個人番号を利用するために、年金、雇用保険、医療保険及び生活保護・児童手当等の福祉給付及び税の手続などで、申請書等に個人番号を記載することが求められる。

また、税や社会保険の手続では、勤務先や証券会社・保険会社などの金融機関が個人番号の本人に代わって手続を行うこととされている場合がある（源泉徴収票の作成・提出、健康保険の資格取得届、法定調書の作成・提出等）。この場合には、本人が勤務先や証券会社・保険会社などに個人番号を提出することが求められる。

図表61　個人番号が利用される主な場面

個人番号が利用される場合の例		
社会保障分野	年金分野	・年金の資格取得・確認 ・年金給付の支給　　　　等
	労働分野	・雇用保険等の資格取得・確認 ・雇用保険の失業等給付の支給 ・労災保険の労災保険給付の支給　　　　等
	福祉・医療等の分野	・福祉分野の給付（児童扶養手当の支給、母子家庭自立支援給付金の支給等） ・生活保護の決定・実施 ・介護保険の保険給付の支給・保険料の徴収等 ・健康保険の保険給付の支給、保険料徴収等 ・日本学生支援機構における手続（学資の貸与等）等
税分野		・確定申告書、届出書、法定調書等に記載 ・国税の賦課・徴収に関する事務 ・地方税の賦課・徴収に関する事務　　　　等
災害対策分野		・被災者生活再建支援金の支給　　　　等
社会保障、地方税、防災に関する事務その他これらに類する事務であって地方公共団体が条例で定める事務		

4　民間事業者（事業主）が個人番号を扱う場面

　一般の民間事業者は、社外の取引先（個人）のほか、社内の従業員等から個人番号の提供を受けて、個人番号を扱うことになる。

　すなわち、事業者は、セミナーの講演者や顧問税理士などに報酬を支払い、著作権者に著作権料を支払った場合には、支払調書を作成して税務署に提出する必要がある。この支払調書に支払先の個人番号（法人の場合は法人番号）を記載しなければならないために、報酬等の支払先から個人番号の提供を受けて、個人番号を扱うことになる。

　また、事業者は、社内の従業員やその扶養親族の個人番号を、源泉徴収票や被保険者資格取得届などの書類に記載して、税務署・市町村や年金事務所・健康保険組合・ハローワークなどの行政事務を行う者に提出しなければならない。これらの書類に従業員や扶養親族の個人番号を記載することになっている場合に、従業員等から個人番号の提供を受け、個人番号を扱うことになる。

　このように、他人から個人番号の提供を受けて保管し、また所定の書類に個人番号を記載して所定の機関に提出する事務を「個人番号関係事務」という。

　これに対し、国の行政機関（税務署やハローワーク等）や地方公共団体、年金

事務所等が個人番号を利用して行う行政事務を、「個人番号利用事務」という。

図表62　事業者が個人番号を取り扱う場面

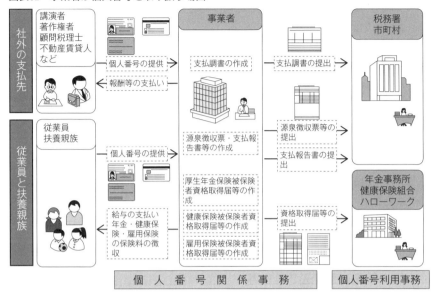

第2節　個人情報保護法とマイナンバー法の関係

1　総説

　個人情報保護法制において、個人情報保護法は一般法である。そしてマイナンバー法（番号法）は、個人番号や特定個人情報（個人番号をその内容に含む個人情報）の取扱い等について、個人情報保護法よりも厳格な規制を定める特別法である。

　従って、民間事業者が特定個人情報を取り扱う場合は、まず特別法たる番号法の規定が適用され、特別法たる番号法に規定がなければ、一般法たる個人情報保護法が適用される。

　　☞　ただし、一般法たる個人情報保護法の規定には、そのまま特定個人情報に適用してしまうと番号法の規制に抵触するものがある。そのような個人情報保護法の規定については、その適用を排除したり読み替えて適用したりすることになっている（番号法30条2項）。

2　ガイドライン

　番号法の解釈指針として、個人情報保護委員会により、以下のガイドラインが策定・公表されている。

・「特定個人情報の適正な取扱いに関するガイドライン（事業者編）」（本書では「事業者ガイドライン」又は「事業者GL」という。）

・「特定個人情報の適正な取扱いに関するガイドライン（行政機関等・地方公共団体等編）」

　民間部門における特定個人情報の取扱いに関しては、主に事業者ガイドラインを参照するが、一般法である個人情報保護法が適用される場合は、通則ガイドラインなどの個人情報保護法のガイドラインを参照することになる。

第3節　用語の定義

1　個人情報ファイル（番号法2条4項）

　「個人情報ファイル」とは、以下のものである（番号法2条4項）。

・個人情報保護法第60条2項に規定する個人情報ファイルであって行政機関等が保有するもの

・個人情報保護法16条1項に規定する個人情報データベース等であって行政機関等以外の者が保有するもの

2　個人番号（番号法2条5項）

　「個人番号」（マイナンバー）は、番号法の規定により住民票コードを変換して得られる番号であって、当該住民票コードが記載された住民票に係る者を識別するために指定されるものである（番号法2条5項）。

　個人番号は、住民票コードを変換して得られる11桁の番号とその後に付された1桁の検査用数字の合計12桁で構成されている。

　個人番号には、次の特徴がある。

・悉皆性（住民票を有する全員に付番する）

・唯一無二性（一人一番号で重複のないように付番する）

・最新の基本4情報（氏名、住所、生年月日、性別）が関連付けられる。

・死者の番号も含む（個人情報のような「生存する」という要件がない）

・個人番号は個人識別符号に該当するので、生存する者の個人番号は「個人情報」に該当し、個人情報保護法が適用される（ただし、番号法30条2項により読み替えて適用される規定がある）。

3 個人番号カード（番号法2条7項）

　「個人番号カード」（マイナンバーカード）とは、氏名、住所、生年月日、性別、個人番号その他政令で定める事項が記載され、本人の写真が表示され、かつ、これらの事項その他総務省令で定めるカード記録事項が電磁的方法によりICチップに記録されたカードであって、番号法等に定めるところによりカード記録事項を閲覧・改変する権限を有する者以外の者による閲覧・改変を防止するために必要なものとして総務省令で定める措置が講じられたものをいう（番号法2条7項）。

　ICチップに記録されている情報は、原則として、①氏名、住所、生年月日、性別、個人番号その他政令で定める事項（住民票コード等）や②電子証明書（e-Taxなどの電子申請で利用する）等に限られており、税や年金の情報などの情報のようにプライバシー性の高い情報は記録されない。

　なお、③条例又は政令の定めに基づいて、地方公共団体、国の機関等及び民間業者がICチップの空き領域を独自利用することができる。

　なお、個人番号カードを紛失した場合は、コールセンターに電話で連絡すれば、当該カードの一時停止措置ができる（24時間365日受付）。

図表63　個人番号カード（例）

（出典）マイナンバーカード総合サイト（地方公共団体情報システム機構）

4 特定個人情報（番号法2条8項）

　「特定個人情報」は、個人番号（個人番号に対応し、当該個人番号に代わって用いられる番号、記号その他の符号であって、住民票コード以外のものを含む）をその内容に含む個人情報である（番号法2条8項）。

　特定個人情報を構成する「個人番号」は、個人番号に対応し、当該個人番号に代わって用いられる番号、記号その他の符号も含まれる。

[参考知識：個人番号に含まれる例]
・個人番号を暗号化等により秘匿化した場合
・個人番号をばらばらの数字に分解して保管する場合

5　特定個人情報ファイル（番号法 2 条 9 項）

　特定個人情報ファイルは、個人番号をその内容に含む個人情報ファイルである（番号法 2 条 9 項）。

　特定個人情報がデータベース化されたもの、又は、個人情報のデータベース（個人情報ファイル）に個人番号が含まれるものが、特定個人情報ファイルであるといえる。

図表64　特定個人情報ファイルのイメージ

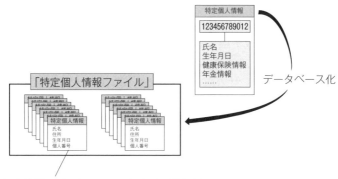

　個人情報、特定個人情報及び個人情報ファイルの関係は、個人情報が個人番号と紐づけられると「特定個人情報」となり、特定個人情報がデータベース化されると「特定個人情報ファイル」となると考えることができる。

図表65　各情報の関係イメージ

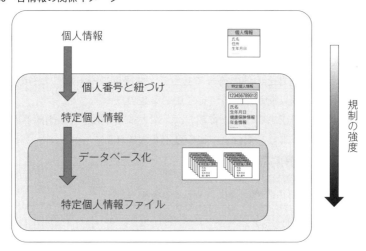

6　個人番号利用事務と個人番号関係事務

（1）個人番号利用事務（番号法2条10項）

　「個人番号利用事務」は、行政機関、地方公共団体、独立行政法人等その他の行政事務を処理する者が、法9条1項から3項までが規定する社会保障、税及び災害対策に関する特定の事務において、保有している個人情報の検索、管理のために個人番号を利用することをいう事務である（番号法2条10項・事業者GL）。

　　☞　具体的には、番号法9条1項から3項に定める事務である。

（2）個人番号関係事務（法2条11項）

　「個人番号関係事務」は、法9条4項の規定により個人番号利用事務に関して行われる他人の個人番号を必要な限度で利用して行う事務である（法2条11項）。

　従業員等を有する全事業者が個人番号を扱うことになるのが、個人番号関係事務である。

> **［参考知識：個人番号関係事務の例］**
>
> ・事業者が、従業員等から個人番号の提供を受けて、これを給与所得の源泉徴収票、給与支払報告書に記載して、税務署長に源泉徴収票を、市町村長に支払報告書を提出する事務
> ・事業者が、従業員等から個人番号の提供を受けて、これを健康保険・厚生年金保険被保険者資格取得届、雇用保険被保険者資格取得届等の書類に記載して、健康保険組合・日本年金機構・ハローワークに提出する事務
> ・事業者が講師に講演料を支払った場合に、講師の個人番号を報酬、料金、契約金及び賞金の支払調書に記載して、税務署長に提出する事務
> ・従業員が、扶養家族の個人番号を扶養控除等（異動）申告書に記載して、勤務先の事業者に提出する事務
> ・個人番号関係事務の委託を受けた事業者が委託のために行う事務

（3）個人番号利用事務等（番号法10条1項）

　番号法は、個人番号利用事務又は個人番号関係事務を「個人番号利用事務等」としている（番号法10条1項）。

7　個人番号利用事務実施者と個人番号関係事務実施者

（1）個人番号利用事務実施者（番号法2条12項）

　「個人番号利用事務実施者」は、個人番号利用事務を処理する者及び個人番号利用事務の全部又は一部の委託を受けた者である（番号法2条12項）。

　国の行政機関や地方公共団体、日本年金機構等がこれに該当する。

　個人番号利用事務実施者には「特定個人情報の適正な取扱いに関するガイドライン（行政機関等・地方公共団体等編）」が適用される。

　原則として、一般の民間事業者が個人番号利用事務実施者に該当することはない。しかし、個人番号利用事務の全部又は一部の委託を受けた民間事業者は、個人番号利用事務実施者となる。この場合は、民間事業者であっても、委託の内容に応じて、同ガイドラインが適用される。

（2）個人番号関係事務実施者（番号法 2 条13項）

　「個人番号関係事務実施者」は、個人番号関係事務を処理する者及び個人番号関係事務の全部又は一部の委託を受けた者である（番号法 2 条13項）。

　一般の民間事業者のほとんどは個人番号関係事務実施者に該当し、行政機関や地方公共団体等も、職員の源泉徴収票を作成し届け出るといった個人番号関係事務を行う場合は、個人番号関係事務実施者に該当する。

　個人番号関係事務実施者には、「特定個人情報の適正な取扱いに関するガイドライン（事業者編）」（事業者 GL）が適用される。

（3）個人番号利用事務等実施者（番号法12条）

　番号法は、個人番号利用事務実施者及び個人番号関係事務実施者を「個人番号利用事務等実施者」としている（番号法12条）。

8　情報提供ネットワークシステム（番号法 2 条14項）

　「情報提供ネットワークシステム」とは、行政機関の長等の使用に係る電子計算機を相互に電気通信回線で接続した電子情報処理組織であって、暗号その他その内容を容易に復元することができない通信の方法を用いて行われる番号法19条 7 号又は 8 号の規定による特定個人情報の提供を管理するために、番号法21条 1 項の規定に基づき総務大臣が設置し、及び管理するものをいう（番号法 2 条14項）。

　「行政機関の長等」とは、行政機関の長、地方公共団体の機関、独立行政法人等、地方独立行政法人及び地方公共団体情報システム機構並びに番号法19条 7 号に規定する情報照会者及び情報提供者並びに同条 8 号に規定する条例事務関係情報照会者及び条例事務関係情報提供者である（同項）。

9　法人番号（番号法 2 条15項）

　法人番号は、番号法39条 1 項又は 2 項の規定により、特定の法人その他の団体を識別するための番号として指定されるものである（番号法 2 条15項）。

　法人番号は、個人番号のような利用範囲の制約がなく、自由に流通させることができるし、原則として、当該団体の商号又は名称、本店又は主たる事務所の所在地とともに、インターネット（法人番号公表サイト）で公表されている。法人

番号公表サイトでは、公表情報の変更履歴も公表され、法人格が消滅しても法人番号は抹消されず、法人格消滅事由等を公表事項に加えることになっている。

第4節　個人番号の指定・通知等、個人番号カード

1　個人番号の指定・通知と変更等

(1) 個人番号の生成（番号法8条）と指定・通知（番号法7条1項）

個人番号は、地方公共団体情報システム機構が生成した個人番号すべき番号を市町村長（特別区の区長を含む。以下同じ。）に通知して、市町村長が個人番号として指定する（番号法8条）。

市区町村長は、指定した個人番号を、券面に個人番号等（個人番号・氏名・生年月日・交付申請用QRコード・音声コード等）を記載した個人番号通知書で通知する（番号法7条1項等）。

> ☞　かつては「通知カード」によって通知が行われていた。しかし、転居時等における通知カードの記載事項の変更の手続が住民・市町村職員の負担だったことや、社会のデジタル化を進める観点からマイナンバーカードへの移行を早期に促すため、通知カードは2020年5月に廃止された。

個人番号の指定・通知の対象者は、住民票に住民票が記載されている者であるから、住民票作成の対象となる外国人住民（中長期在留者、特別永住者等）にも個人番号が指定される一方で、日本人であっても、国外滞在者で住民票がない場合は個人番号指定の対象外である。

(2) 個人番号の変更（番号法7条2項）

個人番号は原則として生涯不変であり、漏えいして不正に用いられるおそれがあると認められるときに限り、変更することができる（番号法7条2項）。

すなわち、個人番号カードが盗まれて当該個人番号カードが不正に利用される危険性がある場合など、個人番号が漏えいして不正に用いられるおそれがあると認められるときは、本人の請求によるか、市町村長の職権により、個人番号が変更される（同項）。

2　個人番号カードの交付等

(1) 発行・交付

個人番号カード（マイナンバーカード）は、住民基本台帳に記録されている者の申請に基づき、地方公共団体情報システム機構が発行して（番号法16条の2）、市町村長が交付する（番号法17条1項）。

個人番号カードは、表面に基本4情報だけでなく顔写真が記載されていて、表面は身分証明書として広く利用することができる。

　このため、個人番号カードを交付する際には本人確認の措置をとることになっており（番号17条1項）、有効期間の定めもある。

（2）個人番号カードの交付を受けている者の義務

　個人番号カードの交付を受けている者は、次の義務を負う。

【個人番号カードの交付を受けている者の義務】

- ・転出・転入した際は、市町村長への転入の届出と同時に個人番号カードを提出しなければならない（番号法17条2項）。
- ・記載事項に変更があったときは、14日以内に住所地市町村長に届け出て、個人番号カードを提出しなければならない（番号法17条4項）。
- ・紛失した場合は、直ちに、その旨を住所地市町村長に届け出なければならない（番号法17条5項）。
- ・有効期間が満了した場合は市町村長に返納しなければならない（17条7項）。有効期間は、発行の日から10回目の誕生日であるが、18歳未満の場合は発行の日から5回目の誕生日とされている。

（3）個人番号カードの利用促進（番号法18条）

　個人番号カードは、市町村（特別区を含む。以下同じ。）の機関が地域住民の利便性の向上に資するものとして条例で定める事務、及び特定の個人を識別して行う事務を処理する行政機関、地方公共団体、民間事業者その他の者であって政令で定める者の事務に、独自利用することができる（18条）。

　条例又は政令による独自利用は、個人番号カードのICチップ内の空き領域が用いられる。

［参考知識：個人番号カードの活用例］

- ・マイナポータルのログインや各種行政手続の電子申請（e-Tax等）への利用
　電子証明書を利用する（公的個人認証サービスの利用）。
- ・本人確認の際の公的な身分証明書
　券面又は電子証明書を利用する。
- ・オンラインバンキングなど民間のオンライン取引等
　電子証明書を利用（公的個人認証サービスの利用）
- ・市町村や国、民間が提供する様々なサービスでの利用
　電子証明書又はアプリを利用する。
　（例）健康保険証、印鑑登録証、図書館カード等、ポイントカード、入退館管理証、社員証等
- ・コンビニなどで住民票、印鑑登録証明書などの公的な証明書を取得する際に利用
　電子証明書又はアプリを利用する。

第5節　個人番号等の利用範囲

1　総論

　個人番号は、住民票に係る者を識別するために指定される12桁の番号であり、データマッチングの「キー」（鍵）として機能し、各種の個人情報が個人番号と紐づけ（名寄せ）されることで、個人情報の検索・抽出や集積、連携がしやすくなる。これにより、行政の効率化、公平・公正な社会の実現そして国民の利便性の向上が期待できる。

　他方で、あらゆる個人情報と個人番号が紐づけされ悪用されてしまうと、個人番号によって大量の個人情報が検索・集積され、プライバシー等の個人の権利利益が侵害される危険がある。

　そこで番号法は、個人番号や、個人番号と紐づけられた「特定個人情報」について、個人情報保護法（一般法）におけるよりも厳格な保護措置を設けている（番号法19条から32条の2）。

2　保護措置の実効性を担保するための制度

　個人番号・特定個人情報の保護措置の実効性を担保するために、次のような制度が設けられている。

（1）個人情報保護委員会による監視・監督

　　個人情報保護委員会には、特定個人情報の取扱いに関する監視・監督を行うため、個人番号利用事務実施者や個人番号関係事務実施者に対する指導・助言、勧告、命令や、立入検査等の権限が認められている（番号法33条から35条）。

（2）マイナポータルによる監視

　　マイナポータル（情報提供等記録開示システム）により、本人は、情報提供ネットワークシステムにおける自分の特定個人情報のやりとりの記録を確認して、行政機関等その他の行政事務を処理する者による特定個人情報の取扱いを監視することが可能となる。

　　なお、高齢者やパソコン等を利用できない者でもマイナポータルにアクセスできるよう、全市町村にマイナポータル用端末が配置される。また、個人番号カードを取得せず、マイナポータルを利用できない者でも、情報保有機関に対する「書面による開示請求」ができる。

（3）罰則

　　番号法には、個人情報保護委員会の監督権限行使に対する違反行為だけでなく、類型的に悪質な漏えい行為等の罰則が設けられている（番号法48条から57条）。

3　個人番号の利用範囲の制限

（1）個人番号の利用範囲（法9条）

　番号法は、個人番号を利用することができる範囲について、社会保障、税及び災害対策に関する以下の特定の事務に限定している（番号法9条）。

【個人番号の利用範囲】

- ①　**個人番号利用事務**（番号法9条1項から3項）
- ②　**個人番号関係事務**（番号法9条4項）
- ③　**金融機関が激甚災害時等に金銭の支払を行うため**（番号法9条5項）
- ④　**法19条13号から17号のいずれかにより提供を受けた場合**（番号法9条6項）

（2）個人情報保護法との比較

　個人情報保護法（法）は、個人情報を利用することができる事務の範囲については限定せず、いわば自己規制として、個人情報取扱事業者が個人情報の利用目的についてできる限り特定した上で（法17条）、原則として特定した利用目的の範囲内で個人情報を利用できるとしているが、本人の同意があれば目的外利用でき、利用目的による制限の適用除外事由が6類型規定されている（法18条1項・3項）。

　これに対して番号法では、個人番号を利用できる範囲が、社会保障、税及び災害対策に関する特定の事務に限定されており（番号法9条）、しかも、本人の同意があっても目的外利用できず（4で説明する。）、利用目的による制限の適用除外事由も個人情報保護法よりも限定的である（番号法30条3項）。

4　利用目的による制限

　個人情報取扱事業者は、個人情報の利用目的をできる限り特定しなければならない（法17条1項）。個人番号・特定個人情報は「個人情報」であるから、この規定が適用されるが、前述したとおり、番号法9条で個人番号の利用範囲が限定されているため、個人番号・特定個人情報の利用にあたっては、同法9条で限定された特定の事務の中から利用目的を特定しなければならない。

　そして、番号法では、個人番号・特定個人情報の目的外利用を次の2類型しか認めず、しかも、本人の同意があっても目的外利用を認めない（番号法30条2項により読み替えて適用される法18条1項）。

【番号法が認める目的外利用】

- ①　金融機関が激甚災害時等に金銭の支払を行う場合（番号法9条5項）
- ②　人の生命、身体又は財産の保護のために必要がある場合であって、本人の同意があり、又は本人の同意を得ることが困難である場合（番号法30条2項

により読み替えて適用される法18条3項2号）

　従って、個人番号や特定個人情報の場合、例えば、事業者が、利用目的を「源泉徴収票の作成・提出等」と特定して従業員から個人番号を取得した場合に、その個人番号を従業員の人事管理や営業管理のために目的外利用することは、たとえ従業員すべての同意を得たとしても、許されない。

[参考知識：個人番号・特定個人情報の利用目的の範囲内といえる例]

　以下の場合は、目的外利用とはならない（事業者GL）。

・給与所得の源泉徴収票作成事務のために提供を受けた個人番号の利用目的には、次年度以降の源泉徴収票作成事務のためという利用目的も含まれる。従って、当該個人番号を次年度以後の源泉徴収票作成事務のために利用することができる。

・退職者と再雇用契約を締結した場合に、前の雇用契約の際に給与所得の源泉徴収票作成事務のために提供を受けた個人番号を、再雇用契約に基づく給与所得の源泉徴収票作成事務のために利用することは、前の雇用契約で提供を受けた個人番号の利用目的の範囲内である。

・講師との間で講演契約を再度締結した場合や、不動産の賃貸借契約を追加して締結した場合に、前の契約の際に支払調書作成事務のために提供を受けた個人番号を、後の契約に基づく支払調書作成事務のために利用することは、前の契約の際に提供を受けた個人番号の利用目的の範囲内である。

　これに対し、以下の場合は、目的外利用となる（特定した利用目的の範囲を超えて利用できない）。

・「給与所得の源泉徴収票作成事務」のためという利用目的で提供を受けた個人番号をそのまま「健康保険・厚生年金届出事務」に利用することは、目的外利用となる。

　☞　ただし、この場合は、利用目的の変更（法17条2項）により「健康保険・厚生年金届出事務」を利用目的に追加すれば、利用できる。

　なお、従業員から個人番号の提供を受ける場合には、事業者と従業員との間で発生が予想される事務であれば、「源泉徴収票作成事務」、「健康保険・厚生年金加入等事務」、「雇用保険届出等事務」など予想される事務の全てを包括的に利用目的として特定することが可能である（事業者GL）。

5　特定個人情報ファイルの作成制限（法29条）

　個人番号利用事務等実施者その他個人番号利用事務等に従事する者に限り個人番号を利用することができるが（番号法19条・20条）、その場合であっても、原則として、個人番号利用事務等を処理するために必要な範囲を超えて特定個人情報ファイルを作成してはならない（番号法29条）。

[参考知識：法29条に違反する場合の例]

・源泉徴収票作成・提出のための特定個人情報ファイルを従業員の人事・営業等を管理するデータベースに転用する。

・社内資料として過去の業務状況を記録するために特定個人情報ファイルを作成する。

既存のデータベースに個人番号を追加したり、個人番号を含むデータベースを個人番号関係事務以外の事務を含む複数の事務で利用することは不可能ではないが、その場合は、個人番号関係事務以外の事務では個人番号にアクセスできないようにアクセス制御を行うことで、法29条違反にならないようにする必要がある。

個人番号を扱わない業務ソフトウェアを運用している筐体と同一筐体内かつ同一データベース内で個人番号を管理する場合は、個人番号関係事務と関係のない事務で個人番号にアクセスできないようにアクセス制御を行う必要がある。

図表66　利用範囲の限定－まとめ

第6節　個人番号・特定個人情報の取扱いの制限・規制

1　総論

個人情報保護法では、個人情報の取扱いそのものは原則として禁止されておらず、取得の方法を規制したり、個人データの第三者提供には本人の同意を要することなどを規制するにとどまっている。

これに対し、番号法では、特定個人情報の取扱い（取得・利用・保存・提供）が原則として禁止され、法令（番号法19条各号）が限定的に明記した場合に限り、特定個人情報の取扱い等が認められている（番号法15条・19条・20条）。

2 個人番号の提供の求めの制限（法14条・15条）

　個人番号利用事務等実施者は、個人番号利用事務等を処理するために必要があるときは、本人又は他の個人番号利用事務等実施者に対し個人番号の提供を求めることができる（法14条1項）。

　また、何人も、法19条各号のいずれかに該当して特定個人情報の提供を受けることができる場合を除き、他人（自己と同一の世帯に属する者以外の者をいう）に対し、個人番号の提供を求めてはならない（番号法15条）。すなわち、個人番号の提供を求めることは原則として禁止されており、個人番号利用事務等を処理するために提供を受ける場合など番号法19条各号に該当して特定個人情報の提供を受けることができる場合に限り、個人番号の提供を求めることが許される。

[参考知識：法19条各号に該当する場合（抄）]

2号　個人番号関係事務実施者が提供する場合
　（例）従業員が、扶養親族の個人番号を記載した扶養控除等申告書を事業者に提出する場合（この場合の従業員は「個人番号関係事務実施者」である）
　　☞　事業者は、扶養控除等申告書を受領して個人番号関係事務を処理するために、従業員に対し、扶養控除等申告書に記載した扶養親族の個人番号の提供を求めることができる。
3号　本人又は代理人が個人番号利用事務実施者等に提供する場合
　（例）従業員が、事業者（個人番号関係事務実施者）に、給与の源泉徴収票作成事務等（個人番号関係事務）のために個人番号を提供する場合
　　☞　事業者は、源泉徴収票作成事務等の個人番号関係事務を処理するために、従業員本人に対し、個人番号の提供を求めることができる。
5号　委託、合併に伴う提供
　（例）個人番号の保管を委託した者が、委託先に個人番号を提供する場合
　　☞　委託先は、委託者に対し、委託者が保管している個人番号の提供を求めることができる。

---

3 個人番号の利用目的の特定と通知等（法17条・21条）

　個人番号は個人識別符号であり、原則として「個人情報」に該当するので、事業者が個人番号を取得する際には個人情報保護法が適用され、利用目的の特定・変更、取得に際しての利用目的の通知等の義務を負う。
　　☞　「第6章　利用目的の特定・変更（法17条）」や「第11章　取得に際しての利用目的の通知等（法21条）」を参照

4 本人確認の措置（番号法16条）

（1）概要・趣旨

　番号法16条は、個人番号利用事務等実施者が、本人から個人番号の提供を受けるときは、本人確認の措置をとらなければならない旨を定めている。

本人確認の措置には、a. 示された番号が正しい個人番号であることの確認（番号確認）と、b. 当該番号の提供者が個人番号の正しい持ち主であることの確認（身元確認）が含まれている。

☞　本人確認の措置の趣旨は、個人番号の提供を受ける際に、提供者が他人の個人番号を告知してなりすましを行うことを防止することにある。

（2）本人から個人番号の提供を受ける場合

番号法16条及び同法施行規則は、以下のいずれかによる本人確認（a. 番号確認及び b. 身元確認）の措置を認めている。

① 個人番号カードの提示を受ける場合

個人番号カードは、裏面に個人番号が記載され、表面には基本4情報（氏名、住所、生年月日及び性別）が記載され顔写真も表示されているので、裏面で a. 番号確認ができ、表面で b. 身元確認ができる。

従って、個人番号カードの提示を受ける場合は、運転免許証等の身元確認書類の提示は不要である。

② 個人番号カード以外の書類の提示を受ける場合

番号確認書類と身元確認書類の提示が必要である。

a. 番号確認書類

個人番号を記載した住民票の写し等

通知カードは廃止されたが、当該通知カードに係る記載事項に変更がない場合に限り、通知カードを番号確認に利用できる。

b. 身元確認書類

運転免許証、パスポート及び在留カード等

なお、オンライン方式や電話等による簡便な本人確認措置も認められている（番号法施行規則3条・5条）。

（3）代理人から個人番号の提供を受ける場合

個人番号の提供を本人の代理人がする場合の本人確認の措置は、本人が自ら個人番号を提供する場合とは異なり、a. 代理権の確認、b. 代理人の身元の確認及び c. 本人の番号確認が必要となる。

a. 代理権確認書類

戸籍謄本（法定代理人）や委任状（任意代理人）等

b. 代理人の身元確認書類

代理人の個人番号カード（表面）や運転免許証等

c. 番号確認書類

本人に係る個人番号カード等

なお、オンライン方式（番号法施行規則10条）や電話等による簡便な代理権確認・代理人身元確認（番号法施行規則9条3項）も認められている。

（4）郵送の場合

　書面の送付により個人番号の提供を受ける場合は、上記で提示を受けることとされている書類又はその写しの提出を受けなければならない（番号法施行規則11条）。

（5）従業員から扶養親族等の個人番号の提供を受ける場合
① 扶養控除等申告書に扶養親族の個人番号が記載されている場合

　従業員が事業者に提出する扶養控除等申告書に扶養親族の個人番号が記載されている場合は、事業主は、扶養親族の個人番号についての本人確認の措置を講じる必要はない。

> ☞ 扶養控除等申告書の提出義務者は従業員であり、従業員は自ら個人番号関係事務実施者として扶養親族から個人番号の提供を受けて取得し、個人番号関係事務実施者として個人番号を事業者に提出することになるからである（法16条は「本人から個人番号の提供を受けるとき」に適用される規定であり、個人番号関係事務実施者から個人番号の提供を受ける場合には同条は適用されない）。

② 国民年金の第3号被保険者の届出書に扶養親族の個人番号が記載されている場合

　従業員が、配偶者の個人番号が記載されている国民年金の第3号被保険者の届出書を事業者に提出した場合は、従業員は、配偶者本人の代理人として個人番号を提供することになると解するのが一般である。従って、事業者は、代理人から個人番号の提供を受ける場合の本人確認をする必要がある。

> ☞ 第3号被保険者届出書の提出義務者は、従業員ではなく第3号被保険者となろうとする者（配偶者）であるから、従業員を個人番号関係事務実施者とみることはできず、配偶者の代理人として事業者に個人番号を提供すると考えるのである。

5　特定個人情報の収集・保管の原則禁止（番号法20条）

　何人も、番号法19条各号のいずれかに該当する場合を除き、特定個人情報を収集・保管してはならない（番号法20条）。すなわち、特定個人情報の収集・保管は原則禁止され、番号法19条各号に該当して特定個人情報の提供を受けることができる場合に限り、特定個人情報を収集・保管できる。

　従って、事業者は、給与の源泉徴収事務（個人番号関係事務）を処理する目的で、従業員等の個人番号を収集・保管することができるが（法19条3号に該当）、従業員等の営業成績等を管理する目的で、従業員等の個人番号を収集・保管することはできない。

6　特定個人情報の削除・廃棄

（1）原則

　特定個人情報は、番号法が限定的に明記した事務を処理するために収集・保管されるものである（法20条）。従って、それらの事務を行う必要がある場合に限り特定個人情報を保管し続けることができるので、例えば従業員の退職等により個人番号関係事務を処理する必要がなくなった場合は、できるだけ速やかに特定個人情報を廃棄又は削除しなければならない。

　ただし、個人番号部分を復元できない程度にマスキング・削除すれば、当該書類等の情報は「特定個人情報」ではなくなる（個人情報又は個人データになる）ので、番号法20条の規制にはかからず、書類の保管を継続することが可能である（事業者GL）。

（2）法令により書類の保存期間が定められている場合

　個人番号が記載された書類には、所管法令によって一定期間保存が義務付けられているものがある。

　例えば、源泉徴収義務者が保存する申告書（給与所得者の扶養控除等（異動）申告書や、給与所得者の保険料控除申告書兼給与所得者の配偶者特別控除申告書等）は、所得税法により、事業者に対し、7年間の保存義務が定められている。

　このような書類に記載された個人番号については、契約終了等により個人番号関係事務を処理する必要がなくなっても、書類の保存期間中は保管しなければならない。保存期間中は、当該保存書類だけでなく、当該書類を作成するシステム内においても個人番号を保管することができるとされている。

7　特定個人情報の提供の原則禁止（番号法19条）

（1）内容

　何人も、番号法19条各号のいずれかに該当する場合を除き、特定個人情報の提供をしてはならない（番号法19条）。すなわち、特定個人情報の提供は、何人であっても原則として禁止され、番号法19条各号で限定的に明記された場合に限り提供が認められる。

　個人情報保護法（法）と異なり、番号法では、本人の同意を得ても原則として特定個人情報を第三者提供することができない（番号法30条2項による法27条等

の適用排除）。

【番号法19条各号の事由（主なもの）】

　1号　個人番号利用事務実施者が提供する場合

　2号　個人番号関係事務実施者が提供する場合

［参考知識：法19条2号の該当例］

・事業者が、法定調書（給与所得の源泉徴収票や支払調書など）に従業員や報酬を得た者などの個人番号を記載して税務署に提出する場合

・従業員が、扶養親族の個人番号を記載した扶養控除等申告書を事業者に提出する場合

　3号　本人又は代理人が個人番号利用事務等実施者に提供する場合

［参考知識：法19条3号の該当例］

・従業員（本人）が、給与の源泉徴収事務、健康保険・厚生年金保険届出事務等のために、自己の個人番号を記載した書類を事業主に提出する場合

　6号　委託、合併に伴う提供

　11号　地方公共団体の機関が条例に基づいて提供する場合

　16号　人の生命、身体又は財産の保護のための提供

（2）提供

「提供」とは、法的な人格を超える特定個人情報の移動を意味するものであり、同一法人の内部での法的な人格を超えない範囲内の特定個人情報の移動は「提供」ではなく「利用」にあたり、番号法19条は適用されない。

（3）番号法19条違反の場合

番号法19条に違反して特定個人情報の提供が行われている場合に、このことを知った本人から、当該特定個人情報の第三者提供の停止を求められた場合であって、その求めに理由があると判明したときは、原則として、当該特定個人情報の第三者への提供を停止しなければならない（番号30条2項により読み替えて適用される法35条4項）。

8　委託に関する規律

（1）再委託の制限（番号法10条）

個人番号利用事務等の全部又は一部の委託を受けた者は、当該個人番号利用事務等の最初の委託者の許諾を得た場合に限り、再委託できる（番号法10条1項）。再委託以降の全ての段階における委託についても、再委託を受けた者は個人番号利用事務等の「委託を受けた者」とみなされ、同様となる（同条2項）。

　☞　このような規制は個人情報保護法にはないが、個人情報の取扱いの委託

契約には、本条のような再委託制限条項を盛り込むのが一般である。番号利用法は、個人番号・特定個人情報の重要性に鑑み、再委託の可否について委託者のコントロールを及ぼすことを契約に委ねず、法律で明確にしたのである。

（2）委託先の監督（番号法11条）

個人番号利用事務等実施者は、個人番号利用事務等の全部又は一部を外部に委託することができる。この場合に、委託者は、委託先に対する必要かつ適切な監督を行わなければならない（番号法11条）。

「必要かつ適切な監督」については、番号法に基づき委託者が果たすべき安全管理措置と同等の措置が委託先においても講じられるよう、必要かつ適切な監督を行わなければならないとされている。

［参考知識：委託先の監督として実施すべき措置］

① 委託先の適切な選定

委託先の設備、技術水準や従業者に対する監督・教育の状況等を確認する。

② 委託先に安全管理措置を遵守させるために必要な契約の締結

秘密保持義務、事業所内からの特定個人情報の持出しの禁止、再委託の条件、漏えい事案等が発生した場合の委託先の責任、従業者に対する監督・教育、契約内容の遵守状況の報告等を契約の規程に盛り込む。

③ 委託先における特定個人情報の取扱状況の把握

委託契約の締結で終わらず、その後の取扱状況について、報告を求めるなどして把握する。

☞　委託先の監督の対象は直接の委託先であり、再委託先に対してまで直接の監督義務を負うことはない。もっとも、委託者の委託先に対する監督義務の内容には、委託先が再委託先に対しても必要かつ適切な監督を行っているかどうかの監督も含まれ、再委託先から個人番号や特定個人情報が漏えい等した場合、最初の委託者は、委託先に対する監督責任を問われる可能性があるので、委託者は、再委託先に対する間接的な監督義務を負っていると解されている。

☞　特定個人情報の受渡しに関して、配送業者による配送手段を利用する場合は、当該配送業者は、通常、依頼された特定個人情報の中身の詳細については関知しないことから、事業者と配送業者との間で特に特定個人情報の取扱いについての合意があった場合を除き、個人番号関係事務又は個人番号利用事務の委託には該当しない。この場合には、委託先の監督義務を負うことはない。

9　安全管理措置（番号法12条）

（1）概要

　番号法12条は、個人番号利用事務等実施者に対し、個人番号の漏えい、滅失又は毀損の防止その他の個人番号の適切な管理のために必要な措置（安全管理措置）を講ずることを義務づけている。個人情報保護法23条（個人データの安全管理措置）と同趣旨の規制である。

　個人番号（特定個人情報）の安全管理措置の具体的な内容については、個人情報保護委員会が公表している事業者ガイドラインにおいて、特定個人情報等の適正な取扱いについて、次のような手順で検討を行う必要があるとしている。

　A　個人番号を取り扱う事務の範囲の明確化
　B　特定個人情報等の範囲の明確化
　C　事務取扱担当者の明確化
　D　基本方針の策定
　E　取扱規定等の策定・見直し

（2）事務取扱担当者の明確化

　事務取扱担当者とは、個人番号を取り扱う事務に従事する従業者である。

　事務取扱担当者の明確化は、例えば、Aで明確化した事務の担当部署や個人番号を記載する書類の作成部署を確認するとともに、個人番号の取得、利用・保存・提供、削除・廃棄の各段階の処理を確認して、担当者（担当部署）を決定するなどして行う。

（3）基本方針の策定

　特定個人情報等の適正な取扱いの確保について組織として取り組むために、基本方針を策定し公表する。基本方針には、①個人情報の利用目的、②関係法令やガイドラインを遵守すること、③個人情報の安全管理措置に関すること、④マネジメントシステムの継続的改善に関すること、⑤問い合わせ及び苦情窓口等、を盛り込む。

（4）取扱規定等の策定・見直し

　AからCで明確化した事務における特定個人情報等の適正な取扱いを確保するために、組織的・人的・物理的・技術的な安全管理措置を織り込んだ取扱規定等の策定・見直しを行わなければならない。

　特定個人情報に関する組織的・人的・物理的・技術的な安全管理措置については、事業者ガイドラインの「（別添）特定個人情報に関する安全管理措置（事業者編）」において、詳細に解説されている。

[参考知識：講じなければならない安全管理措置の項目]

・組織的安全管理措置
　① 　組織体制の整備
　② 　規程等に基づく運用と運用状況の確認
　③ 　取扱状況を確認するための手段の整備
　④ 　漏えい事故等に対応するための体制の整備
　⑤ 　取扱状況の把握と安全管理措置の見直し
・人的安全管理措置
　① 　事務取扱担当者の監督
　② 　事務取扱担当者の教育
・物理的安全管理措置
　① 　特定個人情報等を取り扱う区域の管理
　② 　機器及び電子媒体等の盗難・紛失等の防止
　③ 　電子媒体等を管理区域又は取扱区域外に持ち出す場合の漏えい等の防止
　④ 　個人番号の削除、機器及び電子媒体等の廃棄と記録の保存
・技術的安全管理措置
　① 　アクセス制御
　② 　アクセス者の識別と認証
　③ 　外部からの不正アクセス等の防止
　④ 　情報漏えい等の防止

（5）中小規模事業者の特例的な扱い

　従業員数が100人以下の中小規模の事業者にまで、大規模の事業者と同様の安全管理措置を要求するのは現実的ではない。また、中小規模の事業者の場合は、事務で取り扱う個人番号の数量が少ないことや事務取扱担当者の候補者が限定的であることも多い。そこで、事業者ガイドラインでは、従業員の数が100人以下の事業者を「中小規模事業者」として、取扱規程の策定は義務としないなど、特例的な対応方法を認めている。

　ただし、以下の者は中小規模事業者に該当しない（事業者GL）。
　① 　個人番号利用事務実施者
　② 　委託に基づいて個人番号利用事務等を業務として行う事業者
　③ 　金融分野の事業者
　④ 　その事業の用に供する個人情報データベース等を構成する個人情報によって識別される特定の個人の数の合計が過去6月以内のいずれかの日において5,000を超える事業者

第7節　その他の制度

1　個人情報保護委員会による監督等（番号法33条〜35条）

個人情報保護委員会は、個人番号利用事務等実施者に対し、特定個人情報の取扱いに関し、次の権限を有する。

- ・必要な指導・助言をすることができる（番号法33条）
- ・必要な報告・資料の提出を求める（番号法35条）
- ・必要な場所に職員を立ち入らせ、特定個人情報の取扱いに関し質問、帳簿書類等の検査をさせる（番号法35条）

個人情報保護委員会は、法令の規定に違反する行為が行われた場合に、違反行為をした者に対し、次の権限を有する。

- ・違反を是正するために必要な措置をとるべき旨を勧告できる（番号法34条1項）
- ・正当な理由がなく勧告に係る措置をとらなかったときは、勧告に係る措置を講ずることを命令できる（命令。番号法34条2項）
- ・重大な権利利益を害する場合等は、勧告なしに命令できる（緊急命令。番号法34条3項）

これらの監督権限に対し、報告・資料の提出をしない、虚偽の報告、虚偽資料提出、職員の質問に答弁しない、虚偽の答弁、検査の拒否・妨害・忌避などの妨害行為が行われた場合については、1年以下の懲役又は50万円以下の罰金という罰則の定めがある（番号法54条）。

2　情報提供ネットワークシステムによる特定個人情報の提供（番号法21条〜26条）

情報提供ネットワークシステムは、行政機関の長等の間で、特定個人情報を安全、効率的にやり取りするための情報システムであり、内閣総理大臣が、個人情報保護委員会と協議して、設置・管理するものである。

情報提供ネットワークシステムは、国の行政機関、地方公共団体等の間での情報提供等に利用されるものであり、情報照会者及び情報提供者は、直接情報をやり取りするのではなく、情報提供ネットワークシステムを介して情報連携を行う。

情報提供ネットワークシステムは、内閣総理大臣が、個人情報保護委員会と協議の上、設置し、管理する（番号法21条1項）。

情報提供等事務又は情報提供ネットワークシステムの運営に関する事務に従事する者（していた者）は、その業務に関して知り得た当該事務に関する秘密を漏らし、又は盗用してはならない（番号法25条）。番号法25条の違反行為は、3年以下の懲役もしくは150万円以下の罰金等に処され、又は併科される（番号法50条）。

3　マイナポータル

　マイナポータル（情報提供等記録開示システム）は、情報提供等ネットワークシステムにおける特定個人情報の提供等の記録や法律・条例で定める個人情報の開示、本人の利益になると認められる情報の提供等を行うためのシステムである（番号法附則6条3項・4項）。

［参考知識：マイナポータルで提供されるサービスの例（予定含む）］

・情報提供ネットワークシステムにおける自分の特定個人情報のやり取りの記録を確認できる（情報提供等記録表示）。
・行政機関などがもっている自分の特定個人情報が確認できる（自己情報開示）。
・行政機関などから一人ひとりの個人に合ったお知らせを確認できる。
・行政機関や民間企業等からのお知らせなどを民間の送達サービスを活用して受け取ることができる（民間送達サービスとの連携）。
・地方公共団体の子育てに関するサービスの検索やオンライン申請（子育てワンストップサービス）ができる（サービス検索・電子申請機能＝ぴったりサービス）。
・マイナポータルのお知らせを使い、ネットバンキング（ペイジー）やクレジットカードでの公金決済ができる（公金決済サービス）。
・外部サイトに登録することで、マイナポータルから外部サイトへのログインが可能となる（外部サイト連携）。

　マイナポータルを利用するためには、個人番号カード、ICカードリーダライタ及びパソコン等が必要である。

　マイナポータルでは、なりすましにより特定個人情報が詐取されないように、厳格な本人認証が求められている。すなわち、マイナポータルサイトにログインする際は、ICカードリーダライタを用いて、個人番号カードに記録された電子証明書を用いた本人認証を行う。

4　特定個人情報保護評価（番号法28条）

　特定個人情報保護評価は、特定個人情報の漏えいその他の事態の発生の危険性及びプライバシー等に対する影響やリスクについて評価を実施する制度である。

　特定個人情報保護評価を義務づけられている評価実施機関は、行政機関の長等であり、原則として民間事業者は対象外である。

5　法人番号（番号法39条〜42条）

　法人番号は、番号法39条1項又は2項の規定により、特定の法人その他の団体を識別するための番号として指定されるものをいう（法2条15項）。

　法人番号は、個人番号と同様、一団体一番号で、不変の番号である（法人格が消滅しても抹消されない）。

　法人番号は、国税庁長官が指定して通知する。

法人番号が個人番号と大きく異なるのは、法人番号には利用範囲の制限がなく、自由に流通させることができ、インターネット（法人番号公表サイト）でも公表されるということである。

法人番号には、個人番号や個人情報と異なってプライバシー等の問題がないからである。

第8節　罰則（番号法48条〜57条）

番号法の罰則は「故意犯」であり、過失（不注意）による行為は処罰対象とされていない。

図表67　罰則の規定（民間部門）

	主体	行為	法定刑	両罰	法人処罰
48条	個人番号利用事務等に従事する者又は従事していた者	正当な理由なく、特定個人情報ファイルを提供	4年以下の懲役若しくは200万円以下の罰金又は併科	○	1億円以下の罰金
49条	上記の者	不正な利益を図る目的で、個人番号を提供又は盗用	3年以下の懲役若しくは150万円以下の罰金又は併科	○	
51条		人を欺き、人に暴行を加え、若しくは人を脅迫する行為により、又は財物の窃取、施設への侵入、不正アクセス行為その他の個人番号を保有する者の管理を害する行為により、個人番号を取得	3年以下の懲役若しくは150万円以下の罰金	○	150万円以下の罰金
53条	個人情報保護委員会から命令を受けた者	命令に違反	2年以下の懲役又は50万円以下の罰金	○	1億円以下の罰金
54条		個人情報保護委員会による報告徴収・立入検査等に対し、以下の行為をした ・報告・資料の提出拒否 ・虚偽報告、虚偽の資料提出 ・答弁拒否、虚偽答弁 ・検査を拒否・妨害・忌避	1年以下の懲役又は50万円以下の罰金	○	50万円以下の罰金
55条		偽りその他の不正の手段により個人番号カードを取得	6月以下の懲役又は50万円以下の罰金	○	50万円以下の罰金

MEMO

課題 II

個人情報保護の対策と
情報セキュリティ

第 1 編

脅威と対策

第1章　個人情報保護法と情報セキュリティ

第1節　総論

　個人情報の保護にあたっては、個人情報保護法に基づいて個人データに対する安全管理措置（法23条）、従業者の監督（法24条）及び委託先の監督（法25条）を実施することが必要である。

　もっとも、企業は、個人情報や個人データだけでなく、特許情報、技術情報、ノウハウ等の情報そのものや営業秘密に関する情報等、多くの情報を管理している。これらの情報の漏えいや消失、損壊、改ざん等の事故が発生すると、企業や顧客等に損害を与え、企業のブランドイメージも傷つく恐れがある。また、企業のシステムに不具合が生じ、サービスが停止してしまうことで、社会的に大きな影響を与えてしまう場合もある。

　従って、企業としては、個人情報の保護だけでなく、更に広く、リスクマネジメントの一環として、企業の情報資産全てについて、漏えい等を防止し安全管理の措置を講ずる必要がある。

　現代社会においては、情報通信技術（ICT）が国民生活や事業活動、社会インフラ等のあらゆる領域において不可欠な基盤となっている一方、サイバー攻撃や漏えい事故等が個人や組織の情報・財産に重大な被害や影響を及ぼすなどのリスクが常につきまとう。このようなリスクを軽減するためには、個人情報その他の情報資産を取り扱う各主体が自ら進んで情報セキュリティに関する意識・リテラシーを高め、主体的にその対策に取り組むことが重要であり、適切な情報セキュリティ対策を講じることは、企業の社会的責務であるといえる。

　情報セキュリティ対策は世界的にも重視されており、情報セキュリティ製品・システム評価基準であるISO/IEC15408や情報セキュリティマネジメントシステム（ISMS：Information Security Management System）の認証基準であるISO/IEC27001が、国際標準として規格化されており、これらの国際規格を採用する日本国内の企業も増えている。

第2節　ISMS と PMS

　情報セキュリティを実現するためには、組織に損害を与える「リスク」に対して、組織として効果的なマネジメント（適切な管理）を行う必要がある。そのためのマネジメントシステムとして、「情報セキュリティマネジメントシステム」

（ISMS）の理解と実践が必要である。

　個人情報に関する安全管理措置は情報セキュリティの一部に位置づけることができるが、特に個人情報保護法への対応が必要なため、個人情報保護管理体系としての「個人情報保護マネジメントシステム」（PMS：Personal information protection Management Systems）の理解と実践が求められる。

　ISMS に関する国内規格には、「JIS Q 27000:2017 情報技術－セキュリティ技術－情報セキュリティマネジメントシステム－用語」（本書では「JIS Q 27000」という。）や「JIS Q 27001:2014 情報技術－セキュリティ技術－情報セキュリティマネジメントシステム－要求事項」（本書では「JIS Q 27001」という。）などがある。

　PMS の要求事項を定めている国内規格には、「JIS Q 15001:2017 個人情報保護マネジメントシステム－要求事項」がある（本書では「JIS Q 15001」という。）。

　いずれの規格も、企業の基本的な方針や、それに基づいた具体的な計画の策定、その実施と運用、一定期間毎の運用の評価や見直しまでを含めた、PDCA サイクルの運用を基本的な枠組みとするトータルな保護管理体系の構築を要求している。企業は、これらの規格を基準として ISMS や PMS を構築し実施することが望まれる。

　なお、ISMS と PMS は矛盾するものではなく、ISMS を構築・実施すれば PMS の要求事項の多くはみたされる。但し、個人情報保護の分野においては個人情報保護法の規制があるから、同法の規制に対応するためには PMS を導入することが望ましい。

　本編では、情報資産全般の安全管理に対して求められる情報セキュリティと情報セキュリティマネジメントシステム（ISMS）について解説する。

第2章　情報セキュリティ

第1節　情報セキュリティの定義

　セキュリティは、人や資産、組織、社会、国家などを犯罪や事故等の被害から保護するための対策全般を指す。このうち、情報セキュリティ（Information Security）は、個人情報や技術情報等の情報を対象としたセキュリティである。

　情報セキュリティの定義は、「情報の機密性、完全性及び可用性を維持すること」である（JIS Q 27000）。

【情報セキュリティの要素】

① **機密性**（confidentiality）

　「機密性」とは、アクセスを認可された者以外の者には情報にアクセスさせないことである。

　機密性が損なわれた場合の例が、情報の不正流出である。

② **完全性**（integrity）

　「完全性」とは、情報が正確で完全な状態で保存されていることである。

　完全性が損なわれた場合の例が、情報の不正改ざんである。

③ **可用性**（availability）

　「可用性」とは、情報が必要になったときに、利用できる状態にあることである。

　可用性が損なわれた場合の例が、システム障害による利用不能である。

　情報セキュリティには、更に、以下の要素を含めることがある（定義は JIS Q 13335-1:2006より。なお同規格は JIS Q 27000シリーズに置き換えられ、2017年に廃止されている）。

【情報セキュリティのその他の要素】

○ **真正性**（authentication）

　ある主体又は資源が、主張どおりであることを確実にする特性である。

　正当に記録され、作成の責任と所在が明確で、正確な入力がされ、改ざんあるいは消去されていないようにすることである。

○ **責任追跡性**（accountability）

　あるエンティティ※の動作が、その動作から動作主のエンティティまで一意に追跡できることを確実にする特性である。

　※「エンティティ」とは、それが主張するとおりのものであるという特性である

（JIS Q 27000による定義）。一般的には「実在物」等と訳される。

ユーザIDなどで、システム上での行動を説明できるように扱うこと（ジャーナルやログの記録）等である。

○　**否認防止**（non-repudiation）

ある活動又は事象が起きたことを、後になって否認されないように証明する能力である。

○　**信頼性**（reliability）

意図した動作及び結果に一致する特性である。

システムやプロセスが矛盾なく動作し、一貫して動作することである。

第2節　情報セキュリティの対象

情報セキュリティの対象は、個人情報、特許情報、技術情報、ノウハウ等の情報そのものだけでなく、情報を記録した媒体（紙、フィルム、ハードディスク、DVD、USBメモリ等）を含む。

更に、情報通信技術（ICT）が発達した現代社会においては、情報を記録・保存しているシステム全体やネットワークシステム全体が情報セキュリティの対象となっている。

第3節　情報セキュリティとマネジメントシステム

情報セキュリティを実現するためには、組織に損害を与える「リスク」に対して、組織として効果的なマネジメント（適切な管理）を行う必要がある。

このため、情報セキュリティを実現するためには、リスクマネジメントシステムとしての「情報セキュリティマネジメントシステム」（ISMS：Information Security Management System）の理解が必要となる。

ISMSに関連する国内規格として、「JIS Q 27000シリーズ」と呼ばれる規格群がある。各組織は、これらの規格を基準として、ISMSを構築し実施する。

☞　JIS Q 27000シリーズについては、後述する「第4節　3　規格等」を参照

第4節　情報セキュリティに関する規範

1　法令

（1）総論

情報セキュリティは法制度によって発展してきた概念ではない。

このため、我が国には、情報セキュリティの内容を具体的に定めた法律はなく、個々の法規定に情報セキュリティを保護する役割を果たすものが存在しているにとどまる（個人情報保護法の安全管理措置に関する規定、不正競争防止法の

営業秘密の保護に関する規定、不正アクセス禁止法等)。

このように、企業が具体的にどのような情報セキュリティ対策を講じるかが法律で明らかになっているわけではないから、各企業は、事業の規模や特性等に応じて、情報セキュリティの必要性、効果、実施のためのコスト等の事情を考慮しつつ、具体的な情報セキュリティ対策を自主的に決定することになる。

情報セキュリティ対策の決定と実施にあたっては、個人情報保護法の安全管理措置の規定や不正競争防止法の営業秘密に関する規定等の法令の遵守が前提となっているから、情報セキュリティ対策を講ずる場合には、各種法令の理解が必要である。

(2) 個人情報保護法制

民間事業者が個人情報を取扱う際に遵守すべき個人情報保護法令として、個人情報保護法(一般法)とマイナンバー法(特別法)がある。

☞ 個人情報保護の法体系については、第Ⅰ課題の「第1章 個人情報保護の法体系」を参照

☞ マイナンバー法については、第Ⅰ課題の「第12編 マイナンバー」を参照

(3) 不正アクセス禁止法

① 概要

不正アクセス禁止法(不正アクセス行為の禁止等に関する法律)は、不正アクセス行為、不正アクセス行為につながる識別符号※の不正取得・保管行為、及び不正アクセス行為を助長する行為などを禁止する法律である。

※「識別符号」は、情報機器やサービスにアクセスする際に使用するIDやパスワード等である。

不正アクセス行為による情報漏えいに対しては、不正アクセス禁止法で対応することができる。

同法は、不正アクセス行為の禁止(同法3条)や、他人の識別符号を不正に取得する行為の禁止(同法4条)、不正アクセス行為を助長する行為の禁止(同法5条)等を規定している。そして、不正アクセス行為の禁止違反は3年以下の懲役又は100万円以下の罰金に処し(11条)、他人の識別符号を不正に取得する行為の禁止及び不正アクセス行為を助長する行為の禁止違反を1年以下の懲役又は50万円以下の罰金に処するというように、罰則の定めもある(同法11条から14条)。

② 不正アクセス行為

不正アクセス禁止法は、コンピュータネットワーク上におけるアクセス制御機

能に対する社会的信頼を確保すること等を目的としているため、その規律には以下の特徴がある。

【不正アクセス禁止法の規律の特徴】

・情報の不正入手行為を禁止するのではなく、「不正アクセス行為」に関連する行為を禁止している。

・「不正アクセス行為」は、コンピュータネットワークを通じて行うことのほか、①他人の識別符号の悪用又は②コンピュータプログラムの不備を衝くこと（セキュリティホールの攻撃など）によりアクセス制御を不正に突破することが、要件となっている。

図表1 「不正アクセス行為」の要件

「不正アクセス行為」の要件		
コンピュータ・ネットワークを通じて	①他人の識別符号の悪用　又は	本来アクセスする権限のないコンピュータを利用する行為
	②コンピュータプログラムの不備を衝くこと　により	

【不正アクセス行為に該当する行為】

・他人が管理するメールニュース配信システムに不正取得したID・パスワードを使用してアクセスし、登録者になりすましてメールを送信した（不正アクセス行為）。

・無断でシステムを利用しようと考えて、システム管理者のふりをして電話をかけ、パスワードを聞き出した（他人の識別符号を不正に取得する行為）。

・勤務先のシステムのIDとパスワードを他人に教えた（不正アクセス行為を助長する行為）

【不正アクセス行為に該当しない行為】

・会社のスタンドアロン（ネットワークに接続していない）のパソコンを事業所外に持ち出して内部の情報を入手した。

　☞　パソコンを事業所外に持ち出しているので、パソコンに対する窃盗罪や横領罪は成立する。

・アクセス制御による制限のなされていないパソコン内の情報を入手した。

（4）不正競争防止法

①　総論

不正競争防止法は、他社商品をコピーし、他社の機密情報を不正に取得するなどの、事業者間の不正な競争行為を規制する法律である。

機密情報が著作物や発明に該当すれば著作権や特許権により保護されるが、著

作権や特許権により保護されない場合でも、不正競争防止法の適用が考えられる。

② 不正競争への対抗手段（民事責任）

不正競争防止法は、「営業秘密」の「不正取得行為」や「不正使用」による侵害行為等の「不正競争」を禁止し、不正競争に対抗するための措置として、次の規定を定めている。

【不正競争防止法の主な規定】

・差止請求（同法3条）

不正競争により営業上の利益を侵害され、又は侵害されるおそれがある者は、侵害の停止・予防の請求や侵害行為を組成した物の廃棄等の請求ができる。

・損害賠償請求（同法4条～9条）

不正競争により営業上の利益を侵害した者は損害賠償責任を負う。

損害賠償請求においては、損害額の推定（同法5条。侵害行為により侵害者が得た利益の額等を損害額と推定する）や裁判所による相当な損害額の認定（同法9条）のように、請求者の立証負担を軽減するための規定等がある。

・信用回復措置請求（14条）

不正競争を行って他人の営業上の信用を害した者に対しては、裁判所は、その営業上の信用を害された者の請求により、損害の賠償に代え、又は損害の賠償とともに、その者の営業上の信用を回復するのに必要な措置を命ずることができる。

③ 刑事責任

不正競争防止法には、行為者の刑事責任を定めた規定もある。

営業秘密を侵害する行為の処罰規定としては、営業秘密侵奪罪が定められている（同法21条1項）。

④ 営業秘密

不正競争防止法において、民事上及び刑事上の責任を生じさせる行為は「営業秘密」の侵害行為である。

個人情報保護法で保護される個人情報については、同法により安全管理措置が義務付けられ、秘密として管理されることが従業員にとっても明らかであり、一般情報との区別も外見上明確なので、他の情報に比べて秘密管理性が認められる可能性が高いといえる。

「営業秘密」の3要件（2条6項）	
①秘密管理性	秘密として管理されていること ex. パスワードによるアクセス・閲覧制限、施錠・入退室制限、「マル秘」の印、「持ち出し禁止」のシール貼付
②有用性	事業活動に有用な技術上又は営業上の情報であること ○設計図、製法、製造ノウハウ、顧客名簿、仕入先リスト、販売マニュアル ×有害物質の垂れ流しや脱税等の反社会的な活動についての情報 （法が保護すべき正当な事業活動ではないため、有用性がない）
③非公知性	公然と知られていないこと ▶保有者の管理下以外では一般に入手できないこと ×刊行物等に記載された情報、特許として公開

☞ 秘密管理性の要件を満たすためには、具体的状況に応じた経済合理的な秘密管理措置によって、秘密として管理されていることが従業員等に対して明確に示され、従業員等が秘密管理意思を容易に認識できる必要があるとされる（「営業秘密管理指針」（経済産業省））。

2 ガイドラインや自主的ルール

法令の具体的な解釈指針として、各省庁や行政機関等がガイドライン（指針）を公表している場合がある。

例えば、個人情報保護法や番号法の場合は、個人情報保護委員会が、個人情報保護法のガイドライン（通則 GL や確認・記録 GL など）や特定個人情報のガイドライン（事業者 GL）を策定している。企業は、個人情報や特定個人情報の取扱いにあたり、これらのガイドラインに沿った対応を行う必要がある。

また、民間の事業者団体等が自主的にルールを定めている場合もある。

例えば、個人情報の場合は、認定個人情報保護団体が、個別分野の事業の実態及び特性を踏まえ、対象事業者に適用される個人情報保護指針を策定している。対象事業者は、個人情報保護指針に沿った対応を行う必要がある。

図表3　情報セキュリティ分野における各種の規範等

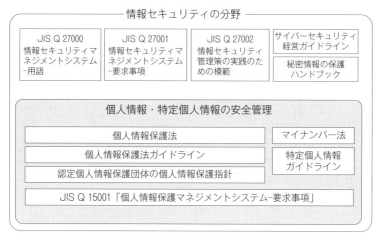

3　規格等

（1）情報セキュリティマネジメントシステムに関する規格

　情報セキュリティマネジメントシステム（ISMS）に関連する国内規格として、「JIS Q 27000シリーズ」と呼ばれる規格群がある。

　JIS Q 27000シリーズは、国際規格である「ISO/IEC 27000シリーズ」又は「ISMSファミリ規格」と呼ばれる規格群を日本語化してJIS規格にしたものである。

【JIS Q 27000シリーズの主な規格】

- ・JIS Q 27000:2014　情報技術－セキュリティ技術－情報セキュリティマネジメントシステム－用語（JIS Q 27000）

  JIS Q 27000シリーズで共通して用いている用語・定義について規定している。

- ・JIS Q 27001:2014　情報技術－セキュリティ技術－情報セキュリティマネジメントシステム－要求事項（JIS Q 27001）

  ☞　後述する「①　JIS Q 27001」を参照

- ・JIS Q 27002:2014　情報セキュリティ管理策の実践のための規範（JIS Q 27002）

  ISMSを実施するプロセスにおける管理策の選定・実施の参考・手引となる事項のほか、業界・組織に固有のセキュリティマネジメントの指針作成の参考となる事項など、ISMS実践のための規範について規定している。

- ・JIS Q 27014:2015　情報技術－セキュリティ技術－情報セキュリティガバナ

ンス（JIS Q 27014）

☞ 後述する「② JIS Q 27014」を参照

① JIS Q 27001

JIS Q 27001は、組織が、情報セキュリティマネジメントシステム（ISMS）を確立し、実施し、維持し、継続的に改善するための要求事項や、情報セキュリティのリスクアセスメント及びリスク対応を行うための要求事項について規定している。JIS Q 27000シリーズの中核といえる規格である。

JIS Q 27001は、コンピュータシステムのセキュリティ対策だけでなく、情報を扱う際の基本的な方針（情報セキュリティポリシー）や、それに基づいた具体的な計画、その実施と運用、一定期間ごとの運用の評価や見直しを含めたトータルなセキュリティ管理体系の構築を要求している。

JIS Q 27001（ISO/IEC27001）を認証基準として情報セキュリティマネジメントシステムの適合性を評価する第三者認証制度として、「ISMS適合性評価制度」がある。

JIS Q 27001は法令ではないから、当該規格に従った措置は法的義務として行われるものではなく、事業者が自主的に行うものである。ISMS適合性評価制度の認証取得事業者は、その認証基準であるJIS Q 27001の遵守が求められる。

② JIS Q 27014

JIS Q 27014は、情報セキュリティガバナンス※の規格であり、情報セキュリティガバナンスについての概念及び原則に基づくガイダンスを示している。

> ※「情報セキュリティガバナンス」とは、コーポレート・ガバナンスと、それを支えるメカニズムである内部統制の仕組を、情報セキュリティの観点から構築・運用することである。
>
> ☞ 内部統制については、後述する「第5節 内部統制」を参照

（2）個人情報保護マネジメントシステムに関する規格

① JIS Q 15001

個人情報保護管理体系としての「個人情報保護マネジメントシステム」（PMS：Personal information protection Management Systems）の要求事項を定めている国内規格は、「JIS Q 15001:2017 個人情報保護マネジメントシステム－要求事項」（JIS Q 15001）である。

JIS Q 15001の基本的な枠組みは、PDCAサイクルの運用であり、企業が個人情報を扱う際の基本的な方針（個人情報保護方針）や、それに基づいた具体的な計画の策定、その実施と運用、一定期間毎の運用の評価や見直しまでを含め、

課題II
個人情報保護の対策と情報セキュリティ

トータルな個人情報保護管理体系の構築を要求している。

PDCA サイクルの運用を基本的枠組みとしている点は ISMS（JIS Q 27001）も同様であるが、PMS は、個人情報保護法に準拠した個人情報特有の保護基準も設けられている点に特徴がある。

図表4　PMS のモデル

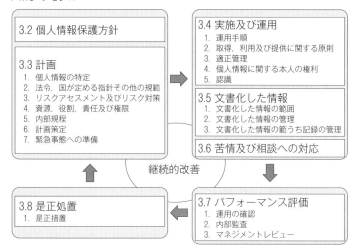

② プライバシーマーク制度

JIS Q 15001を認証基準として個人情報保護マネジメントシステムの適合性を評価する第三者認証制度として、「プライバシーマーク制度」がある。

JIS Q 15001は工業規格であり、この規格に沿った措置は法的義務として行われるものではなく、事業者が自主的に行うものであるが、プライバシーマーク付与事業者は JIS Q 15001の遵守が求められる。

　　☞ プライバシーマーク制度については、課題Ⅰの「第1章　第2節　2　（1）JIS Q 15001とプライバシーマーク制度」を参照

　　☞ JIS Q 15001と JIS Q 27001の比較や関係については、課題Ⅰの「第1章　第2節　2　（3）JIS Q 15001と JIS Q 27001の関係」を参照

（3）プライバシー影響評価（PIA）

プライバシー影響評価（PIA：Privacy Impact Assessment）は、個人情報の収集を伴う情報システムの導入にあたり、プライバシーへの影響を事前に評価し、情報システムの構築・運用を適正に行うことを促す一連のプロセスをいう。

国内規格（JIS）は策定されていないが、国際規格としては「ISO 22307:2008

Financial services Privacy impact assessment」が策定されている。

　PIA に相当する制度の導入例としては、EU の GDPR（一般データ保護規則）が管理者（単独で又は他の者と共同で、個人データの取扱いの目的及び方法を決定する者）に対する「データ保護影響評価」を義務付けている。アメリカ合衆国でも行政機関に同様の評価制度が義務付けられている。

　我が国では、マイナンバー法により、行政機関の長等に義務付けられている「特定個人情報保護評価」（番号法28条）が PIA に相当する制度である。

　民間部門では、企業が慎重に取り扱うことが望ましい一定の情報を取り扱うサービスを導入する際に、PIA に相当する措置を任意に実施する例がみられる。

第5節　内部統制

1　意義

　「内部統制」とは、次の4つの目的が達成されているとの合理的な保証を得るために、業務に組み込まれ、組織内のすべての者によって遂行されるプロセスである。

　内部統制の要素には、情報セキュリティに関する「リスクの評価と対応」や管理体制、監視活動等が含まれる。

[参考知識：内部統制の目的と要素]

【内部統制の目的】
①　業務の有効性及び効率性
②　財務報告の信頼性
③　事業活動に関わる法令等の遵守
④　資産の保全

　内部統制は、上記目的を達成するための仕組みであり、その仕組みは、次の6つの基本的要素によって構成されており、この6つの基本的要素がすべて適切に整備・運用されていることが求められる。

【内部統制の要素】
①　統制環境
②　リスクの評価と対応
③　統制活動
④　情報と伝達
⑤　モニタリング（監視活動）
⑥　IT（情報技術）への対応

2　内部統制構築義務

　会社法は、大会社及び委員会設置会社に対し、内部統制システムの整備に関する事項（内部統制システム構築の基本方針）を決定することを義務付けている（会社法362条5項、416条2項、348条4項）。

大会社等以外の会社であっても、取締役は、善管注意義務（会社法330条、民法644条）の一環として、内部統制に関する基本方針を取締役会で決定して内部統制システムを構築し、適切に運用することが求められる。

内部統制システムとしてのリスク管理体制には、情報セキュリティに関するリスク管理体制も含まれるから、会社における情報セキュリティ対策は、内部統制の一環として行われるものである。

   ☞   会社はその規模や業務内容が多岐にわたるから、内部統制は、あらゆる規模・種類の会社に統一した基準で行われるものではない。内部統制は、それぞれの会社が営む事業の規模や業務内容に応じて個別に採用するリスク管理体制である。

会社がその事業の規模や業務内容に照らして適切な情報セキュリティ体制を構築せず、又は構築した体制を適切に運用していない場合は、取締役・監査役は、任務懈怠に基づく損害賠償責任を追及されうる。個人情報に関しては、通則ガイドラインが求める安全管理措置を遵守しているかどうかが重要になる。

[参考知識：求められる内部統制構築義務の程度]

求められる内部統制構築義務の程度は、会社が営む事業の規模や業務内容に照らし、通常発生が想定される不正行為を防止しうる程度の管理体制の構築と運用であり、通常容易に想定しがたい方法による不正行為を防止しうる管理体制の構築・運用は、以前に同様の手法による不正行為が行われたことがあったなど、本件不正行為の発生を予見すべきであったという特別な事情がある場合にのみ求められる（平成21年7月9日最高裁判決同旨）。

第6節　刑事上の責任や民事上の責任との関係

個人情報保護法やそのガイドライン（指針）、JIS Q 27001等の規格（認証基準）等の規範は、事業者の管理責任を明確にするものであり、情報漏えい等の情報セキュリティに関する事故を防止するための事前規制として機能する。

これに対し、個々の法律には、情報セキュリティに対する加害行為が発生したときに事後的に加害者を処罰する規定を置くものがある。また、加害者は損害賠償等の民事上の責任を負い、損害が事後的に填補される。

これらの刑事上・民事上の責任は、情報セキュリティに関する事後規制として機能する。情報セキュリティにおいては、刑事上・民事上の責任も意識する必要がある。

1　刑事責任

（1）刑法

刑法には、コンピュータ犯罪に対応する罪（電磁的記録不正作出・同供用罪

（刑法161条の２）、電子計算機損壊等業務妨害罪（同234条の２）、電子計算機使用詐欺罪（同246条の２）等）や秘密漏示罪（同134条）等の犯罪類型が定められている。

　また、電子計算機のプログラムに対する社会一般の者の信頼を保護法益とする罪として、不正指令電磁的記録作成・提供罪（刑法168条の２）がある。マルウェアの作成や提供は、この罪により処罰されることがある。

　マルウェアの作成等については、この他にも、マルウェアを用いてデータの損壊等を行えば、電子計算機損壊等業務妨害罪（刑法234条の２第１項）や公電磁的記録毀棄罪（同法258条）等により処罰される可能性がある。

（２）不正競争防止法

　不正競争防止法には営業秘密侵奪罪（同法21条１項）がある。

（３）不正アクセス禁止法

　不正アクセス禁止法には不正アクセスに関連する処罰規定（同法11条等）がある。

（４）個人情報保護法等

　個人情報の分野では、個人情報保護法に個人情報データベース等供用罪（同法174条）という処罰類型があり、個人情報保護法の特別法にあたる番号法には特定個人情報ファイル提供罪（同法48条）や個人番号提供・盗用罪（同法49条）等の処罰規定がある。

（５）故意犯

　これらの刑事責任に関する処罰類型は「故意犯」であり、過失（不注意）による漏えい等行為は、基本的に処罰されない。

☞　事業者は前述した事前規制に従って管理責任を果たしていれば情報漏えい等があっても「故意」はないといえるから、処罰規定を過度に恐れるべきではない。処罰規定の存在は、例えば従業者教育等の場面で、「会社の情報を不正に漏えいすると処罰されることがある」と注意喚起する際に用いることが考えられる。

2　民事責任

　民事では、情報セキュリティの加害行為に対して、被害者は加害者に対し、損害賠償請求や差止請求等により民事上の責任を追及できる。

　なお、民事上の責任（損害賠償請求等）については、過失の場合でも追及され

る。すなわち、不法行為責任や債務不履行責任は、故意又は過失の場合に負う責任である。

　事業者自身に過失があれば、事業者自身の不法行為により損害賠償責任を問われるが（民法709条）、事業者は、従業員や委託先の故意・過失行為による場合にも、使用者責任（民715条）などとして、損害賠償責任を問われることがあるので、注意を要する。

[参考知識：使用者責任（民法715条）]

　民法715条は、「ある事業のために他人を使用する者は、被用者がその事業の執行について第三者に加えた損害を賠償する責任を負う」と定めている（民法715条本文）。この責任を「使用者責任」という。

　使用者責任は、裁判例によって、労働者－使用者の関係（雇用関係）の場合よりも広く適用されている。

　例えば、委託元から情報処理を委託された事業者（委託先）の従業員が、その管理していた委託元の顧客情報を漏えいした事案において、顧客が委託元に対して使用者責任に基づく損害賠償を請求して認められた裁判例がある。

　このため、情報処理等を外部に委託する場合には、委託元は、委託先の監督を厳密に行う等の注意が必要である。

第1節　リスクマネジメントとリスクマネジメントシステム

1　総論

　情報セキュリティや個人情報の保護は、情報セキュリティマネジメントシステム（ISMS）や個人情報保護マネジメントシステム（PMS）によって実現される。

　これらのマネジメントシステムは、リスクマネジメントの一般的な原則（国内規格では「JIS Q 31000 リスクマネジメント」）に整合するものであることが望ましい。そこで、リスクマネジメントシステムの一般的な原則について説明する。

2　リスクマネジメント

　「リスクマネジメント」は、事業者の目的の達成に影響を与えるものすべてを「リスク」として、リスクを特定し、分析、評価し、リスクを効果的に運用管理するための枠組み及びプロセスである。

> ☞　「リスクマネジメントの枠組み」は、組織全体にわたって、リスクマネジメントの設計、実践、モニタリング、レビュー、継続的改善の基盤及び組織内の取決めを提供する構成要素の集合体、と説明される。

> ☞　「リスクマネジメントのプロセス」は、リスクアセスメント、リスク対応、リスクのモニタリング及びレビュー、リスクコミュニケーション及び協議などの一連の活動、と説明される。

　なお、リスクマネジメント一般における「リスク」は、影響が好ましいか好ましくないかを問わない（「投機リスク」という場合もある）。これに対し、情報セキュリティマネジメントにおける「リスク」は、好ましくないもの＝組織に損害を与えるものを対象としている（「純粋リスク」ともいう場合もある）。

課題Ⅱ

個人情報保護の対策と情報セキュリティ

図表5　リスクマネジメントの枠組みとプロセス

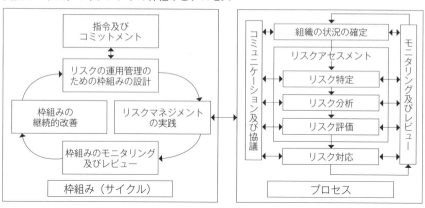

［出典：JIS Q 31000を参照して作成］

3　PDCA サイクル

　リスクマネジメントの枠組みは、①リスクの運用管理のための枠組みの設計、②リスクマネジメントの実践、③枠組みのモニタリング及びレビュー、そして④枠組みの継続的改善というサイクルを繰り返す手法である。

図表6　リスクマネジメントの「枠組み」

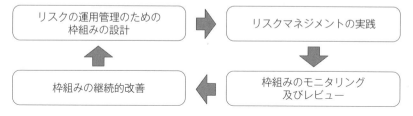

　この手法は、一般に、「PDCA サイクル」として説明される。

【PDCA サイクル】

Plan　：問題を整理し、目標を立て、その目標を達成するための計画を立案・策定する。

Do　　：目標と計画をもとに、実際の業務を行う。

Check：実施した業務が計画通り実施されているかを点検する。

Act　　：点検結果をもとに、業務の改善を行う。

　事業者は、情報の機密性、完全性、可用性に対する様々な脅威から情報資産を守るために、組織的、人的、物理的、技術的な面から様々な取組み（リスク対応）を行うことになる。この取組みを効率よく行うための枠組みが PDCA サイクルである。環境の変化や新たな脅威に対応するためには、対策を一度行って終

わりにせず、Plan-Do-Check-Act のサイクルを繰り返して継続的に改善していくことが大切である。

特に情報セキュリティの分野では、点検（Check）と改善（Act）のステップを実施しないと技術の進歩による新たな脅威に対応できない。情報セキュリティにおいては、PDCA サイクルを有効に機能させ、情報セキュリティの維持・向上を図ることが重要である。

4　リスクマネジメントのプロセス

リスクマネジメントシステムは、PDCA サイクルの枠組みとともに、次のようなプロセスによって実現される。

［リスクマネジメントのプロセス］

１．組織が置かれた外部的・内部的な状況の確定

　社会や文化の環境、遵守すべき法律、経済等の外部的な状況や、事業目的、組織体制、資本、人員等の内部的な状況を明らかにし、理解する。

２．リスクアセスメント

（１）リスク特定

　　現況に即した最新の情報に基づいてリスクを特定し、リスクの包括的な一覧を作成する。

（２）リスク分析

　　特定したリスクが生じた場合に起こりうる結果や結果の起こりやすさ等を分析する。

（３）リスク評価

　　リスク分析に基づき、対応を要するリスクの優先順位付けを行う。

３．リスク対応

リスク対応の管理策を決定し、リスク対応計画を策定して実施する。

このプロセスは、PDCA サイクルと不可分であり、リスクアセスメントの実施とリスク対応計画の策定・実施で終わらず、点検（Check）され、改善（Act）されていかなければならない（モニタリング及びレビュー）。

図表7　リスクマネジメントの「プロセス」

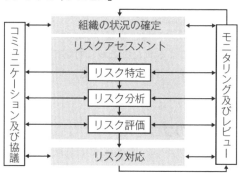

［出典：JIS Q 31000を参照して作成］

第2節　情報セキュリティマネジメントシステム

1　意義

　リスクマネジメントの原則を情報セキュリティに適用したものが情報セキュリティマネジメントシステム（ISMS：Information Security Management System）である。

　情報セキュリティマネジメントシステムは、情報の①機密性、②完全性及び③可用性をバランスよく維持・改善し、情報資産に対するリスクを適切に管理する組織的な取組みである。

　　☞　機密性、完全性及び可用性については、前述した「第2章　第1節　情報セキュリティの定義」）を参照。

　情報セキュリティマネジメントシステムの導入により、その組織が情報資産に対して適切にリスクマネジメントを行っている（リスクを適切に管理している）という信頼を利害関係者に与えることができるという副次的な効果も期待できる。

　情報セキュリティマネジメントシステムは、PDCA サイクルという枠組みのもとで、リスクアセスメントとリスク対応というプロセスを実施し、それを点検し改善することを繰り返していくことで実現する。

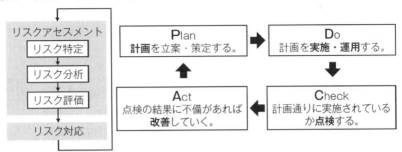

2　リスクアセスメントとリスク対応

　情報セキュリティマネジメントシステム（ISMS）を実践していくために、企業の資産ごとに、セキュリティ上のリスクを洗い出して分析し（リスクアセスメントの実施）、どのようにしてリスクに対応するかを決定すること（リスク対応）が必要である。

　リスクは「資産価値」、「脅威」、「脆弱性」等のリスク因子の因果関係で成り立っており、目で認識できるものではない。

　そこで、セキュリティ上のリスクの洗い出しと分析（リスクアセスメント）は、資産（情報資産）を洗い出したうえで、その資産がさらされる脅威と資産がもつ脆弱性を明確化し、資産価値、脅威の大きさ、脆弱性の度合いを評価するという手法で行う。

図表 9　資産、脅威及び脆弱性の関係

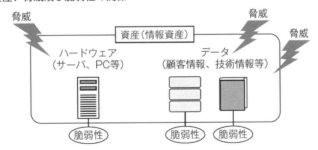

　資産価値、脅威、脆弱性のいずれかが増大すればリスクが増大するといえるが、リスクレベル（リスク値・リスクの大きさ）を正確に評価・決定するのは困難な作業である。

　このため、リスクレベルを評価する手法（リスク分析の手法）についても決まったものはなく、ベースラインアプローチ、非形式的アプローチ、詳細リスク

課題 II

個人情報保護の対策と情報セキュリティ

分析等、様々なものが提唱されている。

☞　リスク分析の手法の解説は、後述する「本章第5節　2　リスクアセス
メントの実施−リスク分析の手法」）を参照

3　リスクマネジメントシステムにおける位置づけ

ISMS は情報セキュリティの分野におけるリスクマネジメントシステムである。

リスクマネジメントシステムは、情報セキュリティの分野だけでなく、品質、IT サービス等の各分野で、それぞれマネジメントシステムが提唱されている。

例えば、情報セキュリティ分野は ISMS、品質分野は品質マネジメントシステム（QMS）、IT サービス分野は ITSMS（IT サービスマネジメントシステム）、そして事業継続の分野は BCMS（事業継続マネジメントシステム）がある。これらのマネジメントシステムが企業の事業目的達成を支援する。

ISMS は、事業におけるこれらの各分野との関係、全体のマネジメントシステムとの関係を考えながら確立していく必要がある。

［参考知識：代表的なマネジメントシステム］

【マネジメントシステムの例】
・品質マネジメントシステム（QMS）
製造物や提供されるサービスの品質を管理監督するマネジメントシステム。国際規格は ISO 9000シリーズ
・環境マネジメントシステム（EMS）
環境方針、目的・目標等を設定し、その達成に向けた取組を実施するためのマネジメントシステム。国際規格は ISO 14000シリーズ
・IT サービスマネジメントシステム（ITSMS）
IT サービス提供者が、顧客のニーズに合致した適切な IT サービスを提供するためのマネジメントシステム。国際規格は ISO/IEC20000等
・事業継続マネジメントシステム（BCMS）
企業等組織の事業継続に関わる事象に対して、あらかじめ有効な対策を講じ、事業継続能力を効果的かつ効率的に維持・改善していくためのマネジメントシステム。国際規格は ISO22301であり、国内規格化されて「JIS Q 22301 事業継続マネジメントシステム—要求事項」が制定されている。

第3節　リスクアセスメントに関する用語
1　リスク

リスクマネジメント一般における「リスク」は、影響が好ましいか好ましくないかを問わない。この場合のリスクは「投機リスク」、「ビジネスリスク」とも呼ばれ、損失だけでなく利益を生む可能性がある事象を指す。

一方、情報セキュリティマネジメントにおける「リスク」は、好ましくないも

の＝組織に損害を与えるものを対象としている。この場合のリスクを「純粋リスク」ともいう。

情報セキュリティにおけるリスク（純粋リスク）は、「ある脅威が、資産又は資産の脆弱性につけ込み、そのことによって組織に損害を与える可能性」（JIS Q 13335-1:2006）と定義される。

リスクは、「資産」（情報資産）がさらされる「脅威」とその資産の管理上の問題点等の「脆弱性」の組み合わせで成り立っている。

2　資産（情報資産）

資産は、リスクマネジメントによって守るべき対象である。

企業は、顧客情報や人事情報等の個人情報のほか、特許情報、技術情報、ノウハウ等の情報そのものや、それらの情報が記録された媒体、コンピュータなど各種の情報資産を有している。これらの情報資産が、情報セキュリティの対象である。

情報資産は、「有形資産」と「無形資産」に分類できる。

【情報資産の分類】

・有形資産

　　物理的に存在する機器や記録媒体等の資産のことであり、「物理的資産」ともいう。

・無形資産

　　情報そのものやソフトウェアなど物的な実態のない資産であり、従業員がもつ技術や能力などの人的資産も含まれる。

情報セキュリティにおいては、守るべき対象である情報資産を特定することが必要である。守るべき対象を明確にしなければ、適切に保護することはできないからである。

なお、多数ある情報資産の全てを同様に保護することは不可能であるし無駄でもあるから、機密情報（重要性が高い）や公開情報（重要性が低い）というように、情報資産保護の優先順位をつけて保護対策を講ずることが必要となる。

従って、守るべき情報資産を特定したら、それぞれの情報資産の重要性を明らかにする必要がある。

情報資産の重要性は、機密性・完全性・可用性が損なわれた場合の損失（影響）を考慮して判断する。

3　脅威

脅威は、「システム又は組織に損害を与える可能性がある、望ましくないインシデントの潜在的な原因」である（JIS Q 27000）。

データやシステムの機密性・完全性・可用性を損なう原因となるものということもできる。

脅威の分類手法については、定説といえるものはない。

以下のような分類手法が提唱されている。

（1）人的脅威、物理的脅威、技術的脅威

脅威をその発生源から分類すると、人的脅威、物理的脅威及び技術的脅威に分けることができる。

図表10　人的脅威の例

例
・従業者による PC や記憶媒体の持ち出し、記憶媒体へのデータコピーによる持ち出し、名簿等やそのコピーの持ち出し ・他人の ID やパスワードを盗用するなどによるなりすまし（技術的脅威として説明されることも多い） ・入力ミス、メールや FAX の誤送信 ・サーバ上の機密情報が外部から閲覧可能になっていた ・ソフトウェア利用規則が守られておらず、不適切なソフトウェア（Winny 等）がインストールされている ・ソフトウェアの更新忘れ、セキュリティパッチの適用漏れ ・紛失・置き忘れ ・メール等の不適切なリンクのクリックによるウイルス感染

「ソーシャルエンジニアリング」は人的脅威の一つである（本章の「第8節3　ソーシャルエンジニアリング」を参照）。

図表11　物理的脅威の例

例
・火災、漏水、事故等の人災による機器の物理的な損傷 ・地震、台風等の自然災害による機器の物理的な損傷 ・人災や自然災害によるインフラのサービス停止（停電、通信手段途絶等）により業務継続ができなくなる ・老朽化、電源供給の不安定、空調設備の不調による高温・多湿等による機器の故障

図表12　技術的脅威の例

種類	説明
なりすまし	他人の ID やパスワードを盗用するなどして、外部から本人ではない第三者が本人と称して通信などを実施すること（人的脅威として説明されることも多い）

マルウェア	悪意をもって利用されるプログラムの総称 コンピュータウイルス、ワーム、スパイウェア、ボットなどの態様がある（各態様の定義や特徴については、「不正ソフトウェア対策」（第21章 第5節 不正ソフトウェア対策）を参照されたい）。
フィッシング	実在する金融機関やクレジットカード会社などを装ってメールを送りつけ、不正な Web サイトに誘導し、口座番号やクレジットカード番号などを詐取すること
SQL インジェクション	Web サイトの入力画面に直接 SQL 命令文の文字列を入力することで、データベースに不正アクセスを行い、情報の入手や、データベースの破壊、Web ページの改ざんなどを行う攻撃手法 ※ SQL はデータベースを操作するためのプログラミング言語
クロスサイトスクリプティング	掲示板や入力確認画面のようにユーザが入力した内容を表示する Web アプリケーションの脆弱性を突いて、悪意のあるスクリプト（命令）を仕込む攻撃手法
DoS 攻撃	攻撃対象のサーバへパケットを送りつけ、過剰な負荷をかけてそのサーバの機能を停止させ、可用性を侵害する攻撃
DDoS 攻撃	多数のネットワークに分散するコンピュータから、同時刻に一斉に攻撃対象のサーバへパケットを送りつけ、過剰な負荷をかけてそのサーバの機能を停止させる攻撃 DoS との違いは、攻撃元が一か所（DoS）か複数（DDoS）かである。
セキュリティホール	OS やソフトウェアにおいて、プログラムの不具合や設計上のミスが原因となって発生した情報セキュリティ上の欠陥。放置するとハッキングに利用されたりウイルスに感染したりする危険がある。
ゼロディ攻撃	OS やソフトウェアの脆弱性（セキュリティホール）が発見されて修正プログラムが提供される日（One day）より前にその脆弱性を攻略する攻撃

（2） 人為的脅威と環境的脅威

　脅威を人為的脅威（意図的／偶発的）と環境的脅威に分類して検討する場合もある。

図表13　人為的脅威と環境的脅威

分類		例
人為的脅威	意図的脅威	○持ち出し ・従業者による PC や記憶媒体の持ち出し、記憶媒体へのデータコピーによる持ち出し、名簿等やそのコピーの持ち出し

		○なりすまし ・不適切な管理（類推しやすいパスワードの使用・パスワードを付箋に書いて貼り付ける・パスワードの共有など）を突いたなりすまし、不正アクセス ○盗聴、盗難 ○標的型メール、システムのハッキング、通信への侵入
	偶発的脅威	○過失（ミス） ・誤操作：入力ミス、メールやFAXの誤送信 ・紛失・置き忘れ ・怠慢：ソフトウェアの更新忘れ、セキュリティパッチの適用漏れ ・不適切なソフトウェア（Winny等）のインストール ・メール等の不適切なリンクのクリックによるウイルス感染 ・設定ミス：サーバ上の機密情報が外部から閲覧可能になっていた ・脆弱なホストを不正なルーティングに利用される
環境的脅威		○物理的損傷 ・火災、漏水、事故 ○自然災害 ○サービス停止 ・停電、通信手段途絶 ○機器の老朽化等による故障.記憶媒体の劣化等

（3）STRIDE モデル

　STRIDE モデルは、脅威を Spoofing、Tampering、Repudiation、Information Disclosure、Denial of Service、Elevation of Privilege に分類する手法である。

図表14　STRIDE モデルにおける用語の説明

種類	説明
なりすまし （Spoofing）	他人のIDやパスワードを盗用するなどして、外部から本人ではない第三者が本人と称して通信などを実施すること
改ざん （Tampering）	権利を持たない者が情報を改変すること
否認 （Repudiation）	利用者がサービス利用等の事実を否定すること
漏えい （Information Disclosure）	アクセス権限を持たない個人に情報が公開されること

サービス拒否 (Denial of Service)	DoS と略されることもある。Web サーバを一時的に使用できない状態にするなど正規ユーザのサービスを中断させること
権限昇格 (Elevation of Privilege)	権限のないユーザがアクセス権限を得ること

4 脆弱性

脆弱性は、脅威がつけ込むことのできる資産の弱点である。

情報資産には何らかの情報セキュリティ上の弱点がある。脆弱性だけで損害（損失）が発生するわけではないが、脆弱性に脅威がつけ込むことでリスクが顕在化し、組織に損害（損失）が発生する。

図表15　脆弱性と脅威の関係

脆弱性の例	つけ込む脅威の例
ドアに施錠がない	盗難
電源設備	停電、落雷
立地	洪水、地震
ハードウェアのメンテナンス不足	故障、漏えい
アクセス制御	改ざん、不正アクセス、なりすまし

脅威は脆弱性につけ込むため、脆弱性は、脅威の分類に対応して分類することもある（人的脆弱性、物理的脆弱性及び技術的脆弱性等）。

なお、特定の脅威の発生を誘引する可能性がない脆弱性は、必ずしもリスク評価の対象とする必要はない。

5 影響（損害・損失）

影響は、資産に作用する脅威によってもたらされる、情報セキュリティに関してのインシデントの結果である。リスク（純粋リスク）が顕在化したもの（損害・損失）ともいえる。

リスクアセスメントの実施にあたっては、リスクの顕在化に伴い想定される損失額を見積るが、「間接損失」の算出は困難な作業である。

図表16　想定損失額算出の考慮要素

種類	説明	例
直接損失	リスクの顕在化により生じる直接の損失	・資産の損失（コンピュータの紛失・破壊・盗難等） ・事故による人的損失
間接損失	リスクの顕在化により生じる間接的な損失	・業務中断による機会損失や信用失墜（解約、入会保留、顧客離れ） ・損害賠償請求への対応 ・罰金を課される
対応費用	顧客対応や再発防止にかかる費用	・復旧のための費用 ・顧客対応（見舞金、問合せ窓口、お詫び広告） ・再発防止の対応策（検証委員会設置、新システム導入等）

　なお、損失は以下の4つに分類することがある。

図表17　損失の分類

種類	説明
財産損失	盗難や災害等により財産を失うことによる損失
収益減少	財産の喪失や信用失墜、人的資源の喪失等により収益が減少することによる損失
賠償責任	賠償責任を負うことによる損失
人的損失	人的資源の喪失（役員や従業員が業務に従事できなくなること）による損失

6　リスクアセスメント

　「リスクアセスメント」とは、それぞれの資産ごとに脅威を明らかにし、資産の脆弱性を検討して、リスクの大きさを判断する作業である。

　　☞　JIS Q 27000では、「リスクアセスメント」を、「リスク特定、リスク分析及びリスク評価のプロセス」と説明している。

　リスクアセスメントの結果をうけて、「リスク対応」として、リスク対応の管理策を決定し、リスク対応計画を策定して実施する。

第4節　リスクアセスメントとリスク対応

　リスクアセスメントは、「リスク特定、リスク分析及びリスク評価のプロセス」である（JIS Q 27000）。

　リスクアセスメントは、PDCAサイクルにおけるPlanに相当する。

図表18　リスクマネジメントと PDCA サイクル

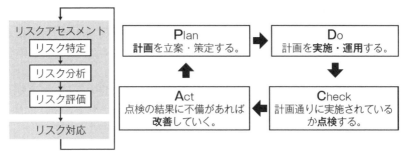

　情報セキュリティにおけるリスクアセスメントは、次の手順で実施する（JIS Q 27001）。

［リスクアセスメントの手順］

　　1．情報セキュリティのリスク基準を確立する

　　2．リスクアセスメントのプロセスを定め、実施する

　　（1）情報セキュリティリスクの特定

　　（2）情報セキュリティリスクの分析

　　（3）情報セキュリティリスクの評価

第5節　リスクアセスメント

1　リスク基準の確立

　リスクアセスメントの実施にあたっては、「リスク基準」を確立することが必要である。リスク基準は、「リスクの重大性を評価するための目安とする条件」（JIS Q 27000）である。

　リスク基準は企業が決めるものであるが、法規制の要求事項、利害関係者の見解及び関連するコスト等に配慮しつつ、リスクレベルをどのように決定するか、リスクが受容可能になるレベルをどのように定めるか等を考慮して決めることになる。

　なお、リスク基準に関しては、「リスク受容基準」（受容できるリスクの範囲と何らかの対策を講じることを要するリスクの範囲とを判断する基準）が特に重要である。

2　リスクアセスメントの実施－リスク分析の手法

　リスクアセスメントにおけるリスク分析は、「リスクの特質を理解し、リスクレベルを決定するプロセス」（JIS Q 27000）である。「リスクの重大さを算定するための体系的なプロセス」ということもできる。

リスクレベル（リスク値、リスクの大きさ）の評価・決定については、大まかにいえば、リスクにさらされる資産の価値、脅威の程度、脆弱性の程度のいずれかが増大すればリスクレベルが増大するといえる。しかし、リスクは目に見えるものではないから、リスクレベルを正確に評価・決定するのは実際には困難な作業である。

☞　このため、JIS Q 27001でも、「リスクレベルを決定する」ことは要求されているが、リスクレベルを決定する手法までは示されていない。

そこで、企業はリスク分析の手法を自己の判断で選択することになる。

（1）定性的分析と定量的分析

リスクレベルは定性的にも定量的にも表現できるため、定性的手法によるか、定量的手法によるかを検討する必要がある。

図表19　定性的分析と定量的分析

	説明
定性的分析	リスクレベル（リスクの大きさ）を高・中・低や5段階評価等により評価する手法 ・基準値を設定しやすいため、実務で用いられることが多い。 ・後述する詳細リスク分析においては、資産、脅威、脆弱性それぞれのリスク因子について何段階で評価するか等を決める。 ・（詳細リスク分析におけるリスクレベルの算定例） 　①各リスク因子を加算する（情報資産＋脅威＋脆弱性） 　②各リスク因子を乗算する（情報資産×脅威×脆弱性）
定量的分析	リスクレベルを金額で算出する手法 ・評価結果がわかりやすく年間のセキュリティ予算を決定する際の指標となる等のメリットがある。 ・基準値の設定が難しい等のデメリットがある。 ・（定量的分析によるリスクレベルの算出例） 　○発生時の被害の大きさ（額）×発生する確率 ・定性的リスクアセスメントを基本として採用しつつ、定性的評価を限定的に採用して定性的リスクアセスメントと組み合わせる場合もある。

定量的分析の具体的な手法としては、ALE（後述）のように年間の予想損失額を算出する方法が代表的である。

（2）リスク分析の具体的な手法

リスク分析の具体的手法については様々なものが提唱されている。

主なリスク分析の手法としては、ベースラインアプローチ、非形式的アプローチ、詳細リスク分析、そして組み合わせアプローチがある。

① ベースラインアプローチ（簡易リスク分析）

ベースラインアプローチは、一定の確保すべきセキュリティレベルを設定して、組織全体で一律にリスク分析を行う手法である。

例えば、JIS Q 27001やJIS Q 15001、個人情報保護法に関するガイドライン等、一般に公開されている規格やガイドラインを参考にして、最低限実施すべき基準（ベースライン）をチェックリストやアンケート等の形で策定する。そして、チェックリスト等の質問に答えることでリスク分析する。

この手法は、簡易かつ低コストで実施できるという利点があるが、資産（情報資産）や脅威、脆弱性の洗い出しはしないため、個々の資産の状況に応じたリスク分析にはならないといったデメリットがある。

② 非形式的（非公式）アプローチ

非形式的（非公式）アプローチは、担当者や有識者等が、その知識や経験等を踏まえてリスクを評価する分析手法である。

次の詳細リスク分析よりは手間がかからないが、体系化された方法を用いないため、分析者の能力によるところが大きいという問題がある。

③ 詳細リスク分析

詳細リスク分析は、資産、脅威、脆弱性の洗い出し（特定）を行って、リスクを評価する分析手法である。

　　☞　詳細リスク分析の手順については、後述する「本章第7節　詳細リスク
　　　　分析の手順」を参照

詳細リスク分析は、資産に応じたリスクレベルの把握ができ、リスク対策の選択もしやすくなるが、手間とコストがかかるというデメリットがある。

このため、詳細リスク分析は、重要な情報資産に限定して実施されることが多い（次の「組み合わせ（複合）アプローチ」を参照）。

④ 組み合わせ（複合）アプローチ

組み合わせ（複合）アプローチは、複数のアプローチを併用して、それぞれの長所・短所を相互に補完する手法である。

実務では、組み合わせアプローチによるのが一般的であり、組織全体についてはベースラインアプローチを採用しつつ、重要な情報資産や重要な情報資産を扱う組織等に限定して詳細リスク分析を行うことが多い。

⑤ ALE

ALE は、米国標準技術院（NIST）が推奨する定量的リスクアセスメントの手

法である。

　年間の予想損失額（ALE：Annual Loss Exposure）を求め、リスクを評価する。

【ALE の算定式】

　　　　ALE ＝ F × I

　　　　　F：年間に損失が発生する予想頻度（ARO）

　　　　　I：1回あたりの予想損失額（SLE）

3　リスクアセスメントのプロセス（1）リスク特定

　リスク特定は、「リスクを発見、認識及び記述するプロセス」である（JIS Q 27000）。

　情報セキュリティリスクは、資産がさらされる「脅威」とその資産の管理上の問題点等の「脆弱性」との関連で発生するものであるから、リスク特定は、「資産」を洗い出し、「脅威」と「脆弱性」を明確化して行うことになる。

　リスク特定の進め方は、次の通りである。

［リスク特定の進め方］

①　情報資産の洗い出し（特定）と評価

↓

②　脅威の明確化

↓

③　脆弱性の明確化

　　☞　資産の洗い出しと脅威・脆弱性の明確化の具体的な方法については、後述する「第7節　詳細リスク分析の手順」を参照

4　リスクアセスメントのプロセス（2）リスク分析

　プロセス（1）で特定したリスクについて、アセスメントを行う。

　具体的には、洗い出した（特定した）情報資産について、その機密性、完全性、可用性が損なわれた場合の損失（影響）を評価し、明確化した脅威と脆弱性の程度を評価する方法を確立する。

（1）情報資産の評価

　情報資産の評価については、その経済的な価値ではなく、その機密性、完全性、可用性が損なわれた場合の損失（影響）を評価する。

　定量的に金額で評価するのは困難であるため、実務では5段階評価（価値の低い順に0、1、2、3、4、5）等を用いて評価するのが一般である（定性的評価）。

（2）脅威の評価

　脅威については、その発生可能性・頻度（脅威の大きさ）を評価する。

　3段階評価（高中低）等が考えられる。発生頻度は、定量的に評価してもよいし（1週間に1回程度・1月に1回程度・1年に1回程度等）、定性的に評価してもよい（頻繁に発生する・しばしば発生する・時々発生する・ほとんど発生しない等）。

図表20　脅威の評価基準の例

レベル		説明
脅威	高	1週間に1回程度発生する可能性がある。
	中	1月に1回程度発生する可能性がある。
	低	1年に1回程度発生する可能性がある。

（3）脆弱性の評価

　脆弱性については、その脆弱性が脅威を誘引する可能性・程度（脆弱性の程度）を評価する。

　3段階評価（高・中・低）等が考えられる（定性的評価）。

図表21　脆弱性の評価基準の例

レベル	説明
高	管理措置（保護対策）が講じられていないか、全く不十分なため、脅威を誘引する可能性が高い。
中	管理措置が講じられているが、十分とはいえないため、脅威を誘引する可能性がある。
低	十分な管理措置が講じられており、脅威を誘引する可能性が低い。

☞　「情報資産の評価」「脅威の評価」及び「脆弱性の評価」の具体例については、後述する「第7節　詳細リスク分析の手順」を参照

5　リスクアセスメントのプロセス（3）リスク評価

　リスク評価は、「リスク分析の結果をリスク基準と比較するプロセス」である（JIS Q 27000）。①資産の評価、②脅威の評価及び③脆弱性の評価に基づいてリスクレベル（リスク値）を算出し、これにリスク受容基準を適用して、どの程度のリスクレベルまではリスクを受容するかを決定し、リスクを受容する範囲とリスクに対して対策を要する範囲を明らかにする。

　リスク評価を行ったら、次の「リスク対応」を実施する。

　受容するリスクは「残留リスク」（保有リスク）として管理する。

第6節 リスク対応

リスク対応は、「リスクを修正するプロセス」（JIS Q 27000）であり、リスク評価によって明確になったリスクに対し、どのような対応をするかを選択して実施することである。

リスクへの対応を大きく分けると、リスクの発生可能性と影響度に照らし、次の4つの方法が考えられる（リスクマトリクス）。

図表22　リスク対応の関係（リスクマトリクス）

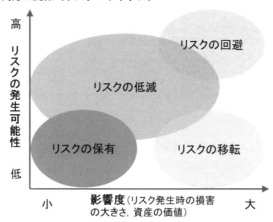

1　リスク低減（リスクの最適化）

リスク低減（リスクの最適化）は、脆弱性への対策を講じて、脅威が発生する可能性を低減する対応である。

リスクの低減は、リスクマネジメントにおける「リスクコントロール」の一手法である。

【リスクコントロールの例】

・ノートパソコンに保存されているデータを暗号化してノートパソコンの紛失や盗難に伴う情報漏えい対策をする。

・重要なデータを扱っている部屋の入退室管理を行って不正侵入対策をする。

・従業員に対する情報セキュリティ教育をする。

2 リスク保有（リスクテイク）

リスクレベル（リスク値）が低い場合や、リスクレベルは低くないものの特にセキュリティ対策が見あたらない場合や、セキュリティ対策のコストに見合うだけの効果が得られない場合等には、セキュリティ対策を行わないで受容するという対応が考えられる。これを「リスク保有」という。

このようにリスクコントロールによっては解決できないリスクを「残存リスク」という。

なお、保有したリスクから損失が発生した場合には、財務面では事業者が自ら損失を補うことになるから、リスク保有は、リスクマネジメントにおける「リスクファイナンシング」（リスク対応等のコストに見合う資金供給の用意をすること）の一手法といえる。

図表23 リスクファイナンシングの例

種類	説明
リスク移転	リスクを他者に移し、又はリスクに伴う負担を他者と共有する対応（保険加入や外部委託等）
リスク保有	セキュリティ対策を行わないでリスクを受容する対応（リスクが現実化したら損失を負担する、引当金を積む等）

3 リスク回避

リスク回避とは、脅威が発生する要因をなくしたり、リスクのある状況から撤退してしまうことにより、リスクが発生する可能性を取り去ってしまう対応である。

リスク回避は、「リスクコントロール」の一手法である。

【リスク回避の例】

・インターネットからの不正侵入という脅威に対し、抜線してインターネットとの接続を断つ。

・水害が多発している場合に水害の発生しにくい場所に移転する。

4 リスク移転（リスクトランスファー）

リスク移転は、リスクを他者に移し、又はリスクに伴う負担を他者と共有する対応である。リスク共有ともいう。

【リスク移転の例】

・リスクに対応した保険に加入する。

・情報システムの運用を他社に委託する。

保険加入等は、財務面での手当になるため、リスクの移転は、前述した「リスクの保有」とともに、「リスクファイナンシング」の一手法である。

5 具体的な対応策の規程文書化

リスクマトリクスを利用して情報資産ごとのリスク対応を検討したら、具体的な対応策を規程文書として文書化し、社内に周知する。

第7節 詳細リスク分析の手順

詳細リスク分析においては、リスク特定とリスク分析を、
1. 情報資産の洗い出しと評価
2. 脅威の明確化と評価
3. 脆弱性の明確化と評価
を通して行い、その結果を利用してリスク評価を行い、リスク対応を実施する。

1 情報資産の洗い出しと評価

リスク特定・リスク分析のために、（1）企業が有する情報資産の洗い出し（特定）を行うとともに、（2）その情報資産の価値を評価する。

（1）情報資産の洗い出し（特定）

[参考知識：情報資産の洗い出し（特定）]

企業が有する顧客情報や人事情報等の個人情報のほか、特許情報、技術情報、ノウハウ等の情報そのものや、それらの情報が記録された媒体、コンピュータ等の各種の情報資産を洗い出す（特定する）。

情報資産の洗い出しにあたっては、「有形資産」（物理的に存在する機器や記録媒体等の資産）と「無形資産」（情報そのものやソフトウェアなど物的な実態のない資産であり、従業員がもつ技術や能力などの人的資産も含まれる）に分類する等して特定するとよい。

情報資産を特定したら、その保有状況を確認して、資産の管理責任者、資産の形態、保管形態・保管場所、用途、利用者の範囲等の情報を記載した資産目録（情報資産台帳）を作成する。

資産目録（情報資産台帳）に記載する項目の例は、次の通りである。

【資産目録に記載する項目の例】

- ・資産の名称
- ・管理責任者（管理部門）
- ・保管形態（記録媒体等）
- ・利用目的や利用者の範囲
- ・保管の場所、保管期間等
- ・廃棄方法

なお、網羅的な情報資産の洗い出しは事業者にとって負担の多い作業であるから、資産価値や属性（保管形態、保管期間、用途等）が一致するものごとにグループ化して、作業負担と今後の分析作業の効率化を図ることもできる。

（2）情報資産の評価

[参考知識：洗い出した情報資産の評価]

洗い出し（特定）をした情報資産について、それぞれの価値を評価する。

情報資産の評価については、その経済的な価値ではなく、その機密性、完全性、可用性が損なわれた場合の損失（影響）を評価することが大切である。

例えば、機密性・完全性・可用性のそれぞれについてレベル分け（格付け）した評価基準を利用して評価をすることが考えられる。

図表24　機密性・完全性・可用性の評価基準の例

レベル		説明
機密性	3	秘密情報。特定の従業者のみアクセス可能とする必要があり、漏えいすると企業全体に影響が出る。
	2	社内情報。社内のみアクセス可能であるとする必要があり、漏えいすると企業や部門等に影響を及ぼす可能性がある。
	1	3または2以外の情報。公開情報や社外の者が知り得ても問題のない情報
完全性	2	改ざん、誤びゅう、破壊等により企業や部門等に影響を及ぼす可能性がある情報
	1	2以外の情報。事故があっても業務遂行に支障がない。
可用性	2	滅失、紛失や利用不可能により、企業や部門等に影響を及ぼす可能性がある情報
	1	2以外の情報。事故があっても業務遂行に支障がない。

なお、情報資産の評価を定量的に金額で出すのは実際には困難であるため、実務では5段階評価（価値の低い順に0、1、2、3、4、5）等を用いて評価するのが一般である（定性的評価）。

例えば、上の表だと、機密性 - 完全性 - 可用性のレベルの合計が「7」となる情報の価値を「5」とする等である。

2　脅威の明確化と評価

1で洗い出したそれぞれの情報資産について、（1）その情報資産に対応する脅威を明確化するとともに、（2）その脅威の程度を評価する。

☞　脅威の分類や例については、前述した「第3節　3　脅威」を参照

（1）脅威の明確化

[参考知識：脅威の明確化]

洗い出したそれぞれの情報資産に対応する「脅威」を特定し明確化する。脅威を明確化することで、「リスク対応」において、どのような対策が有効かを検討しやすくなる。

脅威の特定・明確化は、脅威の分類（人的脅威・物理的脅威・技術的脅威）に従って

行うと、漏れが出にくい。

なお、インターネットにおける脅威は、主にサーバ、クライアント及びネットワークに存在するから、脅威の特定・明確化にあたっては、これら脅威の発生箇所も意識する必要がある。

図表25　インターネットにおける脅威

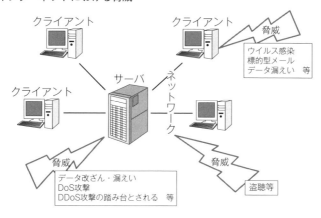

（2）脅威の評価

[参考知識：脅威の評価]

明確化した脅威について、その発生可能性・頻度（脅威の大きさ）を、3段階評価（高・中・低）などで評価する。

図表26　脅威の評価基準の例

レベル		説明
脅威	高	1週間に1回程度発生する可能性がある。
	中	1月に1回程度発生する可能性がある。
	低	1年に1回程度発生する可能性がある。

3　脆弱性の明確化と評価

1で洗い出したそれぞれの情報資産について、（1）その情報資産がもつ脆弱性を特定し明確化するとともに、（2）その脆弱性の程度を評価する。

脆弱性は脅威と不可分であるから、発生が考えられる脅威とセットで検討するとよい。

☞　「脆弱性」については、前述した「第3節　4　脆弱性」を参照

（1）脆弱性の明確化

洗い出した情報資産のもつ脆弱性を特定し明確化する。

図表27　資産、脅威、脆弱性の洗い出しの例

資産（情報資産）	脅威	脆弱性の例	リスクの例
顧客情報	社員による漏えい	教育・監督、トレーサビリティ確保の不備	社会的信用の低下、民事責任
パソコン	ウイルス感染	ウイルス対策ソフトの不備（未導入、アップデート忘れ）	他のパソコンへの感染、業務の停滞、情報漏えい
業務システム	操作ミス	教育の不備、マニュアルの不備	システムの停止に伴う業務の停滞

DDoS 攻撃の踏み台にされるといった脅威を招くサーバの脆弱性について検討してみると、次のような脆弱性が考えられる。

【サーバの脆弱性の例】
　・定期点検なく放置されている。
　・セキュリティホールがある。
　・不特定多数のユーザが利用する。
　・サーバの管理部署が明確になっていない。

ルータの脆弱性としては、次のものが考えられる。

【ルータの脆弱性の例】
　・発熱により動作が不安定になる。
　・他の電子機器やルータからのノイズの干渉を受ける。
　・クロスサイドリクエストフォージェリ（ルータのウェブ管理画面にログインした状態で他の細工されたウェブサイトにアクセスした場合に、意図しない操作をされる）の恐れがある。

（2）脆弱性の評価

明確化した脆弱性について、その脆弱性が脅威を誘引する可能性・程度（脆弱性の程度）を3段階評価（高・中・低）などで評価する。

図表28　脆弱性の評価基準の例

レベル		説明
脆弱性	高	ネットワーク経由で外部から攻撃可能、特別な攻撃条件が不要（常に攻撃可能）、攻撃のため認証（ログイン）等が不要、重要情報が参照可能、全情報が改ざん可能、システムの完全な停止が可能 等
	中	隣接ネットワークから攻撃可能、攻撃に一定の情報収集等が必要（一定の攻撃条件を要する）、攻撃のため認証（ログイン）が必要、一部の機密情報の参照が可能である、一部の情報の改ざんが可能である、業務の

	遅延等が可能である 等
低	物理的なアクセスやローカルアクセスでの攻撃のみ可能、攻撃前に偽装等による情報収集が必要（攻撃条件が複雑）、攻撃のため複数の認証（ログイン等）が必要、攻撃によるシステムの機密性への影響がない、攻撃によるシステムの完全性への影響がない、攻撃によるシステムの可用性への影響がない 等

4 リスク評価とリスク対応

　上述した1から3までの手順で行ったリスク特定とリスク分析の結果を利用して、リスク評価を行い、リスク対応を実施する。

　詳細リスク分析のリスク評価においては、リスクレベル（リスク値、リスクの大きさ）を次の式で表すのが一般である。

【リスクレベルの算定式】

　・リスクレベル＝資産の価値×脅威の大きさ×脆弱性の程度

　もっとも、この算定式には厳密な理論性があるわけではない。資産の価値、脅威の大きさ及び脆弱性の程度は便宜的な数値に過ぎないし、算定式についても、資産の価値、脅威の大きさ及び脆弱性を乗算（掛け算）するのではなく、加算（足し算）してリスクレベルを算出しても評価は可能である。

　従って、算定式だけを絶対的な基準としてリスクレベルを決定せず、経験等も取り入れて判断する必要がある。

　以下では、「ISMSユーザーズガイド」（一般財団法人日本情報経済社会推進協会＝JIPDEC）があげるリスク評価の例に準拠して解説する。

（1）リスクレベルの算出

　前述した1から3の手順によって資産、脅威及び脆弱性を明らかにして評価したら、それに基づいてリスクレベル（リスク値）を算出する。

　上述したリスクレベルのリスク算定式に基づいてリスク早見表（図表29）を作成すると、効率的に作業を進めることができる。

（2）リスク受容基準の適用

　リスク受容基準は、受容できるリスクの範囲と何らかの対策を講じることを要するリスクの範囲を判断する基準である。

　リスク受容基準は、企業の経営方針や業種、規模等によって異ならざるを得ないので、経営者が経営方針や費用対効果等を考慮して決定する。

　例えば、リスク受容基準として、リスクレベル「9」以上を何らかの対策を講

じる範囲と決めて、「9」未満は受容リスク（保有リスク）としてリスクを受容すると決定した場合のリスク受容一覧は、図表30のようになる。

図表29　リスク早見表

資産の価値	脅威								
	1			2			3		
	ぜい弱性								
	1	2	3	1	2	3	1	2	3
1	1	2	3	2	4	6	3	6	9
2	2	4	6	4	8	12	6	12	18
3	3	6	9	6	12	18	9	18	27
4	4	8	12	8	16	24	12	24	36

［出典：「ISMS ユーザーズガイド」の表付 2 - 8 を参照して作成］

☞　情報資産の価値が「3」、脅威の大きさが「2」、脆弱性の程度が「3」と評価できる場合は、リスクレベルは、「3×2×3＝18」と算定される。

図表30　リスク受容一覧（濃い網掛部分が、リスクを受容できる範囲）

資産の価値	脅威								
	1			2			3		
	ぜい弱性								
	1	2	3	1	2	3	1	2	3
1	1	2	3	2	4	6	3	6	9
2	2	4	6	4	8	12	6	12	18
3	3	6	9	6	12	18	9	18	27
4	4	8	12	8	16	24	12	24	36

※「ISMS ユーザーズガイド」の表付 2 - 9 を参照して作成

（3）リスク対応

以上の手順で実施して得たリスク評価の結果に基づいて、適切なリスク対応を実施していくことになる。

【リスク対応の例】

① リスク低減

脆弱性への対策を講じて、脅威が発生する可能性を低減する対応

② リスク保有

　　リスクレベル（リスク値）が低い場合や、リスクレベルは低くないものの特にセキュリティ対策が見あたらない場合・セキュリティ対策のコストに見合うだけの効果が得られない場合等に、セキュリティ対策を行わないで受容する

③ リスク回避

　　脅威が発生する要因をなくしたり、リスクのある状況から撤退してしまうことにより、リスクが発生する可能性を取り去ってしまう対応

④ リスク移転

　　リスクを他者に移したり、リスクに伴う負担を他者と共有する対応

　☞　リスク対応の詳細については、本章の「第6節　リスク対応」を参照されたい。

リスク対応を検討したら、具体的な対応策を規程文書として文書化し、社内に周知する。

第8節　脅威に関連する事項

1　漏えい事故のデータ

　個人情報の漏えい事故を大きく分けると、不注意による場合と故意による場合がある。

（1）不注意による漏えい

　漏えい事故の多くは、不注意（過失）によるものである。

　☞　個人情報保護委員会が発表した「平成28年度 個人情報の保護に関する法律施行状況の概要」によると、従業者の不注意による漏えいが全体の59.6%を占めている。

図表31　漏えい元・漏えいした者

漏えい元 ＼ 漏えいした者	従業者				第三者				その他	不明	合計
	意図的	不注意	不明	計	意図的	不注意	不明	計			
事業者	7 (2.7%)	129 (49.0%)	9 (3.4%)	145 (55.1%)	38 (14.4%)	0 (0.0%)	1 (0.4%)	39 (14.8%)	8 (3.0%)	4 (1.5%)	196 (74.5%)
委託先	1 (0.4%)	28 (10.6%)	3 (1.1%)	32 (12.2%)	19 (7.2%)	0 (0.0%)	4 (1.5%)	23 (8.7%)	4 (1.5%)	2 (0.8%)	61 (23.2%)
不明	–	–	–	–	–	–	–	–	–	6 (2.3%)	6 (2.3%)
合計	8 (3.1%)	157 (59.6%)	12 (4.5%)	177 (67.3%)	57 (21.6%)	0 (0.0%)	5 (1.9%)	62 (23.5%)	12 (4.6)	12 (4.6%)	263 (100.0%)

（注）（　）内は、漏えい事案全体（263件）に対する割合。
［出典：「平成28年度 個人情報の保護に関する法律施行状況の概要」（個人情報保護委員会）より表13を抜粋し加筆］

　なお、委託先からの漏えいも多く、個人情報の取扱いを委託する場合には注意

しなければならない。

☞ 委託先からの漏えいも23.2%に及んでいる。

不注意の内訳としては、「紛失」のほか、宛名間違い・封入ミス・メール誤送信等による「誤送付」が多い。

☞ プライバシーマーク付与事業者のデータであるが、「平成25年 個人情報の取扱いにおける事故報告にみる傾向と注意点」（一般財団法人日本情報経済社会推進協会（JIPDEC）プライバシーマーク推進センター）によると、紛失が全体の24.8%、誤送付が全体の56.3%を占めている。

図表32　漏えいの原因等

原因		漏えい							盗難・紛失			その他	合計
		誤送付					ウイルス感染	その他漏えい	盗難		紛失		
		宛名間違い等	配達ミス	封入ミス	FAX	メール			車上荒し	置き引き等			
平成23年度	報告件数	177	44	173	129	285	7	132	13	32	383	59	1,434
	割合(%)	12.3	3.1	12.1	9.0	19.9	0.5	9.2	0.9	2.2	26.7	4.1	100.0
平成24年度	報告件数	188	3	254	108	253	2	133	17	30	379	80	1,447
	割合(%)	13.0	0.2	17.6	7.4	17.5	0.1	9.2	1.2	2.1	26.2	5.5	100.0
平成25年度	報告件数	270	2	243	126	274	2	194	4	28	404	80	1,627
	割合(%)	16.6	0.1	14.9	7.8	16.9	0.1	11.9	0.3	1.7	24.8	4.9	100.0
		56.3%											

[出典：「平成25年 個人情報の取扱いにおける事故報告にみる傾向と注意点」（一般財団法人日本情報経済社会推進協会 プライバシーマーク推進センター）より抜粋し加筆]

（2）故意による漏えい

顧客情報等の大規模な漏えい事件のほとんどは、不正アクセス禁止法違反・不正競争防止法違反等の犯罪行為や標的型メールによるウイルス感染等の人為的脅威が原因となっている。ウイルス感染や不正アクセス等の人為的脅威による漏えい事故は、事故の件数は多くないが、現実に発生すると大量の個人情報を漏えいする大規模事故につながってしまうという傾向がある。

☞ 「上場企業の個人情報漏えい・紛失事故」調査（東京商工リサーチ 2015.6）によると、ウイルス感染や不正アクセスによる情報流出事故件数は53件（構成比18.4%）と事故件数としては全体の約2割でしかなかったが、1事故あたりの漏えい情報の件数で見ると、紛失・誤廃棄（不注意）が6万6,150件であったのに対し、ウイルス感染・不正アクセスは8倍以上の56万5,209件に達していた。

[参考知識：故意による大規模漏えい事件の例]

・2014年に、大手通信教育事業者において、派遣社員が顧客情報を不正取得して名簿業者に売却し、漏えいした顧客情報は3,500万件以上に及ぶという不正競争防止法違反事件（営業秘密の複製・開示）が発生した。
　この事件は、2015年の個人情報保護法改正に影響を及ぼした（名簿取引規制や個人情

報データベース提供罪の新設）。
・2015年に発生した日本年金機構の年金情報漏えい事件は、標的型メールによるウイルス感染の事案であるが、漏えいした年金情報は100万件以上に及んだ。
　この事件は、同年の個人情報保護法及びマイナンバー法の改正法案の国会審議がストップして可決が遅れる要因となった。

（3）電子媒体による漏えい

　大規模漏えい事故の多くが電子媒体による漏えいである。

図表33　漏えいした情報の形態と漏えい規模

漏えいした人数	電子媒体のみ	紙媒体のみ	電子媒体と紙媒体	不明	合計
不明	3	0	0	0	3
50,001人～	22	0	0	0	22
5,001～50,000人	29	10	0	0	39
501～5,000人	36	17	0	0	53
～500人	78	64	3	1	146
合計	168	91	3	1	263

［出典：「平成28年度 個人情報の保護に関する法律施行状況の概要」（個人情報保護委員会）より抜粋し加筆］

2　不正が発生する要因と対策

　不正は人的脅威に分類できるが、犯罪行為や後述するソーシャルエンジニアリングのように、行為者の故意行為である。

　ここでは、不正（故意行為）について、犯罪学の考え方を利用して不正を分析し予防する考え方について概観する。

（1）不正のトライアングル

　「不正のトライアングル」は、不正の3要素（①機会　②動機及び③正当化）がすべて揃った場合に発生するという考え方である。

図表34　不正のトライアングル

①　機会

　「機会」とは、不正行為の実行を可能又は容易にする環境である。情報システムなどの技術や物理的な環境及び組織のルールなどが「機会」となる。
【機会となる環境の例】
　　・セキュリティホールのように悪用可能なシステムの不備が存在する。
　　・操作記録（ログ）が残らずばれにくい。
　　・情報システム管理者をチェックするルールがない。

②　動機

　「動機」とは、不正を行う事情である。
【動機となる事情の例】
　　・ノルマによるプレッシャー
　　・多額の借金がある。
　　・恨みがある。

③　正当化

　「正当化」とは、不正に対する良心の呵責を乗り越える理由付けである。正当化は、自分勝手な理由付けに過ぎない場合が多い。
【正当化となる理由付けの例】
　　・「盗むのではない、借りるだけだ。」という都合の良い解釈
　　・「こんなシステムのまま放置しているのが悪い」という他人への責任転嫁

（2）不正の予防

不正行為を予防するためには、外部からのコントロールが可能な「環境」を適切に整備することで、不正の3要素を低減することが重要である。

☞ 犯罪を起こしやすい状況を改善することで犯罪を起こしにくくするという犯罪予防法を「状況的犯罪予防」と呼ぶ。

［参考知識：内部不正防止ガイドラインが提示する5原則］

状況的犯罪予防の考え方を内部不正の防止に応用した規範として、「組織における内部不正防止ガイドライン」（IPA: 独立行政法人情報処理推進機構。本書では「内部不正防止ガイドライン」と呼ぶ。）が公表されている。

内部不正防止ガイドラインでは、内部不正防止の基本原則として、次の5つの原則を提示している。

① **犯行を難しくする（やりにくくする）**
　対策を強化することで犯罪行為を難しくする。

② **捕まるリスクを高める（やると見つかる）**
　管理や監視を強化することで捕まるリスクを高める。

③ **犯行の見返りを減らす（割に合わない）**
　標的を隠したり、排除したり、利益を得にくくすることで犯行を防ぐ。

④ **犯行の誘因を減らす（その気にさせない）**
　犯罪を行う気持ちにさせないことで犯行を抑止する。

⑤ **犯罪の弁明をさせない（言い訳させない）**
　犯行者による自らの行為の正当化理由を排除する。

①から③が「機会」の低減、④が「動機」の低減、⑤が「正当化」の低減につながる原則である。

上記原則に基づき、社内システムを操作した記録（ログ）が残るようにして「やると見つかる」環境にしたり、罰則規定を明確にしてルール違反を適切に処罰することで「その気にさせない」環境にするといった措置を講ずることが考えられる。

［参考知識：内部不正防止ガイドラインが提示する10の観点と30項目の対策］

内部不正防止ガイドラインでは、内部不正対策を講じるために以下の10の観点と30項目の対策を提示しており、参考になる。

1　基本方針
　① 経営者の責任の明確化
　② 総括責任者の任命と組織横断的な体制構築
2　資産管理
　③ 情報の格付け
　④ 格付け区分の適用とラベル付け
　⑤ 情報システムにおける利用者のアクセス管理
　⑥ システム管理者の権限管理
　⑦ 情報システムにおける利用者の識別と認証
3　物理的管理
　⑧ 物理的な保護と入退管理策

⑨　情報機器及び記録媒体の資産管理及び物理的な保護

⑩　情報機器及び記録媒体の持出管理及び監視

⑪　個人の情報機器及び記録媒体の業務利用及び持込の制限

4　技術的管理

⑫　ネットワーク利用のための安全管理

⑬　重要情報の受渡し保護

⑭　情報機器や記録媒体の持ち出しの保護

⑮　組織外部での業務における重要情報の保護

⑯　業務委託時の確認（第三者が提供するサービス利用時を含む）

5　証拠確保

⑰　情報システムにおけるログ・証跡の記録と保存

⑱　システム管理者のログ・証跡の確認

6　人的管理

⑲　教育による内部不正対策の周知徹底

⑳　雇用終了の際の人事手続き

㉑　雇用終了及び契約終了による情報資産等の返却

7　コンプライアンス

㉒　法的手続きの整備

㉓　誓約書の要請

8　職場環境

㉔　公平な人事評価の整備

㉕　適正な労働環境及びコミュニケーションの推進

㉖　職場環境におけるマネジメント

9　事後対策

㉗　事後対策に求められる体制の整備

㉘　処罰等の検討及び再発防止

10　組織の管理

㉙　内部不正に関する通報制度の整備

㉚　内部不正防止の観点を含んだ確認の実施

上記対策は、内部関係者による不正行為（故意による行為）を予防するための対策である。

後述する「組織的・人的セキュリティ」「オフィスセキュリティ（物理的セキュリティ対策）」及び「情報システムセキュリティ」における実施項目は、主体を内部関係者に限らず、また、不正行為だけでなく不注意による行為も予防する措置を広く含むが、特に内部関係者による不正行為を予防するための実施項目を検討する際には、上記対策が参考になる。

3　ソーシャルエンジニアリング

「ソーシャルエンジニアリング」は、ネットワークに侵入するために必要となるパスワード等の重要な情報を盗み出す不正アクセスの手法である。ソーシャルエンジニアリングは人間の心理的な隙を突く手法であり、対策も容易ではない。

ソーシャルエンジニアリングは、「人的脅威」に分類される。

（1）電話でパスワードを聞き出す

何らかの方法でネットワークの利用者名を入手し、利用者になりすましてネットワークの管理者に電話をかけてパスワードを聞き出す、又は逆に管理者になりすまして利用者に電話をかけてパスワードを確認するといった手口がみられる。

【対策の例】

・電話ではパスワード等の重要な情報を伝えないというルールを徹底する。

（2）ショルダーハッキング

パスワード等の重要な情報を入力しているところを後ろから近づいて、肩越しにのぞき見る方法である。

【対策の例】

・パスワード等の重要な情報をキーボードで入力する際には、周りに注意するようルールを徹底する。

・入力する場所はのぞき見ができないような措置を講じる（衝立で囲む、背後に机等がない場所にパソコンを置く）。

（3）トラッシング（スキャベンジング）

典型的にはごみ箱漁りであり、情報を漁る行為全般を指す。外部からネットワークに侵入する際に、事前の情報収集として行われることが多い。

【トラッシングの例】

・ごみ箱に捨てられた紙から、ネットワークの設定情報やIPアドレスの一覧、ユーザ名やパスワード等の情報を探し出す。

・廃棄したハードディスクの記録情報を復元する（データサルベージ）。

【対策の例】

・廃棄する紙はシュレッダーにかける／溶解する。

・ハードディスクを物理的に損壊してから廃棄する。

（4）共連れ（ピギーバック）

入退室の正当な権利を持つ人の後ろについて不正に入室する行為である。不正な内部侵入を許すと、ショルダーハッキングやトラッシングの原因となる。

4　技術的脅威（技術的な攻撃手法）の例

コンピュータネットワークにつながれたシステムへの不正侵入やコンピュータシステムの破壊・改ざんのようにコンピュータを不正利用して攻撃することを

「クラッキング（Cracking）」という。クラッキングを行う者を「クラッカー」という。

☞　他人の製作したクラッキングツールを利用して興味本位で第三者に被害を与えるクラッカーを「スクリプトキディ（script kiddie）」といい、「kiddie」（お子様）の名の通り、若年者が多いといわれる。

クラッカーは、以下に述べるようなあらゆる手法で攻撃を試みる。ここでは、技術的な攻撃手法の例を概観する。

（1）マルウェア

悪意のあるプログラムの総称である。

マルウェアの種類は多く、主なものは以下のとおりである。

①　ウイルス（コンピュータウイルス）

第三者のプログラムやデータベースに対して意図的に何らかの被害を及ぼすように作られたプログラムであり、自己伝染機能、潜伏機能、発病機能のうち、いずれか1つ以上を有しているものである。

ウイルスはExcelファイルなど他のプログラムに感染（寄生）して、ファイルからファイルへと自己増殖する。

②　ワーム

ネットワークを通じて、自分自身のコピーを拡散させ、他のコンピュータに感染することを目的としたプログラムである。

☞　自己増殖する点はウイルスと同じだが、exeファイルなどとして単独で動作でき、ウイルスのような感染（寄生）対象となるプログラムを要しない。

☞　自ら複製を作って大量のメールを送る等して他のコンピュータに感染を広げていくという強い感染力を持ち、かつて大量感染したマルウェアの多くはワームであった。

③　トロイの木馬

一見無害なプログラムを装ってインストールされた上で、利用者の知らないうちに遠隔操作のための「バックドア」をコンピュータの中に作ったり、セキュリティ侵害を行ったりするプログラムの総称である。

☞　スクリーンセーバーや、画像・文書ファイル等を装ってコンピュータにインストールされるケースが多い。

☞　トロイの木馬は自己増殖せず、他のコンピュータに感染しない点がウイルスやワームとは異なる。また、単独で動作でき感染（寄生）対象となる

プログラムを要しない点はワームと共通する。

☞　トロイの木馬は、一般的に自己増殖機能をもたず拡散もしない。特定の
コンピュータに密かに感染して長く滞在することで不正を行うマルウェア
といえる。

④　ランサムウェア

感染したコンピュータのシステムへのアクセスを制限し、制限を解除するための身代金を要求するプログラムである。

典型的には、トロイの木馬として入り込む。

⑤　スパイウェア、キーロガー、アドウェア

スパイウェアは、コンピュータに保存されている個人情報やアクセス履歴などを不正に収集して外部に送信するプログラムである。

☞　スパイウェアはトロイの木馬に属する（自己増殖せず拡散もしないのが
通常）。インターネット利用時にクッキー（cookie）情報を収集して設定
を書き換えることもある。

キーロガーは、キーボードからの入力を監視・記録するプログラムである。

アドウェアは、広告を目的としたプログラムであり、ユーザに告知せずに情報を収集する場合はマルウェアである。

キーロガーやアドウェアはスパイウェアの一態様である。

【スパイウェアの対策例】

・スパイウェア検出機能のあるウイルス対策ソフトやウェブブラウザを導入する。

⑥　ボット

コンピュータに感染し、ネットワークを介して、そのコンピュータを外部から操ることを目的として作成されたプログラムである。

感染すると外部からの指示を待ち、与えられた指示に従って、スパムメール送信、DoS攻撃などの処理を実行する。この動作がロボットに似ているところから、ボットと呼ばれる。

☞　ボットは従来のマルウェアの特徴を幅広く備えることができ、自己増殖
して感染拡大する場合はワームの特徴を持ち、外部からの操作を受け入れ
るための「バックドア」を作る点でトロイの木馬の特徴を持つ。

☞　ボットには利用者に気づかれないようにするための様々な機能が備えら
れることがあり、例えば、ログを改ざんしたり、ウイルス対策ソフトが最
新のウイルス定義ファイルを取り込むことを妨害したり、ウイルス対策ソ
フト自体を無効にしてしまったりするボットがある。

☞　ボットに感染し遠隔操作されるコンピュータは「ゾンビ PC」「ゾンビコンピュータ」等と呼ばれる。多数のゾンビ PC で構成されたネットワークは「ボットネット」と呼ばれ、スパムメールの大量送信、DDoS 攻撃などに利用される。

　ボットネットを統制してサイバー犯罪などを実行するクラッカーのことを「ボットハーダー」（ボットマスター）という。

⑦　ルートキット（rootkit）

　攻撃者がコンピュータに不正侵入した後に利用するためのソフトウェアをまとめたパッケージである。

　ログを改ざんするツールやバックドアを作成するツール、改ざんされたシステムコマンド群などが含まれる。

⑧　バックドア（裏口）

　正規の手続（ログイン等）を行わずに利用できる通信経路である。

　トロイの木馬やボットなどがバックドアを作成し、パソコンが外部から遠隔操作されることがある。

（2）システムへの攻撃

　システムへの攻撃に関する技術的脅威には、次の例がある。

①　パスワードクラック

　パスワードクラックは、コンピュータを不正に利用するためにパスワードを割り出す手法である。

【パスワードクラックの例】

　・総当たり攻撃（ブルートフォース攻撃）

　　類推したパスワードを繰り返し試す手法である。

　・辞書攻撃

　　よく使われるパスワードを辞書的に登録し、その中の単語を総当たりで試す手法である。

　　【総当たり攻撃や辞書攻撃への対策例】

　　　・短いパスワードや名前・生年月日・辞書にある単語等のパスワードを避け、最低 6 文字以上で、大文字・小文字・数字・記号などを含むパスワードにするルールを徹底する（パスワードポリシーの強化）。

　　　・複雑なパスワードしか登録・変更できないシステムにする。

・パスワードリスト攻撃

別のサービスやシステムから流出したアカウント情報を用いてログインを試みる手法である。

【パスワードリスト攻撃の対策例】

　・パスワードの暗号化

　・定期的に固定パスワードを変更する。

・リプレイ攻撃（反射攻撃）

パスワードや暗号鍵などを盗聴し、それを再利用することでそのユーザになりすます方法である。

リプレイ攻撃を防ぐために考案されたのが、毎回パスワードを変化させる「ワンタイムパスワード」方式である。

② SQL インジェクション

SQL インジェクション（SQL Injection）は、データベースを利用したウェブアプリケーションの脆弱性を狙って SQL 命令文を「注入」（injection）し、データベースに不正アクセスする攻撃手法である。

　☞　「SQL」は、データベースを操作するためのプログラミング言語である。

ウェブサイトの入力画面に悪意のある問い合わせや操作を行う SQL 命令文を入力することでデータベースに不正アクセスし、データの不正取得やデータベースの破壊、ウェブページの改ざんなどを行う。

　☞　例えばログイン画面のパスワード入力欄に不正な SQL 命令文を入力することで正当な利用者としてログインし、データを不正に取得するなど。

ショッピングサイト等からクレジットカード情報を含む個人情報が不正取得された事例やウェブページの改ざん事例などが多発している。

【SQL インジェクションの対策例】

　・入力値から、データベースへの問合せや操作において特別な意味をもつ文字を解釈されないように保護する「エスケープ処理」を導入する。

　・「バインド機構」を用いる。

③ クロスサイトスクリプティング

クロスサイトスクリプティング（XSS：cross site scripting）は、ユーザが入力した内容を表示するウェブアプリケーションの脆弱性を利用して、悪意のあるスクリプト（命令）を仕込んでおいて、訪問者のウェブブラウザで一定の処理を実行させる攻撃手法である。

　☞　クロスサイトスクリプティングにより悪意のあるスクリプトを仕組むためには、ウェブサイトに訪問者の入力データを表示するアプリケーション

（掲示板や入力確認画面等）があることが必要である。

【XSS の例】
- サイトの訪問者のブラウザから cookie 情報を抜き取って攻撃者に送るスクリプトを入力フォームに埋め込んでおく「セッションハイジャック」
  送信されたクッキー情報の内容によっては、攻撃者が不正ログインに利用できる可能性がある。
- 個人情報の入力フォームに悪意のあるスクリプトを仕込んで、訪問者が入力した個人情報を攻撃者に送信する。

④ クロスサイトリクエストフォージェリ

クロスサイトリクエストフォージェリ（CSRF：Cross Site Request Forgeries）は、ウェブアプリケーションの脆弱性を突いて、ウェブサイトにログイン中のユーザのスクリプトを操ることで、ユーザの意図しない処理を行わせる攻撃である（リクエスト強要ともいう）。

被害者がログインしていることが前提の攻撃である。

例えば、被害者が SNS サイトにログイン中に、同時に他のウェブサイトやメールを読んでいて、その中に記載されている悪意のあるスクリプトを埋め込んだウェブサイトの URL をクリックすると、ログイン中のウェブサイトで、非公開の個人情報を公開設定に変更したり、パスワードを書き換えるといった、意図しない処理のリクエストをさせられてしまう場合がある。

【CSRF の対策例】
- 必要な手続きを済ませたらログアウトする。

⑤ ディレクトリトラバーサル

ディレクトリトラバーサルは、ウェブアプリケーションの脆弱性を突いて、管理者がアクセス可能にすることを意図していないファイルへのアクセスをアプリケーションに命令してファイルにアクセスする攻撃手法である。

⑥ OS コマンドインジェクション

OS コマンドインジェクションは、プログラムが受け取るパラメータに OS コマンドを紛れ込ませて、攻撃対象のサーバに OS コマンドを「注入」（injection）し、攻撃者が OS を不正に操作できるようにする攻撃（又はそのような攻撃を許す脆弱性）である。

☞ 「OS コマンド」は、基本ソフトウェア（OS：Operating System）を操作するための命令（コマンド）である。

OS コマンドが実行されサーバが不正操作されると、ウェブサイトのデータの改ざんや重要情報の漏えいを許してしまう。

ウェブサイトが他のウェブサイト等への攻撃の踏み台にされてしまうこともある。

⑦　DoS 攻撃

DoS（Denial of Service）攻撃は、攻撃対象のサーバへパケットを送りつけ、過剰な負荷をかけてそのサーバの機能を停止させ、可用性を侵害する攻撃である。

⑧　DDoS 攻撃

DDoS（Distributed DoS）攻撃は、多数のネットワークに分散するコンピュータから、同時刻に一斉に攻撃対象のサーバへパケットを送りつけ、過剰な負荷をかけてそのサーバの機能を停止させる攻撃である。

DoS との違いは、攻撃元が一か所（DoS）か複数（DDoS）かである。

⑨　IP スプーフィング

IP スプーフィング（IP Spoofing）は、IP 通信において、送信者の IP アドレスを詐称して別の IP アドレスに「なりすまし」（spoofing）を行う攻撃手法であり、不正アクセスの手段として使われることが多い。

☞　例えば、システムに特定の IP アドレスからの接続のみ可能というアクセス制限が施されている場合に、送信元 IP アドレスを詐称してアクセス制限をパスしたり、侵入したシステムのログに詐称した IP アドレスを残して追跡を逃れるという利用方法が考えられる。

DoS 攻撃に対しては、攻撃を行ってくる IP アドレスからのアクセス制限を施すことが攻撃への有効な対策となるが、IP スプーフィングを用いて攻撃元を詐称することで、このような対策は無効化できるし、本当の攻撃元の特定を困難にすることもできる。

⑩　キャッシュポイズニング（DNS キャッシュポイズニング）

キャッシュポイズニング（DNS キャッシュポイズニング）は、DNS サーバ（DNS サービスを提供しているサーバ）に偽の情報を記憶させる攻撃手法である。

☞　攻撃が成功すると、ユーザは正しいホスト名のウェブサーバに接続しているつもりでも、提供された偽の情報により、攻撃者が罠をはったウェブサーバに誘導されてしまう。

（3）その他の攻撃手法や用語

① フィッシング

「フィッシング」は、実在する金融機関やクレジットカード会社などを装って
メールを送りつけ、不正なウェブサイトに誘導し、口座番号やクレジットカード
番号などを詐取する手口である。

> ☞ 従来のフィッシングメールは、不特定多数の相手に送信されることが多
> かった。近時は、特定の企業や組織に向けて、業務に関係があるメールで
> あるかのような送信者、件名、本文を記載したメールを送信する標的型
> （スピア型）攻撃のフィッシングメールが増加した。

【フィッシングの例】

- ・銀行やクレジットカード会社等の金融機関からのメールを装って、「情報確
  認のため」と称して、本物そっくりに作成した偽のウェブサイトに誘導し、
  口座番号やクレジットカードの番号、パスワード等の個人情報を入力させる。

② 標的型攻撃

特定の企業や組織に向けた情報セキュリティ上の攻撃を、標的型攻撃・スピア
型攻撃（spear ＝槍）・ターゲットアタック（Targeted Attack）などと呼ぶ。
関係者を装った電子メールを送信する標的型攻撃を、標的型メールと呼ぶ。

③ 標的型メール

標的型メールは、業務に関係があるかのような偽装をしたメールを送信して、
ウイルス感染した添付ファイルを開かせたり、偽のウェブサイトに誘導してマル
ウェアをダウンロードさせる標的型攻撃である。

> ☞ 巧妙に送信者名や件名を偽り、受信者の業務に関係のありそうなメール
> を装うというソーシャルエンジニアリング的手法が用いられるため、受信
> 者は信用してしまいがちである。送信者名が実在の人物・組織になってい
> た例もある。

【フィッシングメールや標的型メールの対策例】

- ・メールの送信者欄は偽装できるため、送信者のアドレスに注意する。
- ・フィッシング対策ソフトを導入する。
- ・見覚えのないメールや不審な点があるメールは疑いを持ち、添付ファイルを
  開いたり記載された URL をクリックしたりしないというルールを徹底する。
- ・不審のないメールであっても、ファイルが添付されている場合は、セキュリ
  ティチェックを実施する。
- ・不審なメールに記載された URL を確認する場合は、URL をクリックせず、
  検索サイトで検索した公式サイトの該当ページにアクセスする。

・電子署名が行われていたら、必ず送信元の署名者の確認を行う。

以上の対策（攻撃を防ぐための対策なので、「入口対策」ということもある）は万全なものではない。不注意でファイルや URL をクリックしてしまうこともあるし、添付されたマルウェアがウイルス対策ソフトで検知できないことも多い。

従って、入口対策だけでなく、攻撃され感染した後に被害が拡大しないようにする「出口対策」（抜線、システム全体の外部ネットワークからの遮断等）を迅速に講じたり、攻撃に適切に対応できるような組織体制の整備と従業者の普段からの教育の実施も重要である。

④　スパムメール

スパムメール（迷惑メール）は、広告や嫌がらせなどの目的で不特定多数に大量に送信されるメールである。

☞　スパムメールは、その対応に時間が取られ業務の妨げになる、重要なメールを見逃してしまうといった被害が考えられる。

それだけにとどまらず、スパムメールの中には、偽のウェブサイトに誘導したり、ウイルス感染したファイルを添付するといった標的型メールと同様の手法が用いられるものや、HTML の機能を悪用して、HTML 形式のメールを開いたりプレビューしただけでウイルス感染してしまうといったものまである。

【スパムメールの対策例】
・フィッシングメールや標的型メールの対策を講ずる。
・メールソフトの設定で、HTML 表示をしない、あるいはテキスト形式で表示するようにする。
・メールソフトの設定で、プレビュー表示を無効にする。

⑤　メールボム

メールボム（メール爆弾）は、特定のメールアドレス宛に大量のメールを送信し、メールサーバをダウンさせたり受信者の業務を妨害したりする手法である。

⑥　ドライブバイダウンロード

ドライブバイダウンロード（Drive-by download）は、ウェブブラウザなどを介して、ユーザに気付かれないようにソフトウェアなどをダウンロードさせる手口である。

【例】
・メールに悪意のあるウェブサイトのリンクを記載し又は偽のセキュリティ通

知のポップアップウィンドウを表示することで、だまされたユーザがリンクやウインドウをクリックし、知らぬ間に悪意あるソフトウェアをダウンロードしてしまう。

☞ 　企業のウェブサイトにドライブバイダウンロードに用いられるスクリプトやコードが埋め込まれてしまい（インジェクション）、マルウェアの感染源となってしまった事件もある。

⑦　クリックジャッキング

クリックジャッキング（Clickjacking）は、ユーザを視覚的にだまして正常に見えるウェブページ上のコンテンツをクリックさせ、別のウェブページのコンテンツをクリックさせる攻撃である。

☞ 　クリックジャッキングにだまされて悪意のあるコンテンツをクリックした場合、ユーザが公開するつもりのないプライバシー情報を公開させられたり、意図しない情報を登録させられたりするといった被害を受ける可能性がある。

⑧　サイドチャネル攻撃

サイドチャネル攻撃は、暗号解読手法の一つであり、暗号を処理している装置の動作状況等を観察・測定することにより、装置内部の情報を取得する手口である。

☞ 　入力時の処理時間の違いを統計的に処理して内部の秘密鍵を推測する「タイミング攻撃」や、装置の消費電力の違いから情報を推測する「電力解析攻撃」などがある。

⑨　セキュリティホール

OSやソフトウェアにおいて、プログラムの不具合や設計上のミスが原因となって発生した情報セキュリティ上の欠陥である。

セキュリティホールを放置すると、ハッキングに利用されたりウイルスに感染したりする危険がある。

☞ 　「バッファオーバーフロー」（BOF。バッファオーバーラン）は代表的なセキュリティホールであり、プログラムが確保したメモリ領域（バッファ）を超えてデータが入力された場合に、プログラムが暴走してしまうことである。このセキュリティホールを突く手法が「バッファオーバーフロー攻撃」である。

⑩　ゼロディ攻撃

　ゼロディ攻撃は、OS やソフトウェアの脆弱性（セキュリティホール）が発見されて修正プログラムが提供される日（One day）より前に、その脆弱性を攻略する攻撃である。

⑪　フットプリンティング

　フットプリンティングは、特定のシステムを攻撃する準備として、攻撃対象に関する弱点を探るために攻撃対象の情報を収集することである。

　　　☞　検索エンジンや JPNIC（一般社団法人日本ネットワークインフォメーションセンター）の WHOIS（インターネット資源の登録情報を提供するサービス）の利用や、nslookup コマンド（name server lookup ＝ネームサーバ検索）の利用など、様々な手段を用いて情報を収集する。

第4章

情報セキュリティ関連の対策基準

経済産業省は、情報セキュリティ関連において、情報システム安全対策基準、コンピュータ不正アクセス対策基準及びコンピュータウイルス対策基準などの「対策基準」を策定している。

これらの対策基準には、情報システム、不正アクセス及びウイルスの各分野において講ずべき、組織的・人的セキュリティ（組織的安全管理及び人的安全管理）、オフィスセキュリティ（物理的安全管理）及び情報システムセキュリティ（技術的安全管理）に関連する対策が示されている。

第1節　情報システム安全対策基準

「情報システム安全対策基準」は、情報システムの機密性、保全性（完全性）及び可用性を確保することを目的として、自然災害、機器の障害、故意・過失等のリスクを未然に防止し、また、発生したときの影響の最小化及び回復の迅速化を図るため、情報システムの利用者が実施する対策項目を列挙したものである。

同基準は、対策項目を、〈設置基準〉、〈技術基準〉及び〈運用基準〉の3つの基準で体系的に整理して表にしている。

［参考知識：対策項目の基準を参照できる場面］

〈設置基準〉、〈技術基準〉及び〈運用基準〉は、次の各場面で、チェックリストとして参照できる。

【3つの基準を参照できる場面の例】

・情報セキュリティにおける「リスクアセスメント」

　〈設置基準〉〈技術基準〉〈運用基準〉

・「情報セキュリティポリシー」の策定

　〈設置基準〉〈技術基準〉〈運用基準〉

・情報システムの物理的安全管理措置策定

　〈設置基準〉

・情報システムの災害対策策定

　〈技術基準〉内の「1．災害対策機能」「2．障害対策機能」「3．保守機能」「4．運用支援機能」

・情報システムの技術的安全管理措置策定

　〈技術基準〉

・「運用状況の確認」及び「監査」

　〈運用基準〉

第2節　コンピュータ不正アクセス対策基準

「コンピュータ不正アクセス対策基準」は、コンピュータ不正アクセスによる被害の予防、発見及び復旧並びに拡大及び再発防止について、企業等の組織及び個人が実行すべき対策をとりまとめたものである。

同基準は、システムの利用権限や事業形態等に応じて次の分類をした上で、各分類に該当する者が実施すべき対策をまとめている。

【コンピュータ不正対策基準による分類】

　　1　**システムユーザ基準**

　　　　システムユーザが実施すべき対策

　　　　※「システムユーザ」は、システムを利用する者である。

　　2　**システム管理者基準**

　　　　システム管理者が実施すべき対策

　　　　※「システム管理者」は、システムユーザの管理並びにシステム及びその構成
　　　　　要素の導入、維持、保守等の管理を行う者である。

　　3　**ネットワークサービス事業者基準**

　　4　**ハードウェア・ソフトウェア供給者基準**

本節では、システムユーザ基準とシステム管理者基準について概観する。

1　システムユーザ基準

［参考知識：システムユーザ基準］

（1）パスワード及びユーザ ID 管理

　1．ユーザ ID は、複数のシステムユーザで利用しないこと。

　2．ユーザ ID は、パスワードを必ず設定すること。

　3．複数のユーザ ID を持っている場合は、それぞれ異なるパスワードを設定すること。

　4．悪いパスワードは、設定しないこと。

　5．パスワードは、随時変更すること。

　6．パスワードは、紙媒体等に記述しておかないこと。

　7．パスワードを入力する場合は、他人に見られないようにすること。

　8．他人のパスワードを知った場合は、速やかにシステム管理者に通知すること。

　9．ユーザ ID を利用しなくなった場合は、速やかにシステム管理者に届け出ること。

（2）情報管理

　1．重要な情報は、パスワード、暗号化等の対策を図ること。

　2．重要な情報を送信する場合は相手先を限定し、宛先を十分に確認すること。

　3．ファイルの属性は、内容の重要度に応じたアクセス権限を必ず設定すること。

　4．コンピュータ及び通信機器を維持、保守するために必要なファイルは、盗用、改ざん、削除等されないように厳重に管理すること。

　5．重要な情報を記録した紙、磁気媒体等は、安全な場所に保管すること。

　6．重要な情報を記録した紙、磁気媒体等を廃棄する場合は、内容が漏えいしない方法で行うこと。

　7．ファイルのバックアップを随時行い、その磁気媒体等を安全な場所に保管すること。

（3）コンピュータ管理

1．コンピュータ、通信機器及びソフトウェアの導入、更新、撤去等を行う場合は、システム管理者の指導の下で行うこと。

2．コンピュータを管理するために与えられた最上位の権限（以下「特権」とする。）によるコンピュータの利用は、必要最小限にすること。

3．特権によりコンピュータを利用する場合は、コンピュータ、場所、期間等を限定すること。

4．コンピュータが無断で利用された形跡がないか、利用履歴等を随時確認すること。

5．コンピュータを入力待ち状態で放置しないこと。

6．パスワードの入力を省略する機能は、システム管理者の指導の下で使用すること。

（4）事後対応

1．システムの異常を発見した場合は、速やかにシステム管理者に連絡し、指示に従うこと。

2．不正アクセスを発見した場合は、速やかにシステム管理者に連絡し、指示に従うこと。

（5）教育及び情報収集

1．システム管理者からセキュリティ対策に関する教育を随時受けること。

2．セキュリティ対策に関する情報を入手した場合は、システム管理者に随時提供すること。

（6）監査

1．システムユーザが行う不正アクセス対策の実効性を高めるため、システム監査の報告を受け、必要な措置を講ずること。

2　システム管理者基準

[参考知識：システム管理者基準]

（1）管理体制の整備

1．システムのセキュリティ方針を確立し、周知・徹底すること。

2．システムの管理体制、管理手順を確立し、周知・徹底すること。

3．緊急時の連絡体制及び復旧手順を確立し、周知・徹底すること。

4．システム管理の業務上知り得た情報の秘密を守ること。

5．システム管理者の権限は、業務を遂行する上で必要最小限にすること。

6．システム管理者は2人以上かつ必要最小限の管理者で、その業務は定期的に交代すること。

7．システム管理者の資格を喪失した者の権限は、速やかに停止すること。

（2）システムユーザ管理

1．システムユーザの登録は、必要な機器に限定し、システムユーザの権限を必要最小限に設定すること。

2．ネットワークを介して外部からアクセスできるユーザIDは、必要最小限にすること。

3．ユーザIDは、個人単位に割り当て、パスワードを必ず設定すること。

4．長期間利用していないユーザIDは、速やかに停止すること。

5．ユーザIDの廃止等の届出があった場合は、速やかに登録を抹消すること。

6．パスワードは、当該システムユーザ以外に知らせないこと。

7．パスワードのチェックを随時行い、悪いパスワードは、速やかに変更させること。

8．パスワードが当該システムユーザ以外に知られた場合又はその疑いのある場合は、速やかに変更させること。

9．特権を付与する場合は、当該システムユーザの技術的能力等を考慮すること。

10．必要としなくなったシステムユーザの特権は、速やかに停止すること。

（3）情報管理

1．通信経路上の情報は、漏えいを防止する仕組みを確立すること。

2．通信経路上で情報の盗聴及び漏えいが行われても、内容が解析できない機密保持機能を用いること。

3．通信経路上で情報の改ざんが行われても、検出できるような改ざん検知機能を用いること。

4．システム関連のファイルは、システムユーザがアクセスできないように管理すること。

5．重要な情報は、削除、改ざん、漏えい等による被害が少なくなるように分散化すること。

6．重要な情報を記録した紙、磁気媒体等は、安全な場所に保管すること。

7．重要な情報を記録した紙、磁気媒体等を廃棄する場合は、内容が漏えいしない方法で行うこと。

8．ファイルのバックアップを随時行い、その磁気媒体等を安全な方法で保管すること。

（4）設備管理

1．すべての機器及びソフトウェアの管理者を明確にすること。

2．重要な情報が格納されているか又は重要な処理を行う機器は、許可を与えられた者以外立ち入れない場所に設置し、厳重に管理すること。

3．移動可能な機器は、盗難防止策を行うこと。

4．システム構成を常に把握しておくこと。

5．機器及びソフトウェアを導入する場合は、セキュリティ機能がセキュリティ方針に適合していることをあらかじめ確認してから行うこと。

6．機器及びソフトウェアの設定情報がシステムに適合していることを随時確認すること。

7．機器及びソフトウェアは、供給者の連絡先及び更新情報が明確なものを利用すること。

8．セキュリティ上の問題点が解決済みの機器及びソフトウェアを利用すること。

9．外部と接続する機器は、十分なアクセス制御機能を有したものを利用すること。

10．システム構成の変更を行う前に、セキュリティ上の問題が生じないことを確認すること。

11．ネットワークを介して外部からアクセスできる通信経路及びコンピュータは、必要最小限にすること。

12．ネットワークを介して外部からシステム管理を行う場合は、認証機能、暗号機能及びアクセス制御機能を設定すること。

13．長期間利用しない機器は、システムに接続しないこと。

14．機器及びソフトウェアの廃棄、返却、譲渡等を行う場合は、情報の漏えいを防ぐ対策を行うこと。

15．ソフトウェア及びシステムファイルの改ざんが生じていないことを随時確認する

こと。

16. システムが提供するパスワード強化機能は最大限に活用すること。

17. ネットワークの負荷状況を監視すること。

18. システムの利用形態等に応じて、ネットワークを分離すること。

（5）履歴管理

1. システムのセキュリティ方針に基づいたシステムの動作履歴、使用記録等を記録すること。

2. システムの動作履歴、使用記録等を記録する場合は、改ざん、削除、破壊及び漏えいの防止措置を施すこと。

3. 記録したシステムの動作履歴、使用記録等を随時分析すること。

4. 記録したシステムの動作履歴、使用記録等は、安全な方法で一定期間保管すること。

（6）事後対応

1. 異常の連絡を受けた場合又は異常を発見した場合は、速やかに原因を追究すること。

2. 不正アクセスであることが判明した場合は、関係者と協調して被害の状況を把握すること。

3. 関係者と協調して不正アクセス被害の拡大を防止するための処置を行うこと。

4. 事前に確立した復旧手順を遂行し、関係者と協調して不正アクセス被害の復旧に努めること。

5. 不正アクセス被害の原因を分析し、関係者と協調して再発防止策を行うこと。

6. 不正アクセス被害の拡大及び再発を防止するため、必要な情報を経済産業大臣が別に指定する者に届け出ること。

（7）情報収集及び教育

1. セキュリティ対策に関する情報を随時収集すること。

2. 収集した情報を分析し、重要な情報については速やかに対応すること。

3. システムユーザがセキュリティ対策を行う場合に必要な情報を提供すること。

4. システムユーザに、セキュリティ教育を随時実施すること。

（8）監査

1. システム管理者が行う不正アクセス対策の実効性を高めるため、システム監査の報告を受け、必要な措置を講ずること。

課題Ⅱ　個人情報保護の対策と情報セキュリティ

第3節　コンピュータウイルス対策基準

「コンピュータウイルス対策基準」は、コンピュータウイルスに対する予防、発見、駆除、復旧等について実効性の高い対策をとりまとめたものである。

システムの利用権限や事業形態等に応じて次の分類をし、各分類に該当する者が実施すべき対策をまとめている。

【コンピュータウイルス対策基準による分類】

① 　システムユーザ基準
② 　システム管理者基準
③ 　ソフトウェア供給者基準
④ 　ネットワーク事業者基準
⑤ 　システムサービス事業者基準

本書では、システムユーザ基準とシステム管理者基準について概観する。

1　システムユーザ基準

[参考知識：システムユーザ基準]

a. ソフトウェア管理
　（1）ソフトウェアは、販売者又は配布責任者の連絡先及び更新情報が明確なものを入手すること。
　（2）オリジナルプログラムは、ライトプロテクト措置、バックアップの確保等の安全な方法で保管すること。

b. 運用管理
　（1）外部より入手したファイル及び共用するファイル媒体は、ウイルス検査後に利用すること。
　（2）ウイルス感染の被害が最小となるよう、システムの利用は、いったん初期状態にしてから行うこと。
　（3）ウイルス感染を早期に発見するため、システムの動作の変化に注意すること。
　（4）ウイルス感染を早期に発見するため、最新のワクチンの利用等により定期的にウイルス検査を行うこと。
　（5）不正アクセスによるウイルス被害を防止するため、パスワードは容易に推測されないように設定し、その秘密を保つこと。
　（6）不正アクセスによるウイルス被害を防止するため、パスワードは随時変更すること。
　（7）不正アクセスによるウイルス被害を防止するため、システムのユーザIDを共用しないこと。
　（8）不正アクセスによるウイルス被害を防止するため、アクセス履歴を確認すること。
　（9）不正アクセスによるウイルス被害を防止するため、機密情報を格納しているファイルを厳重に管理すること。
　（10）システムを悪用されないため、入力待ちの状態で放置しないこと。
　（11）ウイルス感染を防止するため、出所不明のソフトウェアは利用しないこと。
　（12）ウイルスの被害に備えるため、ファイルのバックアップを定期的に行い、一定期間保管すること。

c. 事後対応

（1）ウイルスに感染した場合は、感染したシステムの使用を中止し、システム管理者に連絡して、指示に従うこと。

（2）ウイルス被害の拡大を防止するため、システムの復旧は、システム管理者の指示に従うこと。

（3）ウイルス被害の拡大を防止するため、感染したプログラムを含むフロッピーディスク等は破棄すること。

d. 監査

（1）ウイルス対策の実効性を高めるため、ウイルス対策についてのシステム監査の報告を受け、必要な対策を講ずること。

2　システム管理者基準

[参考知識：システム管理者基準]

a. コンピュータ管理

（1）ウイルス対策を円滑に行うため、コンピュータの管理体制を明確にすること。

（2）ウイルス感染を防止するため、機器を導入する場合は、ウイルス検査を行うこと。

（3）ウイルス感染を防止するため、コンピュータにソフトウェアを導入する場合は、ウイルス検査を行うこと。

（4）ウイルス被害に備えるため、システムにインストールした全ソフトウェアの構成情報を保存すること。

（5）オリジナルプログラムは、ライトプロテクト措置、バックアップの確保等の安全な方法で保管すること。

（6）不正アクセスによるウイルス被害を防止するため、システムのユーザ数及びユーザのアクセス権限を必要最小限に設定すること。

（7）ウイルス被害を防止するため、共用プログラムが格納されているディレクトリに対するシステムのユーザの書き込みを禁止すること。

（8）ウイルス被害を防止するため、システム運営に必要のないプログラムは削除すること。

b. ネットワーク管理

（1）ウイルス対策を円滑に行うため、ネットワークの管理体制を明確にすること。

（2）ウイルスに感染した場合の被害範囲を特定するため、ネットワーク接続機器の設置状況をあらかじめ記録し、管理すること。

（3）ウイルス被害に備えるため、緊急時の連絡体制を定め、周知・徹底すること。

（4）不正アクセスによるウイルス被害を防止するため、ネットワーク管理情報のセキュリティを確保すること。

（5）不正アクセスによるウイルス被害を防止するため、外部ネットワークと接続する機器のセキュリティを確保すること。

c. 運用管理

（1）システムの重要情報の管理体制を明確にすること。

（2）不正アクセスからシステムの重要情報を保護するため、システムが有するセキュリティ機能を活用すること。

（3）パスワードを容易に推測されないようにするため、安易なパスワード設定を排除

課題II
個人情報保護の対策と情報セキュリティ

すること。

（4）ウイルスの被害に備えるため、運用システムのバックアップを定期的に行い、一定期間保管すること。

（5）ウイルス被害を防止するため、匿名で利用できるサービスは限定すること。

（6）不正アクセスを発見するため、アクセス履歴を定期的に分析すること。

（7）ウイルス感染を早期に発見するため、システムの動作を監視すること。

（8）ウイルス感染を早期に発見するため、最新のワクチンの利用等により定期的にウイルス検査を行うこと。

（9）システムの異常が発見された場合は、速やかに原因を究明すること。

d．事後対応

（1）ウイルス感染の拡大を防止するため、感染したシステムの使用を中止すること。

（2）ウイルス感染の拡大を防止するため、必要な情報をシステムユーザに、速やかに通知すること。

（3）ウイルス被害の状況を把握するため、ウイルスの種類及び感染範囲の解明に努めること。

（4）安全な復旧手順を確立して、システムの復旧作業にあたること。

（5）ウイルス被害の再発を防止するため、原因を分析し、再発防止対策を講ずること。

（6）ウイルス被害の拡大及び再発を防止するため、必要な情報を経済産業大臣が別に指定する者に届け出ること。

e．教育・啓蒙

（1）ウイルス対策のレベルアップを図るため、ウイルス関連情報を収集して周知・徹底すること。

（2）セキュリティ対策及びウイルス対策について、システムユーザの教育・啓蒙を行うこと。

f．監査

（1）ウイルス対策の実効性を高めるため、ウイルス対策についてのシステム監査の報告を受け、必要な対策を講ずること。

　個人情報保護委員会が策定した「個人情報の保護に関する法律についてのガイドライン（通則編）」（本書では「通則ガイドライン」又は「通則 GL」という。）では、「10（別添）講ずべき安全管理措置の内容」において、法23条に基づいて個人情報取扱事業者が具体的に講じなければならない措置やそのための手法の例示を記載している。なお、掲載されている安全管理措置を講じるための手法の例については、後述する第 7 章以下で解説する。

【安全管理措置における具体的な措置】

1．基本方針を策定することが重要である。

2．個人データの具体的な取扱いに係る規律を整備しなければならない。

3．組織的安全管理措置を講じなければならない。

　（講じなければならない措置）

　① 組織体制の整備

　② 個人データの取扱いに係る規律に従った運用

　③ 個人データの取扱状況を確認する手段の整備

　④ 漏えい等の事案に対応する体制の整備

　⑤ 取扱状況の把握及び安全管理措置の見直し

4．人的安全管理措置を講じなければならない。

　（講じなければならない措置）

　○ 従業者の教育

5．物理的安全管理措置を講じなければならない。

　（講じなければならない措置）

　① 個人データを取り扱う区域の管理

　② 機器及び電子媒体の盗難等の防止

　③ 電子媒体等を持ち運ぶ場合の漏えい等の防止

　④ 個人データの削除及び機器、電子媒体等の廃棄

6．技術的安全管理措置を講じなければならない。

　（講じなければならない措置）

　① アクセス制御

　② アクセス者の識別と認証

　③ 外部からの不正アクセス等の防止

④ 情報システムの使用に伴う漏えい等の防止

なお、通則ガイドラインは、「中小規模事業者」というカテゴリーを設け、中小規模事業者については、取り扱う個人データの数量及び個人データを取り扱う従業員数が一定程度にとどまること等を踏まえ、円滑にその義務を履行できるよう、少なくとも最低限必要であると考えられる手法の例が示されている。

「中小規模事業者」とは、**従業員の数が100人以下の個人情報取扱事業者**をいう。ただし、次に掲げる者を除く（通則 GL）。

【中小規模事業者から除外される者】

・その事業の用に供する個人情報データベース等を構成する個人情報によって識別される特定の個人の数の合計が過去 6 月以内のいずれかの日において5,000を超える者

・委託を受けて個人データを取り扱う者

なお、中小規模事業者が、その他の個人情報取扱事業者と同様に、原則として示された「手法の例示」に記述した手法も採用することは、より望ましい対応である（通則 GL）。

第 2 編

組織的・人的セキュリティ

第6章　総論

　情報資産に対する種々の脅威に備えるためには、物理的なセキュリティ対策と技術的なセキュリティ対策を講じることが重要である。

　しかし、情報資産に対する脅威に備えるとともに、事故が発生した場合に迅速に対応するためには、組織の構成員の役割・責任を明確にし、情報セキュリティを実行するためのルールを定めるというように、組織体制を整備しておくことが重要である（組織的セキュリティ）。また、構成員を監督し、教育・訓練を実施することも重要である（人的セキュリティ）。

　例えば、ウイルス対策ソフトによる技術的なセキュリティ対策を講じていても、新種のウイルスを検知できなければ技術的な対策は突破されてしまう。そのような事故発生時には、「組織」と「人」が重要になる。事故発生に対し、構成員が迅速かつ適切に対応しなければ、損害が拡大し、場合によっては組織外に被害が拡大してしまうこともあるからである。従って、情報セキュリティを実施するためには、物理的・技術的な対策を講ずるだけでは不十分であり、組織的・人的な対策を講じなければならない。

　組織的・人的セキュリティに関して参照できる法令以外の規範は、以下のものがある。

【組織的・人的セキュリティに関して参照できる規範】
- ・個人情報保護法の分野
  通則ガイドラインの「10（別添）講ずべき安全管理措置の内容」において、「10-1　基本方針の策定」「10-3　組織的安全管理措置」「10-4　人的安全管理措置」
- ・マイナンバー法の分野
  事業者ガイドラインの「（別添1）特定個人情報に関する安全管理措置）」において、「②A　基本方針の策定」「②C　組織的安全管理措置」「②D　人的安全管理措置」
- ・個人情報保護マネジメントシステム（PMS）の分野
  JIS Q 15001
- ・情報セキュリティマネジメントシステム（ISMS）の分野
  JIS Q 27001の「A.11　物理的及び環境的セキュリティ」やJIS Q 27002の「11　物理的及び環境的セキュリティ」

第7章 基本方針の策定

第1節 総論

　情報セキュリティマネジメントシステム（ISMS）や個人情報保護マネジメントシステム（PMS）を推進し、関係者の意識向上を図るためには、経営陣の強力なリーダーシップが不可欠である。そして、経営陣が ISMS や PMS に関する考え方を組織に示し、リーダーシップを発揮するために、基本方針（ポリシー）を策定し公表することが重要である。

　ISMS において求められるのが「情報セキュリティ方針」であり、PMS において求められるのが「プライバシーポリシー」である。

　このような基本方針を策定・公表し従業者等への周知を図るとともに、組織的・人的セキュリティ（組織的安全管理及び人的安全管理）、オフィスセキュリティ（物理的安全管理）及び情報システムセキュリティ（技術的安全管理）の各措置を講じて、ISMS を実践していく。

第2節 プライバシーポリシー

　個人情報取扱事業者が個人データの安全管理措置（法23条）を講じるためには、個人情報の保護のためのマネジメントシステムを確立し、実施し、維持し及び改善を行うことが望ましい。

　個人情報保護のためのマネジメントシステムを確立し運用するためには、まず、個人情報保護を推進する上での考え方や方針（基本方針、個人情報保護方針、プライバシーポリシー、プライバシーステートメント等）を策定し文書化することが重要である（個人情報保護法ガイドライン　通則編　同旨）。

　個人情報保護法には個人情報保護方針に関する規定はなく、個人情報保護方針の策定は法律上の義務ではない。しかし、個人情報保護方針を策定して、社内報や社内ネットワーク、掲示等によって組織内に周知し、個人情報保護の方針を組織で共有することは、個人情報保護のためのマネジメントシステムを効果的に導入するための最初のステップとして重要である。

　更に、個人情報保護方針は、これを対内的に周知するだけでなく、ウェブ画面への掲載や店舗の見やすい場所への掲示等により対外的に公表することにより、消費者等との信頼関係を構築し事業活動に対する社会の信頼を確保することにつながる。また、委託の有無、委託する事務の内容を明らかにする等、委託処理の

透明化を進めることも重要である。

このため、プライバシーマークの認証基準である JIS Q 15001では、個人情報保護方針（プライバシーポリシー）の策定、実行・維持、文書化と内外への公表を「しなければならない」としている。

【基本方針に具体的に定める項目の例（個人情報保護法ガイドライン 通則編）】

　　・事業者の名称

　　・関係法令・ガイドライン等の遵守

　　・安全管理措置に関する事項

　　・質問及び苦情処理の窓口

[参考知識：基本方針に含めなければならないもの（JIS Q 15001）]

JIS Q 15001は、個人情報保護方針に含めなければならないものとして、次の事項をあげている。

【個人情報保護方針に含めなければならない事項（JIS Q 15001）】

a　事業の内容及び規模を考慮した適切な個人情報の取得、利用及び提供に関すること（目的外利用を行わないこと及びそのための措置を講じることを含む）

b　個人情報に関する法令、国が定める指針その他の規範を遵守すること

c　個人情報の漏えい、滅失又はき損の防止及び是正に関すること

d　苦情及び相談への対応に関すること

e　個人情報保護マネジメントシステムの継続的改善に関すること

f　トップマネジメント（最高位で組織を指揮し、管理する個人又は人々の集まり）の氏名

第3節　情報セキュリティ方針

情報セキュリティマネジメントシステム（ISMS）において確立することが要求されている「情報セキュリティ方針」（情報セキュリティ基本方針）は、トップマネジメントの情報セキュリティマネジメントに対する基本的な考え方を示したものであり、組織として情報セキュリティに関する要求事項に対して責任を負うという意思を示す文書である。

ISMS を推進し、関係者の意識向上を図るためには、トップマネジメントの強力なリーダーシップが不可欠である。ISMS の導入及び活動は、経営層を頂点としたトップダウンの組織的な活動であるといえる。そして、トップの ISMS に関する考え方を組織に示し、リーダーシップを発揮するために、情報セキュリティ方針が重要な役割を果たす。

情報セキュリティ方針は、個人情報保護方針と重なるところが多いが、個人情報保護だけでなく、広く情報セキュリティの見地から策定されるものである。

　　☞　情報セキュリティ方針と個人情報保護方針は別個に策定するのが一般的だが、両者を合わせた基本方針としてもよい。

【情報セキュリティ方針文書に含めることが望ましい記述】

a　情報セキュリティの定義、情報セキュリティ目的及び適用範囲、並びに情報共有を可能にする基盤としてのセキュリティの重要性

b　事業戦略及び事業目的に沿った情報セキュリティ目的及び原則を支持するトップマネジメントの意思を示す記述

c　リスクアセスメント及びリスクマネジメントの構造を含む、管理目的及び管理策を設定するための枠組み

d　組織にとって特に重要な、セキュリティの個別方針、原則、標準類及び順守の要求事項の簡潔な説明。これらには、次のようなものがある。

　1）法令、規制及び契約上の要求事項の順守

　2）セキュリティ教育、訓練及び意識向上に関する要求事項

　3）事業継続管理

　4）情報セキュリティ方針群への違反に対する処置

e　情報セキュリティインシデントを報告することも含め、情報セキュリティマネジメントに関する一般的な責任及び特定の責任の定義

f　情報セキュリティ方針を支持する文書（例えば、特定の情報システムのためのより詳細なセキュリティ方針及び手順、又は利用者が順守することが望ましいセキュリティ規則）への参照

　☞　上記は「ISMS ユーザーズガイド」（JIPDEC）に掲載されている策定事例である。これらの事項は例示であり、必ずしもその全てが情報セキュリティ方針文書に含まれる必要はない。

第8章 個人情報の洗い出しと管理

　個人情報マネジメントシステム（PMS）を実践し個人情報の保護を図るためには、事業者が事業で実際に活用している個人情報を特定すること、すなわち、個人情報を漏れなく洗い出して、リスクの認識、分析及び対策の対象を明確にしておくことが重要である。

　この作業は、情報セキュリティにおけるリスクアセスメントの「リスク特定・リスク分析」のうち「資産の洗い出しと評価」に相当する

　☞　前述した「第3章　第7節　1　情報資産の洗い出しと評価」を参照

　本章では、「JIS Q 15001:2006をベースにした個人情報保護マネジメントシステム実施のためのガイドライン」（現在は公開終了）に準拠して、個人情報の洗い出しと個人情報の取扱状況を確認する手段の整備について説明する。

第1節　個人情報の洗い出し（特定）

　個人情報の洗い出し（特定）は、①事業者にある帳票や保存データから個人情報を洗い出す方法や、②業務フロー図を活用し、業務の流れに沿って個人情報を洗い出す方法等が考えられる。

　☞　事業の用に供する個人情報は、「事業者が商品やサービスを提供する業務において取り扱う個人情報」「従業者の採用や雇用管理で取り扱う個人情報」「PMSを運用することによって取り扱う個人情報」のいずれかに含まれるので、これらの項目を手がかりとして特定漏れをチェックすることが有効である。

　監視ビデオや電話音声録音、業務の中で二次的に作成する管理資料（データベース等）、マネジメントシステムの運用において発生する記録類（同意書、誓約書、教育理解度把握のためのテスト、アンケート等）又はバックアップ等の中にも個人情報に該当する情報があることには注意を要する。これらの情報が個人情報の特定の作業から漏れることが多い。

図表35　個人情報洗い出しの項目と例

項　目	記録の例
事業者が商品やサービスを提供する業務において取り扱う個人情報	申込用紙、電話音声録音、FAX、電子メール、顧客名簿、帳票
従業者の採用や雇用管理で取り扱う個人情報	履歴書、労働契約書、身元保証書、労働者名簿、賃金台帳、各種申請書
PMSを運用することによって取り扱う個人情報	同意書、誓約書、教育理解度把握のためのテスト、アンケート

第2節　取扱状況を確認する手段の整備

1　取扱状況把握の手段

　個人情報を特定したら、そのリスク管理のために、その取扱状況を把握できるような手段を整備する必要がある。

　通則ガイドラインの「10（別添）講ずべき安全管理措置の内容」は、組織的安全管理措置として講じなければならない事項として、「（2）個人データの取扱いに係る規律に従った運用」と「（3）個人データの取扱状況を確認する手段の整備」をあげて、次表の手法を例示している。

【個人データの取扱状況を一覧できるようにする手段】

　　・個人データの適正な取扱いに必要な情報を記した個人データ取扱台帳の作成と最新状態の維持

　　☞　個人名を記載したメモまで台帳管理できるものではないから、特定した個人情報のすべてを台帳管理しなければならないというわけではない。

　事業者は、個人情報を洗い出したら、個人情報の重要性や漏えい事故等による影響の大きさ等（リスクレベル）を評価して、機密性に重点を置いて、以下のような管理レベルを設定する。

【個人情報の管理レベルの例】

　　・関係者外秘

　　　組織内の一部関係者のみが扱える情報

　　・社外秘

　　　組織内では共有可能だが、社外には公開しない情報

　　・公開

　　　一般に広く公開する情報

　個人情報の管理レベルを設定したら、台帳等で取扱状況を管理する項目や内容を定義した上で、台帳等への登録方法、記入例などのルールを策定する。

　管理対象とする個人情報については、従業者が取扱いを間違えないように、管

理レベルを組織全体で統一した表記方法でラベリングする。

☞　台帳管理は目的ではなく、取扱状況を把握できるようにするための手段
である。従って、台帳管理の方法は、紙媒体である必要はなく、電子ファ
イル形式など、個人情報の取扱いを管理できる適切な方法を選択して構わ
ない。

また、決算書管理規程、契約書管理規程等の社内ルールが確立していて
それにより取扱状況が把握できるのであれば、それに関わる個人情報につ
いてはそのルールに従って管理すればよい。

図表36　個人データの取扱いに係る規律に従った運用と個人データの取扱状況を確認する
手段の整備

講じなければならない措置	手法の例示	中小規模事業者における手法の例示
（2）個人データの取扱いに係る規律に従った運用 　あらかじめ整備された個人データの取扱いに係る規律に従って個人データを取り扱わなければならない。 　整備された個人データの取扱いに係る規律に従った運用の状況を確認するため、利用状況等を記録することも重要である。	個人データの取扱いに係る規律に従った運用を確保するため、例えば次のような項目に関して、システムログその他の個人データの取扱いに係る記録の整備や業務日誌の作成等を通じて、個人データの取扱いの検証を可能とすることが考えられる。 ・個人情報データベース等の利用・出力状況 ・個人データが記載又は記録された書類・媒体等の持ち運び等の状況 ・個人情報データベース等の削除・廃棄の状況（委託した場合の消去・廃棄を証明する記録を含む。） ・個人情報データベース等を情報システムで取り扱う場合、担当者の情報システムの利用状況（ログイン実績、アクセスログ等）	・あらかじめ整備された基本的な取扱方法に従って個人データが取り扱われていることを、責任ある立場の者が確認する。
（3）個人データの取扱状況を確認する手段の整備 　個人データの取扱状況を確認するための手段を整備しなければならない。	例えば次のような項目をあらかじめ明確化しておくことにより、個人データの取扱状況を把握可能とすることが考えられる。 ・個人情報データベース等の種類、名称 ・個人データの項目 ・責任者・取扱部署 ・利用目的 ・アクセス権を有する者　等	・あらかじめ整備された基本的な取扱方法に従って個人データが取り扱われていることを、責任ある立場の者が確認する。

2 台帳等に含める項目

　個人情報の取扱状況を把握するための台帳等には、以下の項目を含めるべきである。

【台帳等に含める項目】
- ・個人情報の項目
- ・個人情報の利用目的
- ・保管場所
- ・アクセス権限を有する者
- ・利用期限
- ・保管期限
- ・件数（概数でよい）
  - ☞　この他にも、入手経路、組織内での取扱い経路（取扱部署）、保管形態（電子媒体、紙等）、廃棄方法等を含めることも考えられる。

　このようにして取扱状況を管理することで、リスクの認識、分析、対策が行いやすくなる。

3 台帳等の定期的な確認

　個人情報の取扱状況を把握するための台帳等は、その内容を定期的に確認する等して最新状態を維持すべきである（個人情報の棚卸し）。

　これは、PDCA サイクルにおける点検（Check）と改善（Act）のステップに該当する。

課題Ⅱ　個人情報保護の対策と情報セキュリティ

第9章 リスクの認識、分析、対策

　個人情報の洗い出し（特定）をしたら、個人情報の取得・入力から移送・送信、利用・加工、保存・バックアップ、消去・廃棄までの取扱いの段階ごとに、想定されるリスクを特定・分析し、対策・対応を検討する。

　☞　リスクの特定とリスクの分析については、前述した「第3章　第5節リスクアセスメント」を参照。対策・対応については「第3章　第6節リスク対応」を参照

　リスクの特定・分析にあたっては「リスク早見表」を作成し、対策も記録化することが望ましい。保有リスク（残存リスク）を「リスク管理表」で管理することも考えられる。

第10章　規程文書（内部規程）の整備

第1節　規程文書（内部規程）の位置づけ

　基本方針の策定、組織内の役割・責任の明確化、個人情報の特定と管理等を実施するとともに、リスクの認識、分析、対策を経て確立したルールは、規程文書（内部規程）として明文化する。

　通則ガイドラインの「10（別添）講ずべき安全管理措置の内容」は、個人データの取扱いに係る規律の整備として、次の手法を例示している。

図表37　個人データの取扱いに係る規律の整備

講じなければならない措置	手法の例示	中小規模事業者における手法の例示
個人データの取扱いに係る規律の整備 　個人情報取扱事業者は、その取り扱う個人データの漏えい等の防止その他の個人データの安全管理のために、個人データの具体的な取扱いに係る規律を整備しなければならない。	取得、利用、保存、提供、削除・廃棄等の段階ごとに、取扱方法、責任者・担当者及びその任務等について定める個人データの取扱規程を策定することが考えられる。 　なお、具体的に定める事項については、以降に記述する組織的安全管理措置、人的安全管理措置及び物理的安全管理措置の内容並びに情報システム（パソコン等の機器を含む。）を使用して個人データを取り扱う場合（インターネット等を通じて外部と送受信等する場合を含む。）は技術的安全管理措置の内容を織り込むことが重要である。	・個人データの取得、利用、保存等を行う場合の基本的な取扱方法を整備する。

　規程文書（内部規程）の構成については、①基本方針（ポリシー）で定められた内容が、②対策基準、③実施手順と、段階を追って具体化されていくというトップダウン型（ピラミッド型）の文書構成が採用されるのが一般である。

　①基本方針は、経営者が、情報セキュリティ等に取り組む姿勢を示し、社内外に宣言するものであり、プライバシーポリシーや情報セキュリティ方針などがこれに該当する。

　②対策基準は、基本方針に基づき、何を実施しなければならないかという組織

のルールを具体的に記述するものであり、就業規則や情報管理規程、文書管理規程、個人情報保護規程などがこれに該当する。

③実施手順は、対策基準に定めた内容を個々の業務等においてどのように実施するかという実務上の手順や書式を具体的に定めるものであり、細則、マニュアル、手順書（個人情報取扱手順書、漏えい事故等対応手順書、監査手順書、苦情対応手順書など）、チェックリスト、台帳（個人情報管理台帳、個人データ取扱台帳など）、様式（資料受領書、誓約書、秘密保持契約書など）がこれに該当する。

①基本方針と②対策基準の2つをあわせて「セキュリティポリシー」と呼ばれることもあり、セキュリティ委員会や個人情報管理委員会（管理委員会）などの経営者レベルの組織で策定される。そして、③実施手順は、現場において、対策基準に基づいて、従業員が理解しやすいように図表を駆使するなど工夫して作成する。

図表38　規程文書のピラミッド型文書体系

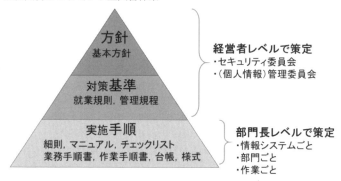

なお、これらの規程文書は、一冊にして全従業者が閲覧できるようにしておく必要はなく、詳細な手順書は個人情報を取り扱う業務に携わる者のみが閲覧できるというように、従業者が必要な範囲で参照できるようになっていれば足りる。

第2節　規程文書（内部規程）に記載する事項

[参考知識：規程文書に記載することが望まれる事項]

「個人情報の保護に関する法律についての経済産業分野を対象とするガイドライン」（経済産業省。廃止。本書では「経産ガイドライン」又は「経産GL」という。）は、個人データの取扱いに関する規程等に記載することが望まれる事項をあげている。

図表39　個人データの取扱いに関する規程等に記載することが望まれる事項

取扱いの段階	記載することが望まれる事項	記載の例
（1）取得・入力	①作業責任者の明確化	・個人データを取得・入力する際の作業責任者の明確化
	②手続の明確化と手続に従った実施	・取得・入力する際の手続の明確化 ・定められた手続による取得・入力の実施 ・権限を与えられていない者が立ち入れない建物等での入力作業の実施 ・個人データを入力できる端末の、業務上の必要性に基づく限定 ・個人データを入力できる端末に付与する機能の、業務上の必要性に基づく限定（例えば、個人データを入力できる端末では、CD-R、USBメモリ等の外部記録媒体を接続できないようにするとともに、スマートフォン、パソコン等の記録機能を有する機器の接続を制限し、媒体・機器の更新に対応する。）
	③作業担当者の識別、認証、権限付与	・個人データを取得・入力できる作業担当者の、業務上の必要性に基づく限定 ・IDとパスワードによる認証、生体認証等による作業担当者の識別 ・作業担当者に付与する権限の限定 ・個人データの取得・入力業務を行う作業担当者に付与した権限の記録
	④作業担当者及びその権限の確認	・手続の明確化と手続に従った実施及び作業担当者の識別、認証、権限付与の実施状況の確認 ・アクセスの記録、保管と、権限外作業の有無の確認
（2）移送・送信	①作業責任者の明確化	・個人データを移送・送信する際の作業責任者の明確化
	②手続の明確化と手続に従った実施	・個人データを移送・送信する際の手続の明確化 ・定められた手続による移送・送信の実施 ・個人データを移送・送信する場合の個人データの暗号化等の秘匿化（例えば、公衆回線を利用して個人データを送信する場合） ・移送時におけるあて先確認と受領確認（例

		えば、簡易書留郵便その他個人情報が含まれる荷物を輸送する特定のサービスの利用) ・FAX 等におけるあて先番号確認と受領確認 ・個人データを記した文書を FAX 機等に放置することの禁止 ・暗号鍵やパスワードの適切な管理
	③作業担当者の識別、認証、権限付与	・個人データを移送・送信できる作業担当者の、業務上の必要性に基づく限定 ・ID とパスワードによる認証、生体認証等による作業担当者の識別 ・作業担当者に付与する権限の限定（例えば、個人データを、コンピュータネットワークを介して送信する場合、送信する者は個人データの内容を閲覧、変更する権限は必要ない。） ・個人データの移送・送信業務を行う作業担当者に付与した権限の記録
	④作業担当者及びその権限の確認	・手続の明確化と手続に従った実施及び作業担当者の識別、認証、権限付与の実施状況の確認 ・アクセスの記録、保管と、権限外作業の有無の確認
（3）利用・加工	①作業責任者の明確化	・個人データを利用・加工する際の作業責任者の明確化
	②手続の明確化と手続に従った実施	・個人データを利用・加工する際の手続の明確化 ・定められた手続による利用・加工の実施 ・権限を与えられていない者が立ち入れない建物等での利用・加工の実施 ・個人データを利用・加工できる端末の、業務上の必要性に基づく限定 ・個人データを利用・加工できる端末に付与する機能の、業務上の必要性に基づく限定（例えば、個人データを閲覧だけできる端末では、CD-R、USB メモリ等の外部記録媒体を接続できないようにするとともに、スマートフォン、パソコン等の記録機能を有する機器の接続を制限し、媒体及び機器の更新に対応する。）
	③作業担当者の識別、認証、	・個人データを取得・入力できる作業担当者の、業務上の必要性に基づく限定

	権限付与	・ID とパスワードによる認証、生体認証等による作業担当者の識別 ・作業担当者に付与する権限の限定 ・個人データの取得・入力業務を行う作業担当者に付与した権限の記録
	④作業担当者及びその権限の確認	・手続の明確化と手続に従った実施及び作業担当者の識別、認証、権限付与の実施状況の確認 ・アクセスの記録、保管と、権限外作業の有無の確認
（4）保管・バックアップ	①作業責任者の明確化	・個人データを保管・バックアップする際の作業責任者の明確化
	②手続の明確化と手続に従った実施	・個人データを保管・バックアップする際の手続※の明確化 ※情報システムで個人データを処理している場合は、個人データのみならず、オペレーティングシステム（OS）やアプリケーションのバックアップも必要となる場合がある。 ・定められた手続による保管・バックアップの実施 ・個人データを保管・バックアップする場合の個人データの暗号化等の秘匿化 ・暗号鍵やパスワードの適切な管理 ・個人データを記録している媒体を保管する場合の施錠管理 ・個人データを記録している媒体を保管する部屋、保管庫等の鍵の管理 ・個人データを記録している媒体の遠隔地保管 ・個人データのバックアップから迅速にデータが復元できることのテストの実施 ・個人データのバックアップに関する各種事象や障害の記録
	③作業担当者の識別、認証、権限付与	・個人データを保管・バックアップする作業担当者の、業務上の必要性に基づく限定 ・ID とパスワードによる認証、生体認証等による作業担当者の識別 ・作業担当者に付与する権限の限定（例えば、個人データをバックアップする場合、その作業担当者は個人データの内容を閲覧、変

課題II

個人情報保護の対策と情報セキュリティ

			更する権限は必要ない。） ・個人データの保管・バックアップ業務を行う作業担当者に付与した権限（例えば、バックアップの実行、保管庫の鍵の管理等）の記録
		④作業担当者及びその権限の確認	・手続の明確化と手続に従った実施及び作業担当者の識別、認証、権限付与の実施状況の確認 ・アクセスの記録、保管と権限外作業の有無の確認
（5）消去・廃棄	①作業責任者の明確化		・個人データを消去する際の作業責任者の明確化 ・個人データを保管している機器、記録している媒体を廃棄する際の作業責任者の明確化
	②手続の明確化と手続に従った実施		・消去・廃棄する際の手続の明確化 ・定められた手続による消去・廃棄の実施 ・権限を与えられていない者が立ち入れない建物等での消去・廃棄作業の実施 ・個人データを消去できる端末の、業務上の必要性に基づく限定 ・個人データが記録された媒体や機器をリース会社に返却する前の、データの完全消去（例えば、意味のないデータを媒体に1回又は複数回上書きする。） ・個人データが記録された媒体の物理的な破壊（例えば、シュレッダー、メディアシュレッダー等で破壊する。）
	③作業担当者の識別、認証、権限付与		・個人データを消去・廃棄できる作業担当者の、業務上の必要性に基づく限定 ・IDとパスワードによる認証、生体認証等による作業担当者の識別 ・作業担当者に付与する権限の限定 ・個人データの消去・廃棄を行う作業担当者に付与した権限の記録
	④作業担当者及びその権限の確認		・手続の明確化と手続に従った実施及び作業担当者の識別、認証、権限付与の実施状況の確認 ・アクセスの記録、保管、権限外作業の有無の確認

第11章 組織的安全管理措置

第1節 組織体制の整備

　組織体制の整備として、従業者や責任者の役割・責任を明確化しなければならない。具体的には、職務分掌規程、職務権限規程等の内部規程、契約書、職務記述書等の各担当者の役割や権限・責任が確認できる文書や、実際に任命されている者が確認できる文書により明確化する。

　通則ガイドラインの「10（別添）講ずべき安全管理措置の内容」は、組織的安全管理措置として講じなければならない事項として、「（1）組織体制の整備」をあげて、次の手法を例示している。

図表40　組織体制の整備

講じなければならない措置	手法の例示	中小規模事業者における手法の例示
（1）組織体制の整備 　安全管理措置を講ずるための組織体制を整備しなければならない。	・（組織体制として整備する項目の例） ・個人データの取扱いに関する責任者の設置及び責任の明確化 ・個人データを取り扱う従業者及びその役割の明確化 ・上記の従業者が取り扱う個人データの範囲の明確化 ・法や個人情報取扱事業者において整備されている個人データの取扱いに係る規律に違反している事実又は兆候を把握した場合の責任者への報告連絡体制 ・個人データの漏えい等の事案の発生又は兆候を把握した場合の責任者への報告連絡体制 ・個人データを複数の部署で取り扱う場合の各部署の役割分担及び責任の明確化	・個人データを取り扱う従業者が複数いる場合、責任ある立場の者とその他の者を区分する。

1　個人情報保護管理者（CPO）

　「個人情報保護管理者」（CPO：Chief Privacy Officer）とは、個人情報保護の統括的な責任者であり、個人情報の取扱いに関する安全管理面だけではなく、組織全体のマネジメントを含む全体の管理者である。

　通則ガイドラインが要求する組織的安全管理措置の「（1）組織体制の整備」の整備項目の例として「個人データの取扱いに関する責任者の設置及び責任の明確化」があげられていることから、CPO に相当する責任ある者を設置することが望ましい。

　CPO は、個人データの安全管理の実施及び運用に関する次のような権限と責任を有する。

【CPO の権限と責任】

- ・個人データの取扱いを統括する（取扱状況の確認、取扱状況の記録の管理、廃棄の確認、重要な個人情報を取り扱う従業者の引継の確認等）
- ・セキュリティ委員会や（個人情報）管理委員の長となる。
- ・従業者の教育研修等を実施する。
- ・従業者から事故や法令違反の可能性の報告を受ける。
- ・危機対応の任を負う（初期対応、事実調査・原因の究明等）
- ・安全管理措置の見直し・改善を行う。
- ・委託先の監督を行う（選定、委託契約の確認、委託先の監査）
- ・定期的に、又は適宜に、代表者に職務の実施状況を報告する。

　CPO は、事業者の代表者が事業者内部の者の中から指名する。CPO は、個人情報保護マネジメントシステムを理解し、実施・運用できる能力を持った者でなければならず、また、個人情報の管理の責任者である性格上、いたずらに指名する者を増やし、責任が不明確になることは避けるべきといわれている。

　　　☞　CPO は、社外に責任を持つことができる者（役員クラス）を指名することが望ましい。ただし、会社法上の監査役は、CPO を兼任できない。なぜなら、CPO は代表者（代表取締役）から任命され代表者の監督下に入るところ、そのような地位は、会社法が取締役と監査役とに機関を分けて、公正な監査を期した趣旨に反するからである。同様の理由から、会社法上の監査役は、管理委員会、監査責任者、監査員等の個人情報保護のための組織体制に組み込むことはできない。

2　管理委員会等

　通則ガイドラインが要求する組織的安全管理措置の「（1）組織体制の整備」の例として、個人データの取扱いを総括する部署の設置と、事業者内の個人データの取扱いを監督する「管理委員会」の設置も望まれる措置である。

（1）個人データの取扱いを総括する部署

　事業者における個人情報の取扱いを総括する部署は、専門部署を設置しなければならないというわけではなく、個人情報の取扱い状況を取りまとめる体制がとれていればよい。

（2）管理委員会

　管理委員会（個人情報管理委員会）は、事業者内の個人データの取扱いに責任を持つ機関であり、CPO が責任者を務めるものとされている。通則ガイドラインが要求する組織的安全管理措置の「（1）組織体制の整備」の手法として、管理委員会の設置も検討事項となる。

　管理委員会は、個人情報保護のための基本方針（個人情報保護方針）や対策基準（管理規程等）の実質的な決定機関であるとともに、個人情報保護マネジメントシステムの推進、漏えい事故等の問題が発生した場合の検討、個人情報保護の状況の点検・評価の結果に基づいた改善の検討を行う機関でもある。

　管理委員会も、専門部署として設置しなければならないというわけではなく、事業者の規模等に応じて、CPO のもと、事業者内の個人データの取扱いに責任をもつ体制がとれていればよい。

3　従業者の役割の明確化・限定

　従業者についても、各業務・部署における責任者の明確化、担当者の限定又は明確化の措置を講ずることが望ましい。通則ガイドラインも、組織的安全管理措置の「（1）組織体制の整備」の整備項目の例として「個人データを取り扱う従業者及びその役割の明確化」をあげている。

　従業者の役割と責任の明確化は、職務分掌規程、職務権限規程などの内部規程や契約書、職務記述書等に定めることが望ましい。

【従業員の役割と責任を明確にする手法の例】

　・個人データの取扱い（取得・入力、移送・送信、利用・加工、保管・バックアップ、消去・廃棄等の作業）における作業責任者を設置し、作業担当者を限定する。

　・個人情報を取り扱う者は原則として正社員とし、パートやアルバイトが個人情報を取り扱う場合は、取り扱う者を監督する正社員を置く。

　・個人データを取り扱う情報システムの運用責任者を設置し、担当者（システム管理者を含む）を限定する。

　・個人データを取り扱う従業者が取り扱う個人データの範囲を明確にする。

　・個人データを複数の部署で取り扱う場合には、各部署の役割分担及び責任を明確にする。

・個人データの取扱いに関し、支店又は部門ごとに情報管理責任者を設置し、その役割と責任を明確化する。情報管理責任者は、個人情報保護対策を作業担当者に徹底する役割を担い、支店長や部門長が就任することが望ましい。

4 苦情・相談窓口

苦情・相談の処理体制については、後述する「第4節 2 苦情・相談の処理体制」を参照されたい。

なお苦情・相談の窓口は、個人情報保護管理者（CPO）が兼任しても構わない。

5 監査実施体制の整備

（1）監査責任者

監査のための組織体制の整備（監査実施体制の整備）を実践するために講じることが望まれる手法として、次のものが考えられる。

【監査実施体制整備の手法例】

・監査責任者の設置

・個人情報保護対策及び最新の技術動向を踏まえた情報セキュリティ対策に十分な知見を有する者が組織内の対応を確認すること（必要に応じ、外部の知見を有する者を活用し確認することを含む）等による、監査実施体制の整備

☞ プライバシーマーク制度（JIS Q 15001）では、監査責任者は「個人情報保護監査責任者」と呼ばれ、「監査の実施及び報告を行う責任及び権限をもつ者」である。代表者によって事業者の内部の者から指名される。ただし公平かつ客観的な立場を求められるため、個人情報保護管理者（CPO）との兼任はできず、社外に責任を持つことができる者（役員クラス）であって、個人情報保護管理者と同格又は上席者を指名することが望ましいとされる。

【監査責任者の主な任務（JIS Q 15001）】

・事業者内部又は外部から、監査の実施を担当する「監査員」を選任する。

・監査を指揮し、監査報告書を作成し、事業者の代表者に報告する。

（2）監査員

監査員は、監査責任者によって選任され、監査責任者の監督下で監査の実施を担当する者である。

監査員は、事業者内から選任してよいが、力量があり公正に行える者を外部から選任してもよい。なお、内部監査の場合、客観性及び公平性を確保するため、監査員は自己の所属する組織の監査を担当してはならないとされている（JIS Q 15001）。

図表41　組織体制の整備例

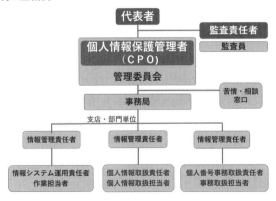

第2節　データの取扱いに係る規律に従った運用

　あらかじめ整備された規律（規程文書）に従って、データを取り扱わなければならない。

　整備された規律に従った運用の状況を確認するため、システムログ又は利用実績を記録することも重要である。

　通則ガイドライン「10（別添）講ずべき安全管理措置の内容」は、個人データの取扱いに係る規律に従った運用として、次の手法を例示している。

図表42　個人データの取扱いに係る規律に従った運用

講じなければならない措置	手法の例示	中小規模事業者における手法の例示
（2）個人データの取扱いに係る規律に従った運用 　あらかじめ整備された個人データの取扱いに係る規律に従って個人データを取り扱わなければならない。 　整備された個人データの取扱いに係る規律に従った運用の状況を確認するため、利用状況等を記録することも重要である。	個人データの取扱いに係る規律に従った運用を確保するため、例えば次のような項目に関して、システムログその他の個人データの取扱いに係る記録の整備や業務日誌の作成等を通じて、個人データの取扱いの検証を可能とすることが考えられる。 ・個人情報データベース等の利用・出力状況 ・個人データが記載又は記録された書類・媒体等の持ち運び等の状況 ・個人情報データベース等の削除・廃棄の状況（委託した場合の消去・廃棄を証明する記録を含む。）	・あらかじめ整備された基本的な取扱方法に従って個人データが取り扱われていることを、責任ある立場の者が確認する。

	・個人情報データベース等を情報システムで取り扱う場合、担当者の情報システムの利用状況（ログイン実績、アクセスログ等）	

第3節　データの取扱状況を確認する手段の整備

　データの取扱状況を確認するための手段を整備しなければならない。

　通則ガイドラインの「10（別添）講ずべき安全管理措置の内容」は、個人データの取扱状況を確認する手段の整備として、次の手法を例示している。

図表43　個人データの取扱い状況を確認する手段の整備

講じなければならない措置	手法の例示	中小規模事業者における手法の例示
（3）個人データの取扱状況を確認する手段の整備　個人データの取扱状況を確認するための手段を整備しなければならない。	例えば次のような項目をあらかじめ明確化しておくことにより、個人データの取扱状況を把握可能とすることが考えられる。 ・個人情報データベース等の種類、名称 ・個人データの項目 ・責任者・取扱部署 ・利用目的 ・アクセス権を有する者 等	・あらかじめ整備された基本的な取扱方法に従って個人データが取り扱われていることを、責任ある立場の者が確認する。

第4節　漏えい等の事案に対応する体制の整備

1　事故等の発生・兆候の報告連絡体制

　法令・社内規程の違反や漏えい事故等の事象やその兆候を把握した場合の報告連絡体制の整備が必要である。

　ウイルス対策ソフトウェアの導入やアクセス制御等の攻撃を防ぐための対策（「入口対策」ということもある）は万全なものではない。不注意でファイルやURLをクリックしてしまうこともあるし、添付されたマルウェアがウイルス対策ソフトで検知できないことも多い。従って、入口対策だけでなく、攻撃され感染した後に被害が拡大しないようにする「出口対策」（抜線、システム全体の外部ネットワークからの遮断等や事実調査等）が重要になる。出口対策を迅速かつ適切に行うためには、十分な組織体制を整備するとともに、従業者の普段からの教育を実施しなければならない（組織的・人的セキュリティの重要性）。

　なお、漏えい等の事案が発生した場合、二次被害の防止、類似事案の発生防止

等の観点から、事案に応じて、事実関係及び再発防止策等を早急に公表すること
が重要である。

　通則ガイドラインの「10（別添）講ずべき安全管理措置の内容」は、漏えい等
の事案に対応する体制の整備として、次の手法を例示している。

図表44　漏えい等の事案に対応する体制の整備

講じなければならない措置	手法の例示	中小規模事業者における手法の例示
（4）漏えい等の事案に対応する体制の整備 　漏えい等の事案の発生又は兆候を把握した場合に適切かつ迅速に対応するための体制を整備しなければならない。 　漏えい等の事案が発生した場合、二次被害の防止、類似事案の発生防止等の観点から、事案に応じて、事実関係及び再発防止策等を早急に公表することが重要である。	漏えい等の事案の発生時に例えば次のような対応を行うための、体制を整備することが考えられる。 ・事実関係の調査及び原因の究明 ・影響を受ける可能性のある本人への連絡 ・個人情報保護委員会等への報告 ・再発防止策の検討及び決定 ・事実関係及び再発防止策等の公表　等	・漏えい等の事案の発生時に備え、従業者から責任ある立場の者に対する報告連絡体制等をあらかじめ確認する。

2　苦情・相談の処理体制

（1）必要な体制の整備

　個人情報取扱事業者は、個人情報の取扱いに関する苦情の適切かつ迅速な処理
に努めなければならず（法40条1項）、苦情の適切かつ迅速な処理を行うにあた
り、苦情処理窓口の設置や苦情処理の手順を定める等必要な体制の整備に努めな
ければならない（同条2項）。

　　☞　必要な体制の整備にあたっては、日本産業規格である「JIS Q
　　　　10002:2019 品質マネジメント－顧客満足－組織における苦情対応のため
　　　　の指針」を参照できる。

【苦情・相談の処理に必要な体制整備の手法例】
　・苦情処理の受付窓口を設置する。
　・苦情処理の手順書を策定する。
　・苦情処理にあたる従業員への十分な教育・研修を行う。

（2）保有個人データに関する苦情の申出先の周知

保有個人データについては、その取扱いに関する苦情の申出先を本人の知り得る状態に置かなければならない（法32条1項4号、令10条2号）。

認定個人情報保護団体の対象事業者である場合は、更に、認定個人情報保護団体の名称及び苦情の申出先を本人の知り得る状態に置かなければならない（法32条1項4号、令10条2号）。

第5節　取扱状況の把握及び安全管理体制の見直し

個人情報の安全管理措置の実施は、個人情報を特定してリスクの分析と対策を決定し、管理規程等を策定すれば完了、というわけではない。一定期間毎に運用状況の点検や見直しを実施しないと、保護措置の実効性は確保できないし、技術の進歩に伴う新たな脅威にも対応できない。

運用状況の点検と業務の改善は、計画の立案・策定（Plan）➡計画の実施・運用（Do）➡運用状況の点検（Check）➡業務の改善（Act）という「PDCA サイクル」における「Check」と「Act」に該当する重要な作業である。

通則ガイドラインの「10（別添）講ずべき安全管理措置の内容」は、取扱状況の把握及び安全管理措置の見直しの措置として、次の手法を例示している。

図表45　取扱状況の把握及び安全管理措置の見直し

講じなければならない措置	手法の例示	中小規模事業者における手法の例示
（5）取扱状況の把握及び安全管理措置の見直し 　個人データの取扱状況を把握し、安全管理措置の評価、見直し及び改善に取り組まなければならない。	・個人データの取扱状況について、定期的に自ら行う点検又は他部署等による監査を実施する。 ・外部の主体による監査活動と合わせて、監査を実施する。	・責任ある立場の者が、個人データの取扱状況について、定期的に点検を行う。

1　運用状況の点検（確認と監査）

（1）運用状況の確認

自己チェックとして、日常的な業務の中で、運用している部門の者が、定期的に運用状況を確認し、気づいた点があれば是正する。

【運用状況を確認する手法の例】

・当該部門の中から確認を担当する者（管理者）を決めて、取扱規程等に則って個人情報が取り扱われているかを見回る。

運用状況の確認は、日常業務の中で行われるものであるから、業務に支障の生じない範囲で行えばよい。

なお、プライバシーマーク制度では、①最終退出時の確認（施錠確認）や②入退館（室）の記録の定期的な確認、③個人情報を扱う情報システムのアクセスログの定期的な確認の各記録は残すことが必要であるとされている。

［参考知識：ログ（履歴）の重要性］

ログ（履歴）には、システム管理者や担当者が操作した利用状況のログや、システムの起動や終了、障害・エラー等の動作を記録したシステムログなどがある。

ログは、セキュリティ事故が発生した場合に原因を特定する手がかりになるものである（トレーサビリティの確保）。

それだけでなく、ログは、情報セキュリティにおける「監査」の際の監査証跡にもなる。

ログは、正確に記録する仕組みを構築するだけでなく、定期的に評価・分析し、異常がないかを確認することが重要である。また、ログは事故原因特定の手がかりや監査証跡となるものであるから、改ざん等されないように保管する必要がある。

（2）監査

日常的な業務の中での定期的な運用状況の確認だけでなく、当該部署以外の者による「監査」を実施するべきである。

監査は、個人情報保護マネジメントシステムの整備状況及び運用状況について行う。

① 監査のための体制の整備

監査のための組織体制の整備の手法の例は次のとおりである。

【監査のための組織体制整備の手法の例】
　　・監査責任者の設置
　　・個人情報保護対策及び最新の技術動向を踏まえた情報セキュリティ対策に十分な知見を有する者が社内の対応を確認すること（必要に応じ、外部の知見を有する者を活用し確認することを含む）による、監査実施体制の整備

② 監査の手法

安全管理措置の評価、見直し及び改善のために講じることが望まれる手法の例として、次のものが考えられる。

【安全管理措置の評価・見直し・改善のための手法の例】
　　・監査計画の立案と、計画に基づく監査（内部監査又は外部監査）の実施
　　・監査実施結果の取りまとめと、代表者への報告

監査は定期的に実施し、具体的には、監査の手順を定めた監査手順書に従い、チェックリスト等を用いて行う。

　監査実施の手法としては、監査対象の全てを検証する「精査」と、監査対象から抽出したサンプルを検証してその結果から監査対象の特性・傾向を推定する「試査」（サンプリング）がある。監査に要する時間とコストを踏まえて、試査を採用するのが一般である。

　そして、監査実施結果や改善すべき事項等の評価・結論を、監査報告書に取りまとめて、代表者に提出する。

　なお、事業者内から選任された監査員による内部監査の場合、客観性及び公平性を確保するため、監査員は自己の所属する組織の監査を担当することは望ましくない。

③　監査証跡の保持

　監査証跡とは、情報システムへのアクセス状況や操作内容、データ処理内容などを追跡できるように時系列に記録したものである。

　監査証跡には、情報システム利用申請書等の各種申請書や教育実施記録帳、入退室記録帳、ログ（システムの操作記録、プログラムの動作記録、アクセス制御に関する記録や不正アクセスの記録等）などがある。

　監査の有効性は監査証跡の有無に左右されるため、監査証跡が保持できるように、あらかじめ業務フローに盛り込んだり、情報システムの機能に組み込んで自動化したりする。

　システムのログは膨大であるから、情報の重要度や機密性を考慮した適切な証跡の保持と管理が求められる。

　なお、セキュリティの観点から、アクセスした情報そのものを監査証跡に含めてはならない。

（3）情報セキュリティ監査人

　情報セキュリティ監査制度は、情報セキュリティに係るリスクのマネジメントが効果的に実施されるように、リスクアセスメントに基づく適切なコントロールの整備、運用状況を、情報セキュリティ監査を行う主体が独立かつ専門的な立場から、国際的にも整合性のとれた基準に従って検証又は評価し、もって保証を与えあるいは助言を行う活動である。

　経済産業省により「情報セキュリティ監査基準」が策定されており、同基準に従った独立かつ専門的な立場からの監査である「情報セキュリティ監査人」による監査を利用する事業者もある。

情報セキュリティ監査基準による情報セキュリティ監査の実施手順は以下のとおりである。

・監査計画（監査基本計画と監査実施計画）の立案
・監査証拠の入手と評価
　関連書類の閲覧及び査閲、担当者へのヒアリング、現場への往査及び視察、システムテストへの立会、テストデータによる検証及び跡付け、脆弱性スキャン、システム侵入テストなどの方法を通じて、監査証拠を入手し、リスクアセスメントに基づく適切なコントロールの整備、運用の状況を評価する。
・監査調書の作成と保存
・監査報告書の作成
・監査報告に基づくフォローアップ

2　改善、見直し

　事業者の代表者は、監査責任者（個人情報監査責任者）から受ける監査報告のほか、個人データに対する社会通念の変化及び情報技術の進歩に応じて、定期的な安全管理措置の見直し及び改善を実施するべきである。

　代表者は、リスクアセスメントの実施、事故の発生、苦情、運用状況の確認又は監査を通して、法令等（プライバシーマーク制度であれば JIS Q 15001）への適合が不十分であることを把握した場合には、是正措置や予防措置を講ずる（改善）。

　代表者は、「改善」にとどまらず、技術の進歩による新たな脅威に対応すべく、個人情報保護マネジメントシステムそのものも見直すべきである。

　☞　プライバシーマーク制度では、少なくとも年1回の「見直し」の実施を求めている。

課題Ⅱ　個人情報保護の対策と情報セキュリティ

第12章　人的安全管理措置

第1節　従業者の監督

　個人情報の漏えい事故の多くは、従業者の故意又は過失によるものである。

　そこで、法24条は、「個人情報取扱事業者は、その従業者に個人データを取り扱わせるに当たっては、当該個人データの安全管理が図られるよう、当該従業者に対する必要かつ適切な監督を行わなければならない」と定めている。また、法23条は個人データの安全管理措置を定めている。このため、個人情報取扱事業者は、人的安全管理措置として、①雇用契約時における従業者との非開示契約の締結と、②従業者に対する内部規程等の周知・教育・訓練の実施が求められる。

　ここで、監督の対象となる「従業者」とは、個人情報取扱事業者の組織内にあって直接間接に事業者の指揮監督を受けて事業者の業務に従事している者をいい、雇用関係にある労働者（正社員、契約社員、嘱託社員、パート社員、アルバイト社員等）のみならず、取締役、執行役、理事、監査役、監事、派遣社員等も含まれる（通則 GL）。

　監督の対象は、個人情報を取り扱う従業者に限定せず、個人情報を取り扱う可能性のある全ての従業者を対象としなければならない。

　また、従業者の監督に際しては、個人情報の重要性や漏えい事故等による影響の大きさ等を考慮し、会社が営む事業の規模や業務内容に応じた措置を講じる。

　通則ガイドラインの「10（別添）講ずべき安全管理措置の内容」は、従業者の教育として、次の手法を例示している。

図表46　従業者の教育

講じなければならない措置	手法の例示	中小規模事業者における手法の例示
○　従業者の教育 　従業者に、個人データの適正な取扱いを周知徹底するとともに適切な教育を行わなければならない。	・個人データの取扱いに関する留意事項について、従業者に定期的な研修等を行う。 ・個人データについての秘密保持に関する事項を就業規則等に盛り込む。	（同左）

1　非開示契約の締結

（1）非開示契約

　従業者の監督のために、従業者を採用する際に、非開示契約を締結することが必要である。

　非開示条項は雇用の終了後も一定期間有効であるようにすることが望ましい。また、非開示の対象は個人情報だけでなく営業秘密等の業務上知り得た情報全てが含まれるのが通常であるが、その場合は、非開示の対象に個人情報が含まれることを従業者に認識させ、また、個人情報に関する非開示の条項と営業秘密に関する秘密保持の条項を峻別することが望ましい。

（2）非開示契約の形式

　非開示契約の締結は、非開示契約書（労使双方が署名・捺印する）を作成する場合のほか、従業者が「誓約書」（署名・捺印は従業者のみ）を使用者に差し入れる方法も考えられる。

　雇用関係のある労働者であれば、就業規則の服務規律の条項に、業務上知り得た情報の非開示の義務を定めておく方法もある。その場合、就業規則に関する労働法規（労働基準法89条の就業規則作成・届出の義務や同法90条の就業規則作成の手続に関する規定）を遵守する必要がある。就業規則は労働者に周知しなければならないが（労働基準法106条）、就業規則を周知していても情報の非開示条項までは労働者が認識できていないこともあるので、個別に非開示契約書や誓約書を作成することにより、非開示条項を明確に認識できるようにすることが望ましい。

（3）非開示契約に違反した場合の措置

　非開示契約に従業者が違反した場合の措置に関する規程や契約書等も整備する必要がある。措置としては、懲戒処分や損害賠償が考えられる。

　就業規則で懲戒処分等の処置を定める場合は、就業規則に関する労働法規を遵守する必要がある。

　損害賠償については、「違反した場合は、これにより使用者が被った一切の損害を賠償する義務があることを認める」というだけでなく、損害賠償の額を予定する条項まで定めると違法（労働基準法16条違反）になるので、注意を要する。

図表47　秘密保持に関する誓約書（入社時）の例

秘密保持に関する誓約書

●●●●株式会社 御中

　私は、貴社に入社するにあたり、以下の事項を遵守することを誓約します。

1. 貴社の社内規程を遵守し、次の各号の情報を不正な第三者提供、漏えい、滅失又は毀損をしません。
   (1) 職務上知り得た個人情報及び個人番号
   (2) 顧客及び取引先に関する情報
   (3) 製品の開発、設計、製造及び生産管理等に関する情報
   (4) 製品の製造原価、販売価格設定等に関する情報
   (5) 貴社の財務、人事その他の経営上の重要事項に関する情報
   (6) その他、経営、営業、技術に関する情報で、貴社が秘密情報と定めた情報
2. 会社の保有にかかる文書、図面もしくは写真等の資料又はデータのほか、CD-ROM、USBメモリその他の記憶媒体は、在職中は適切に保管するとともに、全てを退職日までに貴社の指定する方法により返還又は廃棄します。
3. 貴社を退職した後も本誓約事項を遵守します。
4. 前各条項に違反した場合、貴社の社内規程に基づく懲戒処分及び法的責任の追及を受ける可能性があることを了承します。

平成●●年●●月●●日

　　住所
　　氏名　　　　　　　　　印

> 個人情報に関する非開示の条項と営業秘密に関する秘密保持の条項の峻別

> 契約（雇用）終了後も有効であるようにする

（4）派遣社員の受け入れに関する注意

　派遣社員と派遣先との間には、指揮・命令の関係はあるが、雇用関係はない、すなわち、派遣社員は派遣先の「労働者」ではない。

　ただし、派遣社員は派遣先の「従業者」には該当するから（前述）、派遣先は、派遣社員を監督する義務を負う（法24条）。

図表48　派遣の構造

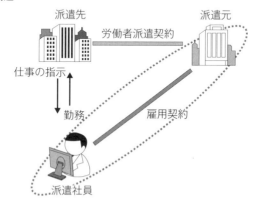

① 派遣元を通じて守秘義務を課す

派遣社員は派遣元との間に雇用関係があり、派遣先は派遣社員と二重に雇用関係をもってはならない（職業安定法44条）。このため、派遣先は、その就業規則を派遣社員に適用することはできない（就業規則を適用すると二重の雇用関係をもったことになってしまう）。

このため、派遣先としては、派遣元と秘密保持契約を締結することで、派遣社員からの情報漏えい防止策を講ずることが望ましい（派遣元は派遣社員と秘密保持契約を締結しているのが通常である）。

また、派遣先と派遣元が締結する派遣契約や秘密保持契約の中に、派遣元が派遣社員と秘密保持契約を締結しなければならないという条項を入れておくとよい。

② 派遣社員から秘密保持の誓約書を徴求することの問題

派遣先が、派遣社員を受け入れる際に、当該派遣社員から秘密保持の誓約書を取り付けることがある。

派遣先が派遣社員から誓約書を取り付けることは、派遣先の従業者に対する監督（法24条）の一環として許容される。

ただし、派遣先は派遣社員と雇用関係をもってはならないから、派遣先と派遣社員との関係が雇用関係となるような誓約書は労働法令違反となるので注意が必要である。

例えば、誓約書の差し入れを拒否した派遣社員を別の社員と入れ替えたり、違反行為をしたら契約打ち切り等の処分をされても異議はないという条項を誓約書に入れることは、派遣先が派遣社員を懲戒処分するものであるから、派遣先が派遣社員と雇用関係をもつものとして違法と考えられる。

なお、派遣先は、（紹介予定派遣を除き）労働者派遣契約の締結に際し、派遣社員を特定することを目的とする行為をしないように努めなければならないとされており（労働者派遣法26条6項）、また、派遣元が派遣先に通知しなくてはならない労働者個人に関わる情報は氏名、性別及び社会保険及び雇用保険の被保険者資格取得届の提出の有無等に限定されている（労働者派遣法第35条等）。従って、派遣先が派遣社員に対して必要以上に個人情報の提供を求めることは適当でないから、例えば誓約書に住所まで記入することを義務付けるべきではない。

図表49　派遣と誓約書

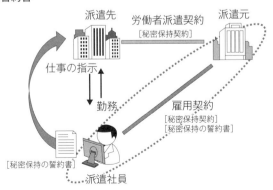

2 教育・訓練の実施

　事業者は、従業者の監督（法24条）の一環として、定期的に、個人情報の保護や情報セキュリティに関する教育を従業者に実施しなければならない。

　従業者に対する内部規程等の周知や、教育及び訓練の手法の例として、以下のものがあげられる。

【内部規程等の周知、教育及び訓練の手法例】

　　・個人データ及び情報システムの安全管理に関する従業者の役割及び責任を定めた内部規程等を周知する。

　　・個人データ及び情報システムの安全管理に関する従業者の役割及び責任について教育し、訓練を実施する。

　　・従業者に対する必要かつ適切な教育及び訓練が実施されていることの確認を行う。

　教育の内容は、情報セキュリティの重要性や安全管理に関する従業者の役割と責任を理解させ、従業者が各々の役割・権限を確実に果たすことができるようなものにすべきである。このため、従業者の担当業務、役割及び責任に応じて教育内容を変更するのが適切である。

　そして、アンケートや小テストを実施する等して従業者の理解度を把握し、必要に応じて教育内容の見直しを図ることや、教育を受けたことを自覚させる仕組みを取り入れることが望ましい。

　個人情報の保護や情報セキュリティに関する教育を受けることを入社や昇進、昇格の条件にしたり、理解度が一定基準に達しない従業者を再教育したり、当該業務から外すなどの方策も考えられる。

　　☞　プライバシーマーク制度では、研修名、開催日時、講師、研修の概要等を定めた教育計画書を作成して従業者の教育を実施し、従業者全員に教育を実施したことの記録を残さなければならないとしている。

3 職場におけるモニタリング

　従業者の職場におけるメール・インターネット、電話、カメラ等のモニタリングは、情報セキュリティ（個人情報保護法でいえば同法24条の従業者の監督義務）や労働者の職務専念義務等の見地から、業務上の必要性が認められる。

　他方で、対象となるメール等に従業者の氏名が記載されていなくても、事業者にとってはメールアドレスや接続IDとの照合等が容易であるから、メール等は個人識別性を有し個人情報に該当することが一般的である。従って、モニタリングは個人情報保護法の規制対象であるといえる。また、モニタリングは、プライバシーや人格権の侵害による損害賠償請求訴訟で争われることもある。

　　☞　モニタリングに関するリーディングケースとしては、東京地裁平成13年

12月3日判決がある。この判決では、従業員が組織内ネットワークシステムを用いて電子メールを私的に使用する場合のプライバシー保護については、「監視の目的、手段及びその態様等を総合考慮し、監視される側に生じた不利益と比較衡量の上、社会通念上相当な範囲を逸脱した監視がなされた場合に限り、プライバシー権の侵害となると解するのが相当である。」としている。

　従業者のモニタリングを実施するうえでの留意点としては次の項目があげられる（Q&A）。

【モニタリングの留意点】

① モニタリングの目的をあらかじめ特定した上で、社内規程等に定め、従業者に明示する。

② モニタリングの実施に関する責任者及びその権限を定める。

③ あらかじめモニタリングの実施に関するルールを策定し、その内容を運用者に徹底する。

④ モニタリングがあらかじめ定めたルールに従って適正に行われているか、確認を行う。

⑤ モニタリングに関して個人情報の取扱いに係る重要事項等を定めるときは、あらかじめ労働組合等に通知し必要に応じて協議を行うことが望ましい。

⑥ モニタリングに関して、個人情報の取扱いに係る重要事項等を定めるときは、あらかじめ労働組合等に通知し必要に応じて協議を行うことが望ましく、また、その重要事項等を定めたときは、従業者に周知することが望ましい。

第13章 委託先の監督

第1節 概要

　個人情報取扱事業者は、個人データの取扱いの全部又は一部を委託する場合は、その取扱いを委託された個人データの安全管理が図られるよう、委託を受けた者に対する必要かつ適切な監督を行わなければならない（法25条）。具体的には、個人情報取扱事業者は、法23条に基づき自らが講ずべき安全管理措置と同等の措置が講じられるよう、監督を行うものとする（個人情報保護法ガイドライン　通則編）。

第2節 内容

　「必要かつ適切な監督」のために、委託者は、取扱いを委託する個人データの内容を踏まえ、個人データが漏えい等をした場合に本人が被る権利利益の侵害の大きさを考慮し、委託する事業の規模及び性質、個人データの取扱状況、取り扱う個人データの性質及び量等に起因するリスクに応じて、1．適切な委託先の選定、2．委託契約の締結及び3．委託先における個人データ取扱状況の把握のための適切な措置を講じなければならない。

1　委託先の選定

　個人データの取扱いの委託先に対する必要かつ適切な監督（法25条）の措置の一環として、委託元は、適切な委託先を選定することが求められる。

　委託先の選定にあたっては、委託先の安全管理措置が、少なくとも委託元が法23条で求められる安全管理措置と同等であることを確認するため、通則ガイドラインの「10（別添）講ずべき安全管理措置の内容)」に定める各項目が、委託する業務内容に沿って確実に実施されることについて、あらかじめ確認しなければならない（個人情報保護法ガイドライン　通則編）。

　　☞　プライバシーマーク制度では、委託先を選定する基準は、少なくとも委託する当該業務に関しては、委託元と同等以上の個人情報保護の水準にあることを客観的に確認できなければならないとされている。

　[参考知識：通則GLに定める安全管理措置の項目]

1　組織的安全管理措置
　・個人データの安全管理措置を講じるための組織体制の整備

・個人データの安全管理措置を定める規程等の整備と規程等に従った運用
・個人データの取扱状況を一覧できる手段の整備
・個人データの安全管理措置の評価、見直し及び改善
・事故又は違反への対処
2　人的安全管理措置
・雇用契約時における従業者との非開示契約の締結、及び委託契約等（派遣契約を含む。）における委託元と委託先間での非開示契約の締結
・従業者に対する内部規程等の周知・教育・訓練の実施
3　物理的安全管理措置
・入退館（室）管理の実施
・盗難等の防止
・機器・装置等の物理的な保護
4　技術的安全管理措置
・個人データへのアクセスにおける識別と認証
・個人データへのアクセス制御
・個人データへのアクセス権限の管理
・個人データのアクセスの記録
・個人データを取り扱う情報システムについての不正ソフトウェア対策
・個人データの移送・送信時の対策
・個人データを取り扱う情報システムの動作確認時の対策
・個人データを取り扱う情報システムの監視

☞　【参考知識】の評価項目を、委託先選定基準としてルール化することが望ましい。委託先選定基準は、管理委員会（個人情報管理委員会）を設置している場合は管理委員会のもとで策定する。業務委託が日常化している場合は、委託先選定基準をみたす事業者を「委託先管理台帳」等でリスト化し、その中から選択する方法も考えられる。

　委託先の選定は、取扱いを委託する個人データの内容や規模に応じて適切な方法をとる必要がある（個人情報保護法ガイドライン　通則編）。

【委託先の選定にあたって確認する方法の例】
・委託元が立ち入ってチェックリストなどを用いて評価する。
・委託先が監査した結果を委託元に報告させる。

2　委託契約の締結

　個人データの取扱いの委託先に対する必要かつ適切な監督（法25条）の措置の一環として、委託元は、適切に選定した委託先との間で、個人データの取扱いに関する委託契約を締結することが求められる。

　委託契約は口頭でも成立するが、口頭だと契約内容や責任の所在等が不明瞭になりやすいから、委託契約書を作成するべきである。

委託契約には、個人情報等の非開示条項を入れるべきである。委託契約とは別に非開示契約の締結を示す契約書や覚書等を作成してもよい。

☞ 非開示条項は、契約終了後も一定期間有効であるようにすることが望ましい。

[参考知識：委託契約に盛り込むことが望まれる事項]

委託契約書には、下記事項を盛り込むことが望ましい。

図表50　委託契約に盛り込むことが望まれる事項と例

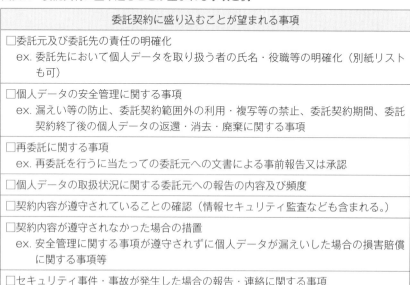

委託契約に盛り込むことが望まれる事項
□委託元及び委託先の責任の明確化 　ex. 委託先において個人データを取り扱う者の氏名・役職等の明確化（別紙リストも可）
□個人データの安全管理に関する事項 　ex. 漏えい等の防止、委託契約範囲外の利用・複写等の禁止、委託契約期間、委託契約終了後の個人データの返還・消去・廃棄に関する事項
□再委託に関する事項 　ex. 再委託を行うに当たっての委託元への文書による事前報告又は承認
□個人データの取扱状況に関する委託元への報告の内容及び頻度
□契約内容が遵守されていることの確認（情報セキュリティ監査なども含まれる。）
□契約内容が遵守されなかった場合の措置 　ex. 安全管理に関する事項が遵守されずに個人データが漏えいした場合の損害賠償に関する事項等
□セキュリティ事件・事故が発生した場合の報告・連絡に関する事項

[参考知識：「優越的地位」の問題]

「優越的地位」にある者が委託元の場合には、委託元は、委託先との責任分担を無視して、本人からの損害賠償請求に係る責務を一方的に委託先に課す条項や、委託先からの報告や監査において過度な負担を強いる条項など、委託先に不当な負担を課す契約内容にすることはできない。

※独占禁止法は「自己の取引上の地位が相手方に優越していること」を利用して、相手方に対して正常な商慣習に照らし不当とされる要求等をする行為を「優越的地位の濫用」として（独禁法2条9項5号）、「不公正な取引方法」の一類型として禁止している（同法19条）。違反した場合には排除措置命令や課徴金納付命令の対象となる。

※「自己の取引上の地位が相手方に優越していること」は、市場支配的な地位又はそれに準ずる絶対的に優越した地位である必要はなく、取引の相手方との関係で相対的に優越した地位であれば足りると解される（「優越的地位の濫用に関する独占禁止法上の考え方」公正取引委員会）。

3　委託先における個人情報取扱状況の確認

　個人データの取扱いの委託先に対する必要かつ適切な監督（法25条）の措置の一環として、委託元は、委託契約を締結して終わりにせず、委託先における個人データの取扱状況を把握することが求められる。委託先における個人データの取扱状況を把握するためには、定期的に監査を行う等により、委託契約で盛り込んだ内容の実施の程度を調査した上で、委託の内容等の見直しを検討することを含め、適切に評価することが望ましい（通則GL）。

　委託先における個人データの取扱状況の把握にあたっては、取扱いを委託する個人データの内容や規模に応じて適切な方法をとる必要がある（同）。

【委託先における個人データの取扱状況の把握の例】

・委託元が委託先に立ち入ってチェックリストなどを用いて評価（監査）する。

・委託先が監査した結果を委託元に報告させる。

4　再委託・再々委託

　個人データの取扱いを委託に出す場合は、再委託の禁止等の条項を委託契約書に盛り込んでおかないと、委託元の知らぬ間に再委託、再々委託されてしまう可能性があるので注意が必要である。

　　☞　個人番号関係事務を委託する場合は、法律で再委託・再々委託が制限されているので（番号法10条）、委託契約書に再委託の禁止等の条項を盛り込むのを忘れたとしても、委託先が自由に再委託することはできない。

　なお、委託元（A）が委託先（B）に対する「必要かつ適切な監督」（法25条）を怠っている状況で委託先Bが再委託先（C）に再委託をしたとする。この場合に、再委託先（C）が個人データの不適切な取扱いにより漏えい事故等を起こしたときは、委託先Bの監督を怠った委託元Aは、委託先Bに対する監督義務の違反があると判断される場合がある（通則GL）。

　また、委託元Aは、委託先Bや再委託先Cの行為により生じた損害について民事上の使用者責任（民法715条）を負うことがある。

　　☞　従って、個人情報・個人データの取扱いを委託する場合は、委託契約において、再委託を原則禁止するとともに、再委託の承認は文書（書面）で行うものとするべきである。

　委託先Bが再委託を行おうとする場合は、委託元Aとしては、次の措置を講ずることにより、委託先Bが再委託先Cに対して法25条による委託先の監督を適切に果たすこと、及び再委託先Cが法23条に基づく安全管理措置を講ずることを十分に確認することが望ましい（通説GL）。

【再委託する場合の望ましい措置】

・委託元Aが、再委託先Cの情報、再委託する業務内容及び再委託先の個人

データの取扱方法等について、委託先Bから事前報告を得る、又は承認を行う。

・再委託における業務記録を一定期間保管する。

・委託先Bを通じて又は必要に応じて委託元A自らが、定期的に再委託先Cの監査を実施する。

・再委託先Cから個人情報が漏えいした場合の損害賠償に関する事項を明確にする。

　なお、再委託先Cが再々委託を行う場合以降も、再委託を行う場合と同様の措置を講ずることが望ましい。

図表51　再委託の場合に実施することが望ましい措置の例

必要に応じて、委託元Aが自ら再委託先Cの監査を実施して再委託先Cが法23条による安全監理措置を講じていることを確認する

法23条による安全管理措置

委託元A　→　委託先B　→　再委託先C

法25条による監督　　　法25条による監督

委託元Aは委託先Bに対し、法25条による監督として、再委託先Cについての事前報告・承認を求めたり、再委託先Cを監査させるなどして、再委託先Cが法23条により要求される安全監理措置を講ずることを確認する

5　個人情報の取扱いの委託ではない場合の注意

　委託先が倉庫業やデータセンター（ハウジング、ホスティング）等の事業者であって、取り扱う情報に個人情報が含まれるかを委託先に認識させることなく情報を預ける場合は、個人情報の取扱いの委託ではないから、法25条（委託先の監督）は適用されず、委託契約書に個人情報に関する条項を盛り込む必要はない。

　ただし、委託元は、自社の安全管理措置（法23条）として、前述した委託先選定基準に従って委託先を選定するべきである。

　また、人材派遣事業者との人材派遣契約、清掃事業者や機器のメンテナンス事業者、警備会社等との契約も、個人情報の取扱いの委託ではないから、契約書に個人情報に関する条項を盛り込む必要はない。もっとも、このような契約は、派遣社員、清掃職員、メンテナンス担当者、警備員等が個人情報に触れる可能性があるので、自社の安全管理措置（法23条）の一環として、契約先との間で、立ち入ることができる範囲を定め、又は守秘義務に関する事項を盛り込んだ契約を締結することが望ましい。

第14章 事故・苦情等への対応

　漏えい等事故や苦情・相談に対応するための体制の整備については、前述した「第11章　第4節　漏えい等の事案に対応する体制の整備」を参照されたい。

第1節　事故が発生したときの対応

　個人情報取扱事業者は、個人データの漏えい等又はそのおそれのある事案（漏えい等事案）が発覚した場合は、漏えい等事案の内容等に応じて、次の1.から5.に掲げる事項について、必要な措置を講じなければならない（通則 GL）。

　　1.　事業者内部における報告及び被害の拡大防止
　　2.　事実関係の調査及び原因の究明
　　3.　影響範囲の特定
　　4.　再発防止策の検討及び実施
　　5.　個人情報保護委員会への報告及び本人への通知

　なお、漏えい等事案の内容等に応じて、二次被害の防止や類似事案の発生防止等の観点から、事実関係及び再発防止策等について、速やかに公表することが望ましい（個人情報保護法ガイドライン　通則編）。

　漏えい事故が発生したときは、漏えいした情報の内容、本人の権利利益の侵害の可能性・程度及び二次被害発生の可能性・程度等に照らして適切な手法を講ずる必要がある。そこで、漏えい事故への対応の準備として、事前に事故発生時の対応手順を整備しておくべきである。

　　☞　書店で誰もが容易に入手できる市販名簿等（事業者において全く加工していないもの）を紛失等した場合は、このような対処をする必要はない。

1　事業者内部における報告及び被害の拡大防止

　漏えい等事案が発覚した場合、責任ある立場の者に直ちに報告するとともに、漏えい等事案による被害が発覚時よりも拡大しないよう必要な措置を講ずる。

【被害が発覚時よりも拡大しないように講ずる措置の例】

　　・外部からの不正アクセスや不正プログラムの感染が疑われる場合に、当該端末等の LAN ケーブルを抜いてネットワークからの切り離しを行う又は無線 LAN の無効化を行うなどの措置を直ちに行う。

2　事実調査及び原因の究明

　漏えい等事案の事実関係の調査及び原因の究明に必要な措置を講ずる。

　なお、事実関係の調査に先立つ初動対応として、可能性のある被害の拡大を防止するためにできる当面の処置を行うことが望ましい。

【必要な措置の例】

- ・事故やその兆候の報告・連絡を受けた場合、役員会等で当面の処置（システム休止等）を決定する。
- ・役員等社内人員で構成する事故対策本部を設置し、コンサルテーション会社、調査会社等の外部専門家に調査を依頼して、事実の調査と原因の究明に努める。

3　影響範囲の特定

　事実調査で把握した事実関係による影響範囲の特定のために必要な措置を講ずる。

【必要な措置の例】

- ・漏えいした個人データに係る本人の数、漏えいした個人データの内容、漏えいした原因、漏えい先等を踏まえ、影響の範囲を特定する（個人情報保護法ガイドライン　Q&A）。
- ・事故対策本部や外部専門家等により、漏えいや毀損等が疑われる情報の内容（漏えいした個人情報の件数や項目等）、事故の影響を受ける本人、二次被害の有無等、事故の影響範囲を特定する。

4　再発防止策の検討・実施

　事実調査の結果を踏まえ、漏えい等事案の再発防止策の検討及び実施に必要な措置を講ずる。

【措置の例】

- ・役員、外部専門家等で構成された事故調査委員会を設置して、事故の再発防止策を検討し、実施する。
- ・二次被害防止策を講ずる。
  - 【二次被害防止策の例】
    - ・顧客名簿が名簿業者に渡った場合は名簿業者に警告し回収する。
    - ・個人情報が掲示板等に掲載された場合は掲示板等へ削除要請する。
    - ・クレジットカード等の情報が漏えいした場合は、専門業者への不正利用のモニタリング依頼をする。

5 個人情報保護委員会への報告及び本人への通知

個人情報保護委員会への報告は法26条1項、本人への通知は法26条2項に従って実施する。

> ☞ 個人情報保護委員会への報告及び本人への通知については、課題Ⅰの「第16章 第2節 漏えい等の報告（法26条1項）」及び「第16章 第3節 本人への通知（法26条2項）」を参照

なお、認定個人情報保護団体の対象事業者の場合は、自己が所属する認定個人情報保護団体に報告を行う。

6 事実関係及び再発防止策等の公表

二次被害の防止や類似事案の発生回避等の観点から、個人データの漏えい等の事案が発生した場合は、可能な限り速やかに、事実関係及び再発防止策等を公表することが重要である。大規模な漏えい事件では、事故発生直後の発表と影響を受ける可能性のある本人への連絡という初期対応を実施し、中間報告、社外取締役や外部専門家らで構成された検証委員会の設置と事件の総括及び再発防止策の検証を経て、社内処分等を含めた最終発表を行う場合もある。

ただし、以下のように、二次被害の防止の観点から公表の必要性がない場合には、事実関係等の公表を省略しても構わない。

【事実関係等の公表を省略できる場合】
- ・影響を受ける可能性のある本人すべてに連絡がついた場合
- ・紛失等した個人データを、第三者に見られることなく、速やかに回収した場合
- ・高度な暗号化等の秘匿化が施されている場合
- ・漏えい等をした事業者以外では、特定の個人を識別することができない場合

第2節 苦情・相談への対応

苦情及び相談は、常設の対応窓口を設置し、又は担当者を任命して受け付ける。

> ☞ 受付担当者は個人情報保護管理者（CPO）との兼任を妨げない。

苦情はその重要度に応じて代表者に報告して、改善・見直しに活かすべきである。

第3節 本人からの開示請求等への対応

個人情報取扱事業者は、保有個人データに関し、本人からの利用目的の通知の求め（法32条2項）のほか、開示請求（法33条1項）、訂正等の請求（法34条1項）、利用停止等の請求（法35条1項）、第三者提供停止の請求（法35条3項）及び利用停止等又は第三者への提供の停止の請求（法35条5項）に対応しなければならない。

> ☞ これらの開示等の請求等については、課題Ⅰの第25章から第32章を参照

第 **3** 編

オフィスセキュリティ

第15章　総論

第1節　物理的セキュリティ対策の必要性

　情報資産を盗難被害や紛失、事故や自然災害による破損等の事象から守るための物理的なセキュリティ対策が、物理的セキュリティ対策である。

　企業が有する個人情報、特許情報、技術情報、ノウハウ等の各種情報や、それらの情報を記録した媒体、コンピュータ等の各種の情報資産を自然災害や破壊、漏えい等のリスクから守り、情報の機密性、完全性及び可用性を維持するためには、リスクの原因となる人為的脅威（持ち出し等の意図的な人為的脅威や過失による紛失等の偶発的な人為的脅威）や環境的脅威（火災、自然災害、停電等）に対応して、リスクを低減するための対策を実施する必要がある。

　そのために、企業は、物理的セキュリティ対策（オフィスセキュリティ）として、情報機器等の物理的な脆弱性や、オフィス内の情報資産を取り扱う区域がもつ物理的な脆弱性への対策、すなわち、物理的安全管理措置を講じなければならない。

第2節　参照できる規範

　物理的セキュリティ対策に関して参照できる法令以外の規範には、次のものがある。

【物理的セキュリティに関して参照できる規範】

・個人情報保護法の分野

　　個人情報保護法ガイドライン　通則編の「10（別添）講ずべき安全管理措置の内容」において、「10-5　物理的安全管理措置」

・番号法の分野

　　特定個人情報の適正な取扱いに関するガイドライン　事業者編の「（別添1）特定個人情報に関する安全管理措置」において、「2E　物理的安全管理措置」

・個人情報保護マネジメントシステム（PMS）の分野

　　JIS Q 15001

・情報セキュリティマネジメントシステム（ISMS）の分野

　　JIS Q 27001の「A.11 物理的及び環境的セキュリティ」や JIS Q 27002の「11 物理的及び環境的セキュリティ」

第16章 物理的セキュリティ対策に関連する知識

第1節　ゾーニング
1　ゾーニングとは

　ゾーニング（Zoning）は、一般的には「区分すること」を意味するが、物理的セキュリティ対策の観点におけるゾーニングとは、守るべき情報の重要度に応じて、情報の置き場所を分けることである。

　ゾーニングにおいては、各種情報資産の脆弱性と脅威を洗い出して把握した上で、これらの脆弱性・脅威に対する情報資産の置き場所の安全管理策として、社外の者、一般の従業者、情報システム運用担当者等に分類して、立ち入ることのできるエリアを区分する。

　エリアは3つ又は4つに分類し、各エリアの脆弱性と脅威に対応した物理的セキュリティ対策（物理的安全管理措置）を検討することになる。

2　エリア区分と物理的な対策

　ゾーニングにおけるエリア区分の基準や各エリアの名称に統一されたものはないが、少なくとも、①社外の者（訪問者、宅配業者等）が立ち入ることができるエリア、②一般の従業者が業務を行うエリア及び③従業者の中でも権限をもつ者のみが立ち入ることができるエリアを区分するのが一般的である。

【3段階で分類する場合の例1】
① パブリックエリア（一般領域、レベル1）
② オフィスエリア（安全領域、レベル2）
③ セキュリティエリア（機密領域、レベル3）

【3段階で分類する場合の例2】
① オープンエリア
② セキュリティエリア
③ 高度なセキュリティエリア

【4段階で分類する場合の例1】
① エントランスゾーン（エントランスのように誰もが立ち入ることができるエリア）
② 来訪者ゾーン
③ 業務ゾーン

④　機密情報ゾーン

【4段階で分類する場合の例2】

①　レベル1（エントランスゾーンと同じ）

②　レベル2（来訪者ゾーンと同じ）

③　レベル3（研究開発部、経理部、人事部など）

④　レベル4（サーバルーム、金庫室など）

図表52　エリア区分（3段階区分の場合）とこれに対応する物理的な対策

区分	説明・例	脅威と物理的な対策
パブリックエリア （一般領域） （レベル1）	社外の者（訪問者、宅配業者等）が立ち入ることができるエリア [例] ・エントランス、受付、打ち合わせコーナー（来客用）	[脅威] ・悪意ある第三者の侵入 [対策] ・施錠やパーティション（区切り）の設置 ・入退館管理 ・ゲストIDカード（バッジ）の利用 ・受渡しエリアの設置 ・警備員の監視
オフィスエリア （安全領域） （レベル2）	一般の従業者が業務を行うエリア [例] ・事務室、作業室、会議室（社内用）	[脅威] ・パソコン盗難 ・データ漏えい ・書類持ち出し ・不正ソフトウェア攻撃 ・紛失 [対策] ・退室管理 ・社員IDカード利用 ・パーティション設置 ・パソコンのワイヤー固定 ・ノートパソコンの管理手続 ・媒体の保管管理・施錠管理 ・媒体の適正な廃棄処理
セキュリティエリア （機密領域） （レベル3）	従業者の中でも権限をもつ者のみが立ち入ることができるエリア [例] ・サーバルーム、バックアップ保管庫、重要書類保管庫、開発室、役員室	[脅威] ・不正侵入による機器・データの持出しや破壊 ・災害による情報資産の損壊 ・ハッカーによる改ざん、不正アクセス [対策] ・入退室管理システム（暗証番号、磁気カード、非接触カード、生体認証等） ・侵入者感知システム ・火災報知器、無停電電源（UPS）の設置 ・ウイルス対策ソフトの導入と定期的な更新

図表53　エリア区分の例

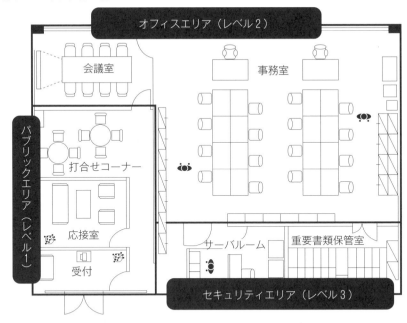

3　ゾーニングに関して参照できる規範

[参考知識：JIS Q 27002]

「JIS Q 27002:2014 情報技術－セキュリティ技術－情報セキュリティ管理策の実践のための規範」は、取扱いに慎重を要する情報・重要な情報及び情報処理施設のある領域を保護するために、「物理的セキュリティ境界」を定めることが望ましいとして、次の管理策を提示している。

【物理的セキュリティ境界】

a）物理的セキュリティ境界を定める。それぞれの境界の位置及び強度は、境界内に設置している資産のセキュリティ要求事項及びリスクアセスメントの結果に基づく。

b）情報処理施設を収容した建物又は敷地の境界は、物理的に頑丈にする。敷地内の屋根、壁及び床は、堅固な構造物とし、外部に接する全ての扉を、開閉制御の仕組みによって、認可されていないアクセスから適切に保護する。要員が不在のときには、扉及び窓を施錠し、窓については外部からの保護を考慮する。

c）敷地又は建物への物理的アクセスを管理するための有人の受付又はその他の手段を備える。敷地及び建物へのアクセスは、認可された要員だけに制限する。

d）認可されていない物理的アクセス及び周囲への悪影響を防止するために、適用できる場合は、物理的な障壁を設置する。

e）セキュリティ境界上にある全ての防火扉は、該当する地域標準、国内標準及び国際標準が要求するレベルの抵抗力を確立するために、壁と併せて、警報機能を備え、監視し、試験する。防火扉は、その地域の消防規則に従って、不具合が発生しても

安全側に作動するように運用する。

f) 全ての外部に接する扉及びアクセス可能な窓を保護するために、侵入者を検知する適切なシステムを、地域標準、国内標準又は国際標準に沿って導入し、定めに従って試験する。無人の領域では、常に警報装置を作動させる。他の領域（例えば、コンピュータ室、通信機器室）にも、このような仕組みを設置する。

g) 組織が自ら管理する情報処理施設は、外部関係者が管理する施設から物理的に分離する。

上記を参照して「物理的セキュリティ境界」の設定をしたら、各領域のセキュリティレベルを考慮して、各領域に適した入退館（室）の管理や機器・装置の物理的な管理策を講ずる。

第2節　入退館（室）管理の技術

1　認証装置

認証装置は、識別するための認証情報を格納している装置等であり、入退館（室）の制限等に用いられる。

認証装置は、従来はIDカードや鍵などのハードウェアが主体であったが、近時は生体情報を対象とするソフトウェアが主体となりつつある。

図表54　代表的な認証装置

区分	説明・例
生体認証（バイオメトリクス認証）	身体的特徴や行動的特徴を識別手段として利用した本人認証 ICカードやパスワード認証と組み合わせて利用することが多い。 ・パスワードを忘れる、盗み見されるといったリスクがない。 ・磁気カードのような接触不良の問題がない。 ・カードの紛失、盗難のリスクもない。
非接触カード（ICカード、スマートカード、チップカード）	カードにICチップを内蔵し、赤外線や電波などを利用して認証情報を読み取る方式 ・磁気カードのような接触不良の問題がない。 ・磁気カードのようなスキミングや偽造のリスクが少ない。 ・紛失・盗難のリスクはある。
磁気カード（CDカード）（機密領域）	カードをリーダに通して認証情報を読み取る方式 磁気カードと暗証番号の組み合わせで判断するのが一般である。 ・紛失や盗難、スキミングや偽造のリスクがある。 ・接触不良の問題がある。

☞　生体認証は、身体的特徴や行動的特徴といった本人のみが持っている情報を用いるため、なりすましが難しく、情報処理装置の高速化と精度向上に伴って、広く利用されるようになっている。生体認証が単独で用いられるケースは少なく、ICカードやパスワードと組み合わせて利用することが多い。

☞　非接触カードは、フラッパーゲート（駅の自動改札のように、ID カード等で認証された人だけを通過させ、入退室を記録するゲート）と組み合わせて用いることで、入退室管理を正確に行うとともに、共連れを防止することにつながる。

2　アンチパスバック機能

認証装置を用いた入退館（室）管理に対する不正入室の手法として、一人の認証で複数人が出入りする「共連れ（ピギーバック）」や、退室時に開いたドアから入れ違いで部外者が入室する「すれ違い」がある。

これらの不正入室を検出して防止する機能が、アンチパスバック機能である。

☞　例えば、社員 A と社員 B が入室する際に、社員 A が ID カード認証し社員 B が「共連れ」で入室した場合に、社員 B の ID カードには入室記録がない（又は 2 回連続退室になる）ため社員 B が自分のカードで退出しようとしても退出できなくするといった機能である。

第 3 節　バックアップとリストア

1　総論

バックアップとリストアは、災害や機器の故障等の際に、消失・損失した情報資産を速やかに回復し、完全性・可用性を維持するための対策である。

重要なデータやシステムをバックアップ機器に保存することがバックアップであり、事故が発生した際にバックアップ機器を用いてバックアップ時の状態にデータやシステムを復旧することをリストアという。

☞　バックアップ機器は、容量の大きさからテープが利用されることが多かったが、ハードディスク（HDD）の大容量化と低価格化に伴い、ハードディスクを利用するケースが増えている。もっとも、テープは故障が少ないことやバックアップ実行時しか大きな電力を必要としないこと、ハードディスクより容量単価が安いことなどから、大容量のデータバックアップにおいて改めて注目されている。

2　バックアップの運用計画

（1）バックアップの方法

バックアップの方法には、①フルバックアップ、②差分バックアップ及び③増分バックアップがある。

フルバックアップは、全てのデータをバックアップすることであるが、毎日のバックアップの全てをフルバックアップで行うと、バックアップ作業に時間を要する。

　差分バックアップや増分バックアップは、フルバックアップとの差分や増分をバックアップする方法であり、バックアップ作業に要する時間がフルバックアップよりも短い。日々の業務で行うバックアップに適するといえるが、リストアにはフルバックアップの場合よりも時間がかかる。

　そこで、例えば、フルバックアップは1週間に1回実施して、フルバックアップ間の毎日のバックアップは、差分バックアップや増分バックアップを行うという運用がみられる。

（2）リカバリの方法

　リカバリ（復旧）は、あらかじめ作成しておいたマニュアルに従って行う。

　バックアップを復旧に利用する場合は、事故発生の原因（ウイルス等）がシステムに侵入する前に作成したバックアップを利用しなければならない。ID・パスワードを不正利用された場合は、バックアップデータから不正利用時のID・パスワードを復元することになるから、このID・パスワードを変更しないまま正常稼働してはならない。

（3）バックアップ方針の策定

　事故に直面した際にバックアップとリストアを確実に行えるように、情報資産の重要性（完全性・可用性が損なわれた場合の損失の程度）に応じたバックアップの方針を策定する。

［参考知識：バックアップの方針に関連する事項］

　バックアップのサイクルは、毎日、1月毎、1年毎などが考えられ、情報資産の重要性やバックアップの手間などを考慮して決定する。

　バックアップ機器やバックアップツールの機能を使って、定期的にバックアップを自動実行することも考えられる。

　バックアップデータは上書きを繰り返して記録媒体を再利用するのが一般的である。しかし、1つの記録媒体だけでバックアップデータを管理していると、バックアップデータの破損等によりリストアができなくなってしまう可能性がある。そこで、記録媒体を複数管理して順番にバックアップデータを記録する「世代管理」の方法を採用する場合がある。実務では、3本のテープに順番にバックアップしていく3世代管理がよく用いられている。

　バックアップデータの記録媒体は経年劣化が考えられるから、バックアップデータの記録媒体の耐久性等を考慮して、バックアップの保存期間等を決め、保存開始日時を記録しておくべきである。

　また、バックアップの実施手順やリストアの実施手順を作成したうえ、定期的に復旧のリハーサルを行うなどして備える必要がある。

　なお、大規模災害等に対応するためには、「二重化」も検討する必要がある。二重化については、後述する「第18章　第1節　2　（2）バックアップと二重化」を参照。

第4節　その他の技術・知識

1　RASIS

RASIS（レイシス）は、コンピュータシステムの信頼性を評価する指標である。

☞　Reliability（信頼性）、Availability（可用性）、Serviceability（保守性）、Integrity（保全性・完全性）、Security（機密性）の5要素を頭文字で表現したものである。

RASISの各要素の中でも「RAS」の3項目（信頼性・可用性・保守性）は重視されており、特に「RAS」を評価指標に用いることも多い。

（1）Reliability

Reliability（信頼性）は、故障・障害の発生しにくさや、安定性の程度である。

（2）Availability

Availability（可用性）は、システムがどの程度正常に稼働しているかを割合で表した「稼働率」である。稼働率が高いほど信頼性の高いシステムといえる。

[参考知識：稼働率]

$$稼働率＝\frac{平均故障間隔}{平均故障間隔＋平均修復時間}$$

☞　「平均故障間隔」（MTBF：Mean Time Between Failures）は、故障から故障までの間隔（システムが連続して稼働している時間）の平均である。

☞　「平均修復時間」（MTTR：Mean Time To Repair）は、故障時にシステムの修復にかかる時間の平均である。

（3）Serviceability

Serviceability（保守性）は、障害発生時の復旧の速さである。

（4）Integrity

Integrity（保全性・完全性）は、障害時等にデータが不整合・消失等を起こさずに一貫性を確保する能力である。

（5）Security

Security（機密性）は、不正アクセスなどセキュリティ事故を防止する能力である。

2　耐震・耐火設備

データセンターのようにセキュリティレベルの高いエリア（セキュリティエリ

ア）の施設は、地震や火災等の災害時でもシステムを停止させないように、耐震・耐火設備を設置する必要がある。

☞　耐震構造、免震フロア、自家発電機能、不活性ガス消火設備など

3　クリアデスク・クリアスクリーン

盗難やのぞき見、不正使用等を防止するための対策として、「クリアデスク」や「クリアスクリーン」がある。

① クリアデスク

離席時や帰宅時に、重要情報を記した書類、媒体、携帯可能なコンピュータ等を自席やプリンタ等に放置しないことである。

② クリアスクリーン

クリアスクリーンとは、パソコンのスクリーンに情報を残したまま離席しないことをいう。

4　USBキー

USBキーは、USB端子に抜き差しすることでハードウェアやソフトウェアの稼働を制御するためのUSBデバイスである。USBキーを抜けばパソコンにロックがかかり、差せばロックが解除される。

パソコンにロックをかける方法としては、パスワードロックやパスワード付きスクリーンセーバーなどがある。しかし、パスワードの漏えいや割り出しによってパスワードロックは突破されてしまう。パスワードを定期的に変更したり、推測されにくいパスワードにするという対策はあるが、ユーザの負担が大きくなり、ユーザがパスワードを手帳やメモに書き留めるといったセキュリティ上好ましくない行動に出てしまうことがある。

そこで、USBキーが注目されるようになった。

近時は、パソコンのロック（パスワードの代替）だけでなく、ネットワークにアクセスするための個人認証の機能を有するUSBキーもある。

USBキーには、紛失した場合のUSBキーの再発行手続が複雑だと業務に支障をきたしてしまうといったデメリットがある。

5　USBトークン

USBトークンは、USB端子に挿入して個人認証するタイプのセキュリティトークンである。

個人認証機能を有するUSBキーとの違いは、ICカードと同様のセキュリティ機能があるICチップを内蔵していることである。

6 セキュリティトークン

セキュリティトークンとは、個人認証するための小型の物理デバイスである。

USB トークンのほか、IC チップにパスワードが登録されていて端末にタッチして認証するキーホルダー型や、近時のオンラインバンキングで用いられるようになったワンタイムパスワードの表示部を備えるカード型などがある。

近時は、ワンタイムパスワードを表示するスマートフォンのアプリを利用したソフトウェアトークン型が多く利用されている。

7 PIN

PIN（Personal Identification Number）とは、情報システムが利用者の本人確認のために用いる暗証番号である。

4桁の数字であることが多く、キャッシュカードやクレジットカードなどの本人確認手段として利用されてきた。

近年では、携帯端末のロック解除コードや Windows10のサインインなどに利用されており、USB キーに PIN を併用する製品もある。

一般的な PIN が4桁の数字なのに対し、パスワードの多くは6文字以上の数字・文字・記号の組み合わせであり、PIN よりも複雑である。それにもかかわらず、PIN が携帯端末や Windows10のサインインに利用されているのは、この場合には PIN で十分安全だからである。

すなわち、この場合の PIN は、携帯電話やパソコン等の端末とセットになっており、端末に登録した PIN を入力することで認証する。このため、PIN を盗み見した者が他の端末に PIN を入力しても、その端末でサインインすることはできないのである。同様にパソコンに感染したマルウェアが PIN を外部に漏えいしても、PIN を登録したパソコンを持っていない者には PIN の使いみちがなく、なりすましの被害は発生しない。

8 RAID

RAID（Redundant Arrays of Inexpensive Disks）とは、複数のハードディスク（HDD）を組み合わせて、全体を仮想的な1台のハードディスクとして運用する技術である。安価で価格相応の信頼性があるハードディスク（Inexpensive Disk）を複数台用いることで、大容量で信頼性の高いストレージ（補助記憶装置）を構築する技術であるともいえ、主に信頼性と可用性の向上に資する。

RAID の主な方式は、次の通りである。

① RAID 0（ストライピング）

複数台のハードディスクにデータを分散して読み書きすることで高速化する方式である。

　　ハードディスクが2台以上あれば運用でき、ストライピングにより高速化はするが、1台のハードディスクの故障でデータが失われるため信頼性は低下する。

② RAID 1（ミラーリング）

　　複数台のハードディスクに同時に同じデータを書き込むことで、1台のハードディスクが故障しても他方がバックアップになる方式である。

　　ハードディスクが2台以上あれば運用でき、ミラーリングにより信頼性は向上するが、高速化はせず、容量も増えない。

③ RAID 5

　　RAID 5は、データからパリティ（誤り訂正符号）を生成して3台以上のハードディスクに分散して書き込み、分散処理により特定のドライブに対する負荷を軽減し、高速化を図る方式である。

　　また、1台のハードディスクが故障してもシステムを稼働し続けることができ、故障したハードディスクを交換してパリティでデータを復元することもできる。

④ RAID 6

　　RAID 6は、データからパリティ（誤り訂正符号）を生成し、4台以上のハードディスクに分散して書き込む方式である。

　　RAID 5と異なる点は、ハードディスク台数が4台以上必要とし、許容されるHDDの障害台数が2台となる点、RAID 5よりもパリティが増える分はハードディスクの利用効率が下がる点である。

　　また、RAID 6は、その他のRAID 0、RAID 1、RAID 5に比べて耐障害性の高いRAID構成であるが、二重にパリティを生成するため、RAID 5よりもさらに書き込み速度が低下する点はデメリットとなる。

　　上記以外に、RAID 0とRAID 1を組合わせた構成の「RAID 01」や「RAID 10」のように表記されるもの等がある。

第17章

物理的安全管理措置の実施項目

通則ガイドラインの「10（別添）講ずべき安全管理措置の内容」には、物理的安全管理措置として講じなければならない措置と講じる手法が記載されている。

また、JIS Q 15001にも物理的安全管理措置として講じなければならない事項が記載されている。

図表55　物理的安全管理措置（個人情報保護法ガイドライン　通則編より）

講じなければならない措置	手法の例示	中小規模事業者における手法の例示
（1）個人データを取り扱う区域の管理 　個人情報データベース等を取り扱うサーバやメインコンピュータ等の重要な情報システムを管理する区域（「管理区域」）及びその他の個人データを取り扱う事務を実施する区域（「取扱区域」）について、それぞれ適切な管理を行わなければならない。	（管理区域の管理手法の例） ・入退室管理及び持ち込む機器等の制限等 　なお入退室管理の方法としては、ICカード、ナンバーキー等による入退室管理システムの設置等が考えられる。 （取扱区域の管理手法の例） ・間仕切り等の設置 ・座席配置の工夫や、のぞき込みを防止する措置の実施等による、権限を有しない者による個人データの閲覧等の防止	・個人データを取り扱うことのできる従業者及び本人以外が容易に個人データを閲覧等できないような措置を講ずる。
（2）機器及び電子媒体等の盗難等の防止 　個人データを取り扱う機器、電子媒体及び書類等の盗難又は紛失等を防止するために、適切な管理を行わなければならない。	・個人データを取り扱う機器、個人データが記録された電子媒体又は個人データが記載された書類等を、施錠できるキャビネット・書庫等に保管する。 ・個人データを取り扱う情報システムが機器のみで運用されている場合は、当該機器をセキュリティワイヤー等により固定する。	（同左）
（3）電子媒体等を持ち運ぶ場合の漏えい等の防止 　個人データが記録された電子媒体又は書類等を	・持ち運ぶ個人データの暗号化、パスワードによる保護等を行った上で電子媒体に保存する。 ・封緘、目隠しシールの貼付けを行う。	・個人データが記録された電子媒体又は個人データが記載された

持ち運ぶ場合、容易に個人データが判明しないよう、安全な方策を講じなければならない。 　「持ち運ぶ」とは、個人データを管理区域又は取扱区域から外へ移動させること又は当該区域の外から当該区域へ移動させることをいい、事業所内の移動等であっても、個人データの紛失・盗難等に留意する必要がある。	・施錠できる搬送容器を利用する。	書類等を持ち運ぶ場合、パスワードの設定、封筒に封入し鞄に入れて搬送する等、紛失・盗難等を防ぐための安全な方策を講ずる。
（4）個人データの削除及び機器、電子媒体等の廃棄 　個人データを削除し又は個人データが記録された機器、電子媒体等を廃棄する場合は、復元できない手段で行わなければならない。 　個人データを削除した場合、又は、個人データが記録された機器、電子媒体等を廃棄した場合には、削除又は廃棄した記録を保存することや、それらの作業を委託する場合には、委託先が確実に削除又は廃棄したことについて証明書等により確認することも重要である。	（個人データが記載された書類等を廃棄する方法の例） ・焼却、溶解、適切なシュレッダー処理等の復元不可能な手段を採用する。 （個人データを削除し、又は、個人データが記録された機器、電子媒体等を廃棄する方法の例） ・専用のデータ削除ソフトウェアの利用又は物理的な破壊等の手段を採用する。	・個人データを削除し、又は、個人データが記録された機器、電子媒体等を廃棄したことを、責任ある立場の者が確認する。

図表56　物理的安全管理措置（JIS Q 15001より）

講じなければならない事項	
入退館（室）の管理	（1）建物、室、サーバ室、個人情報の取扱い場所への入退制限 （2）建物、室、サーバ室、個人情報の取扱い場所への入退の記録と保管 （3）建物、室、サーバ室、個人情報の取扱い場所への入退の記録の定期的なチェック
盗難等の防止	（1）離席時に個人情報を記した書類、媒体、携帯可能なコンピュータ等を机上に放置しない。 （2）個人情報を取り扱うコンピュータの操作において、離席時は、パスワード付きスクリーンセーバーの起動又はログオフを実施する。 （3）個人情報を記録した媒体（紙、外部記録媒体）は施錠保管する。 （4）個人情報を記録した媒体の保管場所の鍵は特定者が管理する。 （5）個人情報を記録した媒体（紙、外部記録媒体）の廃棄は、再利用できない措置を講じている。 （6）個人情報を記録した携帯可能なコンピュータ等について、盗難防止措置を講じている。 （7）携帯可能なコンピュータや USB メモリ、CD-ROM 等の外部記録媒体の利用についてルールを定め、それを遵守している。 （8）個人情報を取り扱う情報システムの操作マニュアルを机上に放置していない。
機器・装置などの物理的な保護	（1）個人情報を取り扱う機器・装置等を物理的に保護する装置を導入していること

第1節　データを取り扱う区域の管理

　データを取り扱う区域の管理（入退館の管理）にあたっては、まず、「ゾーニング」によってセキュリティレベルに応じたエリア区分を行う。

　　☞　ゾーニングについては、前述の「第16章　第1節　ゾーニング」を参照

　そして、各エリアにある施設について、次のような管理策を講ずる（JIS Q 27002:2014による「オフィス、部屋及び施設に対する物理的な管理策」より）。

【エリア区分に応じた管理策】

　a）主要な施設は、一般の人のアクセスが避けられる場所に設置する。

　b）可能であれば、建物を目立たせず、その目的を示す表示は最小限とし、情報処理活動の存在を示すものは、建物の内外を問わず、一切表示しない。

　c）施設は、秘密の情報又は活動が外部から見えたり聞こえたりしないように構成する。電磁遮蔽も考慮する。

　d）秘密情報処理施設の場所を示す案内板及び内線電話帳は、認可されていない者が容易にアクセスできないようにする。

更に、各施設・エリアについて、入退館（室）の制限を実施する。

入退館（室）の制限により不正侵入を防止するだけでなく、入退館（室）の記録を保存し定期的にチェックすることによって、漏えい事故等が生じたときのトレーサビリティ（追跡可能性）を確保することができ、従業者等による不正取得・漏えいの抑止にもつながる（記録から犯人が判明すると思えば不正取得・漏えいを諦める）。

入退館（室）の管理として、以下の1ないし3の事項を講じるが、具体的な手法については、各エリアのセキュリティレベルに応じた適切な方法を選択することになる。

【入退館（室）の管理として講じる事項】

1　建物、室、サーバ室、個人情報の取扱い場所への入退制限

2　建物、室、サーバ室、個人情報の取扱場所への入退の記録と保管

3　建物、室、サーバ室、個人情報の取扱場所への入退の記録の定期的なチェック

なお、個人情報保護法ガイドライン　通則編の「10（別添）安全管理措置」では、個人情報データベース等を取り扱うサーバやメインコンピュータ等の重要な情報システムを管理する区域を「管理区域」、その他の個人データを取り扱う事務を実施する区域を「取扱区域」と呼び、それぞれ適切な管理を行わなければならないとして、次の手法を例示している。

図表57　個人データを取り扱う区域を管理する手法の例

講じなければならない措置	手法の例示	中小規模事業者における手法の例示
（1）個人データを取り扱う区域の管理　　個人情報データベース等を取り扱うサーバやメインコンピュータ等の重要な情報システムを管理する区域（「管理区域」）及びその他の個人データを取り扱う事務を実施する区域（「取扱区域」）について、それぞれ適切な管理を行わなければならない。	（管理区域の管理手法の例）・入退室管理及び持ち込む機器等の制限等　なお入退室管理の方法としては、ICカード、ナンバーキー等による入退室管理システムの設置等が考えられる。（取扱区域の管理手法の例）・間仕切り等の設置、座席配置の工夫、のぞき込みを防止する措置の実施等による、権限を有しない者による個人データの閲覧等の防止	・個人データを取り扱うことのできる従業者及び本人以外が容易に個人データを閲覧等できないような措置を講ずる。

1 建物、室、サーバ室、個人情報の取扱い場所への入退制限

[参考知識：入退館（室）の制限の手法]

【入退館（室）を制限する手法の例】

・IC カード（非接触カード）や生体認証を利用する等、機械的なシステムによる認証により業務上必要な者のみに入退の権限を与え、人事異動や退職、カードの紛失等に合わせ、遅滞なく設定を見直す。

・ナンバーキーによる入退制限。ナンバーキーは、人事異動や退職者が出た場合等にキー番号を変更する。

・ID カード（社員証）の提示により入退を制限する（守衛によるチェックや入館システムによるチェック）。

・通常は施錠し、必要な都度、鍵管理者の承認を得て鍵を開ける。

・予備の鍵（IC カード等含む）を適正に管理する。

・非常口は内部から施錠する。

・従業者は、ID カード（社員証）を常時携帯（着用）する。

・ID カードを紛失、破損した場合は直ちに届け出ることとし、紛失したカードは使用できないようにし、破損したカードは回収して確実に破棄する。

・人事異動や退職に合わせて、ID カードを回収して無効化する。

・ID カードを忘れた場合は当日しか使用できない代替のカードを発行し、退出時には確実に回収する。

・来訪者に、来訪者であることが一目で分かるような入館証・部外者用バッジを着用（携帯）させる（入退室の記録に入館証番号を記録するなどして入退室記録と連携させる）。

・ID カードや入館証の枚数管理を定期的に実施する（棚卸し）。

・監視カメラを作動させる（「警備中」「監視カメラ作動中」などと掲示することで、抑止効果を高める）。

・事前の約束のない来訪者は受け入れない。

・来訪者を受け入れる場合は、必ず従業者が帯同する（ID カードやバッジを付けていない場合や部外者に従業者が帯同していない場合は声掛けすることをルール化する）。

・来訪者を受け入れる場合は、あらかじめ定めた区域内（セキュリティレベルの低いパブリックエリア等）のみを案内する。

・来訪者をセキュリティレベルの高い区域（セキュリティエリア）に案内する必要がある場合は、守秘義務についての誓約書を取得する。

・セキュリティレベルの高い区域（セキュリティエリア）での外部者による保守点検作業は、作業員の所属、氏名、持込み書類、器具などを事前登録し、正社員立会いのもとで作業を行い、スマートフォンやタブレット等の機器の持込みを原則禁止とする。

2 建物、室、サーバ室、個人情報の取扱場所への入退の記録と保管

[参考知識：入退館（室）の記録と保管の手法]

【入退館（室）を記録し、記録を保管する手法の例】

・個人情報を取り扱うそれぞれの場所に関し、従業者、来訪者それぞれについて記録を取り、保管する（来訪者の入退室記録には、入退室の日時、入退室者の所属、氏名、

課題 II

個人情報保護の対策と情報セキュリティ

訪問先、ゲストカード番号等を記録（記載）する。なお、入退室記録帳を用いる場合は、他の訪問者の個人情報等が閲覧できないように、一覧形式ではなく単票形式にする）。

・従業者の入退について、24時間記録する（最低限、最初と最後の記録は残す）。

・最終退出時の社内点検（施錠、防火確認等）を実施する（24時間開いている事業所では不要である）。

3　建物、室、サーバ室、個人情報の取扱場所への入退の記録の定期的なチェック

2で保管した記録は、定期的にチェックし、定期的な安全管理措置の見直し及び改善を実施するべきである。

第2節　盗難等の防止

システム等の物理的な脆弱性につけ込む人為的な脅威（盗難、のぞき込み、紛失等）に対しては、以下の各事項を実施することで、脅威を軽減することができる。

【人為的な脅威を軽減するために実施できる事項】

1　離席時に個人情報を記した書類、媒体、携帯可能なコンピュータ等を机上に放置しない（クリアデスク）

2　個人情報を取り扱うコンピュータの操作において、離席時は、パスワード付きスクリーンセーバーの起動又はログオフを実施する（クリアスクリーン）

3　個人情報を記録した媒体は施錠保管する。

4　個人情報を記録した媒体の保管場所の鍵は特定者が管理する。

5　個人情報を記録した携帯可能なコンピュータ等について、盗難防止措置を講じる。

6　携帯可能なコンピュータや USB メモリ、CD-ROM 等の外部記録媒体の利用についてのルールを定め、それを遵守する。

7　個人情報を取り扱う情報システムの操作マニュアルを机上に放置しない。

具体的には、情報資産の態様、保管状況及び価値に応じて、各資産の盗難等を防止するための適切な手法を採用する。

個人情報保護法ガイドライン　通則編の「10（別添）講ずべき安全管理措置の内容」は、物理的安全管理措置として講じなければならない事項として、「（2）機器及び電子媒体等の盗難等の防止」をあげて、次の手法を例示している。

図表58　機器及び電子媒体等の盗難等の防止

講じなければならない措置	手法の例示	中小規模事業者における手法の例示
（2）機器及び電子媒体等の盗難等の防止 　個人データを取り扱う機器、電子媒体及び書類等の盗難又は紛失等を防止するために、適切な管理を行わなければならない。	・個人データを取り扱う機器、個人データが記録された電子媒体又は個人データが記載された書類等を、施錠できるキャビネット・書庫等に保管する。 ・個人データを取り扱う情報システムが機器のみで運用されている場合は、当該機器をセキュリティワイヤー等により固定する。	（同左）

1　離席時に個人情報を記した書類、媒体、携帯可能なコンピュータ等を机上に放置しない（クリアデスク）

［参考知識：クリアデスク方針］

　JIS Q 27001には、「書類及び取外し可能な記憶媒体に対するクリアデスク方針、並びに情報処理設備に対するクリアスクリーン方針を適用することが望ましい。」と記述されている。

【クリアデスク方針の例】

・離席時は、机上に個人情報を記録した媒体（紙、電子媒体）や携帯可能なコンピュータ等を放置せず、引出しやキャビネット等に施錠保管する。
・プリンタに出力した書類はすぐに取りに行く。
・廃棄予定の重要書類を放置しない。

2　個人情報を取り扱うコンピュータの操作において、離席時は、パスワード付きスクリーンセーバーの起動又はログオフを実施する（クリアスクリーン）

［参考知識：クリアスクリーン方針］

　JIS Q 27001には、「書類及び取外し可能な記憶媒体に対するクリアデスク方針、並びに情報処理設備に対するクリアスクリーン方針を適用することが望ましい。」と記述されている。

【クリアスクリーン方針の例】

・個人情報を取り扱うコンピュータからの離席時は、ログオフやパスワード付きスクリーンセーバーを起動する。
・スクリーンセーバー起動までの時間を、業務の内容に応じ合理的な範囲で定める。
・USB キーがなければコンピュータを操作できないよう設定し、離席時は必ず USB キーを抜く。

3　個人情報を記録した媒体は施錠保管する

［参考知識：施錠保管］

【施錠保管の手法例】

・個人情報を記録した紙媒体やUSBメモリ、CD-ROM等の外部記録媒体を施錠保管する。
・施錠保管では、あるべきものが全てそこにあるかについて管理する。
　例えば、外部記録媒体を保管している場合に、何か無くなっても容易に気がつかない
　ような管理状況にしない（施錠保管している媒体の持出しは管理責任者の許可を得る
　ものとし、持出しの日時、氏名、持出媒体名及び持出理由などを個人情報閲覧記録帳
　等に記録する）。
・個人情報を施錠保管しているキャビネット等は、中が見えないようにし、また内容物
　を表示するラベル等を貼付しない。表示する場合は、従業者にしか分からない記号に
　する等の措置を講じる。
・重要度の高い紙媒体・外部記憶媒体は、耐火・耐熱金庫や認証機能がある収納ユニッ
　トに保管する。

4　個人情報を記録した媒体の保管場所の鍵は特定者が管理する。

［参考知識：媒体の保管場所の鍵の管理］

【鍵の管理の手法例】

・鍵は特定者が管理する。
・鍵を管理する者の数を最小限にする。

5　個人情報を記録した携帯可能なコンピュータ等について、盗難防止措置を講じる

［参考知識：記録媒体の盗難防止措置］

【盗難防止措置の手法例】

・携帯可能なコンピュータや外付けハードディスクに個人情報を保管している場合、
　チェーンロック又は帰宅時のキャビネット等への施錠保管を行う。
・業務で使用する携帯電話については、取扱いルールを定め、ルールを遵守する。
　☞　肌身離さない携行、落下防止ストラップの装着等の紛失防止策、ナンバーロッ
　　　クの実施、リモートロック等
　☞　私物の携帯電話を業務に使うことを認めている場合は、事業者と従業者間で取
　　　扱いのルールについて合意していることが望ましい。ルールを作るにあたっては、
　　　事業者は従業者のプライバシーに配慮する必要がある。

6 携帯可能なコンピュータや USB メモリ、CD-ROM 等の外部記録媒体の利用についてのルールを定め、それを遵守する

[参考知識：外部記録媒体の利用ルールの遵守]

【外部記録媒体の利用ルールの策定と遵守の例】

・携帯可能なコンピュータや USB メモリ、CD-ROM 等の外部記録媒体の利用、持出し、持込みの際のルールを定め、遵守する。
・外部記録媒体を社外へ持ち出すときや組織内に持ち込む（持出しの返却を含む）ときは、必要に応じて暗号化等の秘匿化やウイルスチェック等を実施することもルールに含め、遵守する。
・外部記録媒体を利用できる端末を限定している。

（1）携帯可能なコンピュータの利用等のルール

　携帯可能なコンピュータ（ノートパソコン等）の利用、持出し、持込みに関しては、機器の紛失・盗難やウイルス感染を防止するためのルールを策定しなければならない。

[参考知識：携帯可能なコンピュータの利用等のルール]

　ルール策定にあたっては、「国民のための情報セキュリティサイト」（総務省）及び「公衆無線 LAN 利用に係る脅威と対策」（IPA）に掲載されている例が参考になる。

【携帯可能なコンピュータ利用等のルールの例】

・強固な情報セキュリティ対策を施した持出専用のノート PC（指紋認証や BIOS パスワード、USB トークンなどを利用できる製品）を準備し、情報システム部門で管理番号（製造番号）、使用者等を記録し管理する。
・持出専用以外のノート PC の社外への持出しを禁止する。
・社外にノート PC を持ち出す場合には事前の申請を義務づけ、持出しの日時、氏名、管理番号（製造番号）、持ち出す情報の種類や内容（顧客名簿など）、持出理由等を機器持出管理台帳等に記録する。
・ノート PC には持ち出す必要のない情報は保存しない。
・ノート PC に保存するファイルは暗号化する。
・容易に推測されにくいログインパスワードを設定する。
・OS のログインパスワードだけでなく、BIOS パスワードやハードディスクのパスワード、USB トークンを利用する。
・リモートアクセスを利用する場合には、指紋認証やワンタイムパスワードによる認証を利用する。
・信頼できない社外ネットワーク（公衆無線 LAN 等）には接続しない。社外ネットワークに接続する場合は、セキュリティ対策（フォルダ共有設定の解除、ウイルス対策等）を確認し、ID やパスワード、個人情報等の重要な情報の入力・送受信はしない。
・アップデートや修正プログラム等を速やかに適用する。
・盗難時等のリモート接続によるハードディスク内データの強制消去や利用者位置を特定する機能・サービスを利用する。
・盗難・紛失時には直ちに情報管理責任者に届け出る。

（2）USBメモリの利用等のルール

　USBメモリ等の持ち運びしやすく大容量の電子記録媒体がオフィスに持ち込まれると、大量の機密情報を持ち出すことが可能になってしまう。また、USBメモリを媒介してパソコンに感染するマルウェアもある。そこで、USBメモリ等の電子記録媒体については、その持ち込みと業務での利用等について規制しなければならない。

[参考知識：USBメモリの利用等のルール]

　USBメモリの利用、持出し、持込みに関するルールの策定にあたっては、「国民のための情報セキュリティサイト」（総務省）及び「外部記憶媒体のセキュリティ対策」（IPA）に掲載されている例が参考になる。

【USBメモリ利用のルールの例】

・管理下にないPCや不特定多数が利用するPCに、業務で利用するUSBメモリを接続しない。
・管理下にないUSBメモリや所有者不明なUSBメモリを、業務で利用するPCに接続しない。
・全てのコンピュータのUSBメモリの自動実行機能（USBメモリをパソコンに接続した際等に、ファイルが自動的に実行されるWindowsの機能。オートラン機能）を無効にする。
・USBメモリをPCに接続したときには、ファイルを開く前に必ずウイルスチェックを行う。
・保存するファイルは暗号化する。
・外部に持ち出すUSBメモリは情報セキュリティ対策機能やソフトウェアが装備されている製品を使用し、個人のUSBメモリの使用を認めない。

（3）スマートフォンの利用等のルール（MDM）

　組織がスマートフォンを従業員等に貸与する場合にスマートフォンの利用状況等を一元管理する仕組みを「MDM（モバイル端末管理：Mobile Device Management）という。

　スマートフォンは、大容量の記録媒体として用いることが可能であり、カメラ付きの場合には機密情報の撮影も容易である。スマートフォンに感染するマルウェアも存在する。従って、スマートフォンの業務での利用や持込み等について規制しなければならない。

[参考知識：MDM]

　スマートフォンを業務で利用する場合のルールの策定にあたっては、「スマートフォンのセキュリティ対策のしおり」（IPA）及び「スマートフォンの安全な利活用のすすめ」（JNSA）に掲載されている例が参考になる。

【MDMの例】

・業務利用する端末は貸与制とし、個人所有端末の業務利用は原則禁止して申請により許可する。

・個人所有端末の業務利用を認める場合は、個人用データと業務用データを分けて管理する。
　☞　業務用と個人用でメールボックスを分離する。
　☞　業務用と個人用でアドレス帳データを分離する。
・業務用のデータ・アドレス帳データ（及びそれらのバックアップデータ）は、アプリ等により暗号化するか、セキュリティ対策のされたオンラインストレージに保存する。
・拡張メモリスロットのメモリにデータを保存しない。
・紛失時の保護手段を準備する。
　☞　パスワードやPIN等による端末（又はSIM）のロックの徹底
　☞　パスワードクラッキング対策（指定回数以内に正しいパスワードが入力されない場合にデータ消去やセキュリティロックする機能等）
　☞　紛失した端末の探索、強制ロック、データ消去等ができる機能を有効化（アプリやサービスを利用）する。
・アプリは信頼できる場所からインストールし、提供元不明のアプリのインストールを許可しない。
　☞　業務利用する端末に導入すべきでないアプリを特定する。
　☞　業務利用する端末に導入すべきでないアプリが組織内で利用されていないことを確認する（スマートフォン専用セグメントに対するスキャン、組織内で利用されている端末に導入されているアプリの確認等）。
・端末を改造（Jailbreak、root化等）しない。
・アップデートや修正プログラム等を速やかに適用する。
・端末の組織内ネットワークへの接続の対策を講ずる。
　☞　スマートフォンを接続させるネットワークセグメントは、組織内の他のネットワークセグメントと分離する。
　☞　スマートフォン専用セグメントと隣接する他のネットワークセグメントでは、スマートフォン専用セグメントと同等以上のセキュリティレベルを確保する。
　☞　スマートフォンを専用ネットワークにのみ接続させるためのアクセス制御を実施する（MACアドレス、クライアント証明書、他の認証システムとの連携等）。
　☞　スマートフォン専用ネットワークのトラフィックをモニタリングする。
　☞　スマートフォン専用ネットワークにおける端末のステータスログ、又は認証ログなどを定期的に確認する。
　☞　スマートフォン専用ネットワークに汚染状態・不適切な状態の機器が接続されていないかを確認する。
・盗難・紛失時には直ちに上長（所属長・情報管理責任者等）に届け出る。
・盗難・紛失に対し速やかに保護措置を実施する。
　☞　端末の保護措置を実施する。
　☞　当該端末の組織内ネットワークへの接続許可を取り消す。
　☞　当該端末を利用する従業者の組織内ネットワークのIDの利用停止とパスワード変更を実施する。
・端末を廃棄する場合（業務利用する個人所有端末の機種変更を含む）は、端末に蓄積されたデータを完全に消去する（物理フォーマットや破砕処理等、確実性の高い手段が提供されている場合、その手段を採用することが望ましい）。

（4）個人所有機器の利用等のルール

　個人で所有する機器等をセキュリティレベルの高いエリアに持ち込むと、情報の不正持出しに機器が利用される恐れ等があるから、個人所有機器のセキュリティレベルの高い区域への持ち込みは禁止するべきである。

　また、個人所有の機器を業務に利用することも、その機器が私的にどのような形で利用されるかが予測できないから、原則として禁止するべきである。

　　☞　個人所有のパソコンを業務に利用していたところ、私的利用時に感染していたマルウェアによって業務上の情報が漏えいした事故が発生している。

　なお、業務で用いるソフトウェアは全社で統一して管理し、個人で持ち込んだソフトやフリーソフトウェアをパソコンにインストールすることは禁止するべきである。悪意のあるソフトウェア（ウイルスが仕込まれている、トロイの木馬として機能する等）が業務用のパソコンにインストールされると、情報漏えい等につながる可能性があるからである。

［参考知識：個人所有機器の利用等のルール］

　個人所有の機器やプログラムを業務で利用したり持ち込むことに関するルールについては、「情報漏えい対策のしおり」（IPA）に記載されている例が参考になる。

【個人所有の機器やプログラムの持込み等のルールの例】

・個人所有の機器（パソコン、スマートフォン、外部記憶媒体等）のセキュリティエリア（従業者の中でも権限をもつ者のみが立ち入ることができるエリア）への持込みを禁止する。
・個人所有の機器の業務利用を原則禁止する（個人所有のスマートフォンの業務利用については、前述した［スマートフォンの利用等のルール］の例を参照）。
・個人所有の機器の業務用パソコンへの接続を禁止する。
・個人所有の機器の組織内ネットワークへの接続を禁止する。
・個人所有のプログラムの業務利用を禁止する。
・許可されていないプログラム（フリーウェア等）のインターネットからのダウンロードを禁止する。
・許可されていないオンラインストレージサービスや情報共有サービス等の業務利用を禁止する。

7　個人情報を取り扱う情報システムの操作マニュアルを机上に放置しない

［参考知識：情報システムの操作マニュアル取扱いのルール］

【個人情報を取り扱う情報システムの操作マニュアルの取扱いに関するルールの例】

・個人情報を取り扱う情報システムの操作マニュアルを保管する場所を定め、使用後は必ずそこに返却する。
・個人情報を取り扱う情報システムの操作マニュアルを電子化する。

第3節　機器・装置等の物理的な保護

　個人情報を取り扱う場所、機器・装置に対する人為的脅威としては、盗難や破壊等が考えられ、環境的脅威としては、漏水、火災、停電、地震等が考えられる。

　これらの脅威から機器・装置等を物理的に保護し、脅威を軽減する装置を導入する必要がある。

［参考知識：機器・装置等の物理的な保護］

【機器・装置等の物理的な保護を実施するために事業者が参考にできる手法の例】

・個人情報を取り扱う機器・装置等は、サーバ室やサーバラック等に施錠保管し、物理的に保護する。

- ☞　事業者の規模、取り扱う個人情報の量や質、あるいはオフィスそのものの高い機密性の確保といったことを総合的に勘案し、サーバ室やサーバラックが必要でない場合もある。

- ☞　ただし、そのような場合であっても、安全管理上の脅威（盗難、破壊、破損等）や環境上の脅威（漏水、火災、停電、地震等）からの物理的な保護装置が必要であることに変わりはない。

- ☞　サーバ室については、事務消耗品等をストックしておく倉庫として利用して情報システムの管理に関係のない者が頻繁に入退室する環境にするのは好ましくない。

・個人情報を取り扱う機器・装置等には無停電電源装置（UPS）を設置する。

・個人情報を取り扱う機器・装置等を保管する部屋には、耐火（消火）設備を用意する。

- ☞　情報システムを取り扱う機器・装置を保管する部屋の立地や配置、設備を検討する際は、情報システム安全対策基準の〈設置基準〉に掲げられている以下の対策項目を確認し、情報システムを取り扱うエリアのセキュリティレベル等に応じて、どの項目を採用するかを検討するとよい。

【情報システム安全対策基準が掲げる「対策項目」】

（1）建物及び室は、火災の被害を受ける恐れのない場所に設けること

（2）建物及び室は、水の被害を受ける恐れのない場所に設けること

（3）建物は、落雷の被害を受ける恐れのない場所に設けること

（4）建物及び室は、電界及び磁界の被害を受ける恐れのない場所に設けること

（5）建物及び室は、空気汚染の被害を受ける恐れのない場所に設けること

（6）室は、専用とすること

（7）情報システムを事務室に設置する場合は、設置位置等に配慮すること

（8）建物の内外及び室は、情報システム及び記録媒体の所在を明示しないこと

（9）建物及び室は、避難のために必要な空間を確保すること

・個人情報を取り扱う機器・装置等を保管する部屋について、室温管理を実施する。

・手順や具体的な期間を定め、定期的にバックアップを保管する。

- ☞　バックアップは、数世代を保管している。

- ☞　バックアップする場合、暗号化等の秘匿化の措置を講じている。

- ☞　バックアップした媒体は施錠保管し、数量管理している。

- ☞　バックアップした媒体は、遠隔地に保管する。

☞　情報システムの OS やアプリケーションのバックアップも保管する。

☞　バックアップから迅速に個人情報が復元できることのテストを実施する。

☞　バックアップの履歴やバックアップに関する各種事象、障害について記録する。

※バックアップの要否については、復旧の容易性やコスト等を勘案して事業者で判断することである。

第4節　データを輸送・送信する場合の漏えい等の防止

個人情報等のデータが記録された記録媒体（書類や電子媒体等）を輸送したりデータを送信したりする場合は、盗難や紛失、盗み見、盗聴などのリスクがあるから、容易にデータが読み取られることのないように、安全な方策を講じなければならない。

なお、データを事業所外に持ち出す場合だけでなく、事業所内のデータ移動であっても盗難や紛失等のリスクはあるから、セキュリティレベルの異なるエリアにデータを移動させる場合にも、安全な方策を講ずるべきである。

個人情報保護法ガイドライン　通則編の「10（別添）講ずべき安全管理措置の内容」は、物理的安全管理措置として講じなければならない事項として、「（3）電子媒体等を持ち運ぶ場合の漏えい等の防止」をあげて、次の手法を例示している。

図表59　電子媒体等を持ち運ぶ場合の漏えい等の防止

講じなければならない措置	手法の例示	中小規模事業者における手法の例示
（3）電子媒体等を持ち運ぶ場合の漏えい等の防止 　個人データが記録された電子媒体又は書類等を持ち運ぶ場合、容易に個人データが判明しないよう、安全な方策を講じなければならない。 　「持ち運ぶ」とは、個人データを管理区域又は取扱区域から外へ移動させること又は当該区域の外から当該区域へ移動させることをいい、事業所内の移動等であっても、個人データの紛失・盗難等に留意する必要がある。	・持ち運ぶ個人データの暗号化、パスワードによる保護等を行った上で電子媒体に保存する。 ・封緘、目隠しシールの貼付けを行う。 ・施錠できる搬送容器を利用する。	・個人データが記録された電子媒体又は個人データが記載された書類等を持ち運ぶ場合、パスワードの設定、封筒に封入し鞄に入れて搬送する等、紛失・盗難等を防ぐための安全な方策を講ずる。

第5節　個人情報を記録した媒体の廃棄の際には、再利用できない措置を講じる

　紙媒体の廃棄に注意すべきはもちろんのこと、個人情報を記録した記憶媒体が故障したからといって安易に廃棄すると、第三者がデータを復旧し（データサルベージ）、個人情報が漏えいしてしまう可能性がある。そこで、再利用やデータサルベージができないような確実な措置を講じて廃棄する必要がある。

　データの削除や媒体の廃棄は、復元できない手段で行わなければならない。また、データの削除やデータが記録された機器、電子媒体等の廃棄の記録を保存することや、それらの作業を委託する場合には、委託先が確実に削除又は廃棄したことについて証明書等により確認することも重要である。

　個人情報保護法ガイドライン　通則編の「10（別添）講ずべき安全管理措置の内容」は、物理的安全管理措置として講じなければならない事項として、「（4）個人データの削除及び機器、電子媒体等の廃棄」をあげて、次の手法を例示している。

図表60　個人データの削除及び機器、電子媒体等の廃棄

講じなければならない措置	手法の例示	中小規模事業者における手法の例示
（4）個人データの削除及び機器、電子媒体等の廃棄 　個人データを削除し又は個人データが記録された機器、電子媒体等を廃棄する場合は、復元できない手段で行わなければならない。 　個人データを削除した場合、又は、個人データ	（個人データが記載された書類等を廃棄する方法の例） ・焼却、溶解、適切なシュレッダー処理等の復元不可能な手段を採用する。 （個人データを削除し、又は、個人データが記録された機器、電子媒体等を廃棄する方法の例） ・専用のデータ削除ソフトウェアの利用又は物理的な破壊等の手段を採用する。	・個人データを削除し、又は、個人データが記録された機器、電子媒体等を廃棄したことを、責任ある立場の者が確認する。

課題Ⅱ　個人情報保護の対策と情報セキュリティ

が記録された機器、電子媒体等を廃棄した場合には、削除又は廃棄した記録を保存することや、それらの作業を委託する場合には、委託先が確実に削除又は廃棄したことについて証明書等により確認することも重要である。		

[参考知識：個人データの削除及び機器、電子媒体等の廃棄の手法の例]

【個人データの削除及び機器、電子媒体等の廃棄の手法の例】

・保管期間が経過した個人情報は、確実に消去・廃棄・返却する。

・個人情報を記録した媒体は、媒体の種類ごとに確実に消去・廃棄・返却する。

 ☞ 個人情報を記録した紙媒体をシュレッダーで細かく裁断する（裁断された紙は時間をかければ復元される可能性があるため、情報の重要性に応じて裁断の細かさを決める）。

 ☞ 個人情報を記録した紙媒体を専門の業者に依頼して溶解処分する。

 ☞ 個人情報を記録した外部記録媒体（CD、DVD、USB メモリ、ハードディスク等）を裁断・破砕する（メディアシュレッダーの利用、ドリルで穴を開ける、ハンマーで破砕する等）。

 ☞ 個人情報を記録した外部記録媒体を物理的に破壊しない場合、データを完全消去する（初期化しただけでは記録媒体の管理情報が消去されただけの場合があるため、意味のないデータを媒体に 1 回又は複数回上書きする、専用のデータ削除ソフトウェアを利用する）。

 ☞ 個人データが記録された媒体や機器（コピー機や FAX 機を含む）をリース会社やレンタル業者に返却する前にデータを完全消去する、契約によりリース業者等による完全消去義務を定める。

・個人情報を消去・廃棄・返却した記録を取り、その記録を一定期間保管する。

・外部の者に消去・廃棄させる場合、廃棄証明等を取得する。

 ☞ 消去・廃棄を委託する場合は、廃棄作業に立ち会って廃棄状況の確認をする。

 ☞ 廃棄証明書の発行を義務付ける。

・保管している個人情報を誤廃棄しないための手順を定め、遵守する。

・法令等で保管期間が定められた個人情報を誤って保管期間満了前に消去・廃棄しないための対策を講じる。

・個人情報が記載された書類の裏面を使用しない。

第18章　災害対策

第1節　災害とその対策

1　災害対策の必要性

　企業は、地震、火災、テロリズム、システム障害、新型コロナウイルス等の感染症など、事業活動の中断を招きかねない緊急事態に対し、重要業務の中断を回避し、又は事業活動が中断した場合に速やかに事業活動を再開させる策を講じておく必要がある。これは、業務中断に伴う顧客取引の競合他社への流出、マーケットシェアの低下、企業評価の低下などから企業を守るために不可欠な経営戦略である。

　　☞　本書では、災害対策について、便宜的にオフィスセキュリティ（物理的セキュリティ対策）で説明しているが、緊急事態に効果的に対応するためには物理的な対応策を講ずるだけでは不十分であり、災害に対応して組織が有効に機能し人員が適切に行動する必要がある。災害対策においては、物理的セキュリティ対策だけでなく、組織的・人的セキュリティ対策、すなわち、組織体制の整備（緊急事態に対応する組織の整備等）と人的管理（教育・訓練等）が不可欠である。

2　災害とその対策

　災害は、自然災害（台風、地震、津波、洪水、落雷、豪雨等）と人的災害（失火、テロリズム、システム障害等）に分類される。

　災害により情報システムやデータ、プログラム等が被害を受けると、そのままでは再利用が難しい。このため、情報機器を耐火性・耐震性に優れた建物に設置するといった防災対策のほか、データやプログラムのバックアップ等の対策も必要となる。

（1）対策項目

　情報システムの災害・障害対策を検討する際には、「情報システム安全対策基準」（経済産業省）の〈技術基準〉に掲げられている以下の対策項目を確認し、情報システムの利用者の属性（利用者は不特定者か特定企業内の者か特定部門内の者か）に応じて、各項目の採否を検討するとよい。

［参考知識：情報システムの災害・障害への対策項目］

【災害・障害への対策項目】

1．災害対策機能

（1）情報システムは、代替運転する機能を設けること

（2）データ及びプログラムを復旧する機能を設けること

（3）回復許容時間に対応したバックアップ機能を設けること

（4）情報システムを遠隔地でバックアップする機能を設けること

2．障害対策機能

（1）データのエラー検出機能を設けること

（2）集中、分散処理の形態に応じて、情報システムの障害箇所を検出し、切り離して処理を継続する機能を設けること

（3）集中、分散処理の形態に応じて、障害による情報システムの停止の後、処理を回復する機能を設けること

3．保守機能

（1）障害内容を解析し障害箇所を特定化する機能を設けること

（2）情報システムを停止しないで保守する機能を設けること

（3）遠隔操作により保守する機能を設けること

4．運用支援機能

（1）情報システムの稼働及び障害を監視し、運転を制御する機能を設けること

（2）情報システムを自動的に運転する機能を設けること

（2）バックアップと二重化

　バックアップについては、前述した「第16章　第3節　バックアップとリストア」を参照されたい。

　災害に備えるためのバックアップの手法として、「二重化」が考えられる。

　二重化は、一つの系統の機器が故障しても全体のシステム停止につながらないようにするために、同じ構成の機器や回線などを二系統用意することである。二重化は、システムの可用性を維持するための対策である。

［参考知識：二重化の方法］

【バックアップにおける二重化の方法】

① デュアルシステム

　　同じ処理を行う二系統を同時に稼働・運用し、どちらかのシステムに障害が発生した時には他方のシステムで処理を継続する方式である。

② デュプレックスシステム

　　稼働している系統（現用系・本番系・稼働系）と待機している系統（待機系・予備系・従系）を用意し、現用系に障害が発生した時には待機系に切り替えて処理を継続する方式である。「待機冗長化方式」ともいう。

[参考知識：デュプレックスシステムの概要]

デュプレックスシステムには、次の3つのスタンバイ形式がある。

【デュプレックスシステムにおけるスタンバイ形式】

・ホットスタンバイ

待機系に現用系のオンライン処理プログラムをロードして待機させておき、現用系に障害が発生した場合に即時に待機系に切り替えて処理を続行する手法。

障害が発生したときに自動的に待機系に切り替えて処理を続行することをフェールオーバーという。

・ウォームスタンバイ

現用系と同等の機器を待機系とするが、OSは立ち上がっているがシステムは起動せず停止させて待機しておく手法。

ホットスタンバイに比べると待機系への切り替えに時間を要する。

・コールドスタンバイ

待機系の機器の用意だけをして稼働させないで待機させておく手法。

待機系への切り替えに最も時間を要する。

　震災のような大規模な自然災害などに対応するためには、待機系を遠隔地に用意しておく方法（バックアップサイト）が有効である。

[参考知識：バックアップサイト]

【バックアップサイトの例】

・ホットサイト

遠隔地に設けた施設に同等の機器を導入し、ネットワークを介して常時データやプログラムの更新を行いながら稼動状態で待機しておき、障害発生時に速やかに待機系に切り替えて運用を引き継ぐ方式。

・ウォームサイト

遠隔地に同等の機器を搬入して電源を入れてOSを立ち上げるが、システムは起動させず待機しておき（共同利用型のサイトを用意しておく場合もある）、障害発生時にバックアップしておいたデータやプログラムの媒体を搬入してシステムを復元し、運用を引き継ぐ方式。

遠隔地に同等の機器を用意しておいて、定期的にバックアップしたデータやプログラムの媒体を搬入して保管しておき、障害発生時には保管してあるバックアップデータやプログラムの媒体を利用してシステムを復元し、運用を引き継ぐ方式もある。

・コールドサイト

遠隔地に施設や通信回線を確保しておいて、障害発生時に必要な機器やバックアップしておいたデータ、プログラムの媒体を搬入してシステムを復元し、運用を引き継ぐ方式。

第2節　事業継続計画（BCP）と事業継続マネジメント（BCM）

1　事業継続計画

　緊急事態への対策を講ずるにあたっては、事業継続計画（BCP：Business Continuity Plan）を策定することが重要である。

　事業継続計画（BCP）は、自然災害、感染症のまん延、テロ等の事件、大事故、突発的な経営環境の変化などの危機的事象（緊急事態）が発生しても、重要な事業を中断させない、又は中断しても可能な限り短い期間で復旧させるための方針、体制、手順等を示した計画である。

　　　☞　BCP の策定にあたっては、「事業継続計画策定ガイドライン」（経済産業省）が参考になる。

2　事業継続管理（BCM）

　BCP の策定や維持・更新、事業継続を実現するための予算・資源の確保、対策の実施、取組を浸透させるための教育・訓練の実施、点検、継続的な改善などを行う平常時からのマネジメント活動が、事業継続管理（BCM：Business Continuity Management）である。

　BCM は、BCP の策定から運用、見直し・改善までを含めた一連の活動であり、経営レベルの戦略的活動として位置づけられる。

　なお、事業継続のためのマネジメントシステムを BCMS（Business Continuity Management Systems）という。

　BCM を導入するにあたっては、JIS Q 22301:2020「セキュリティ及びレジリエンス－事業継続マネジメントシステム－要求事項」を参照できる。

　また、「事業継続ガイドライン」（内閣府）も参考になる。

　BCM（BCMS）は、マネジメントシステムに共通する特徴として、PDCA サイクルを採用している。

図表61　BCM のプロセス

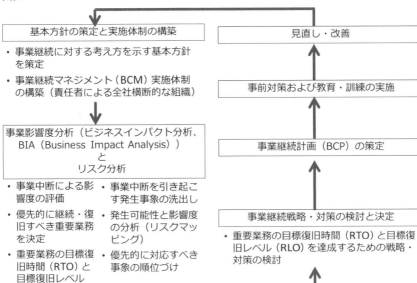

[参考知識：BCP と防災活動]

　BCP と類似するものとして、「防災活動」がある。

　防災活動は、災害に対し、自社拠点の人的・物的損害を最小限にし、従業員等の安否確認や被害を受けた拠点の早期復旧などを重要視した取組みである。

　防災活動は、基本的に、事業所等の拠点ごとに検討し、人的・物的損失の防止・復旧に重点が置かれる。

　これに対し、BCP は、災害に限らず感染症のまん延やサプライチェーンの途絶などの危機的事象も発生事象として想定し、人的・物的損失の防止はもちろんのこと、優先的に継続・復旧すべき重要業務の継続又は早期復旧のための経営戦略と全社的な取組に重点を置く。

　BCP と防災活動は、重なる部分もあるので、防災活動と BCM は並行して推進するべきである。

第4編

情報システムセキュリティ

第19章　総論

第1節　技術的セキュリティ対策の必要性

1　技術的セキュリティ対策とは

　技術的セキュリティ対策は、なりすましや不正アクセス、標的型攻撃、ウイルス感染等の、情報システムの技術的な脆弱性につけ込む技術的脅威に対応し、情報資産の機密性、完全性及び可用性を維持するための安全管理対策（技術的安全管理措置）である。

　情報システムには、潜在的な欠陥や設定ミス等の脆弱性があるが、近時のネットワーク技術の発展により、インターネットを介したシステムへの攻撃（不正侵入による情報漏えい、改ざん、データの破壊等）にさらされている。ネットワークを介したシステムへの攻撃は、システムの技術的な脆弱性につけ込み、様々な態様で行われる。このため、ネットワークに接続したシステムの技術的なセキュリティ対策が必要である。

　ネットワークを介した攻撃は、次々と新手が考え出されているため、新たな技術的脅威に対応するため、情報のアップデートが不可欠である。

2　技術的脅威

　情報システムに対する技術的脅威の具体例については、前述した「第3章　第8節　4　技術的脅威（技術的な攻撃手法）の例」を参照されたい。

第2節　参照できる規範

　技術的セキュリティ対策に関して参照できる法令以外の規範として、次のものがあげられる。

【技術的セキュリティに関して参照できる規範】

・個人情報保護法の分野

　　個人情報保護法ガイドライン　通則編の「10（別添）講ずべき安全管理措置の内容」において、「10-6　技術的安全管理措置」

・番号法の分野

　　特定個人情報の適正な取扱いに関するガイドライン　事業者編の「（別添1）特定個人情報に関する安全管理措置」において、「②F　技術的安全管理措置」

・個人情報保護マネジメントシステム（PMS）の分野

　JIS Q 15001

・情報セキュリティマネジメントシステム（ISMS）の分野

　JIS Q 27001の「A.11　物理的及び環境的セキュリティ」やJIS Q 27002の「11　物理的及び環境的セキュリティ」

技術的セキュリティ対策に関連する知識

第1節　情報セキュリティに関連する技術・機能

1　暗号化技術

（1）暗号化とは

　不正アクセス、盗聴（傍受）、持ち出し、盗難等の脅威に対応し、情報セキュリティを実現するために欠かせない技術が、情報の暗号化である。

　「暗号化」は、意味のわかる平文（ひらぶん）を内容のわからない暗号文に変換する手法である。暗号文を受け取った者が一定の手続を経て暗号文を平文に変換する処理を「復号」という。

　情報を暗号化しておけば、盗聴（傍受）や盗難等の被害にあっても、復号されない限り被害を回避できる。暗号化技術は、重要データの秘匿化だけでなく、ネットワークにおける認証技術にも利用されており、情報セキュリティを確保するための重要な技術である。

　暗号や復号を行うための手順や考え方を「アルゴリズム」といい、古典的な暗号（別の文字を割り当てる「換字式」暗号や文字を並び替える「転置式」暗号）は、アルゴリズムを秘密にすることで暗号文の安全性を保ったが、「鍵（key）」を用いる現代の暗号は、アルゴリズムは公開して暗号化鍵や復号鍵を秘密にすることで暗号文の安全性を保っている。

　暗号鍵のデータ量を「鍵長（かぎちょう）」といい、一般的にはビット数で表し、鍵長が大きいほど暗号強度が高くなる。

（2）暗号化の方式

　暗号化処理の方式で暗号方式を分類すると、ストリーム暗号（平文を1文字ごとに処理する方式）とブロック暗号（平文を等しい長さのブロックに分割してブロックごとに処理する方式）とに分類される。

　また、鍵のタイプで暗号化方式を分類すると、共通鍵暗号方式と公開鍵暗号方式に分類される。

①　共通鍵暗号方式

　共通鍵暗号方式は、暗号化に使用する鍵と復号に使用する鍵に同一の鍵を使用する方式である。

共通鍵暗号方式を用いた代表的な暗号には、「DES暗号」とその後継である「AES暗号」がある。

　共通鍵暗号方式を用いたデータの送受信では、データを送信する側と受信する側とで共通の鍵を所持しておき、送信側が共通鍵で平文を暗号化して受信者に送る。受信者は、受け取った暗号化ファイルを共通鍵で復号して平文に戻すという手順を踏む。

　共通鍵が漏えいすると第三者が復号できてしまうため、共通鍵は双方が厳重に管理しなければならない。

　共通鍵暗号方式は、双方で共通する鍵を所持するので、「対称鍵暗号方式」ともいう。また、双方が共通鍵（対称鍵）を厳重に管理しなければならないので、「秘密鍵暗号方式」ともいう。

② 公開鍵暗号方式

　公開鍵暗号方式は、暗号化と復号に異なる鍵を使用する方式である。公開鍵暗号方式を用いた暗号の代表的なものは、「RSA暗号」や「楕円曲線暗号」である。

　公開鍵暗号方式においては、鍵の作成者は、「公開鍵」と「秘密鍵」を作成し、「公開鍵」を他人に知られても構わない鍵として扱い、「秘密鍵」を自分で秘密管理する。

　一方の鍵で暗号化した暗号文は他方の鍵でなければ復号できないようになっている（公開鍵で暗号化したら秘密鍵でないと復号できず、秘密鍵で暗号化したら公開鍵でないと復号できない）。

　共通鍵暗号方式では、双方で共通鍵を厳重に管理しなければならないが、公開鍵暗号方式の場合は、自分用の秘密鍵のみを厳重に管理すればよい。

　公開鍵暗号方式では、例えば、送信者は受信者の公開鍵を使って平文を暗号化して送信し、受信者は暗号文を自分の秘密鍵で復号する。公開鍵で暗号化したデータは秘密鍵でしか復号できないので、盗聴（傍受）されても安全である。

　公開鍵暗号方式は、後述する電子署名（デジタル署名）において重要な役割を果たしている。

┈┈┈[参考知識：公開鍵暗号方式によるデータ送信の手順]

　公開鍵暗号方式によるデータ送信は、一般的に、次のようなフローで行われる。
【公開鍵暗号方式によるデータ送信の手順】
① 暗号文を受信したい者（受信者）が秘密鍵と公開鍵のペアを生成する。
② 受信者が公開鍵をネットワークで公開する。
③ 暗号文を送信したい者（送信者）が、受信者の公開鍵を取得する。
④ 送信者が受信者の公開鍵を使用して平文を暗号化し、受信者に送信する。
⑤ 受信者は、自分の秘密鍵を使って復号する（秘密鍵を持っていない者は復号できない）。

図表62　公開鍵暗号方式によるデータ送信の一般的な例

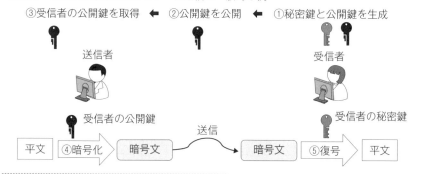

③受信者の公開鍵を取得　←　②公開鍵を公開　←　①秘密鍵と公開鍵を生成

送信者　　　　　　　　　　　　　　受信者

受信者の公開鍵　　　　送信　　　　　受信者の秘密鍵

平文　④暗号化　暗号文　→　暗号文　⑤復号　平文

2　電子署名（デジタル署名）

（1）電子署名の仕組み

　電子署名（デジタル署名：digital signature）は、電子文書に対する電磁的な署名であり、紙文書における「押印」に相当するものである。電子署名は、次の二要件を満たすことが必要である（電子署名法2条1項）。

【電子署名の要件】

①　電子文書の作成者を示すために行われたものであること（本人認証）

②　作成された電子文書に対する改ざんが行われていないことを確認できるものであること（メッセージ認証）

　電子署名法（電子署名及び認証業務に関する法律）では、同法所定の要件を満たす電子署名が行われた電子文書等は、真正に成立したもの（本人の意思に基づき作成されたもの）と推定される。すなわち、同法所定の要件を満たす電子署名は、電子署名に民事訴訟法における「押印」と同様の効力が認められている。

　　☞　電子署名を支えるのは公開鍵暗号方式である。電子署名に用いるアルゴリズムは、公開鍵暗号方式とハッシュ関数（暗号学的ハッシュ関数）を組み合わせたものである。電子署名は、公開鍵暗号基盤とハッシュ関数を利用したメッセージ認証の手法といえる。

　［参考知識：電子署名を利用した電子文書送信の手順］

　電子署名を利用した電子文書送信の一般的なフローは次のとおりである。

【電子署名の生成：送信者（署名者・電子文書作成者）の手順】

（1）署名したい平文をハッシュ関数によって短いデータに圧縮し、メッセージダイジェスト（ハッシュ値）を生成する。

（2）メッセージダイジェスト（ハッシュ値）を送信者の秘密鍵（署名生成鍵・署名鍵）を使用して暗号化する（これが電子署名となる）。

（3）平文と生成した電子署名を受信者に送信する。

【電子署名の検証：受信者の手順】

（1）受信した平文からハッシュ関数によってメッセージダイジェスト（ハッシュ値）を生成する。

（2）受信した電子署名から送信者の公開鍵を使用してメッセージダイジェスト（ハッシュ値）を復号する。

（3）（1）で生成したメッセージダイジェストと（2）で復号したメッセージダイジェストを比較し、一致することを確認する（照合）。

　受信者側の一連の作業（電子署名の検証）が成功すると、①電子文書（平文）の発信主体が本人であることの確認（本人認証）と、②作成された電子文書（平文）が改ざんされていないことの確認（メッセージ認証）ができる。

　このように、電子署名を利用することで、①なりすましと②データの改ざんを防止することができる。それにより、否認行為（メール送信した事実や電子取引した事実等を否定する行為）といった商取引上の脅威に対応することもできる。

図表63　電子署名の一般的なフロー

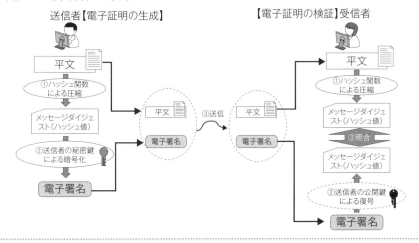

課題Ⅱ　個人情報保護の対策と情報セキュリティ

（2）公開鍵暗号基盤（PKI）

　公開鍵暗号基盤（PKI：Public Key Infrastructure）は、公開鍵暗号技術と電子署名の機能を使って、インターネット上の安全な通信を実現するための技術基盤である。

　公開鍵暗号基盤において重要な役割を担うのが、発行した公開鍵を管理し、要求があった場合に電子証明書（後述）を送付する「認証局」（CA：Certificate Authority）である。公開鍵作成者は、役所に印鑑登録するように認証局に公開鍵を登録し、認証局は、役所が印鑑登録証明書を発行するように電子証明書を発行して公開鍵の所有者を保証する。

　この仕組みにより、通信相手の公開鍵が確かに本人のものであることが確認でき、安心して公開鍵暗号方式を利用することができる。

☞ PKIにおける失効した公開鍵証明書のシリアル番号と失効日時が登録されてリスト化され、証明書失効リスト（CRL：Certificate Revocation List）として公開されている。

（3）電子証明書

電子証明書は、公開鍵暗号方式の信頼性を担保するために、公開鍵とその所有者を保証する電子的な証明書（Certificate）である。

電子証明書には、公開鍵やその所有者情報等が記録され、信頼できる第三者機関（TTP：Trusted Third Party）が署名を付与して公開鍵の所有者を保証する。

証明書を発行する TTP を認証局（CA：Certification Authority）という。

3　本人認証技術

（1）本人認証技術とその方式

本人認証は、何らかのサービスを提供する側が、サービスの提供を求める資格を持つと主張する者の真正性（本人であること）を確認することである。情報システムにおける本人認証は、「主体認証」という用語で説明される場合もある。

情報セキュリティを確保するためには、システム利用者の本人確認を実施するなどしてアクセス制御を行い、不正アクセス等を防止することが不可欠である。

なお、認証技術を用いて物理的な入退館（室）の管理を行う装置が、認証装置である。

代表的な本人認証の方式には、以下のものがある。

①　ID・パスワード認証

ユーザ ID とパスワードは、ネットワークを使った本人認証の方式としては一般的で基本的な方式である。

ID とパスワードの適切な管理が重要なのはもちろんであるが、認証技術の強度は「弱い」と言わざるを得ず、平文パスワードを用いると様々な「パスワードクラック」の対象となる危険性がある。

②　ワンタイムパスワード

ワンタイムパスワードは、一度限り有効なパスワードである。「使い捨てパスワード」と言われることもある。

ワンタイムパスワードは、固定パスワードの盗聴やリプレーアタックといった固定パスワード盗用の対策として考案された、強度の高い認証技術である。

インターネットバンキングで利用されているワンタイムパスワードでは、重要な取引の際に、ユーザは、ワンタイムパスワードが表示される「セキュリティ

トークン」や、ワンタイムパスワードが表示されるスマートフォン用アプリ（ソフトウェアトークン）に表示されたワンタイムパスワードを入力して本人認証する。

③ 2段階認証

2段階認証（2-Step Verification）とは、ユーザに2種類の認証情報を要求する認証方式である。

一般的には、1段階目ではパスワード、2段階目では「認証コード」を入力する。

様々なオンラインサービスでアカウントの乗っ取り事件が発生し、IDとパスワードの組み合わせはセキュリティとしては十分でないことが再認識され、2段階認証のオンラインサービスでの導入が進んだ。

2段階目の認証では、時間経過やログインのたびに変更される認証コードがSMSやメールでユーザに送られ、ユーザが入力する方式のほか、USBスティック（セキュリティキー）をUSBポートに挿入する方式がある。

④ 生体認証（バイオメトリクス認証）

生体認証は、身体的特徴や行動的特徴を識別手段として利用した認証方式である。身体的特徴では、指紋、掌形、網膜、虹彩、顔、静脈、声紋などが用いられる。行動的特徴では歩容や筆跡などが用いられる。

生体認証は、パスワード忘れやパスワードの盗み見のリスクがなく、認証技術の強度が高い。

更にセキュリティを高めるために、生体認証をパスワード認証と併用することもある（多要素認証）。

⑤ 暗号技術を用いた認証

ネットワークに流す認証情報に暗号技術を用いる方法もあり、「強い」認証技術といえる。共通鍵を用いる方法や電子署名を用いる方法などがある。

> ☞ 共通鍵暗号方式と電子署名については、前述した（「本章第1節　1 暗号化技術」と「第1節　2　電子署名（デジタル署名）」を参照

［参考知識：共通鍵や電子署名を用いる暗号技術］

1　共通鍵を用いる方法

共通鍵を用いる方法は、クライアントとサーバの双方が事前に共通鍵を所持し、クライアントは共通鍵で暗号化した認証情報をサーバに送信し、サーバは暗号化された認証情報を共通鍵で復号して検証し、認証を行う。

共通鍵を用いる方法は、クライアントとサーバの双方が共通鍵を厳重に管理しなければならない。

2　電子署名（デジタル署名）を用いる方法

　クライアントが秘密鍵を用いて作成した電子署名をサーバに送信し、サーバ側はクライアントの公開鍵を用いてデジタル署名を検証し、認証を行う。この方法では、クライアントが自己の秘密鍵を厳重に管理すればよい。

（2）認証の3要素

[参考知識：認証の3要素]

　本人認証技術は、知識、所有（所持）及び生体情報の3要素に分類して考えることもある。

【認証の3要素】

① 「知識」による主体認証

　　パスワードやPIN等、本人のみが知り得る情報を提示することにより検証する方法である。

② 「所有（所持）」による主体認証

　　ICカードやセキュリティトークン等、本人のみが所有する機器等を主体認証処理に介在させることにより検証する方法である。

③ 「生体情報」による主体認証

　　指紋や虹彩等、本人の生体的な特徴により検証する方法である。

　　セキュリティの強度を高めるために、これらの要素を組み合わせて「多要素認証」（複数要素認証）を行う場合もある。

　この他に本人認証のセキュリティを高める方法としては、①設定回数以上の認証に失敗した場合にロックする、②ログインした利用者に前回のログイン情報を通知する、といった方法が考えられる。

（3）シングルサインオン

　シングルサインオンは、ユーザIDとパスワードを一度入力して認証手続を行えば、複数の情報システムやアプリケーションにアクセスできるようにする機能である。

　様々なシステムやアプリケーションにログインする度に、異なるIDとパスワードを入力するのは利用者の手間となり、複数のIDとパスワードを覚えるのも困難である。このためユーザは、IDやパスワードを手帳やメモに書き留める、簡単なパスワードや同一のパスワードを使用するといったセキュリティ上好ましくない行動に出る。

　そこで、シングルサインオンが導入されるようになった。

　シングルサインオンは、利用者が一組のIDとパスワードを覚えておけばよく、厳格なパスワード管理が可能となる。また、システムの管理者はユーザの識別・認証管理を一元化でき、各利用者がどのような権限に基づいて情報資産にアクセスできるかを厳密に管理してアクセス制御を行うことができるというメリットもある。

ただし、一度の認証でコンピュータやソフトウェア、サービス等を利用できるということは、強力なアクセス権を認めることでもあり、IDとパスワードが漏えいした場合に大きな被害が発生する可能性がある。

　そこで、シングルサインオン環境では、以下のようなセキュリティ対策を講じることが多い。

【シングルサインオンにおけるセキュリティ対策の例】

・アカウントロック

　指定回数以内に正しいパスワードが入力されない等、連続した一定回数の認証失敗によりアカウントを停止し、一定時間の経過や管理者によるロック解除まで利用できなくする。

・パスワードポリシーの強化

　最低6文字以上で、大文字・小文字・数字・記号などを含むパスワードでなければ登録・変更できないシステムにする。

・パスワード認証よりも厳密な認証の導入

　一般的なパスワード認証ではなく、ワンタイムパスワードや2段階認証などのセキュリティの強度が強い認証方式を導入する。

（4）チャレンジレスポンス認証

　チャレンジレスポンス認証とは、利用者がクライアントに入力したパスワードと、サーバから送られたランダムなデータとをクライアント側で演算し、その結果（レスポンス）をサーバに送信して認証用データに用いる認証方式である。

　利用者はユーザIDと固定パスワードだけを用意すればよいが、利用者のパスワードはそのまま送信されず、暗号化され、しかもワンタイムパスワードの役割を果たすレスポンスが送信されるため、盗聴による固定パスワードの漏えいを防ぐことができる。

[参考知識：チャレンジレスポンス認証の手順]

　一般的には、次の手順で行われる。

【チャレンジレスポンス認証の手順の例】

① 利用者がユーザIDとパスワードをクライアントに入力する。

② クライアントがユーザIDをサーバに送信する。

③ ユーザIDを受信したサーバは、チャレンジ（ランダムなデータ）を生成し、クライアントに送信する。

④ クライアントで、チャレンジと保有するパスワードを演算してレスポンスを作成する（レスポンスはハッシュ演算により暗号化している。また、レスポンスは毎回異なるものとなる）。

⑤ クライアントがレスポンスをサーバに送信する。

⑥ サーバは、受信したレスポンスを検証し、認証する。

4 不正アクセス対策の技術

（1）MACアドレスフィルタリング（MACアドレス認証）

MACアドレス（Media Access Control Address）とは、パソコン、ルータ、増設用LANカード等のネットワークに接続する機器を識別するために、機器に割り当てられる番号である。0123456789ABCDEFの16進数で表記され、「FC:F5:FF:7E:81:C3」という形で、重複しない一意的な番号となっている。

MACアドレスはハードウェアに割り当てるため（「FC:F5:FF」の部分が「ベンダID」と呼ばれ、割り当てたメーカーがわかるようになっている）、「物理アドレス」ともいわれ、変更は困難である。

MACアドレスフィルタリングは、機器固有の情報であるMACアドレスをアクセスポイント等にあらかじめ登録しておき、登録したMACアドレス以外の端末からの接続を拒否することでアクセス制御を行う機能である。

MACアドレスはソフトウェア的に偽装できるため、MACアドレスフィルタリングでは、不注意によって接続しようとする機器を拒否することはできるが、不正アクセスを行う意図で偽装する攻撃者に対しては効果が薄いとされる。このため、IEEE 802.1X認証等の他の不正アクセス対策を併用することが望ましい。

なお、IPアドレス（後述）からMACアドレスの情報を得るためのプロトコルとしてARP（Address Resolution Protocol）があり、ARPの仕組みを利用することで端末のMACアドレスを確認し、フィルタリング（登録してあるMACアドレス以外の端末からの接続を拒否する等）を行うことができる。

（2）IPアドレス認証（IPアドレス制限）

IPアドレス（Internet Protocol Address）は、コンピュータをネットワークで接続するために、それぞれのコンピュータに割り振られる一意的な数字の組み合わせであり、「219.101.143.67」というように0～255までの数字を4つ組み合わせたものである。

MACアドレスが「物理アドレス」ともいわれるのに対し、IPアドレスはハードウェアに依存しない論理的なアドレスであるため、「論理アドレス」ともいわれ、変更可能である。

異なるネットワーク間で通信を行うためには、MACアドレスとIPアドレスの両方が必要である。

IPアドレスを用いて通信するコンピュータ（クライアント）を限定するのが、IPアドレス認証（IPアドレス制限）である。

（3）IEEE 802.1X認証

IEEE 802.1Xは、LAN内のユーザ認証の方式を定めた規格であり、認証され

ていないクライアントからの通信をすべて遮断し、認証されたユーザにのみ通信を許可する方式である。

IEEE 802.11b などの無線 LAN（Wi-Fi）でのユーザ認証の方式として用いられているが、有線 LAN にも対応している。

認証サーバは、ネットワーク機器（オーセンティケータ）からの問い合わせに対して認証情報を検証し、認証の可否を返答する。ネットワーク機器と認証サーバとの間のやり取りには RADIUS（後述）が利用される。

IEEE 802.1X は認証方式として優れているが、他の認証方式と同様に通信データの暗号化は行わないため、別に暗号化方式を用いる必要がある。

（4）RADIUS

RADIUS（Remote Authentication Dial-In User Service）とは、ネットワーク上で利用者の認証や権限の付与、利用状況の記録などを行うための通信プロトコルであり、サーバとクライアントの間の通信方式を規定し、認証と利用の記録を RADIUS サーバが一元的に管理し、RADIUS クライアントが認証情報を RADIUS サーバに送信し、RADIUS サーバが認証の可否や資源へのアクセスの可否などを通知する。

リモートアクセスサービスの認証情報の一元的な管理に利用されるほか、常時接続サービスや無線 LAN（Wi-Fi）の認証サービス（IEEE 802.1X 認証）でも利用されている。

（5）パケットフィルタリング

パケットフィルタリングは、ルータやファイアウォールが備えている機能の一つであり、通過するパケットのヘッダを検査して設定された条件と比較し、条件に合うパケットだけを通過させる、あるいは条件に合うパケットを遮断する機能である。

パケットフィルタリングは、簡便なセキュリティ技術として広く用いられ、ルータはこの機能を備えていることがほとんどである。

もっとも、簡便な技術だけに破る手段も多いため、他のセキュリティ技術と併用する必要がある。

　ルータは、ネットワーク間を相互接続する通信機器である。

　ルータの機能は、ネットワーク間の通信を可能にする機能が基本であるが、セキュリティの見地から、パケットフィルタリング等の様々な付加機能が付けられている。

　インターネットに接続する場合には、ルータのセキュリティ設定を適切に行うことが不可欠である。

　また、近時は、無線LANルータ（Wi-Fiルータ）が増加している。無線LANは、電波の届く範囲であれば、やりとりしているデータ（パケット）を傍受できてしまうため、傍受対策も必要になる。

（6）ファイアウォール

　ファイアウォールは、「防火壁」が原義であり、外部のネットワークと内部のネットワークの間に設置され、ネットワーク間を出入りするパケットを監視してアクセス制御を行い、内部のネットワークへの不正アクセスを防止するためのソフトウェア又はハードウェアである。

　ファイアウォールは、外部ネットワークからの攻撃を防ぐ代表的な手段であるが、万能ではない。例えば、フィルタリングを行う定義情報（アクセスコントロールリスト）でDoS攻撃のパケットを通信拒否すべきものと判断できなければ、DoS攻撃を防ぐことができない。この場合は、後述するIDSやIPSを利用する対策がある。

　また、一般に公開する必要がないサービスへのアクセスをファイアウォールによって制限することで、それらのサービスに対する不正なアクセスを防止できる。しかし、企業が運営するウェブサイトのようにインターネットに公開するサイトでは、ウェブアプリケーションの脆弱性を突く攻撃が可能であり、ウェブアプリケーションの脆弱性を突く攻撃はファイアウォールでは防ぐことができない。この場合は、後述するWAFを利用する対策がある。

[参考知識：ファイアウォールの方式]

　ファイアウォールの主な方式には、①パケットフィルタリング型と、②アプリケーションゲートウェイ型がある。

① パケットフィルタリング型

　パケットにあるIPアドレスとポート番号の情報をもとにパケットの通信許可を判断して（フィルタリングをして）アクセス制御する方式である。

　パケットフィルタリング機能は、アクセスコントロールリスト（ACL）の名称で、OSに実装されている。

　パケットフィルタリングは、IP偽装による攻撃に弱いとされ、ログもIP等のパケット情報に限定されているという欠点がある。

② アプリケーションゲートウェイ型（プロキシサーバ）

　通信を中継するプロキシ（代理）プログラムを使ってアプリケーションのレベルで通

信内容の確認をしてフィルタリングを行って、アクセス制御する方式である。プロキシサーバと呼ばれることもある。

HTTP や FTP などのアプリケーションは、プロキシ（ネットワーク間の中継専用のプログラム）を経由してパケットの中継を行う。このプロキシ（プロキシサーバ）でアプリケーションのコマンドを認識して、不正なコマンドを中継しないようにする。例えば、悪意あるサイトの URL をデータベース化し、通信内容のデータと照合し、不適当な通信を遮断することができる。

通信内容の確認をしてフィルタリングできるので、パケットフィルタリングよりも詳細なアクセス制御が可能であり、詳細なログ情報も取得できるという利点があるが、処理速度が遅くなり通信速度の減退を招くことがあるという欠点もある。

なお、通常のプロキシ（クライアントの代理として、様々なサーバへのアクセスの際に経由するプロキシ）に対し、特定のサーバの代理として、当該サーバへの外部からのすべての接続を中継するプロキシサーバである「リバースプロキシ」がある。リバースプロキシを設置すると、当該サーバへアクセスしようとするクライアントはすべてリバースプロキシを経由するよう誘導される。

（7）公開セグメント（DMZ）

公開セグメント（DMZ：DeMilitarized Zone）とは、ファイアウォールによって外部ネットワークからも社内ネットワークからも隔離された区域である。原義は停戦した際に設定される「非武装地帯」である。

外部に公開するサーバ（ウェブサーバやメールサーバ）を DMZ に置いておけば、ファイアウォールによって外部からの不正なアクセスを排除できる一方、公開サーバが乗っ取られた場合でも、社内ネットワークにまで被害が及ばない。

（8）IDS と IPS

① IDS

IDS（侵入検知システム：Intrusion Detection System）は、ネットワークやホストをリアルタイムで監視し、不正アクセスの兆候を検知するとネットワーク管理者に通報する機能を持つソフトウェア又はハードウェアである。

☞　IDS には、ネットワークに接続してネットワーク全般を監視する NIDS（ネットワーク型 IDS）と、ホストにインストールして特定のホストを監視する HIDS（ホスト型 IDS）がある。

ファイアウォールは IP ヘッダ等の限られた情報を検査するのに対し、IDS は検知の内容を自由に設定できる。このため、IDS では、攻撃のパターンを集めて登録し、該当する通信を不正アクセスとして検知したり、正常なパターンを登録し、それ以外を不正アクセスとして検知したりすることができる。

ファイアウォールは、IDS と連携することで、より強固な不正アクセス対策の環境を構築できる。

② IPS

IPS（Intrusion Protection System）は、不正を検知して管理者に通知するシステムである。

IDSでは、通知を受けた管理者が対応するまでに一定の時間を要するから、その間に被害が拡大することもあり得る。そこで、不正検知の機能に加えて、不正を検知すると直ちに通信を遮断する機能も備えたシステムが、IPSである。

 ☞ 近時は、IDSと称していても通信の遮断が行えるものもある。

IPSは、IDSよりもセキュリティは高くなるが、処理が遅くなるという欠点もある。

図表64　不正アクセス対策を施したネットワーク構成の例

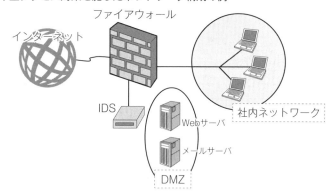

（9）WAF

WAF（Web Application Firewall）は、ウェブアプリケーションの脆弱性を突く「SQLインジェクション」や「クロスサイトスクリプティング」などの攻撃からウェブアプリケーションを防御するためのソフトウェア又はハードウェアである。

 ☞ WAFの名称には「ファイアウォール」を含むが、一般的なファイアウォールとは機能が異なり、一般的なファイアウォールでは制限できないウェブアプリケーションの通信内容を検査することができる。例えばSQLインジェクションの特徴的なパターンが含まれていたらその通信を遮断することができる。WAFは、ウェブアプリケーションの防御に特化したファイアウォールということができる。

WAFは通信の中身を検査する点でIPSと同様の機能を持つ。ただし、IPSは様々な種類の攻撃（OSの脆弱性を突く攻撃やファイル共有サービスへの攻撃など）を防御できるのに対し、WAFはウェブアプリケーションへの攻撃への防御に特化している。また、IPSは攻撃と判断できるパターンを登録して該当する通

信を遮断する「ブラックリスト」方式をとるが、WAFは、ブラックリスト方式だけでなく、正常と判断できるパターンを登録して該当する通信を通過させる「ホワイトリスト」方式による検査も行うことができる。

(10) VLAN

VLAN（Virtual LAN）は、仮想 LAN である。LAN において、物理的な接続とは別に、仮想的なネットワークを構築する技術であり、例えば、同じスイッチに接続している複数の機器を（物理的には 1 つのネットワーク）、仮想的（論理的）に 2 つのネットワークに分割する。これにより、必要なグループ内だけで情報を共有することなどができる。

VLAN と IEEE 802.1X 認証を組み合わせて認証 VLAN を構築することができる。これにより、認証 VLAN で認証できたコンピュータのみを業務用の VLAN に接続させることができる。

また、VLAN で検疫ネットワークを構築すれば、外出先で使用したパソコンをいったん検疫ネットワークに接続してウイルス感染していないかなど検査し、問題がないパソコンだけ社内ネットワークへの接続を許可することができる。

(11) UTM

UTM（統合脅威管理：Unified Threat Management）は、複合的な機能を持ったセキュリティ機器を導入して包括的・統合的にセキュリティ対策を実施する管理手法である。

ファイアウォール、IPS、ウイルス対策ソフト及び迷惑メールフィルタ等の機能を 1 台にまとめた機器を指す場合もある。

対策項目ごとに個別に対策機器やソフトウェアを導入する場合に比べて、コストを抑えることができるため、中小企業のセキュリティ対策手法として普及している。

ただし、様々な機能を 1 台に集約するため、単体の製品より機能や拡張性が劣る場合も多く、故障などで停止してしまうとインターネット接続からできなくなってしまう場合もある。

第2節　その他の情報セキュリティ技術

1　メッセージ認証及び時刻認証

（1）メッセージ認証

メッセージ認証（Message Authentication）とは、ネットワークを通じて伝送されたメッセージが改ざんされていないかを確認することである。

メッセージ認証は、データの完全性を保証する技術である。

（2）MAC

　メッセージ認証を行うためにメッセージに添付して送られる短いデータのことを「メッセージ認証コード」（MAC：Message Authentication Code）又はメッセージ認証符号という。

　　☞　メッセージの送信者は、ハッシュ関数や共通鍵暗号等を用いて MAC 値を算出し、メッセージに添付して送信する。受信者は、届いたメッセージ本文から同じように MAC 値を算出して、メッセージに添付されている MAC と一致することで、メッセージが改ざんされていないことを確認する。

　　☞　上記の方法に公開鍵暗号を用いて、メッセージ認証だけでなく本人認証（メッセージの発信主体が本人であることの確認）も同時にできるようにしたものは、「電子署名」と呼ばれる。

（3）タイムスタンプ

　タイムスタンプ（時刻認証）とは、ある時刻に電子文書が存在していたこと、及びその時刻以降に電子文書が改ざんされていないことを証明する認証技術である。

　電子文書は、紙文書と比較して改ざんが容易であり、改ざん跡も残らず、改ざんを事後に検出することが困難であるといった脆弱性がある。そこで、電子文書が改ざんされていないことを証明し、電子文書の「完全性」を確保するために、電子署名とタイムスタンプの技術が開発された。

［参考知識：電子署名とタイムスタンプ］

　電子署名は、電子文書の「作成者」と「改ざんされていないこと」を証明する技術であり、タイムスタンプは、電子文書が「存在した時刻」と「改ざんされていないこと」を証明する技術であるといえる。

　従って、電子署名とタイムスタンプを併用することにより、電子文書の完全性確保がより強固なものとなる（作成者＋存在した時刻＋改ざんされていないことが証明される）。

　なお、「電子帳簿保存法」は、国税関係書類をスキャナで読み取った電磁的記録による保存（スキャナ保存）の要件として、電子署名の実行とタイムスタンプの付与を定めている。

2　秘密分散技術

　元データを意味のない複数のデータ（符号）に分割して複数のサーバで分散保管する技術である。

　すべての符号が揃わないと元データに戻せず、仮に一部の断片を盗まれてもセキュリティを確保できる。

3 セキュアプロトコル

　セキュアプロトコルとは、インターネット通信を行う際の通信経路のセキュリティを確保するために用いられるプロトコル（取決め）である。

　標準的なセキュアプロトコルとしては、「SSH」、「SSL/TLS」、及び「IPsec」がある。

（1）SSH

　SSH（Secure Shell）は、遠隔ログイン（遠隔地の端末の操作）やファイル転送の際に利用されるセキュアプロトコルである。

　SSHの接続には、パスワード方式（ユーザIDとパスワードによる認証方式）による通信もあるが、公開鍵暗号方式によって暗号化通信を行うのが一般である（サーバ側に公開鍵を置き、秘密鍵を持っているクライアントから接続できる等）。

（2）SSL/TLS・HTTPS

　SSL/TLSは、ブラウザ・サーバ間の通信で情報を暗号化して送受信するために用いられるセキュアプロトコルである。認証・暗号化・改ざん検出の機能があり、インターネット上で通信を暗号化して送受信できるようにする。

　公開鍵暗号方式と秘密鍵暗号方式を組み合わせて暗号化通信を行っている。

　　☞　SSL（Secure Socket Layer）がバージョンアップを重ねてSSL 3.0となり、その次のバージョンからTLS（Transport Layer Security）という名称で呼ばれている。SSLの名称が普及しているため、TLSのことをSSL又はSSL/TLSと表記することが多い。

　クレジットカード番号や個人情報などを扱うウェブサーバは、通信途中での傍受（盗聴）やなりすまし等の脅威に対応するためにSSL/TLSが利用されている。ウェブサイトのURLが「http」ではなく「https」で始まっている場合は、SSL/TLSサーバ証明書が導入されているセキュアなサイトであり、アクセスするとウェブブラウザに鍵マークが表示される。このとき、ウェブサーバとパソコンのウェブブラウザ間の通信は、双方向で暗号化されている。

（3）IPsec

　IPsec（Security Architecture for Internet Protocol）は、IPパケットレベルでの認証、暗号化等に用いられるセキュアプロトコルである。認証・暗号化・改ざん検出・トンネル構築の機能があり、インターネット上で通信を暗号化して送受信できるようにする。

　インターネット上の通信は、データをIP（Internet Protocol）パケットに分

解し、共用通信路上で IP パケットを交換することにより実現されているが、セキュリティへの考慮がほとんどされていない。そこで、インターネット通信の基盤となる IP 層でセキュリティ機能を提供するために考案されたのが IPsec である。

☞　IPsec はいくつかのサブプロトコルから構成されている。サブプロトコルには、通信認証と改ざん検知に利用される AH（Authentication Header）、暗号化データの転送に利用される ESP（Encapsulated Security Payload）、暗号鍵の交換管理に利用される IKE（Internet Key Exchange）などがある。

IPsec は、IETF（Internet Engineering Task Force。インターネット技術の標準化を推進する任意団体）で標準化されている。

IPv6（IP version 6）には IPsec が標準で組み込まれている。

4　VPN

VPN（Virtual Private Network）とは、暗号化、認証、カプセル化等の技術を用いて特定のユーザだけが通信できるようにして、インターネットのような公衆回線を専用回線（プライベートネットワーク）のようなセキュリティで通信できるようにする技術である。

VPN の導入により、ユーザは公衆回線を仮想的に専用回線として利用することができ、通信費用を抑えつつリモートアクセスや拠点間ネットワークの環境を構築できる。

VPN には大きく分けて IPsec を用いた IPsec-VPN と SSL を用いた SSL-VPN があり、IPsec-VPN が主流である。

インターネットを利用した VPN（インターネット VPN）の構築には、専用機器や、ルータやファイアウォールに VPN 機能が組み込まれた一体型機器を用いる。

5　S/MIME

S/MIME（エスマイム：Secure / Multipurpose Internet Mail Extensions）は、電子メールの内容を暗号化したり、電子メールに電子署名を付加したりする際の標準規格である。

暗号化と電子署名は同時に用いる場合もあるし、必要に応じて片方のみ用いることもできる。

① 暗号化・復号

S/MIME による暗号化・復号の手順は、次の通りである。

　１．送信者は、受信者が公開している公開鍵を入手して、受信者の公開鍵を用いて本文を暗号化し、メールに添付して送信する。

　２．受信者は、自分の秘密鍵を用いて復号する。

暗号化されたメール本文は、受信者の公開鍵と対になる秘密鍵でしか復号できないため、転送経路での覗き見を防止できる。

② 電子署名の付加

S/MIME による電子署名の付加の手順は、次の通りである。

　１．送信者は、本文を元にハッシュ値（メッセージダイジェスト）を生成し、ハッシュ値を送信者の秘密鍵で暗号化したものを電子署名としてメールに添付し、本文と共に送信する。

　２．受信者は、送信者の公開鍵で電子署名を復号してハッシュ値に戻し、共に送られてきた本文から生成したハッシュ値と一致することを確認（照合）する。

受信者は、照合により、本文の発信主体が本人であることの確認（本人認証）と、通信途上で本文が改ざんされていないことの確認（メッセージ認証）ができる。

6　無線 LAN のセキュリティ

無線 LAN は、通信内容の傍受（盗聴）が容易である。

不正利用可能な無線 LAN のアクセスポイントを探して、オフィス街を車で走り回る「ウォードライビング」を行い、脆弱な暗号化通信やパスワードを破ってアクセスポイントに不正接続し、重要な情報の取得や改ざんをする攻撃者もいる。

無線 LAN のセキュリティ対策技術には、以下のものがある。

（1）ESSID

ESSID（Extended Service Set Identifier）は、無線 LAN におけるアクセスポイントを指定する識別子である SSID（Service Set Identifier）の機能を、複数のアクセスポイントを設置したネットワークでも使えるように拡張したものである。

最大32文字までの英数字及び記号を設定でき、同じ識別子を設定した機器だけが接続可能となり、混信を避けることができる。

ただしセキュリティ対策としては脆弱であるため、ANY 接続拒否設定やステルス機能の有効化で脆弱性対策をする。

（2）ANY 接続拒否

ANY 接続拒否は、無線 LAN アクセスポイントで、ESSID が ANY や空欄の設定になっているクライアントを拒否する対策である。

ANY 接続は、最も電波状態がよいアクセスポイントに接続する方法である。この接続設定を拒否することで、不特定端末からの接続を禁止することができる。

課題Ⅱ

個人情報保護の対策と情報セキュリティ

（3）ステルス機能（ESSID ステルス）

無線 LAN アクセスポイントは自身の ESSID を知らせるためのビーコン信号を送信している。

ステルス機能（ESSID ステルス）は、このビーコン信号を停止してクライアントの ESSID 一覧にアクセスポイントが表示されないようにして、アクセスポイントの存在を知らせない機能である。

（4）WEP

WEP（Wired Equivalent Privacy）は、無線 LAN の暗号化方式としては初期の技術である。

ある程度のデータを蓄積して分析すると暗号が解読できるという問題点があり、WPA 以降の暗号化方式を利用することが推奨されている。

（5）WPA・WPA2

WPA（Wi-Fi Protected Access）は、無線 LAN の認証機関である Wi-Fi アライアンスが提唱している無線 LAN の暗号化規格である。

暗号鍵を一定時間ごとに自動的に更新する TKIP を採用しており、WEP よりも高いセキュリティを実現している。

なお、WPA の改良版である WPA2 は、TKIP のほかに強力な暗号化アルゴリズムである AES ベースの CCMP を採用しており、強力な暗号化方式である。

7　マルウェア対策

マルウェアの対策としては、以下を全てのコンピュータで実施することが重要である。

【マルウェア対策の例】

① **ウイルス対策ソフトウェアの導入**

ウイルス対策ソフトウェアは、ウイルスを始めとするマルウェアを検出するためのソフトウェアである。ウイルスの特徴（パターン）を記録したウイルス定義ファイル（パターンファイル）と比較することでウイルスを検出するパターンマッチングの手法を採用するのが一般的である。

② **ウイルス定義ファイルの更新**

パターンマッチングではウイルス定義ファイルの精度が検出性能を左右する。このため、ウイルス定義ファイルの更新を適宜実施して最新化しなければならない。

③　ソフトウェアの脆弱性の修正

　　OS やアプリケーションの脆弱性が発見されると、修正するためのセキュリティパッチが公表されるので、これを適用する。

　なお、上記の技術的セキュリティ対策も万全ではなく、ウイルス対策ソフトウェアでマルウェアが検知できず、機器が感染してしまうこともある。この場合には、被害の拡大を防止する次のような方策を迅速に講じることが重要である。

【感染被害拡大の方策の例】

①　機器の抜線やシステム全体のネットワークからの遮断

②　マルウェアの特定や感染ルートや感染する可能性のある範囲等の事実調査

③　影響を受ける関係者への連絡等

　☞　上記措置は迅速に実施しなければならない。そのためには、感染等の事故に対応できるような組織体制をあらかじめ整備するとともに、普段から従業者の教育・訓練等の人的管理を怠らずに実施しておくというように、組織的・人的セキュリティを充実させておく必要がある。

課題Ⅱ　個人情報保護の対策と情報セキュリティ

第21章 技術的安全管理措置の実施項目

　情報資産をマルウェアや不正アクセス等の被害から技術的に守るためのセキュリティ対策が、技術的セキュリティ対策（技術的安全管理措置）である。

　個人情報保護法ガイドライン　通則編の「10（別添）講ずべき安全管理措置の内容」には、技術的安全管理措置として講じなければならない措置と講じる手法が記載されている。

　また、JIS Q 15001にも技術的安全管理措置として講じなければならない事項が記載されている。

図表65　技術的安全管理措置（個人情報保護法ガイドライン　通則編より）

講じなければならない措置	手法の例示	中小規模事業者における手法の例示
（1）アクセス制御 　担当者及び取り扱う個人情報データベース等の範囲を限定するために、適切なアクセス制御を行わなければならない。	・個人情報データベース等を取り扱うことのできる情報システムを限定する。 ・情報システムによってアクセスすることのできる個人情報データベース等を限定する。 ・ユーザIDに付与するアクセス権により、個人情報データベース等を取り扱う情報システムを使用できる従業者を限定する。	・個人データを取り扱うことのできる機器及び当該機器を取り扱う従業者を明確化し、個人データへの不要なアクセスを防止する。
（2）アクセス者の識別と認証 　個人データを取り扱う情報システムを使用する従業者が正当なアクセス権を有する者であることを、識別した結果に基づき認証しなければならない。	（情報システムを使用する従業者の識別・認証手法の例） ・ユーザID、パスワード、磁気・ICカード等	・機器に標準装備されているユーザ制御機能（ユーザアカウント制御）により、個人情報データベース等を取り扱う情報システムを使用する従業者を識別・認証する。

（3）外部からの不正アクセス等の防止 　個人データを取り扱う情報システムを外部からの不正アクセス又は不正ソフトウェアから保護する仕組みを導入し、適切に運用しなければならない。	・情報システムと外部ネットワークとの接続箇所にファイアウォール等を設置し、不正アクセスを遮断する。 ・情報システム及び機器にセキュリティ対策ソフトウェア等（ウイルス対策ソフトウェア等）を導入し、不正ソフトウェアの有無を確認する。 ・機器やソフトウェア等に標準装備されている自動更新機能等の活用により、ソフトウェア等を最新状態とする。 ・ログ等の定期的な分析により、不正アクセス等を検知する。	・個人データを取り扱う機器等のオペレーティングシステムを最新の状態に保持する。 ・個人データを取り扱う機器等にセキュリティ対策ソフトウェア等を導入し、自動更新機能等の活用により、これを最新状態とする。
（4）情報システムの使用に伴う漏えい等の防止 　情報システムの使用に伴う個人データの漏えい等を防止するための措置を講じ、適切に運用しなければならない。	・情報システムの設計時に安全性を確保し、継続的に見直す（情報システムのぜい弱性を突いた攻撃への対策を講じることも含む。）。 ・個人データを含む通信の経路又は内容を暗号化する。 ・移送する個人データについて、パスワード等による保護を行う。	・メール等により個人データの含まれるファイルを送信する場合に、当該ファイルへのパスワードを設定する。

図表66　技術的安全管理措置（JIS Q 15001より）

講じなければならない事項	
1　個人情報へのアクセスにおける識別と認証	（1）個人情報へのアクセスにおいて、識別情報による認証を実施していること。 （2）個人情報を格納した情報システムについて、デフォルトの設定を必要に応じて適切に変更していること。 （3）識別情報の発行・更新・廃棄が、ルールに従っていること。 （4）識別情報を平文で記録していないこと。 （5）識別情報の設定及び利用が、ルールに従っていること。 （6）個人情報へのアクセス権限を有する従業者が使用できる端末又はアドレス等について制限していること。
2　個人情報へのアクセス制御	（1）個人情報にアクセスできる従業者の数を必要最小限にしていること。 （2）個人情報にアクセスできる識別情報を複数人で共用していないこと。 （3）従業者に付与するアクセス権限は必要最小限にしていること。

	（4）個人情報を格納した情報システムの同時利用者数を制限していること。
	（5）個人情報を格納した情報システムの利用時間を制限していること。
	（6）個人情報を格納した情報システムを無権限アクセスから保護していること。
	（7）個人情報にアクセス可能なアプリケーションの無権限利用を防止していること。
	（8）個人情報を取り扱う情報システムに導入したアクセス制御機能の有効性を検証していること。
3　個人情報へのアクセス権限の管理	（1）個人情報にアクセスできる者を許可する権限管理を適切かつ定期的に実施していること。
	（2）個人情報を取り扱う情報システムへのアクセスは必要最小限であるよう制御していること。
4　個人情報へのアクセスの記録	（1）個人情報へのアクセスや操作の成功と失敗の記録を取得し、保管していること。
	（2）取得した記録について、漏えい、滅失及びき損から適切に保護していること。
5　個人情報を取り扱う情報システムについての不正ソフトウェア対策	（1）ウイルス対策ソフトウェアを導入していること。
	（2）OSやアプリケーション等に対するセキュリティ対策用修正ソフトウェア（いわゆるセキュリティパッチ）を適用していること。
	（3）不正ソフトウェア対策の有効性・安定性を確認していること。
	（4）個人情報にアクセスできる端末にファイル交換ソフトウェアをインストールしていないこと。
6　個人情報の移送・送信時の対策	（1）個人情報の受渡しには授受の記録を残していること。
	（2）情報システムの変更時に、それらの変更によって情報システム又は運用環境のセキュリティが損なわれないことを検証していること。
	（3）盗聴される可能性のあるネットワークで個人情報を送信する際に、個人情報の暗号化又はパスワードロック等の秘匿化の措置を講じていること。
7　個人情報を取り扱う情報システムの動作確認時の対策	（1）情報システムの動作確認時のテストデータとして個人情報を利用していないこと。
	（2）個人情報を取り扱うコンピュータの操作において、離席時は、パスワード付きスクリーンセーバーの起動又はログオフを実施する。
8　個人情報を取り扱う情報システムの監視	（1）個人情報を取り扱う情報システムの使用状況を定期的にチェックしていること。
	（2）個人情報へのアクセス状況を定期的にチェックしていること。

第1節　情報へのアクセス制御

　不正アクセスという脅威に対応するためには、利用者のアクセス制御を実施する必要がある。

　アクセス制御に関して講じる項目としては、以下のものが考えられる。

【アクセス制御に関して講じる項目】

1　個人情報等にアクセスできる従業者の数を必要最小限にする

2　個人情報等にアクセスできる識別情報を複数人で共用しない

3　従業者に付与するアクセス権限は必要最小限にする

4　個人情報等を格納した情報システムの同時利用者数を制限する

5　個人情報等を格納した情報システムの利用時間を制限する

6　個人情報等を格納した情報システムを無権限アクセスから保護する

7　個人情報等にアクセス可能なアプリケーションの無権限利用を防止する

8　個人情報等を取り扱う情報システムに導入したアクセス制御機能の有効性を検証する

1　個人情報等にアクセスできる従業者の数を必要最小限にする

【手法の例】

・個人情報等にアクセスできる従業者の数を必要最小限にする。

　☞　小規模事業者の場合、従業者全員がアクセス権を持たなければ業務が成り立たない場合もあるが、それを否定するものではない。

2　個人情報等にアクセスできる識別情報を複数人で共用しない

【手法の例】

・個人情報等の重要情報にアクセスできる識別情報を複数人で共用することを禁止する。

・個人情報等の重要情報にアクセスできる識別情報を複数人で共用することが必要な場合は、共用者を最小限に特定し、利用状況を把握する。

3　従業者に付与するアクセス権限は必要最小限にする

【手法の例】

・従業者に付与するアクセス権限は必要最小限にする。

　☞　小規模事業者の場合、従業者全員が完全なアクセス権を持たなければ業務が成り立たない場合もあるが、それを否定するものではない。

4　個人情報等を格納した情報システムの同時利用者数を制限する

　個人情報等の重要情報にアクセスした者や操作の記録を正確に保存・管理する

ために、同時にアクセスする利用者数の制限を設けるべきである。

【手法の例】

- ・個人情報等を格納した情報システムの同時利用者数を制限する。

5　個人情報等を格納した情報システムの利用時間を制限する

【手法の例】

- ・休業日や業務時間外等の時間帯については、情報システムにアクセスできないようにする、上長の承認を得て作業する、複数人で作業する等の措置を講じる。

  なお、24時間年中無休で稼働させている場合は不要である。

6　個人情報等を格納した情報システムを無権限アクセスから保護する

【手法の例】

- ・ファイアウォール、ルータ等の設定を行い、個人情報等の重要情報を格納した情報システムを無権限アクセスから保護する措置を講じる。
- ・個人情報等の重要情報を公開セグメント（DMZ）に配置しない。

7　個人情報等にアクセス可能なアプリケーションの無権限利用を防止する

【手法の例】

- ・アプリケーションシステムに認証システムを実装する。
- ・担当者ごとに業務上必要なソフトウェアのみインストールする。
- ・担当者ごとに業務上必要な機能のみメニューに表示させる。
- ・個人情報等を取り扱う情報システムにアクセスできる端末を限定し、あらかじめ登録しておく。
- ・個人情報等の重要情報の入力や利用・加工を行う端末を限定する。
- ・個人情報等の重要情報を取り扱う端末には、必要以上の機能を付加しない。

8　個人情報等を取り扱う情報システムに導入したアクセス制御機能の有効性を検証する

【手法の例】

- ・個人情報を取り扱う情報システムに導入したアクセス制御機能の有効性を検証する。
- ・ウェブアプリケーションの脆弱性の有無を検証する。

第2節　アクセス者の識別と認証

　不正アクセスという脅威に対応するためには、情報へのアクセス制御とともに、アクセスした利用者が誰であるかを識別し（利用者の識別）、本人であることを確認し（認証）、更に利用者のアクセス権限を確認するという一連の手続が必要である。

　アクセス者の識別と認証のためには、認証技術が利用される。

　　☞　認証技術については、前述した「第20章　第1節　3　本人認証技術」を参照

　　☞　不正アクセス対策の技術については、前述した「第20章　第1節　4　不正アクセス対策の技術」を参照

　アクセス者の識別と認証に関して講じる項目としては、以下のものが考えられる。

【アクセス者の識別と認証として講じる項目】

　1　情報へのアクセスにおいて、識別情報による認証を実施する

　2　情報システムについて、デフォルトの設定を必要に応じて適切に変更する

　3　識別情報の発行・更新・廃棄がルールに従っていること

　4　識別情報を平文で記録しない

　5　識別情報の設定及び利用のルールに従う

　6　個人情報等へのアクセス権限を有する従業者が使用できる端末又はアドレス等について制限する

1　情報へのアクセスにおいて、識別情報による認証を実施する

【手法の例】

　・コンピュータやサーバ等のログイン時に、識別情報の入力による認証を実施する。

2　情報システムについて、デフォルトの設定を必要に応じて適切に変更する

【手法の例】

　・コンピュータやサーバ等の設定において、パスワードやSNMPコミュニティ文字列の変更、不要なアカウントの削除を実施する等、情報システムについて、デフォルトの設定（メーカー出荷時の初期状態）を必要に応じて適切に変更する。

　・不要な付加機能（スクリプト、ドライバー等）を無効にする。

3　識別情報の発行・更新・廃棄がルールに従っていること

【手法の例】

- ・クライアントコンピュータ起動、ネットワーク接続、電子メール、グループウェア、ファイルサーバ、業務処理システム等のアカウント等について、識別情報（ID、パスワード等）の発行・更新・廃棄をルールに従って行う。
- ・人事異動や退職時等に、アカウントの発行・更新・廃棄を適時実施する。

4　識別情報を平文で記録しない

【手法の例】

- ・識別情報を暗号化等の秘匿化の措置を講じて保管する。
- ・識別情報を平文で記録している場合、施錠保管する等の措置を実施する。

5　識別情報の設定及び利用のルールに従う

　ここでは、識別情報のうち、主にIDとパスワードに関する設定及び利用のルールについて説明する。

（1）ID・パスワードの設定・利用のルール

【手法の例】

- ・パスワードの有効期限を設定する。
- ・同一又は類似パスワードの再利用を制限する。
- ・最低パスワード文字数を設定する。
- ・パスワードの設定方法（文字、数字、記号を必ず混ぜて設定する等）を定める。
- ・ワンタイムパスワードを利用する。
- ・一定回数以上ログインに失敗したIDの停止等の措置を講じる。

［参考知識：パスワードの定期的な変更について］

　パスワードの有効期限を設定して定期的に変更することについては、必ずしも有効な手法ではないという指摘がある。

　すなわち、侵入者はパスワードの有効期限内に不正を完了してしまうから、パスワードを定期的に変更しても有効な対策とはいえない。また、頻繁なパスワード変更はユーザのフラストレーションを増やし、ユーザがいくつかの覚えやすいパスワードを繰り返して使うようになってしまい、リスクを増やすだけであるということもできる。

　このような問題があるため、パスワードの変更を定期的に行うよりも、不正アクセスが疑われる場合にパスワードを変更するに留めるべきという意見がある。

（2）パスワード管理に関して参照できる規範

　IDとパスワードによる認証方式の場合、パスワードの盗用を防止するための

秘密管理が重要である。前述した手法以外のパスワードの秘密管理対策については、以下の規範が参照できる。

① コンピュータ不正アクセス対策基準

「コンピュータ不正アクセス対策基準」（経済産業省）の、①システムユーザ基準（システムユーザが実施すべき対策）と②システム管理者基準（システム管理者が実施すべき対策）の中に、ユーザIDとパスワードの管理について実施すべき対策が掲載されている。

[参考知識：ユーザIDとパスワードの管理の例（システムユーザ）]

「コンピュータ不正アクセス対策基準」の「システムユーザ基準」に、「（1）パスワード及びユーザID管理」として、以下の手法の例が挙げられている。

【ユーザによるユーザIDとパスワードの管理の例】
・ユーザIDは、複数のシステムユーザで利用しないこと。
・ユーザIDは、パスワードを必ず設定すること。
・複数のユーザIDを持っている場合は、それぞれ異なるパスワードを設定すること。
・悪いパスワードは、設定しないこと。
・パスワードは、随時変更すること。
・パスワードは、紙媒体等に記述しておかないこと。
・パスワードを入力する場合は、他人に見られないようにすること。
・他人のパスワードを知った場合は、速やかにシステム管理者に通知すること。
・ユーザIDを利用しなくなった場合は、速やかにシステム管理者に届け出ること。

[参考知識：ユーザIDとパスワードの管理の例（システム管理者）]

「コンピュータ不正アクセス対策基準」の「システム管理者基準」に、「（2）システムユーザ管理」として、システム管理者によるユーザIDとパスワードの管理として、以下の手法の例が挙げられている。

【システム管理者によるユーザIDとパスワードの管理の例】
・ユーザIDは、個人単位に割り当て、パスワードを必ず設定すること。
・長期間利用していないユーザIDは、速やかに停止すること。
・ユーザIDの廃止等の届出があった場合は、速やかに登録を抹消すること。
・パスワードは、当該システムユーザ以外に知らせないこと。
・パスワードのチェックを随時行い、悪いパスワードは、速やかに変更させること。
・パスワードが当該システムユーザ以外に知られた場合又はその疑いのある場合は、速やかに変更させること。

② その他

「外部記憶媒体のセキュリティ対策」（独立行政法人情報処理推進機構（IPA））及び「国民のための情報セキュリティサイト」（総務省）にも、ID・パスワードに関する安全管理策が掲載されている。

【ユーザ ID とパスワードの管理の例】

1　パスワードの強化

・使用できる文字種（大小英文字、数字、記号）全てを組み合わせ、8文字以上のパスワードにする。

・単語や人名をそのまま使用しない。

・類推しやすい文字列（電話番号、郵便番号、生年月日、社員コード、同じ文字の繰り返し等）にしない。

2　ID・パスワードの適切な利用

・ネットカフェなどの不特定多数が利用するパソコンでインターネットサービスにログインしない。

・過去に使ったことのあるパスワードの使いまわしや複数のサービスでの同じ ID やパスワードの使い回しをしない。

・パスワードの貸与や複数人での共用をしない。

3　ID・パスワードの適切な管理

・パスワードを他者に教えない。

・ID やパスワードを電子メールでやりとりしない。

・パスワードのメモを作ったり、ディスプレイにそのメモを貼ったりしない。

・パスワードをウェブブラウザなどに記憶させない。

・パスワードの有効期限を設定する。

・人事異動や退職時等に ID の変更・削除を行う。

・パスワード盗用が疑われる場合は、直ちにシステムの管理者（情報システム運用責任者等）に報告する。

・パスワード盗用の可能性がある場合（指定回数以内に正しいパスワードが入力されない場合等）に当該 ID を停止する（パスワードロック、アカウントロック）。

6　個人情報等へのアクセス権限を有する従業者が使用できる端末又はアドレス等について制限する

【手法の例】

・個人情報等の重要情報へのアクセス権限を有する従業者が使用できる端末又はアドレス等について、MAC アドレス認証、IP アドレス認証、電子証明書や秘密分散技術を用いた認証等により制限する。

第3節　情報へのアクセス権限の管理

個人情報等の重要情報へのアクセス権限の管理については、以下の項目を実施することが考えられる。

【重要情報へのアクセス権限の管理の項目】

1　個人情報等の重要情報にアクセスできる者を許可する権限管理を適切かつ定期的に実施する

2 　個人情報等の重要情報を取り扱う情報システムへのアクセスが必要最小限
　であるよう制御する

1　個人情報等の重要情報にアクセスできる者を許可する権限管理を適切かつ定期的に実施する

【手法の例】
　　・個人情報等にアクセスする者の登録を行う作業担当者が適当であることを定
　　　期的に十分に審査し、その者だけが行えるようにする。
　　・個人情報等にアクセスする者の登録を行う作業担当者が自分のために設定し
　　　たアクセス権について、定期的に第三者が点検する。

2　個人情報等の重要情報を取り扱う情報システムへのアクセスが必要最小限であるよう制御する

　　利用者が一般利用者なのか情報システムの管理者なのかといった情報システム
の権限のレベルや、利用者が担当する業務などに応じて、アクセスできるデータ
や操作権限を必要最小限に制限するべきである。
　　アクセス権の付与はその者に必要な最小限の権限のみを与えるという考え方を
「need to know」ということがある。
【重要情報を取り扱う情報システムへのアクセスを必要最小限にする手法の例】
　　・個人情報等を移送・送信する作業を行うだけの者には、個人情報等の内容を
　　　閲覧、変更する権限を付与しない。
　　・個人情報等を閲覧することのみが業務上必要とされる者には、個人情報等の
　　　複写、複製を行う権限を付与しない。
　　・個人情報等をバックアップする作業を行うだけの者には、個人情報等の内容
　　　を閲覧、変更する権限を付与しない。
　　・個人情報等を入力する作業を行うだけの者には、個人情報等の内容を出力す
　　　る権限を付与しない。

第4節　情報へのアクセスの記録

　　個人情報等の重要情報へのアクセスの記録については、以下の項目を実施する
ことが考えられる。
【重要情報へのアクセスの記録の実施項目】
　　1　個人情報へのアクセスや操作の成功と失敗の記録を取得し、保管する
　　2　取得した記録について、漏えい、滅失及び毀損から適切に保護する

1　個人情報へのアクセスや操作の成功と失敗の記録を取得し、保管する

　トレーサビリティを確保するために、個人情報へのアクセスや操作の記録を保管する。

　不正なアクセスの記録はもちろんだが、正当なアクセスの記録も保存し、一定の期間保管すべきである。漏えいは内部犯行（正当なアクセスからの漏えい）である場合が多く、発覚するまで数か月以上を要することがあるからである。

　ただし正当なアクセス記録の保存期間は一概には定められないので、事業者ごとに判断する。

【手法の例】

- ・個人情報へのアクセスや操作の成功と失敗についての記録を取得し、保管する。
- ・情報システムのアクセスログについては、利用者の人数や利用状況、情報システムで取り扱う個人情報を考慮して取得する。個人情報へのアクセスや操作を記録できない場合は、情報システムへのアクセスの成功と失敗の記録を取得する。
- ・正当なアクセスの記録について、一定期間は保管する。
- ・個人情報を保管している情報システムやネットワークへのアクセスログを定期的にチェックする。
- ・情報システムのアクセスログから内部の異常アクセス（例えば、休業日、業務時間外のアクセス、ログインエラー等）をチェックする。
- ・ウェブサーバのアクセスログから外部の不正アクセスをチェックする。

2　取得した記録について、漏えい、滅失及びき損から適切に保護する

　1で取得した個人情報や情報システムへのアクセスの記録は、それ自体が個人情報に該当する場合があるので、その管理には注意を要する。

【手法の例】

- ・取得した記録は、施錠保管する。
- ・取得した記録は、暗号化やパスワードロック等の秘匿化等の措置を講じて保管する。

第5節　不正ソフトウェア対策

　不正ソフトウェア（マルウェア）には、ウイルス、ワーム、スパイウェア、ボット等、様々な種類があり、マルウェアに感染すると、情報資産が漏えい・き損し、使用不能になる等、情報資産の機密性、完全性又は可用性が損なわれるおそれがある。さらに、マルウェアに感染した機器を経由して顧客等が攻撃の対象となるなど、自社内にとどまらない被害が発生するおそれもある。

マルウェアは、種類ごとに異なる特徴を持っているから、それぞれの特徴に合わせた対応が必要となる。

☞　各種のマルウェアに関する説明については、前述した「第3章　第8節
　　4　（1）マルウェア」を参照

なお、コンピュータウイルス対策基準（経済産業省）は、コンピュータウイルスに対する予防、発見、駆除、復旧等について実効性の高い対策をとりまとめたものであり、システムの利用権限や事業形態等に応じて、①システムユーザ（システムを利用する者）、②システム管理者（システムを導入、維持及び管理する者）、③ソフトウェア供給者、④ネットワーク事業者及び⑤システムサービス事業者に分類して、それぞれの者のための対策をまとめている。

☞　①システムユーザ基準と②システム管理者基準については、前述した
　　「第4章　第3節　コンピュータウイルス対策基準」で解説した。

不正ソフトウェア対策については、以下の項目を講じなければならない。

【不正ソフトウェア対策の実施項目】

1　ウイルス対策ソフトウェアを導入する
2　OSやアプリケーション等に対するセキュリティパッチを適用する
3　不正ソフトウェア対策の有効性・安定性を確認する
4　個人情報等にアクセスできる端末にファイル交換ソフトウェアをインストールしない

1　ウイルス対策ソフトウェアを導入する

【手法の例】

・個人情報を取り扱う情報システム（コンピュータ、サーバ等）にはウイルス対策ソフトウェアを導入する。

☞　スマートフォンやタブレットも、アプリのダウンロードやアプリの実行に伴って不正ソフトウェアに感染する危険性があるから、業務利用するスマートフォンやタブレットには、ウイルス対策ソフトウェアを導入する必要がある。

・ウイルス対策ソフトウェアは、常に最新のパターンファイルを適用する。

2　OSやアプリケーション等に対するセキュリティパッチを適用する

システムによっては、セキュリティパッチ（セキュリティ対策用修正ソフトウェア）を適用することで動作がおかしくなることがあるので、必要性を判断した上で適用・不適用を判断する。

メーカーがサポートを終了したOSやアプリケーションを使用することはリスクが大きい。

3　不正ソフトウェア対策の有効性・安定性を確認する

【手法の例】

・どのような不正ソフトウェアが存在するか、状況を把握する。

・パターンファイルや修正ソフトウェアによる更新後に、有効性や動作の安定性を確認する。

4　個人情報等にアクセスできる端末にファイル交換ソフトウェアをインストールしない

【手法の例】

・個人情報等の重要情報にアクセスできる端末の利用者に、ソフトウェアをインストールする権限を与えない。

・自宅での作業を認めている場合、自宅のコンピュータについてもファイル交換ソフトウェア（Winny、Share、Gnutella、BitTorrent 等）をインストールしていないことを条件とする。

第6節　情報の移送・送信時の対策

　個人情報等の重要情報の社外への移送・送信は、紛失・置き忘れ・盗難及び誤送信・盗聴（傍受）といった脅威と隣合わせである。

　従って、個人情報等の社外への移送・送信は原則として禁止し、業務遂行上の必要性が認められる場合に限って、以下のような明確なルールに従って実施するようにしなければならない。

【重要情報を移送・送信する際のルール】

1　個人情報等の受渡しには授受の記録を残す

2　個人情報等を媒体で移送するときに、移送時の紛失・盗難が生じた際の対策を講じる

3　盗聴される可能性のあるネットワークで個人情報等を送信する際に、個人情報等の暗号化又はパスワードロック等の秘匿化の措置を講じる

1　個人情報等の受渡しには授受の記録を残す

【手法の例】

・個人情報等の重要情報を記録した媒体を社外（顧客、委託先等）や組織内の遠隔地事業所と手渡し、又は郵便、宅配便等で授受するときは、責任の所在の明確化や紛失した場合の追跡等のため、授受記録を取り保管する。授受の記録は互いの責任範囲を明確にするものであるから、双方が確認した記録であることが望ましい。

・電子メールの末尾には署名（シグネチャ）として送信者の名前や所属、連絡

先（メールアドレス）を書き添える。ただし、必要以上の情報（自宅の住所や電話番号等）は記載しないことが望ましい。

2　個人情報等を媒体で移送するときに、移送時の紛失・盗難が生じた際の対策を講じる

【手法の例】

- ・個人情報等を記録した媒体の社外への移送は原則として禁止し、業務遂行上の必要性がある場合に限り認める。
- ・個人情報等を記録した媒体を郵便、宅配便、社用車等で送付するとき、宛先記載ミス、誤封入、誤送付等を防止するため、宛先や送付物を確認する。
- ・送付する個人情報等の重要度に応じて、適切な送付手段（社用車、セキュリティ便、書留、配達証明、本人限定受取郵便等）を採用する（社内便の場合は親展扱いに限る）。
- ・個人情報等が記録された媒体を社用車その他の交通機関を利用して運搬するとき（自宅に持ち帰る場合を含む）は、運搬ルールを遵守する。
- ・個人情報等が記録された媒体の運搬時（自宅に持ち帰る場合を含む）に紛失、車上荒らし、置引き、ひったくり等の予防策を個人情報等の重要度に応じて実施する。

【紛失・盗難等の予防策の例】

- ・専用かばんの使用、運搬車両の施錠、肌身離さない携行（電車の網棚に置かない等）、運搬途中に立寄らない等
- ・個人情報等の重要度やリスクに応じて、個人情報等を記録した媒体の暗号化やパスワードロック等の秘匿化の措置を講じる。

3　盗聴される可能性のあるネットワークで個人情報等を送信する際に、個人情報等の暗号化又はパスワードロック等の秘匿化の措置を講じる

インターネットや無線 LAN 等のように、盗聴（傍受）される可能性のあるネットワークで個人情報等の重要情報を送信する際には、盗聴等の脅威に対応する技術的措置を講ずる必要がある。

【手法の例】

- ・ウェブサイトで本人に個人情報を入力させる場合は、SSL（SSL/TLS）による通信、SQL インジェクションの対策、クロスサイトスクリプティングの対策等の措置を実施する。
- ・SSL 等の措置を取っている場合、cookie も暗号化する。
  - ☞　cookie（クッキー）とは、ウェブサイトの提供者が、ユーザのコン

ピュータに保存させる管理用のファイルである。ユーザの登録情報やサイトの訪問履歴などを記録しておくことで、次にユーザがアクセスする際にログイン処理を省略して前回の続きのようにサービスを受けることができるなどの利点がある。

　　他方で、XSS等によってユーザの登録情報を含むcookieが抜き取られると、ユーザになりすました不正なログインを許してしまう危険がある。

・ネットワークでの個人情報等の送信は、原則として組織内ネットワークに限り、ウェブサイトでの個人情報等の送信は業務遂行上の必要性が認められる場合に限って行う。

・ウェブサイトで個人情報等を送受信するにあたり、電子メールの添付ファイルで送受信する場合や、FTPでファイル転送する場合は、それぞれ暗号化やパスワードロック等の秘匿化の措置を講じる。

【秘匿化の措置の例】
　　・メールの受信者が「公開鍵」を公開している場合は、公開鍵を使用して暗号化する。
　　・メールの送信者と受信者で共通鍵を生成し、共通鍵を使用して暗号化する。

・パスワードロックを行う場合、パスワードの設定方法（文字数や文字・記号・数字の使用等）やパスワードの通知方法についてルールを定め、それを遵守する。

・個人情報等を電子メールで送信するとき、誤送信を防止するため、宛先や送信内容を確認するルールを定め、遵守する。

【誤送信防止のためのルールの例】
　　・送信ボタンを押下する前に宛先の再確認をする。
　　・メールソフトの設定等で送信ボタンを押下してもメールが即時送信されない機能（いったん送信トレイに格納される、送信前にメールの内容の確認を促す）を利用する。
　　・受信した電子メールを第三者に転送する場合は、メールの内容と転送する宛先を慎重に確認する。

・電子メールを社外の複数宛先に同時に送信するときは、その宛先はBCC（ブラインドカーボンコピー：Blind Carbon Copy）を使用し、又は宛先を伏せて送信できるようにするシステムやツールを利用する等の対策を実施する。

　☞　多数人に同一内容のメールを送信する場合は、宛先をCC（カーボンコピー：Carbon Copy）やBCCにする一斉同報メールを利用するが、CCとBCCは適切に使い分ける必要がある。

　☞　CCはメールアドレスが受信者全員に表示されるため、受信者がお互いのメールアドレスを知らない場合は、メールアドレスの漏えいとなってし

まう。このような場合は BCC を利用する。

[参考知識：電子メールを受信する際の脅威]

　電子メールを受信する際に注意すべき脅威としては、フィッシングメールや標的型メール、スパムメールが考えられる。
　　　☞　それぞれの脅威の内容と対策については、前述した「第3章　第8節　4　（3）その他の攻撃手法や用語」を参照

[参考知識：無線 LAN のセキュリティ対策]

　無線 LAN の運用は、通信内容が傍受（盗聴）される危険性と隣合わせである。企業が無線 LAN を使用する際は、次のような対策が必要である。
【無線 LAN のセキュリティ対策の手法の例】
・WPA2などの強力な暗号化方式を利用する。
・文字、数字、記号を混ぜ、20文字以上にする等、推測されにくいパスワードを利用する。
・無線 LAN アクセスポイントで、ANY 接続拒否や、ステルス機能の設定を行う。
　　　☞　ANY 接続拒否やステルス機能等の技術については、前述した「第20章　第2節　6　無線 LAN のセキュリティ」を参照
・接続のための認証機能を持つ無線 LAN スイッチと認証サーバ等の環境を導入する。
・電波が社外に漏れないような物理的対策（電波遮断シールド等）を講じる。

第7節　情報システムの動作確認時の対策

　情報システムの動作確認時の対策としては、以下の項目の実施が考えられる。
【情報システムの動作確認時の対策項目】
　　1　情報システムの動作確認時のテストデータとして個人情報等の重要情報を利用しない
　　2　情報システムの変更時に、それらの変更によって情報システム又は運用環境のセキュリティが損なわれないことを検証する

1　情報システムの動作確認時のテストデータとして個人情報等の重要情報を利用しない

【手法の例】
　　・情報システムの動作確認時のテストデータとして個人情報等を利用することを禁止する。
　　・やむを得ず個人情報等をテストデータとして利用する場合、利用できる条件を明確にし、それに従う。
【重要情報をテストデータとして利用する場合の条件の例】
　　・事前承認を必要とし、利用する個人情報等はマスキングや置換え、暗号化をする。

課題II

個人情報保護の対策と情報セキュリティ

・テスト環境と本番環境を分離する（本番データの誤った書換えや試験環境の障害による運用停止などの対策）。
・同一環境を利用せざるを得ない場合は、テスト環境と本番環境とでシステムの使用領域（ディスク、ユーザグループ等）を分離する。
・テスト後は、テストデータを情報管理責任者等に返却する、又は確実に破棄する。

2　情報システムの変更時に、それらの変更によって情報システム又は運用環境のセキュリティが損なわれないことを検証する

【手法の例】
・情報システムの変更時に、情報システム又は運用環境のセキュリティが変更前と同等以上に維持されていることを検証する。
・不要になったシステム機能が残存していないか確認する。
・システム変更によりウェブサイトやモバイルサイトに公開すべきでない個人情報が閲覧できるようになっていないか公開前に確認する。

第8節　情報システムの監視

　個人情報等の重要情報を取り扱う情報システムの管理運営体制が十分であるかについて、運用状況を定期的に確認し、問題があれば是正、見直しをすることが重要である。

　なお、個人情報を取り扱う情報システムを監視した結果の記録は、それ自体が個人情報に該当する場合があるので、その管理には注意を要する。

　情報システムの監視については、以下の項目の実施が考えられる。

【情報システムの監視項目】

　1　個人情報等の重要情報を取り扱う情報システムの使用状況を定期的にチェックする
　2　個人情報等の重要情報へのアクセス状況を定期的にチェックする

精選過去問題

問題 **1** プライバシーマーク制度に関する以下のアからエまでの記述のうち、誤っているものを1つ選びなさい。

ア． プライバシーマーク制度は、JIS Q 15001を基準とした第三者認証制度であり、1998年に創設されたものである。

イ． プライバシーマーク制度は、プライバシーマーク付与機関、プライバシーマーク指定審査機関、プライバシーマーク指定研修機関によって運営されている。

ウ． プライバシーマーク付与の有効期間は2年であり、以降は、2年ごとに更新を行うことができる。

エ． プライバシーマーク付与の対象は、国内に活動拠点をもつ事業者であり、原則として、組織単位で付与される。

解説 プライバシーマーク制度

本問は、プライバシーマーク制度に関する理解を問うものである。

ア． 正しい。プライバシーマーク制度は、JIS Q 15001を基準とした第三者認証制度であり、1998年に創設されたものである。

イ． 正しい。プライバシーマーク制度は、プライバシーマーク付与機関、プライバシーマーク指定審査機関、プライバシーマーク指定研修機関の3つの機関によって運営されている。

ウ． 正しい。プライバシーマーク付与の有効期間は2年であり、以降は、2年ごとに更新を行うことができる。

エ． 誤り。プライバシーマーク付与の対象は、国内に活動をもつ事業者であるが、原則として、組織単位ではなく、**法人単位で付与される**。

解答 エ

☞ 課題Ⅰ 第1章 第2節 2(1)

問題 2 個人情報保護法に関する以下のアからエまでの記述のうち、誤っているものを1つ選びなさい。

ア. 個人情報保護法は、デジタル社会の進展に伴い個人情報の利用が著しく拡大していることを背景として制定された。

イ. 個人情報保護法は、個人情報の適正な取扱いに関し、基本理念及び政府による基本方針の作成その他の個人情報の保護に関する施策の基本となる事項を定め、国及び地方公共団体の責務等を明らかにし、個人情報を取り扱う事業者及び行政機関等についてこれらの特性に応じて遵守すべき義務等を定めている。

ウ. 個人情報保護法は、個人情報を適切かつ効果的に活用すること等により、新たな産業の創出並びに活力ある経済社会及び豊かな国民生活の実現に資することをその目標としている。

エ. 個人情報保護法は、プライバシー権に配慮しつつ、個人の権利利益を保護することをその目的としている。

解説 個人情報保護法の目的条文

本問は、個人情報保護法の目的条文（法1条）に関する理解を問うものである。

ア. 正しい。本記述のとおりである（法1条）。

イ. 正しい。本記述のとおりである（法1条）。

ウ. 正しい。本記述のとおりである（法1条）。

エ. 誤 り。個人情報保護法は、個人情報の有用性に配慮しつつ、個人の権利利益を保護することを目的としており（法1条）、プライバシー権に配慮することは規定していない。

解答 エ

☞ 課題Ⅰ 第2章 第1節

問題 **3** 個人情報に関する以下のアからエまでの記述のうち、誤っているもの
を1つ選びなさい。

ア. 外国に居住する外国人の個人に関する情報は、日本の個人情報取扱事業
者が取り扱う場合、個人情報保護法による保護の対象となり得る。

イ. 音声録音情報は、特定の個人を識別できる場合、個人情報に該当する。

ウ. 法人その他の団体は個人に該当しないため、法人等の団体そのものに関
する情報は個人情報に該当しない。

エ. 情報が本人の氏名のみであった場合、同姓同名の人が存在する可能性が
あることから、個人情報に該当しない。

解説 個人情報

「個人情報」とは、生存する「個人に関する情報」であって、「当該情報に含まれ
る氏名、生年月日その他の記述等により特定の個人を識別することができるもの
（他の情報と容易に照合することができ、それにより特定の個人を識別すること
ができるものを含む。）」（法2条1項1号）、又は「個人識別符号が含まれるも
の」（法2条1項2号）をいう。

本問は、この「個人情報」に関する理解を問うものである。

ア. 正しい。個人情報における個人には、日本国民に限らず、外国人も含まれ
る。よって、日本の個人情報取扱事業者が取り扱う個人情報は、居
住地や国籍を問わず、個人情報保護法による保護の対象となり得
る。

イ. 正しい。本人の氏名が含まれる等の理由により、特定の個人を識別できる音
声録音情報は、個人情報に該当する。

ウ. 正しい。本記述のとおりである。

エ. 誤 り。本人の氏名のみであっても、<u>社会通念上、特定の個人を識別するこ
とができるものと考えられる</u>ことから、個人情報に該当する。

解答 エ

☞ 課題Ⅰ 第3章 第1節

問題 4 個人識別符号に関する以下のアからエまでの記述のうち、誤っているものを1つ選びなさい。

ア. 運転免許証番号や基礎年金番号は、個人識別符号に該当する。

イ. 雇用保険被保険者証の被保険者番号は、個人識別符号に該当しない。

ウ. 個人番号や住民票コードは、個人識別符号に該当する。

エ. 携帯電話番号やクレジットカード番号は、個人識別符号に該当しない。

解説 個人識別符号

「個人識別符号」とは、次のいずれかに該当する文字、番号、記号その他の符号のうち、政令で定めるものをいう。

1. 特定の個人の身体の一部の特徴を電子計算機の用に供するために変換した文字、番号、記号その他の符号であって、当該特定の個人を識別することができるもの（法2条2項1号）

2. 個人に提供される役務の利用若しくは個人に販売される商品の購入に関し割り当てられ、又は個人に発行されるカードその他の書類に記載され、若しくは電磁的方式により記録された文字、番号、記号その他の符号であって、その利用者若しくは購入者又は発行を受ける者ごとに異なるものとなるように割り当てられ、又は記載され、若しくは記録されることにより、特定の利用者若しくは購入者又は発行を受ける者を識別することができるもの（法2条2項2号）

本問は、この「個人識別符号」に関する理解を問うものである。

ア. 正しい。運転免許証番号は個人識別符号に該当する（施行令1条4号）。また、基礎年金番号も個人識別符号に該当する（施行令1条3号）。

イ. 誤り。雇用保険被保険者証の被保険者番号は、個人識別符号に該当する（施行規則4条8号）。

ウ. 正しい。個人番号は個人識別符号に該当する（施行令1条6号）。また、住民票コードも個人識別符号に該当する（施行令1条5号）。

エ. 正しい。本記述のとおりである。

解答　イ

☞　課題Ⅰ　第3章　第2節

問題**5** 要配慮個人情報に関する以下のアからエまでの記述のうち、正しいものを１つ選びなさい。

ア. 犯罪行為が疑われる映像が映っている防犯カメラの映像は、要配慮個人情報に該当しない。

イ. 他人を被疑者とする裁判の証人として尋問を受けたという事実は、要配慮個人情報に該当する。

ウ. 本人を非行少年又はその疑いのある者として、保護処分等の少年の保護事件に関する手続が行われたという事実は、要配慮個人情報に該当しない。

エ. エックス線写真等は、病歴を推知させるにとどまる記述等であっても、要配慮個人情報に該当する。

解説 要配慮個人情報

「要配慮個人情報」とは、本人の人種、信条、社会的身分、病歴、犯罪の経歴、犯罪による被害を被った事実その他本人に対する不当な差別、偏見その他の不利益が生じないようにその取扱いに特に配慮を要するものとして政令で定める記述などが含まれる個人情報をいう（法２条３項）。

本問は、この「要配慮個人情報」に関する理解を問うものである。

ア. 正しい。単に防犯カメラの映像等で、犯罪行為が疑われる映像が映ったのみでは、犯罪の経歴（２条３項）にも刑事事件に関する手続きが行われたこと（施行令２条４号）にも当たらないため、要配慮個人情報に該当しない。

イ. 誤 り。他人を被疑者とする犯罪捜査のために取調べを受けた事実や、証人として尋問を受けた事実に関する情報は、本人を被疑者又は被告人としていないことから、要配慮個人情報に該当しない。

ウ. 誤 り。本人を非行少年又はその疑いのある者として、保護処分等の少年の保護事件に関する手続が行われたという事実は、要配慮個人情報に該当する。

エ. 誤 り。病歴を推知させるにとどまる記述等であれば要配慮個人情報に該当しない。

解答 ア

☞ 課題Ⅰ 第３章 第３節

問題 6 国及び地方公共団体の施策に関する以下のアからエまでの記述のうち、誤っているものを1つ選びなさい。

ア. 国は、その機関が保有する個人情報の適正な取扱いが確保されるよう必要な措置を講ずることに努めなければならない。

イ. 国は、地方公共団体との適切な役割分担を通じ、個人情報取扱事業者による個人情報の適正な取扱いを確保するために必要な措置を講ずるものとする。

ウ. 地方公共団体は、その保有する個人情報の性質、当該個人情報を保有する目的等を勘案し、その保有する個人情報の適正な取扱いが確保されるよう必要な措置を講ずることに努めなければならない。

エ. 国及び地方公共団体は、個人情報の保護に関する施策を講ずるにつき、相協力するものとする。

解説 国及び地方公共団体の施策

本問は、国及び地方公共団体の施策に関する理解を問うものである。

ア. 誤　り。国は、その機関が保有する個人情報の適正な取扱いが確保されるよう必要な措置を<u>講ずるものとする</u>（法8条1項）。

イ. 正しい。本記述のとおりである（法11条）。

ウ. 正しい。本記述のとおりである（法12条1項）。

エ. 正しい。本記述のとおりである（法15条）。

解答 ア

☞　課題Ⅰ　第4章　第3節

問題 **7** 個人情報の利用目的の特定及び変更に関する以下のアからエまでの記述のうち、誤っているものを1つ選びなさい。

ア. 個人情報取扱事業者は、個人情報を取り扱うに当たっては、利用目的をできる限り具体的に特定しなければならず、「お客様サービスの向上のため」と明示しただけでは、具体的に利用目的を特定しているとはいえない。

イ. 個人情報取扱事業者は、個人情報を取り扱うに当たっては、利用目的をできる限り具体的に特定しなければならないが、利用目的の特定に当たっては、利用目的を単に抽象的、一般的に特定するのではなく、個人情報が個人情報取扱事業者において、最終的にどのような事業の用に供され、どのような目的で個人情報を利用されるのかが、本人にとって一般的かつ合理的に想定できる程度に具体的に特定することが望ましいとされている。

ウ. 個人情報取扱事業者は、利用目的を変更した場合は、変更された利用目的について、本人の同意を得ることが個人情報保護法で義務付けられている。

エ. 個人情報取扱事業者は、利用目的を変更する場合には、変更前の利用目的と関連性を有すると合理的に認められる範囲を超えて行ってはならない。

解説 個人情報の利用目的の特定及び変更

個人情報取扱事業者は、個人情報を取り扱うに当たっては、その利用目的をできる限り特定しなければならない(法17条1項)。また、個人情報取扱事業者は、利用目的を変更する場合には、変更前の利用目的と関連性を有すると合理的に認められる範囲を超えて行ってはならない(法17条2項)。

本問は、この個人情報の利用目的の特定に関する理解を問うものである。

ア. 正しい。本記述のとおりである。

イ. 正しい。本記述のとおりである。

ウ. 誤 り。個人情報取扱事業者は、利用目的を変更した場合は、変更された利用目的について、本人に通知し、又は公表しなければならない(法21条3項)。**義務付けられているのは、本人への通知又は公表**であって、変更前の利用目的と関連性を有すると合理的に認められる範囲であれば、本人の同意を得ることは義務付けられていない。

エ. 正しい。本記述のとおりである(法17条2項)。

解答 **ウ**

☞ 課題Ⅰ 第6章

問題 8

個人情報の利用目的の制限に関する以下のアからエまでの記述のうち、誤っているものを 1 つ選びなさい。

ア． 弁護士会からの照会に対応する場合は、あらかじめ本人の同意を得ることなく、特定された利用目的の達成に必要な範囲を超えて個人情報を取り扱うことができる。

イ． 健康保険組合等の保険者等が実施する健康診断の結果等に係る情報を、保健事業の効果の向上等に利用する場合、本人の同意を得ることが困難であるか否かにかかわらず、あらかじめ本人の同意を得ることなく、特定された利用目的の達成に必要な範囲を超えて個人情報を取り扱うことができる。

ウ． 児童虐待のおそれのある家庭情報を、児童相談所、警察、学校、病院等が共有する必要があり、本人の同意を得ることが困難な場合は、あらかじめ本人の同意を得ることなく、特定された利用目的の達成に必要な範囲を超えて個人情報を取り扱うことができる。

エ． 国の機関若しくは地方公共団体又はその委託を受けた者が法令の定める事務を遂行することに対して、事業者が協力する必要がある場合であって、本人の同意を得ることにより当該事務の遂行に支障を及ぼすおそれがあるときは、あらかじめ本人の同意を得ることなく、特定された利用目的の達成に必要な範囲を超えて個人情報を取り扱うことができる。

解説 利用目的の制限

個人情報取扱事業者は、あらかじめ本人の同意を得ないで、法17条の規定により特定された利用目的の達成に必要な範囲を超えて、個人情報を取り扱ってはならない（法18条 1 項）。個人情報取扱事業者は、合併その他の事由により他の個人情報取扱事業者から事業を承継することに伴って個人情報を取得した場合は、あらかじめ本人の同意を得ないで、承継前における当該個人情報の利用目的の達成に必要な範囲を超えて、当該個人情報を取り扱ってはならない（法18条 2 項）。また、法18条 3 項は、個人情報の利用目的による制限の例外について定めている。本問は、この個人情報の利用目的による制限等に関する理解を問うものである。

ア． 正しい。弁護士会からの照会に対応する場合は、法令に基づく場合に該当するため、あらかじめ本人の同意を得ることなく、特定された利用目的の達成に必要な範囲を超えて個人情報を取り扱うことができる（法18条 3 項 1 号）。

イ． 誤り。健康保険組合等の保険者等が実施する健康診断の結果等に係る情報を、保健事業の効果の向上等に利用する場合は、公衆衛生の向上又

は児童の健全な育成の推進のために特に必要がある場合に該当し、この場合、本人の同意を得ることが**困難であるとき**は、あらかじめ本人の同意を得ることなく、特定された利用目的の達成に必要な範囲を超えて個人情報を取り扱うことができる（法18条3項3号）。

ウ. 正しい。本記述のとおりである。

エ. 正しい。本記述のとおりである（法18条3項4号）。

解答　**イ**

☞　課題Ⅰ　第7章

問題 9 個人情報の不適正利用の禁止に関する以下のアからエまでの記述のうち、誤っているものを1つ選びなさい。

ア． 個人情報取扱事業者は、違法又は不当な行為を助長し、又は誘発するおそれがある方法により個人情報を利用してはならないが、ここでいう「違法又は不当な行為」とは、個人情報保護法およびその他の法令に違反する行為のみをいう。

イ． 貸金業登録を行っていない貸金業者等からの突然の接触による本人の平穏な生活を送る権利の侵害等、当該事業者の違法な行為を助長するおそれが想定されるにもかかわらず、当該事業者に当該本人の個人情報を提供する場合、違法又は不当な行為を助長し、又は誘発するおそれがある方法により個人情報を利用していると認められる。

ウ． 官報に掲載される破産者情報を、当該個人情報に係る本人に対する違法な差別が、不特定多数の者によって誘発されるおそれがあることが予見できるにもかかわらず、それを集約してデータベース化し、インターネット上で公開する場合、違法又は不当な行為を助長し、又は誘発するおそれがある方法により個人情報を利用していると認められる。

エ． 採用選考を通じて個人情報を取得した個人情報取扱事業者が、性別、国籍等の特定の属性のみにより、正当な理由なく本人に対する違法な差別的取扱いを行うために、個人情報を利用することについては、当該個人情報取扱事業者は、違法又は不当な行為を助長し、又は誘発するおそれがある方法により個人情報を利用していると認められる。

解説 個人情報の不適正利用の禁止

個人情報取扱事業者は、違法又は不当な行為を助長し、又は誘発するおそれがある方法により個人情報を利用してはならない（法19条）。

本問は、この個人情報の不適正利用の禁止に関する理解を問うものである。

ア． 誤り。個人情報取扱事業者は、違法又は不当な行為を助長し、又は誘発するおそれがある方法により個人情報を利用してはならないが、ここでいう「違法又は不当な行為」とは、個人情報保護法その他の法令に違反する行為、及び直ちに違法とはいえないものの、個人情報保護法その他の法令の制度趣旨又は公序良俗に反する等、社会通念上適正とは認められない行為をいう。個人情報保護法その他の法令に違反する行為のみを「違法又は不当な行為」というのではない。

イ． 正しい。本記述のとおりである。

ウ． 正しい。本記述のとおりである。

エ．正しい。本記述のとおりである。

解答 **ア**

☞ 課題Ⅰ 第8章

問題⑩ 個人情報の適正な取得に関する以下のアからエまでの記述のうち、正しいものを１つ選びなさい。

ア. 個人情報を含む情報がインターネット等により公にされている場合であって、単にこれを閲覧するにすぎず、転記等を行わない場合は、不正の手段により個人情報を取得しているとは解されない。

イ. 個人情報を取得する主体や利用目的等について、意図的に虚偽の情報を示して、本人から個人情報を取得する場合、不正の手段による個人情報の取得に該当しない。

ウ. 十分な判断能力を有していない子供や障害者から同意を得て、関係のない家族の収入事情などの家族の個人情報を家族の同意なく取得する場合は、不正の手段による個人情報の取得に該当しない。

エ. 個人情報取扱事業者が、他の事業者に指示して不正の手段で個人情報を取得させ、当該他の事業者から個人情報を取得する場合、不正の手段による個人情報の取得に該当しない。

解説 個人情報の適正な取得

個人情報取扱事業者は、偽りその他不正の手段により個人情報を取得してはならない（法20条１項）。

本問は、この個人情報の適正な取得に関する理解を問うものである。

ア. 正しい。本記述のとおりである。

イ. 誤り。個人情報を取得する主体や利用目的等について、意図的に虚偽の情報を示して、本人から個人情報を取得する場合、不正の手段による個人情報の取得に該当する。

ウ. 誤り。十分な判断能力を有していない子供や障害者から、関係のない家族の収入事情などの家族の個人情報を、家族の同意なく取得する場合、不正の手段による個人情報の取得に該当する。

エ. 誤り。個人情報取扱事業者が、他の事業者に指示して不正の手段で個人情報を取得させ、当該他の事業者から個人情報を取得する場合、不正の手段による個人情報の取得に該当する。

解答 ア

☞ 課題Ⅰ 第９章

問題11 要配慮個人情報の取得に関する以下のアからエまでの記述のうち、誤っているものを1つ選びなさい。

ア. 要配慮個人情報を取得する場合は、本人の同意を得なければならないが、その取り扱いには特に注意しなければならないので、口頭での同意は認められない。

イ. 個人情報取扱事業者が要配慮個人情報を本人から適正に直接取得する場合は、本人が当該情報を提供したことをもって、当該個人情報取扱事業者が当該情報を取得することについて本人の同意があったものと解することができる。

ウ. 個人情報取扱事業者が、労働安全衛生法に基づき健康診断を実施し、これにより従業員の身体状況等、法定診断項目の情報を健康診断実施機関から、本人の同意なくして取得することができる。

エ. 事業者が警察の任意の求めに応じて要配慮個人情報に該当する個人情報を提出する場合であって、本人の同意を得ることにより当該事務の遂行に支障をおよぼすおそれがあるときは、本人の同意を要しない。

解説　要配慮個人情報

「要配慮個人情報」とは、本人の人種、信条、社会的身分、病歴、犯罪の経歴、犯罪による被害を被った事実その他本人に対する不当な差別、偏見その他の不利益が生じないようにその取扱いに特に配慮を要するものとして政令で定める記述などが含まれる個人情報をいう（法2条3項）。

本問は、この「要配慮個人情報」に関する理解を問うものである。

ア．誤　り。要配慮個人情報を取得する場合は、本人の同意を得なければならないが、その**同意は口頭でも足りる**。

イ．正しい。個人情報取扱事業者が要配慮個人情報を本人から適正に直接取得する場合は、本人が当該情報を提供したことをもって、当該個人情報取扱事業者が当該情報を取得することについて本人の同意があったものと解することができる。

ウ．正しい。個人情報取扱事業者が、労働安全衛生法に基づき健康診断を実施し、これにより従業員の身体状況等、法定診断項目の情報を健康診断実施機関から取得することは、法令に基づく場合（法20条2項1号）として、本人の同意を要しない。

エ．正しい。事業者が警察の任意の求めに応じて要配慮個人情報に該当する個人情報を提出するために、当該個人情報を取得する場合は、国の機関等が法令の定める事務を遂行することに対して協力する必要がある場合であって、本人の同意を得ることにより当該事務の遂行に支障を及ぼすおそれがあるとき（法20条2項4号）に該当するので、本人の同意を要しない。

解答　**ア**

☞　課題Ⅰ　第10章

問題⑫ 個人情報の取得に際しての利用目的の通知等に関する以下のアからエ
までの記述のうち、誤っているものを1つ選びなさい。（個人情報取
扱事業者が、あらかじめ利用目的を公表している場合は除く。）

ア．個人情報取扱事業者は、個人情報を取得した際、あらかじめその利用目
的を公表している場合、当該利用目的を、本人に通知し、又は公表をす
る必要はない。

イ．個人情報取扱事業者が個人情報を第三者から提供を受けた場合には、本
人に通知し、又は公表しなければならない。

ウ．個人情報取扱事業者がインターネット上で本人が自発的に公にしている
個人情報を取得した場合、本人に通知し、又は公表をする必要はない。

エ．職員録等から個人情報を取得した場合（単に閲覧しただけの場合を除
く。）、本人への通知又は公表が必要となる。

解説 個人情報の取得に際しての利用目的の通知等

個人情報事業取扱事業者は、個人情報を取得した場合は、あらかじめその利用目
的を公表している場合を除き、速やかに、その利用目的を、本人に通知し、又は
公表しなければならない（法21条1項）。

本問は、この利用目的の通知等に関する理解を問うものである。

ア．正しい。個人情報取扱事業者は、個人情報を取得した際、あらかじめその利
用目的を公表している場合は、本人への通知又は公表は不要となる
（法21条1項）。

イ．正しい。本記述のとおりである。

ウ．誤　り。個人情報取扱事業者がインターネット上で本人が自発的に公にして
いる個人情報を取得した場合は**本人に通知し、又は公表が必要となる**。

エ．正しい。本記述のとおりである。

解答 ウ

☞ 課題Ⅰ 第11章

問題13 データ内容の正確性の確保等に関する以下のアからエまでの記述のうち、誤っているものを1つ選びなさい。

ア. 個人情報取扱事業者は、利用する必要がなくなった個人データを遅滞なく消去するよう努めなければならない。

イ. 個人情報取扱事業者は、データ内容の正確性を確保するために、保有する個人データを一律に又は常に最新化する必要がある。

ウ. 「個人データの消去」とは、当該個人データを個人データとして使えなくすることであり、当該データを削除することのほか、当該データから特定の個人を識別できないようにすること等も含まれる。

エ. 個人情報取扱事業者は、キャンペーンの懸賞品送付のため、当該キャンペーンの応募者の個人データを保有していたところ、懸賞品の発送が終わり、不着対応等のための合理的な期間が経過した場合、当該個人データを遅滞なく消去するよう努めなければならない。

解説 データ内容の正確性の確保等

個人情報取扱事業者は、利用目的の達成に必要な範囲内において、個人データを正確かつ最新の内容に保つとともに、利用する必要がなくなったときは、当該個人データを遅滞なく消去するよう努めなければならない（法22条）。

本問は、このデータ内容の正確性の確保等に関する理解を問うものである。

ア. 正しい。本記述のとおりである（法22条）。

イ. 誤り。保有する個人データを一律に又は常に最新化する**必要はなく、それぞれの利用目的に応じて、その必要な範囲内で正確性・最新性を確保すれば足りる**とされている。

ウ. 正しい。「個人データの消去」とは、当該個人データを個人データとして使えなくすることであり、当該データを削除することのほか、当該データから特定の個人を識別できないようにすること等を含むとされている。

エ. 正しい。本記述のとおりである。

解答　イ

☞　課題Ⅰ　第12章

問題 **14** 従業者の監督に関する以下のアからエまでの記述のうち、誤っているものを1つ選びなさい。

ア. 個人情報取扱事業者は、その従業者に個人データを取り扱わせるに当たっては、当該個人データの安全管理が図られるよう、当該従業者に対する必要かつ適切な監督を行わなければならない。

イ. 従業者が、個人データの安全管理措置を定める規程等に従って業務を行っていることを確認しなかった結果、個人データが漏えいした場合、従業者に対して必要かつ適切な監督を行っていないといえる。

ウ. 内部規程等に違反して個人データが入ったノート型パソコン又は外部記録媒体が繰り返し持ち出されていたにもかかわらず、その行為を放置した結果、当該パソコン又は当該記録媒体を紛失し、個人データが漏えいした場合、従業者に対して必要かつ適切な監督を行っていないといえる。

エ. 「従業者」とは、個人情報取扱事業者の組織内にあって直接間接に事業者の指揮監督を受けて事業者の業務に従事している者等をいい、雇用関係にある従業員は含まれるが、取締役、執行役、理事、監査役、監事などは含まれない。

解説 従業者の監督

個人情報取扱事業者は、その従業者に個人データを取り扱わせるに当たっては、当該個人データの安全管理が図られるよう、当該従業者に対する必要かつ適切な監督を行わなければならない（法24条）。

本問は、従業者の監督に関する理解を問うものである。

ア. 正しい。本記述のとおりである（法24条）。

イ. 正しい。本記述のとおりである。

ウ. 正しい。本記述のとおりである。

エ. 誤 り。「従業者」とは、個人情報取扱事業者の組織内にあって直接間接に事業者の指揮監督を受けて事業者の業務に従事している者等をいい、雇用関係にある従業員のみならず、取締役、執行役、理事、監査役、監事、派遣社員なども含まれ、<u>雇用関係にある従業員に限られない</u>。

解答 **エ**

☞ 課題Ⅰ 第14章

問題 15 委託先の監督に関する以下のアからエまでの記述のうち、正しいもの
を1つ選びなさい。

ア． 個人情報取扱事業者は、個人データの取扱いの全部を委託する場合の
み、その取扱いを委託された個人データの安全管理が図られるよう、委
託を受けた者に対する必要かつ適切な監督を行わなければならない。

イ． 「個人データの取扱いの委託」とは、契約の形態・種類を問わず、個人
情報取扱事業者が他の者に個人データの取扱いを行わせることをいう
が、具体的には、個人データの入力（本人からの取得を含む。）、編集、
分析、出力等の処理を行うことを委託すること等が想定される。

ウ． 委託先の選定や委託先における個人データ取扱状況の把握に当たって
は、取扱いを委託する個人データの内容や規模に応じて適切な方法をと
る必要があるが、必要に応じて個人データを取り扱う場所に赴く又はこ
れに代わる合理的な方法として、口頭により確認をすることは想定され
ていない。

エ． 再委託の条件に関する指示を委託先に行わず、かつ委託先の個人データ
の取扱状況の確認を怠り、委託先が個人データの処理を再委託した結
果、当該再委託先が個人データを漏えいした場合、委託元は必要かつ適
切な監督を怠ったとはいえない。

465

解説 委託先の監督

個人情報取扱事業者は、個人データの取扱いの全部又は一部を委託する場合は、その取扱いを委託された個人データの安全管理が図られるよう、委託を受けた者に対する必要かつ適切な監督を行わなければならない（法25条）。

本問は、委託先の監督に関する理解を問うものである。

ア. 誤　り。個人情報取扱事業者は、個人データの取扱いの全部又は一部を委託する場合は、その取扱いを委託された個人データの安全管理が図られるよう、委託を受けた者に対する必要かつ適切な監督を行わなければならない（法25条）。個人データの取扱いの**全部を委託する場合だけではなく、一部を委託する場合も該当する**。

イ. 正しい。本記述のとおりである。

ウ. 誤　り。委託先の選定や委託先における個人データ取扱状況の把握に当たっては、取扱いを委託する個人データの内容や規模に応じて適切な方法をとる必要があるが、例えば、必要に応じて個人データを取り扱う場所に赴く又はこれに代わる合理的な方法（**口頭による確認を含む**。）により確認することが考えられる。

エ. 誤　り。再委託の条件に関する指示を委託先に行わず、かつ委託先の個人データの取扱状況の確認を怠り、委託先が個人データの処理を再委託した結果、当該再委託先が個人データを漏えいした場合、委託を受けた者に対して必要かつ適切な監督を行っていない事例に該当する。

解答 **イ**

☞　課題Ⅰ　第15章
（課題Ⅱ　第13章）

問題**16** 個人データの漏えい等の事案が発生した場合等の対応に関する以下の
アからエまでの記述のうち、正しいものを1つ選びなさい。

ア. 漏えい等事案に係る個人データが高度な暗号化により秘匿化されている
場合でも、実質的には個人データが外部に漏えいしているといえるか
ら、当該事案について、個人情報保護委員会への報告を要する。

イ. 漏えい等事案に係る個人データを第三者に閲覧されないうちに全て回収
した場合は、実質的に個人データが外部に漏えいしていないと判断され
るから、当該事案について、個人情報保護委員会への報告は不要である。

ウ. 漏えい等事案に係る個人データによって特定の個人を識別することが漏
えい等事案を生じさせた事業者以外ではできない場合でも、実質的には
個人データが外部に漏えいしているといえるから、当該事案について、
個人情報保護委員会への報告を要する。

エ. 第三者が漏えい等事案に係る個人データを閲覧することが合理的に予測
できる場合でも、当該個人データの減失又は毀損にとどまっている場合
は、実質的に個人データが外部に漏えいしていないと判断されるから、
当該事案について、個人情報保護委員会への報告は不要である。

解説 個人データの漏えい等の事案が発生した場合等の対応

本問は、「個人データの漏えい等の事案が発生した場合等の対応について（平成29年個人情報保護委員会告示第1号）」に関する理解を問うものである。

ア. 誤　り。漏えい等事案に係る個人データ又は加工方法等情報について高度な暗号化等の秘匿化がされている場合は、実質的に個人データが外部に漏えいしていないと判断される場合に当たり、個人情報保護委員会への報告を要しない。

イ. 正しい。漏えい等事案に係る個人データを第三者に閲覧されないうちに全て回収した場合は、実質的に個人データが外部に漏えいしていないと判断されるから、実質的に個人データが外部に漏えいしていないと判断される場合に当たり、個人情報保護委員会への報告を要しない。

ウ. 誤　り。漏えい等事案に係る個人データによって特定の個人を識別することが漏えい等事案を生じさせた事業者以外ではできない場合は、実質的に個人データが外部に漏えいしていないと判断されるから、実質的に個人データが外部に漏えいしていないと判断される場合に当たり、個人情報保護委員会への報告を要しない。

エ. 誤　り。個人データの滅失又は毀損にとどまっていても、第三者が漏えい等事案に係る個人データを閲覧することが合理的に予測できる場合は、当該事案について、個人情報保護委員会への報告を要する。

解答 イ

☞　課題Ⅰ　第16章

問題 **17** 本邦における個人データの第三者提供の制限に関する以下のアからエ
までの記述のうち、誤っているものを1つ選びなさい。

ア. 学術研究機関等が、当該学術研究機関等と共同して学術研究を行う第三
者に個人データを学術研究目的で提供することは、第三者提供の制限の
規定に違反しない。

イ. 国の機関若しくは地方公共団体又はその委託を受けた者が法令の定める
事務を遂行することに対して協力する必要がある場合は、本人に同意を
得ることが容易であっても、本人に同意を得ることにより当該事務の遂
行に支障を及ぼすおそれがあるときは、本人の同意を得ずに第三者に個
人データを提供することができる。

ウ. 個人情報データベース等を構成している個人データは、1件の提供で
あっても第三者提供の制限の対象となる。

エ. フランチャイズ組織の本部と加盟店の間で個人データを本人の同意を得
ずに交換することは、第三者提供の制限の規定に違反しない。

解説 個人データの第三者提供の制限

個人情報取扱事業者は、次に掲げる場合を除くほか、あらかじめ本人の同意を得
ないで、個人データを第三者に提供してはならない（法27条1項）。
本問は、第三者提供の制限の原則に関する理解を問うものである。

ア. 正しい。学術研究機関等が個人データを提供する場合であり、かつ、当該学
術研究機関等と共同して学術研究を行う第三者（学術研究機関等で
あるか否かを問わない。）に当該個人データを学術研究目的で提供
する必要がある場合（当該個人データを提供する目的の一部が学術
研究目的である場合を含み、個人の権利利益を不当に侵害するおそ
れがある場合を除く。）（法27条1項6号）。

イ. 正しい。本記述のとおりである（法27条1項4号）。

ウ. 正しい。本記述のとおりである。

エ. 誤 り。個人情報取扱事業者が、フランチャイズ組織の本部と加盟店の間で
個人データを本人の同意を得ずに交換することは、<u>第三者提供（法
27条1項）に該当し、原則として、あらかじめ本人の同意を得る必
要がある</u>。

解答 エ

問題 18 オプトアウトによる第三者提供に関する以下のアからエまでの記述のうち、誤っているものを1つ選びなさい。

ア. 個人情報取扱事業者は、オプトアウトによる方法で個人データを第三者に提供する場合は、必要な所定の事項を、あらかじめ、本人に通知し、又は本人が容易に知り得る状態に置かなければならないが、この措置は、第三者に提供される個人データによって識別される本人が当該提供の停止を求めるのに必要な期間を置かなければならない。

イ. 個人データを、オプトアウトによる第三者提供を行うために必要な所定の事項を本人に通知し、又は本人が容易に知り得る状態に置く時期と個人情報保護委員会の届け出る時期は、必ずしも同時である必要はない。

ウ. 個人情報取扱事業者がオプトアウトによる方法で個人データを第三者に提供する場合は、オプトアウト事項を個人情報保護委員会に届け出なければならないが、代理人による届出の方法は定められていない。

エ. 個人情報取扱事業者がオプトアウトによる方法で個人データを第三者に提供する場合、オプトアウト事項を個人情報保護委員会に届け出なければならないが、届け出たときは、その内容を自らもインターネットの利用その他の適切な方法により公表するものとされている。

解説　オプトアウトによる第三者提供

個人情報取扱事業者は、第三者に提供される個人データ（要配慮個人情報を除く。）について、本人の求めに応じて当該本人が識別される個人データの第三者への提供を停止することとしている場合であって、法27条2項で定められている事項について、個人情報保護委員会規則で定めるところにより、あらかじめ、本人に通知し、又は本人が容易に知り得る状態に置くとともに、個人情報保護委員会に届け出たときは、法23条1項の規定にかかわらず、当該個人データを第三者に提供することができる（法27条2項）。

本問は、このオプトアウトによる第三者提供に関する理解を問うものである。

ア．正しい。 個人情報取扱事業者は、オプトアウトによる方法で第三者に提供を行う際、第三者提供を行うために必要な所定の事項を、あらかじめ、本人に通知し、又は本人が知り得る状態に置かなければならない（法27条2項）。また、この措置は、第三者に提供される個人データによって識別される本人が当該提供の停止を求めるのに必要な期間を置かなければならない（施行規則11条1項1号）。

イ．正しい。 本人に通知し、又は本人が知り得る状態に置く時期と個人情報保護委員会に届け出る時期は、必ずしも同時である必要はない。なお、同時でない場合は本人が通知又は容易に知り得る状態に置いた後、速やかに個人情報保護委員会に届け出ることが望ましいとされている。

ウ．誤　り。 オプトアウト事項の届出は、施行規則11条2項で定めるところにより、個人情報保護委員会に届け出なければならないが、代理人による届出の方法も施行規則で定められている（施行規則11条3項、同12条）。

エ．正しい。 個人情報取扱事業者は、法27条2項により必要な事項を個人情報保護委員会に届け出たときは、その内容を自らもインターネットの利用その他の適切な方法により公表するものとされている（施行規則14条）。

解答　ウ

☞　課題Ⅰ　第18章

問題⑲ 第三者提供を受ける際の確認等の義務に関する以下のアからエまでの記述のうち、誤っているものを1つ選びなさい。

ア. 個人情報取扱事業者は、第三者から個人データの提供を受けるに際しては、原則として、当該第三者による当該個人データの取得の経緯を確認しなければならないが、提供者がホームページで個人データの取得の経緯を公表している場合は、その内容を確認することも適切な確認方法である。

イ. 個人情報取扱事業者は、第三者から個人データの提供を受けた場合は、所定の事項を確認した記録を作成しなければならない。

ウ. 個人情報取扱事業者は、第三者から個人データの提供を受けた場合は、原則として所定の事項を確認しなければならないが、その個人データを提供する第三者は、当該確認に係る事項を偽ってはならず、違反した場合10万円以下の過料に処せられる。

エ. 個人情報取扱事業者は、第三者から個人データの提供を受けた場合は、所定の事項を確認しなければならないが、同一本人の個人データを複数回にわたって授受する場合でもその都度確認する必要がある。

解説 第三者提供を受ける際の確認等の義務

個人情報保護委員会規則で定めるところにより、個人情報保護法で明記されている事項の確認を行わなければならない（法30条1項）。

本問は、この第三者提供を受ける際の確認等の義務に関する理解を問うものである。

ア．正しい。 個人情報取扱事業者は、第三者から個人データの提供を受けるに際しては、原則として、当該第三者による当該個人データの取得の経緯を確認しなければならない（法30条1項2号）。また、提供者がホームページで公表している場合に公表されている取得の経緯の記述を確認する方法は、適切な方法である。

イ．正しい。 本記述のとおりである（法30条3項）。

ウ．正しい。 本記述のとおりである（法30条2項、同180条）。

エ．誤り。 複数回にわたって同一「本人」の個人データの授受をする場合において、同一の内容である事項を重複して確認する合理性はないため、個人情報保護法施行規則で規定されている方法により確認を行い、個人情報保護法で規定されている方法により作成し、かつ、その時点において保存している記録に記録された事項と内容が同一であるものについては、当該事項の確認を省略することができる。

解答 エ

☞　課題I　第21章

問題⑳ 個人関連情報の第三者提供の制限等に関する以下のアからエまでの記述のうち、誤っているものを1つ選びなさい。

ア. 個人関連情報とは、個人情報及び匿名加工情報のいずれかに該当するものをいう。

イ. 個人関連情報取扱事業者は、提供先の第三者が個人関連情報（個人関連情報データベース等を構成するものに限る。以下本問において同じ。）を個人データとして取得することが想定されるときは、原則として、第三者が個人データとして取得することを認める旨の本人の同意が得られていることをあらかじめ確認しないで、当該個人関連情報を当該第三者に提供してはならない。

ウ. 個人関連情報取扱事業者は、提供先の第三者が個人関連情報を個人データとして取得することが想定される場合であって、当該第三者が外国にある第三者であるときは、原則として、当該外国における個人情報保護に関する制度など、一定の情報が本人に提供された上で個人情報保護法が規定する同意が得られていることをあらかじめ確認しないで、当該個人関連情報を当該第三者に提供してはならない。

エ. 個人関連情報取扱事業者は、提供先の第三者が個人関連情報を個人データとして取得することが想定される場合には、個人情報保護法の規定による確認を行い、その記録を作成しなければならない。

解説 個人関連情報の第三者提供の制限

個人関連情報取扱事業者は、第三者が個人関連情報（個人関連情報データベース等を構成するものに限る。）を個人データとして取得することが想定されるときは、当該第三者が個人関連情報の提供を受けて本人が識別される個人データとして取得することを認める旨の当該本人の同意が得られていることを確認することをしないで、当該個人関連情報を当該第三者に提供してはならない（法31条1項）。本問は、この個人関連情報の第三者提供の制限等に関する理解を問うものである。

ア．誤り。 個人関連情報とは、生存する個人に関する情報であって、個人情報、仮名加工情報及び匿名加工情報のいずれにも該当しないものをいう（法2条7項）。例えば、ある個人の商品購買履歴・サービス利用履歴、ある個人の位置情報、ある個人の興味・関心を示す情報等である。ただし、これらの情報が個人情報に該当する場合は、個人関連情報に該当しないことになる。例えば、個人に関する位置情報が連続的に蓄積される等して特定の個人を識別することができる場合には、個人情報に該当し、個人関連情報には該当しないことになる。

イ．正しい。 本記述のとおりである（法31条1項1号）。

ウ．正しい。 個人関連情報取扱事業者は、提供先の第三者が個人関連情報を個人データとして取得することが想定される場合であって、当該第三者が外国にある第三者であるときは、原則として、一定の情報（当該外国における個人情報の保護に関する制度、当該第三者が講ずる個人情報の保護のための措置その他当該本人に参考となるべき情報）が本人に提供された上で法31条1項1号が規定する本人の同意が得られていることをあらかじめ確認しないで、当該個人関連情報を当該第三者に提供してはならない（同項2号）。

エ．正しい。 個人関連情報取扱事業者は、法31条1項の規定による確認を行ったときは、原則として、その記録を作成しなければならない（法31条3項、同30条3項）。
なお、個人関連情報取扱事業者は、作成した記録を個人情報保護委員会規則で定める期間保存しなければならない（法31条3項、同30条4項）。

解答 ア

☞ 課題Ⅰ 第22章

問題**21** 保有個人データに関する事項の公表等に関する以下のアからエまでの記述のうち、誤っているものを1つ選びなさい。

ア. 個人情報取扱事業者は、取得の状況からみて利用目的が明らかであると認められる場合でも、全ての保有個人データの利用目的について、本人の知り得る状態に置かなければならない。

イ. 個人情報取扱事業者は、本人から、当該本人が識別される保有個人データの利用目的の通知を求められたときは、原則として、本人に対し、通知を受けたときから1か月以内に、これを通知しなければならない。

ウ. 個人情報取扱事業者は、当該個人情報取扱事業者の氏名又は名称及び住所について、本人の知り得る状態に置かなければならない。

エ. 個人情報取扱事業者は、当該個人情報取扱事業者が行う保有個人データの取扱いに関する苦情の申出先について、本人の知り得る状態に置かなければならない。

解説 保有個人データに関する事項の公表等

個人情報取扱事業者は、保有個人データに関し、所定の事項について、本人の知り得る状態（本人の求めに応じて遅滞なく回答する場合を含む。）に置かなければならない（法32条1項）。また、個人情報取扱事業者は、本人から、当該本人が識別される保有個人データの利用目的の通知を求められたときは、本人に対し、遅滞なく、これを通知しなければならないが、法32条1項の規定により当該本人が識別される保有個人データの利用目的が明らかな場合、または法21条4項1号から3号までに該当する場合は、この限りではない（法32条2項）。

本問は、この保有個人データに関する事項の公表等に関する理解を問うものである。

ア. 正しい。本記述のとおりである（法32条1項2号、同21条4項4号）。

イ. 誤 り。個人情報取扱事業者は、本人から、当該本人が識別される保有個人データの利用目的の通知を求められたときは、本人に対し、<u>遅滞なく</u>、これを通知しなければならない（法32条2項）。よって、通知を受けたときから<u>1か月以内ではない</u>。

ウ. 正しい。本記述のとおりである（法32条1項1号）。

エ. 正しい。本記述のとおりである（法32条1項4号、施行令10条2号）。

解答 イ

☞ 課題Ⅰ 第23章・24章

問題22 保有個人データの開示に関する以下のアからエまでの記述のうち、誤っているものを1つ選びなさい。

ア． 本人は、個人情報取扱事業者に対し、当該本人が識別される保有個人データの電磁的記録の提供による開示を請求することができる。

イ． 個人情報取扱事業者は、本人から開示請求を受けた保有個人データがすでに消去されて残っていない場合であっても、これを拒むことはできない。

ウ． 個人情報取扱事業者は、本人から保有個人データの開示請求を受けたときは、原則として、当該本人が請求した方法により、遅滞なく、当該保有個人データを開示しなければならない。

エ． 個人情報取扱事業者は、本人から保有個人データの開示の請求を受けたが、開示することにより他の法令に違反することとなる場合は、保有個人データの全部若しくは一部を開示しないことができる。

解説 保有個人データの開示

本人は、個人情報取扱事業者に対し、当該本人が識別される保有個人データの開示を請求することができる（法33条1項）。

本問は、この保有個人データの開示に関する理解を問うものである。

ア． 正しい。本人は、個人情報取扱事業者に対し、当該本人が識別される保有個人データの電磁的記録の提供による方法その他の個人情報保護委員会規則で定める方法による開示を請求することができる（法33条1項）。

イ． 誤り。開示請求の対象となるデータがすでに消去され残っていない場合には、保有個人データの<u>開示請求の対象とならない</u>。

ウ． 正しい。本記述のとおりである（法33条2項）。

エ． 正しい。本記述のとおりである（法33条2項3号）。

解答 イ

☞ 課題Ⅰ 第25章

問題 23 保有個人データの訂正等に関する以下のアからエまでの記述のうち、正しいものを1つ選びなさい。

ア. 本人が識別される保有個人データの内容が事実でない場合、本人は、個人情報取扱事業者に対し、当該保有個人データの内容の訂正、追加又は削除のうち、本人が選択した方法を請求することができる。

イ. 個人情報取扱事業者は、本人による保有個人データの内容の訂正等の請求を受けた場合には、利用目的の達成に必要な範囲内において、遅滞なく必要な調査を行わなければならない。

ウ. 個人情報取扱事業者は、本人による訂正等の請求に係る保有個人データの内容の全部若しくは一部について訂正等を行ったときは、本人に対し、その旨を通知しなければならないが、訂正等を行わない旨の決定をしたときは、本人に対し、その旨を通知する必要はない。

エ. 本人が、保有個人データの内容の訂正等の請求に係る訴えを提起しようとするときは、その訴えの被告となるべき者に対し、あらかじめ、当該請求を行う必要はない。

解説 保有個人データの訂正等

本人は、個人情報取扱事業者に対し、当該本人が識別される保有個人データの内容が事実でないときは、当該保有個人データの内容の訂正、追加又は削除（「訂正等」という。）を請求することができる（法34条1項）。

本問は、この保有個人データの訂正等に関する理解を問うものである。

ア. 誤　り。本人は、個人情報取扱事業者に対し、当該本人が識別される保有個人データの内容が事実でないときは、当該保有個人データの内容の訂正、追加又は削除を請求することができるが（法34条1項）、訂正、追加又は削除のうち本人が選択した方法を請求することはできない。

イ. 正しい。個人情報取扱事業者は、本人による保有個人データの内容の訂正等の請求を受けた場合には、その内容の訂正等に関して他の法令の規定により特別の手続が定められている場合を除き、利用目的の達成に必要な範囲内において、遅滞なく必要な調査を行わなければならない（法34条2項）。

ウ. 誤　り。個人情報取扱事業者は、本人による訂正等の請求に係る保有個人データの内容の全部若しくは一部について訂正等を行ったとき、又は訂正等を行わない旨の決定をしたときは、本人に対し、遅滞なく、その旨を通知しなければならない（法34条3項）。

エ. 誤　り。本人は、保有個人データの内容の訂正等の請求に係る訴えを提起しようとするときは、その訴えの被告となるべき者に対し、あらかじめ、当該請求を行い、かつ、その到達した日から2週間を経過した後でなければ、その訴えを提起することができない（法39条、同34条1項）。

解答 イ

☞　課題Ⅰ　第27章

問題24 保有個人データの利用停止等に関する以下のアからエまでの事例のうち、利用停止等が認められないものを1つ選びなさい。

ア. ダイレクトメールを送付するために個人情報取扱事業者が保有していた情報について、当該個人情報取扱事業者がダイレクトメールの送付を停止した後、本人が消去を請求した場合

イ. 電話勧誘のために個人情報取扱事業者が保有していた情報について、当該個人情報取扱事業者が電話勧誘を停止した後、本人が消去を請求した場合

ウ. 電話勧誘を受けた本人が、電話勧誘の停止を求める意思を表示したにもかかわらず、個人情報取扱事業者が本人に対する電話勧誘を繰り返し行っていることから、本人が利用停止等を請求する場合

エ. 電話の加入者が、電話料金の支払いを免れるため、電話会社に対して課金に必要な情報の利用停止等を請求する場合

解説 保有個人データの利用停止等

本人は、個人情報取扱事業者に対し、当該本人が識別される保有個人データの取扱いにより当該本人の権利又は正当な利益が害されるおそれがある場合には、当該保有個人データの利用停止等を請求することができる（法35条5項）。
本問は、この保有個人データの利用停止等に関する理解を問うものである。

ア. 認められる。利用する必要がなくなった場合（法35条5項）として利用停止等が認められる。

イ. 認められる。利用する必要がなくなった場合（法35条5項）として利用停止等が認められる。

ウ. 認められる。本人の権利又は正当な利益が害されるおそれがある場合（法35条5項）として利用停止等が認められ得る。

エ. 認められない。本人の権利又は正当な利益が害されるおそれがある場合（法35条5項）として利用停止等が認められ得るとはいえない。

解答 エ

☞ 課題Ⅰ 第30章

問題 **25** 保有個人データの開示の請求等に係る手数料に関する以下のアからエまでの記述のうち、誤っているものを１つ選びなさい。

ア. 個人情報取扱事業者は、本人から、当該本人が識別される保有個人データの利用目的の通知を求められたときは、当該措置の実施に関し、手数料を徴収することができる。

イ. 個人情報取扱事業者は、本人から、当該本人が識別される保有個人データの開示の請求を受けたときは、当該措置の実施に関し、手数料を徴収することができる。

ウ. 個人データを第三者に提供した個人情報取扱事業者は、本人から、当該本人が識別される個人データの第三者提供記録の開示請求を受けたときは、当該措置の実施に関し、手数料を徴収することができる。

エ. 個人情報取扱事業者は、本人から、当該本人が識別される保有個人データの内容の訂正等の請求を受けたときは、当該措置の実施に関し、手数料を徴収することができる。

解説 保有個人データの開示の請求等に係る手数料

個人情報取扱事業者は、法32条第２項の規定による利用目的の通知を求められたとき又は法33条第１項の規定による開示の請求を受けたときは、当該措置の実施に関し、手数料を徴収することができる。

本問は、この保有個人データの開示の請求等に係る手数料に関する理解を問うものである。

ア. 正しい。本記述のとおりである（法38条、同32条２項）。

イ. 正しい。本記述のとおりである（法38条、同33条１項）。

ウ. 正しい。本記述のとおりである（法38条、同33条１項・５項）。

エ. 誤 り。個人情報取扱事業者は、本人から、当該本人が識別される保有個人データの内容の訂正等の請求を受けたときは、当該措置の実施に関し、手数料を徴収することができない（法38条、同34条１項）。

解答 エ

☞ 課題Ⅰ 第31章 第６節

問題26 裁判上の訴えの事前請求に関する以下のアからエまでの記述のうち、誤っているものを1つ選びなさい。

ア．本人が、個人情報保護法の規定による開示の請求に係る仮処分の申立てをしようとするときは、あらかじめ、その訴えの被告となるべき者に対し、裁判外の請求を行う必要がある。

イ．本人が、個人情報保護法の規定による利用停止等の請求に係る訴えを提起しようとして、あらかじめ、その訴えの被告となるべき者に対し、裁判外の請求を行った場合、当該請求は、通常到達すべきであった時に、到達したものと推定される。

ウ．本人が、個人情報保護法の規定による保有個人データの利用目的の通知請求に係る訴えを提起しようとするときは、その訴えの被告となるべき者に対し、裁判外の事前請求を行う必要はない。

エ．本人が、個人情報保護法の規定による訂正等の請求に係る訴えを提起しようとして、あらかじめ、その訴えの被告となるべき者に対し、裁判外の請求を行い、その訴えの被告となるべき者が、本人に対して特に理由を説明することなく単に当該請求を拒む旨を通知した場合、当該請求が到達してから2週間を経過する前であっても、その訴えを提起することができる。

解説 裁判上の訴えの事前請求

本人は、開示等の請求に係る訴えを提起しようとするときは、その訴えの被告となるべき者に対し、あらかじめ、当該請求を行い、かつ、その到達した日から2週間を経過した後でなければ、原則として、その訴えを提起することができない（法39条1項）。

本問は、裁判上の訴えの事前請求に関する理解を問うものである。

ア．正しい。本人が、個人情報保護法の規定による開示の請求に係る訴えを提起しようとする場合は、原則として、あらかじめ、その訴えの被告となるべき者に対し、開示等請求を行い、かつ、その到達した日から2週間を経過した後でなければ、その訴えを提起することができない（法39条1項）。また、本規定は、仮処分の申立てをしようとするときにも準用する（同条3項）。

イ．誤り。本人が、個人情報保護法の規定による利用停止等の請求に係る訴えを提起しようとして、あらかじめ、その訴えの被告となるべき者に対し、裁判外の請求を行った場合、当該請求は、通常到達すべきであった時に、到達したものとみなされる（法39条2項）。到達したものとみなされるのであって、「推定する」ではない。

ウ．正しい。利用目的の通知の求め（法32条2項）は、事前請求の対象ではなく、保有個人データの開示請求、保有個人データの訂正等、保有個人データの利用停止等が、裁判上の事前請求の対象となる（法39条1項）。

エ．正しい。本人が、法34条1項の規定による訂正等の請求に係る訴えを提起しようとするときは、原則として、その被告となるべき者に対し、あらかじめ、当該請求を行い、かつ、その到達した日から2週間を経過した後でなければ、訴えを提起することはできない。ただし、当該訴えの被告となるべき者がその請求を拒んだときは、この限りでない。（法39条1項）。「請求を拒んだとき」とは、その訴えの被告となるべき者が、本人に対して特に理由を説明することなく単に当該請求を拒む旨を通知した場合も含まれるため、当該請求が到達してから2週間を経過する前であっても、その訴えを提起することができる。

解答 イ

☞ 課題Ⅰ 第32章

問題27 **仮名加工情報の第三者提供の制限等に関する以下のアからエまでの記述のうち、誤っているものを1つ選びなさい。**

ア. 仮名加工情報取扱事業者は、あらかじめ本人の同意を得ない限り、仮名加工情報を第三者に提供してはならない。

イ. 第三者は、原則、仮名加工情報の提供を受けることができないが、仮名加工情報取扱事業者が利用目的の達成に必要な範囲内において仮名加工情報の取扱いの全部又は一部を委託する場合は、仮名加工情報の提供を受けることができる。

ウ. 第三者は、原則、仮名加工情報の提供を受けることができないが、合併その他の事由による事業の承継に伴う場合は、仮名加工情報の提供を受けることができる。

エ. 仮名加工情報取扱事業者は、その取り扱う仮名加工情報の漏えいの防止その他の仮名加工情報の安全管理のために必要かつ適切な措置を講じなければならない。

解説 仮名加工情報の第三者提供の制限等

仮名加工情報取扱事業者は、法令に基づく場合を除くほか、仮名加工情報（個人情報であるものを除く。）を第三者に提供してはならない（法42条1項）。

本問は、この仮名加工情報の第三者提供の制限等に関する理解を問うものである。

ア. 誤 り。仮名加工情報取扱事業者は、法令に基づく場合を除くほか、仮名加工情報を第三者に提供してはならず（法42条1項）、あらかじめ本人の同意があっても、第三者に提供できない。

イ. 正しい。本記述のとおりである（法42条2項、同27条5項1号）。

ウ. 正しい。本記述のとおりである（法42条2項、同27条5項2号）。

エ. 正しい。本記述のとおりである（法42条3項、同23条）。

解答 ア

☞ 課題Ⅰ 第33章 第5節

問題 28 匿名加工情報の作成に関する以下のアからエまでの記述のうち、誤っているものを1つ選びなさい。

ア． 個人情報取扱事業者は、匿名加工情報を作成して当該匿名加工情報を第三者に提供するときは、個人情報保護委員会規則で定めるところにより、あらかじめ、第三者に提供される匿名加工情報に含まれる個人に関する情報の項目及びその提供の方法について公表するとともに、当該第三者に対して、当該提供に係る情報が匿名加工情報である旨を明示しなければならない。

イ． 匿名加工情報を作成するときは、個人情報に含まれる個人識別符号の全部を削除する代わりに、他の記述等に置き換えることができるが、その場合は、当該個人識別符号を復元することのできる規則性を有しない方法によらなければならない。

ウ． 個人情報取扱事業者は、匿名加工情報を作成したときは、特定の個人を識別すること及びその作成に用いる個人情報を復元することができないようにするために、その作成に用いた個人情報から削除した記述等を廃棄しなければならない。

エ． 個人情報取扱事業者は、匿名加工情報を作成したときは、当該匿名加工情報に含まれる個人に関する情報の項目を公表しなければならない。

解説 匿名加工情報の作成

本問は、匿名加工情報の作成に関する理解を問うものである。

ア. 正しい。個人情報取扱事業者は、匿名加工情報を作成して当該匿名加工情報を第三者に提供するときは、個人情報保護委員会規則で定めるところにより、あらかじめ、第三者に提供される匿名加工情報に含まれる個人に関する情報の項目及びその提供の方法について公表するとともに、当該第三者に対して、当該提供に係る情報が匿名加工情報である旨を明示しなければならない（法43条4項）。

イ. 正しい。匿名加工情報を作成するときは、個人情報に含まれる個人識別符号の全部を削除する代わりに、他の記述等に置き換えることができるが、その場合は、当該個人識別符号を復元することのできる規則性を有しない方法によらなければならない（施行規則34条2号参照）。

ウ. 誤り。個人情報取扱事業者は、匿名加工情報を作成したときは、その作成に用いた個人情報から削除した記述等及び個人識別符号並びに行った加工の方法に関する情報の漏えいを防止するために必要なものとして個人情報保護委員会規則で定める基準に従い、これらの情報の安全管理のための措置を講じなければならない（法43条2項）。つまり、安全管理のための措置を講じればよいのであって、必ずしも廃棄しなければならないわけではない。

エ. 正しい。個人情報取扱事業者は、匿名加工情報を作成したときは、当該匿名加工情報に含まれる個人に関する情報の項目を公表しなければならない（法43条3項）。

解答 ウ

☞ 課題Ⅰ 第34章 第3節

問題29 個人情報保護法上、個人情報取扱事業者等が一定の目的で個人情報等を取り扱う場合、個人情報取扱事業者等の義務規定の適用が除外されることがある。この適用除外に関する以下のアからエまでの記述のうち、誤っているものを1つ選びなさい。

ア. 放送機関、新聞社、通信社その他の報道機関が、報道の用に供する目的で、個人情報を取り扱う場合は、個人情報取扱事業者の義務等に関する規定は適用されないが、ここでいう「報道機関」とは、報道を目的とする施設、組織体をいい、報道を業とするフリージャーナリストのような個人は含まれない。

イ. 宗教団体が宗教活動を主たる目的とする活動とまではいえないものの、その活動の副次的効果として教義を広める等の効果を期待して行われているものは、個人情報取扱事業者等の義務等に係る規定は適用されない。

ウ. 著述を業として行う者が、著述の用に供する目的で、個人情報を取り扱う場合は、個人情報取扱事業者の義務等に関する規定は適用されないが、ここでいう「著述」には、文芸作品の創作、文芸批評、評論等が該当する。

エ. 政治団体が、政治活動の用に供する目的で、個人情報を取り扱う場合は、個人情報取扱事業者の義務等に関する規定は適用されず、当該政治活動に付随する活動についても、個人情報取扱事業者の義務等に関する規定は適用されない。

解説 個人情報取扱事業者等の義務規定の適用除外

個人情報保護法上、個人情報取扱事業者等が一定の目的で個人情報等を取り扱う場合、個人情報取扱事業者等の義務規定は適用除外される（法57条1項）。

本問は、この個人情報取扱事業者等の義務規定の適用除外に関する理解を問うものである。

ア. 誤り。 放送機関、新聞社、通信社その他の報道機関（報道を業として行う個人を含む）が、報道の用に供する目的で、個人情報を取り扱う場合、個人情報取扱事業者の義務等に関する規定の適用は除外される（法57条1項1号）。ここでいう「報道」とは、新聞、ラジオ、テレビ等を通じて社会の出来事などを広く知らせることをいい、「報道機関」とは、報道を目的とする施設、組織体をいう。また、「報道機関」の概念には、報道を業とするフリージャーナリストのような個人も含まれる。

イ. 正しい。 宗教団体が宗教活動（これに付随する活動を含む。）の用に供する目的で個人情報を取り扱う場合は、個人情報取扱事業者等の義務等に係る規定は適用されない（法57条1項3号）。宗教活動を主たる目的とする活動とまではいえないものの、その活動の副次的効果として教義を広める等の効果を期待して行われているものは「これに付随する活動」に該当し、個人情報取扱事業者等の義務等に係る規定は適用されない。

ウ. 正しい。 著述を業として行う者が、著述の用に供する目的で、個人情報を取り扱う場合は、個人情報取扱事業者の義務規定の適用は除外される（法57条1項2号）。ここでいう「著述」には、文芸作品の創作、文芸批評、評論等が該当する。

エ. 正しい。 政治団体が、政治活動（これに付随する活動を含む）の用に供する目的で、個人情報を取り扱う場合は、個人情報取扱事業者の義務規定の適用は除外される（法57条1項4号）。

解答 ア

☞ 課題Ⅰ 第39章 第1節

問題30 域外適用に関する以下のアからエまでの記述のうち、誤っているものを1つ選びなさい。

ア. 個人情報取扱事業者が、国内にある者に対する役務の提供に関連して、国内にある者を本人とする個人情報を外国において取り扱う際に違法行為を行った場合、個人情報保護委員会は、当該事業者に対して指導を行うことができる。

イ. 匿名加工情報取扱事業者が、国内にある者に対する役務の提供に関連して、国内にある者を本人とする匿名加工情報を外国において取り扱う際に違法行為を行った場合、個人情報保護委員会は、当該事業者に対して指導を行うことができる。

ウ. 個人情報取扱事業者が、国外居住者で日本国籍を有する者に対する役務の提供に関連して、国外居住者で日本国籍を有する者を本人とする個人情報を、外国において取り扱う際に違法行為を行った場合、個人情報保護委員会は、当該事業者に対して指導を行うことができる。

エ. 個人情報取扱事業者が、国内にある者に対する役務の提供に関連して、国内にある者を本人とする個人情報を、外国において取り扱う際に違法行為を行った場合、個人情報保護委員会は、当該事業者に対して命令をし、命令に違反したときは、その旨を公表することができる。

解説 域外適用

本問は、域外適用（法166条）に関する理解を問うものである。

ア. 正しい。本記述のとおりである（法166条）。

イ. 正しい。本記述のとおりである（法166条）。

ウ. 誤り。法166条は、個人情報取扱事業者が、国内にある者に対する役務の提供に関連して、国内にある者を本人とする個人情報を、外国において取り扱う場合に適用されるものであり、日本国籍を有していても、国外居住者を本人とする場合には適用されない。

エ. 正しい。本記述のとおりである（法166条、同145条4項）。

解答　ウ

☞ 課題Ⅰ 第39章 第4節

問題 ❸❶ 個人情報保護法の罰則に関する以下のアからエまでの記述のうち、誤っているものを１つ選びなさい。

ア. 個人情報保護法の規定による報告徴収や立入検査に対し、虚偽の報告や虚偽の資料提出をした行為者が50万円以下の罰金に処せられた場合、当該法人は500万円以下の罰金に処せられる。

イ. 国外において、個人情報取扱事業者が、その業務に関して取り扱った個人情報データベース等を自己若しくは第三者の不正な利益を図る目的で提供したときでも、罰則の適用がある。

ウ. 個人情報保護委員会による命令に違反し、法人の従業者が、100万円以下の罰金に処せられた場合、当該法人は１億円以下の罰金に処せられる。

エ. 認定個人情報保護団体でない者が、認定個人情報保護団体という名称又はこれに紛らわしい名称を用いた場合、10万円以下の過料に処せられる。

解説 罰則

本問は、罰則（171条以下）に関する理解を問うものである。

ア. 誤　り。個人情報保護法の規定による報告徴収や立入検査に対し、虚偽の報告や虚偽の資料提出をした場合、行為者は、50万円以下の罰金に処せられる（法177条１号）。また、両罰規定により、法人等に対しては、法177条１号と同じ50万円以下の罰金に処せられる（法179条１項２号）。

イ. 正しい。個人情報取扱事業者が、その業務に関して取り扱った個人情報データベース等を自己若しくは第三者の不正な利益を図る目的で提供したときは、罰則の適用があるが（174条）、日本国外で犯した場合でも同様である（法178条）。

ウ. 正しい。個人情報保護委員会による命令に違反し、法人の従業者が、100万円以下の罰金に処せられた場合（法173条）、当該法人は１億円以下の罰金に処せられる（同法179条１項１号）。

エ. 正しい。本記述のとおりである（法180条１号、同56条）。

解答 ア

☞　課題Ⅰ　第40章

問題 **32** 番号法における用語の定義（2条）に関する以下のアからエまでの記述のうち、誤っているものを1つ選びなさい。

ア.「個人番号」は、番号法の規定により住民票コードを変換して得られる番号であって、当該住民票コードが記載された住民票に係る者を識別するために指定されるものである。

イ.「個人番号カード」とは、氏名等その他政令で定める事項が記載され、本人の写真が表示され、かつ、カード記録事項が電磁的方法により記録されたカードであって、番号法又は番号法に基づく命令で定めるところによりカード記録事項を閲覧し、又は改変する権限を有する者以外の者による閲覧又は改変を防止するために必要なものとして主務省令で定める措置が講じられたものをいう。

ウ.「特定個人情報」とは、個人番号（個人番号に対応し、当該個人番号に代わって用いられる番号、記号その他の符号であって、住民票コード以外のものを含む。）をその内容に含む個人情報をいう。

エ.「個人番号利用事務実施者」とは、個人番号利用事務を処理する者をいい、個人番号利用事務の委託を受けた者はこれに含まない。

解説 用語の定義

本問は、番号法における用語の定義（番号法2条）に関する理解を問うものである。

ア. 正しい。「個人番号」（マイナンバー）は、番号法の規定により住民票コードを変換して得られる番号であって、当該住民票コードが記載された住民票に係る者を識別するために指定されるものである（番号法2条5項）。

イ. 正しい。「個人番号カード」とは、氏名、住所、生年月日、性別、個人番号その他政令で定める事項が記載され、本人の写真が表示され、かつ、これらの事項その他総務省令で定める事項（以下「カード記録事項」という。）が電磁的方法により記録されたカードであって、番号法又は番号法に基づく命令で定めるところによりカード記録事項を閲覧し、又は改変する権限を有する者以外の者による閲覧又は改変を防止するために必要なものとして総務省令で定める措置が講じられたものをいう（番号法2条7項）。

ウ. 正しい。「特定個人情報」とは、個人番号（個人番号に対応し、当該個人番号に代わって用いられる番号、記号その他の符号であって、住民票以外のものを含む。）をその内容に含む個人情報をいう（番号法2条8項）。

エ. 誤り。「個人番号利用事務実施者」とは、個人番号利用事務を処理する者及び個人番号利用事務の全部又は一部の委託を受けた者をいう（番号法2条12項）。

解答 **エ**

☞ 課題Ⅰ 第42章 第3節

問題33 個人番号の利用範囲に関する以下のアからエまでの記述のうち、誤っているものを１つ選びなさい。

ア. 顧客の住所等を調べる目的で照会した端末の画面に、個人番号が表示された状態で、これをプリントアウトする場合、利用目的の範囲外となる。

イ. 従業員の雇用形態をアルバイトから正社員に変更した場合、当初の利用目的の範囲内であっても当初取得した個人番号を利用することはできない。

ウ. 使用者が労働者との間で労働契約を締結した際に給与所得の源泉徴収票作成事務のために提供を受けた個人番号は、その労働者の定年退職後の再雇用契約に基づく給与所得の源泉徴収票作成事務のために利用することができる。

エ. 労働契約に基づく給与所得の源泉徴収票作成事務のために提供を受けた個人番号を、健康保険・厚生年金保険届出事務等に利用しようとする場合は、利用目的を変更して、本人に通知又は公表を行うことで、健康保険・厚生年金保険届出事務等に個人番号を利用することが認められる。

解説 個人番号の利用範囲

本問は、個人番号の利用範囲に関する理解を問うものである。

ア. 正しい。個人番号関係事務以外の業務を処理する目的（例えば、顧客の住所等を調べる等）で照会した端末の画面に、特定個人情報ファイルに登録済の情報が表示された状態で、これをプリントアウトする場合は、個人番号関係事務の範囲外での利用となる。

イ. 誤　り。従業員の雇用形態をアルバイトから正社員に変更した場合でも、当初の利用目的の範囲内であれば当初取得した個人番号を利用することができる。

ウ. 正しい。本記述のとおりである。

エ. 正しい。本記述のとおりである。

解答 イ

☞ 課題Ⅰ 第42章 第5節

問題34 罰則に関する以下のアからエまでの記述のうち、誤っているものを1つ選びなさい。

ア. 国の機関等の職員が、その職権を濫用して、専らその職務の用以外の用に供する目的で個人の秘密に属する特定個人情報が記録された文書、図画又は電磁的記録を収集することは、罰則の対象となり、名簿業者に売り渡す目的で特定個人情報を集めることはこれに該当するが、単に好奇心を満足させる目的で特定個人情報を集めることもこれに該当する。

イ. 人を欺き、人に暴行を加え、若しくは人を脅迫する行為、又は、財物の窃取、施設への侵入、不正アクセス行為その他の個人番号の保有者の管理を害する行為により、個人番号を取得することは罰則の対象となり、本人を装って個人番号利用事務等実施者の職員から個人番号を聞き出すことはこれに該当する。

ウ. 偽りその他不正の手段により個人番号カードの交付を受けることは、罰則の対象となり、虚偽の請求事由を記載して個人番号カードの再交付を受ける行為などがこれに該当する。

エ. 個人番号利用事務等に従事する者又は従事していた者が、その業務に関して知り得た個人番号を自己若しくは第三者の不正な利益を図る目的で提供・盗用することは、罰則の対象となるが、ここでいう「その業務に関して知り得た個人番号」は、ファイル化された個人番号に限定され、散在している個人番号は含まない。

解説 罰則

本問は、番号法における罰則に関する理解を問うものである。

ア．正しい。 国の機関、地方公共団体の機関若しくは機構の職員又は独立行政法人等若しくは地方独立行政法人の役員若しくは職員が、その職権を濫用して、専らその職務の用以外の用に供する目的で個人の秘密に属する特定個人情報が記録された文書、図画又は電磁的記録（電子的方式、磁気的方式その他人の知覚によっては認識することができない方式で作られる記録をいう。）を収集したときは、2年以下の懲役又は100万円以下の罰金に処するという罰則が設けられている（番号法52条）。

イ．正しい。 人を欺き、人に暴行を加え、若しくは人を脅迫する行為（詐欺等行為）、又は、財物の窃取、施設への侵入、不正アクセス行為その他の個人番号の保有者の管理を害する行為（管理侵害行為）により、個人番号を取得したときは、3年以下の懲役又は150万円以下の罰金に処するという罰則が設けられている（番号法51条）。個人番号保有者の管理を害する行為による取得に該当し、本人を装って個人番号利用事務等実施者の職員から個人番号を聞き出すことは、人を欺く行為による取得に該当する。

ウ．正しい。 偽りその他不正の手段により個人番号カードの交付を受けた者は、6月以下の懲役又は50万円以下の罰金に処するという罰則が設けられている（番号法55条）。「偽りその他不正の手段」とは、例えば、他人になりすましてその者の個人番号カードを取得する行為、虚偽の請求事由を記載して個人番号カードの再交付を受ける行為などが考えられる。

エ．誤り。 個人番号利用事務等に従事する者又は従事していた者が、その業務に関して知り得た個人番号を自己若しくは第三者の不正な利益を図る目的で提供し、又は盗用したときは、3年以下の懲役若しくは150万円以下の罰金に処し、又はこれを併科するという罰則が設けられている（法49条）。ここでいう「その業務に関して知り得た個人番号」は、ファイルに限定されないため散在している個人番号も含まれる。

解答　エ

☞　課題Ⅰ　第42章　第8節

問題**35** 情報セキュリティマネジメントシステム（ISMS）と個人情報保護マネジメントシステム（PMS）に関する以下のアからエまでの記述のうち、**不適切なもの**を1つ選びなさい。

ア. ISMSの要求事項を定めたJIS Q 27001:2014は、ISMSの確立及び実施について、組織が何を行うべきかを主として記述しているが、当該規格に従った措置は法的義務として行われるものではなく、事業者が自主的に行うものである。

イ. ISMSやPMSを構築するにあたり、情報の重要性を踏まえずにセキュリティツールを導入するなど、現場レベルでの場当たり的な対策に終始せず、費用対効果も考慮する。

ウ. 個人情報保護に関する適切な管理体制を構築するためには、経営者から従業者にわたる体系的で全経営活動に統合されたPMSを構築し、PDCAサイクルを運用することが必要であり、このPMSが成功するか否かは、すべての階層及び部門の関与、特に経営者の関与の度合いにかかってくる。

エ. 情報セキュリティは個人情報保護の一部であり、PMSはISMSを包含することや、「個人情報保護法」の規制に対応する必要があることから、ISMSよりも優先的にPMSを導入しなければならない。

解説 ISMSとPMS

本問は、ISMSとPMSについての理解を問うものである。

ア. 適　切。本記述のとおりである。

イ. 適　切。本記述のとおりである。

ウ. 適　切。本記述のとおりである。

エ. 不適切。<u>個人情報保護は、情報セキュリティの一部に位置付けることができる</u>が、特に「個人情報保護法」への対応が必要なため、個人情報保護管理体系としてのPMSの理解と実践が求められる。また、ISMSとPMSは矛盾するものではなく、<u>ISMSを構築・実施すればPMSの要求事項の多くは満たされるといえる</u>。ただし、個人情報保護の分野においては、「個人情報保護法」の規制があるから、同法の規制に対応するためには、PMSを導入することが望ましい。

解答 **エ**

☞　課題Ⅱ 第1章

問題36 以下のアからエまでのうち、「不正アクセス行為の禁止等に関する法律」（不正アクセス禁止法）における「不正アクセス行為を助長する行為」に該当するものを1つ選びなさい。

ア. 情報セキュリティ事業者が、インターネット上に流出している識別符号のリストを契約している企業に提供する行為

イ. いわゆる「フィッシングサイト」を公開する行為

ウ. 正規利用者に無断で、ユーザID・パスワードを第三者に口頭で伝えたり、ユーザID・パスワードをインターネット掲示板に書き込むなどの行為

エ. 不正に入手したユーザID・パスワードを用いて、本人になりすましてシステムにログインする行為

解説 不正アクセス禁止法

本問は、「不正アクセス禁止法」における「不正アクセス行為を助長する行為」に関する理解を問うものである。

ア. 該当しない。識別符号を提供したとしても、この事例の場合は「不正アクセス行為を助長する行為」とはならない。

イ. 該当しない。「不正アクセス禁止法」における「<u>不正アクセス行為</u>」の具体例である。

ウ. 該当する。

エ. 該当しない。「不正アクセス禁止法」における「<u>不正アクセス行為</u>」の具体例である。

解答 ウ

☞ 課題Ⅱ 第2章 第4節(3)

問題**37** PMS における PDCA サイクルのフェーズに関する以下のアからエ
までの記述のうち、不適切なものを 1 つ選びなさい。

ア. Plan フェーズでは、PMS を推進するための社内の体制を整え、作業計
画を立案して文書化する。

イ. Do フェーズでは、計画書に基づいて PMS の実施・運用を行う。その
具体例の一つとして、従業者に対する教育が挙げられる。

ウ. Check フェーズでは、PMS の運用状況の点検・評価を行う。その具体
例の一つとして、チェックシートなどを用いた、定期的な運用状況の確
認が挙げられる。

エ. Act フェーズでは、評価・点検の結果をもとに改善を行う。その具体例
の一つとして、内部監査の実施が挙げられ、代表者による見直しまでが
該当する。

解説 PDCA サイクル

本問は、PMS における PDCA サイクルのフェーズについての理解を問うもの
である。

ア. 適　切。本記述のとおりである。

イ. 適　切。本記述のとおりである。

ウ. 適　切。本記述のとおりである。

エ. 不適切。**代表者による見直し（マネジメントレビュー）と是正処置・予防処
置**の実施が該当する。なお、JIS Q 15001:2017_B.3.7.3（マネジメ
ントレビュー）においては、内部監査は社内の現状のルールを前提
に、それが守られているかを確認するものであり、それに基づく改
善も現状の枠内に止まるものであると示されている。また、マネジ
メントレビューは、それに止まらず、外部環境も考慮した上で、現
状そのものを根本的に見直すことがあり得る点で、内部監査による
改善とは本質的に異なると示されている。

解答 **エ**

☞　課題Ⅱ 第 3 章 第 1 節 3

問題38 リスクアセスメントに関する以下のアからエまでの記述のうち、不適切なものを1つ選びなさい。

ア. リスクアセスメントの実施にあたっては、「リスク基準」を確立する必要がある。「リスク基準」とは、リスクの重大性を評価するための目安とする条件のことである。

イ. 「リスク基準」は、企業において決定するものであるが、法規制の要求事項、ステークホルダの見解、関連するコストなどに配慮しつつ、リスクレベルをどのように決定するか、リスクが受容可能になるレベルをどのように定めるかなどを考慮して決めることになる。

ウ. リスクアセスメントにおける「リスク評価」は、リスクの特質を理解し、リスクレベルを決定するプロセスであり、リスクの重大さを算定するための体系的なプロセスともいえる。

エ. リスクレベルは定性的にも定量的にも評価できるため、「リスク分析」においてどちらの手法を用いるかを検討する必要がある。例えば、定量的リスク分析の手法として ALE があり、年間の予想損失額を求める際にこの手法を用いる場合がある。

解説 リスクアセスメント

本問は、リスクアセスメントに関する理解を問うものである。

ア. 適　切。本記述のとおりである。

イ. 適　切。本記述のとおりである。

ウ. 不適切。リスクアセスメントにおいて、リスクの特質を理解し、リスクレベルを決定するプロセスであり、リスクの重大さを算定するための体系的なプロセスともいえるのは、「リスク分析」である。
　　　　　なお、「リスク評価」は、リスク分析の結果をリスク基準と比較するプロセスである。

エ. 適　切。本記述のとおりである。

解答　ウ

☞　課題Ⅱ　第3章　第1節4・第4節・第5節

問題39 基本方針の策定に関する以下のアからエまでの記述のうち、不適切なものを1つ選びなさい。

ア. 経営陣がISMSやPMSに関する考え方を組織に示し、リーダーシップを発揮するために、基本方針を策定し、公表することが重要である。一般的に、ISMSにおいて求められるのが「情報セキュリティ基本方針」であり、PMSにおいて求められるのが「個人情報保護方針（プライバシーポリシー、プライバシーステートメント）」である。

イ. 「情報セキュリティ基本方針」は、「個人情報保護方針」と重なるところが多いが、個人情報保護だけではなく、広く情報セキュリティの見地から策定されるものであるため、「個人情報保護方針」とは別に策定するのが一般的である。

ウ. 「個人情報保護法」において、「個人情報保護方針」に関する規定があるため、その策定は法律上で義務付けられている。そのため、Webページ（コーポレートサイト）への掲載や店舗内での見やすい位置の掲示等により、対外的に公表する必要がある。

エ. JIS Q 15001:2017において、内部向け「個人情報保護方針」を文書化し、組織内に伝達し、必要に応じて利害関係者が入手可能にするための措置を講じなければならないと示されている。さらに、内部向け「個人情報保護方針」に制定年月日や最終改正日、保護方針の問合せ先を加えた外部向け「個人情報保護方針」について、一般の人が入手可能な措置を講じなければならないと示されている。

解説 基本方針の策定

本問は、基本方針の策定に関する理解を問うものである。

ア. 適 切。本記述のとおりである。

イ. 適 切。本記述のとおりである。

ウ. 不適切。「個人情報保護法」において、「個人情報保護方針」に関する規定はなく、その策定は法律上で義務付けられているものではない。しかし、Webページへの掲載や店舗内での見やすい位置の掲示等により、対外的に公表することにより、消費者等との信頼関係を構築し、事業活動に関する社会の信頼を確保することにつながる。

エ. 適 切。本記述のとおりである。

解答 ウ

問題40 委託先の監督に関する以下のアからエまでの記述のうち、不適切なものを1つ選びなさい。

ア. 委託先の選定において、無断での再委託や委託契約終了後においても委託先が特定個人情報等を保管し続けることなどを防止するための安全管理措置等を検討し、当該措置を講ずる旨を仕様書等に盛り込む。

イ. 委託契約の締結において、委託先に対し、委託先、再委託先等における特定個人情報等の取扱状況に関して、定期的な報告を義務付ける規定や、予告せずに実地の監査・調査等を行うことができる規定を盛り込む。

ウ. 委託契約締結の際、委託先に対し、委託業務に従事可能な従業者数を確認する。また、作業開始後に、委託先における委託業務の作業場所及び作業体制が確保されているかを確認し、特に、十分な人員を有しているかを確認する。

エ. 契約履行中の委託先の監督において、定期的な報告や監査、調査等の結果の内容を十分に検討した上で、問題があれば改善を促し、必要に応じて委託契約の解除等を検討する。また、委託先が履行不能となった場合の対応について事前に検討する。

解説 委託先の監督

本問は、委託先の監督に関する理解を問うものである。

ア. 適　切。本記述のとおりである。

イ. 適　切。本記述のとおりである。

ウ. 不適切。**委託先の選定**において、委託先に対し、委託業務に従事可能な従業者数を確認する。また、**作業開始前**に、委託先における委託業務の作業場所及び作業体制が確保されているかを確認し、特に、十分な人員を有しているかを確認する。

エ. 適　切。本記述のとおりである。

解答　ウ

☞　課題Ⅱ　第13章
（課題Ⅰ　第15章）

問題**41** 「RASIS」とは、Reliability（信頼性）、Availability（可用性）、Serviceability（保守性）、Integrity（保全性・完全性）、Security（機密性）の5項目を頭文字で表したものであり、コンピュータシステムの信頼性を評価する指標である。以下のアからエまでの記述のうち、「Integrity」に該当するものを1つ選びなさい。

ア. 故障・障害などの場合であってもデータの不整合や消失などを起こさずに、一貫性を確保する能力である。

イ. 故障・障害の発生しにくさ、安定性の程度である。

ウ. 故障・障害が発生した際の復旧の速さである。

エ. システムがどの程度正常に稼働しているかを割合で表したものである。

解説 RASIS

本問は、コンピュータシステムの信頼性を評価する指標である「RASIS」に関する理解を問うものである。

ア. 該当する。

イ. 該当しない。「Reliability」（信頼性）の説明である。

ウ. 該当しない。「Serviceability」（保守性）の説明である。

エ. 該当しない。「Availability」（可用性）の説明である。

解答 ア

☞ 課題Ⅱ 第16章 第4節

問題42 内閣府の「事業継続ガイドライン」における「方針の策定」及び「分析・検討」に関する以下のアからエまでの記述のうち、誤っているものを1つ選びなさい。

ア. BCM の実施に当たり、経営者はまず自社の事業及び自社を取り巻く環境を改めてよく理解し、自社が果たすべき責任や、自社にとって重要な事項を明確にすることが必要である。

イ. BCM においては、顧客及び自社、関連会社、派遣会社、協力会社などの役員・従業員の身体・生命の安全確保や、自社拠点における二次災害の発生の防止は、当然、最優先とすべきである。

ウ. 経営者は、BCM の導入に当たり、分析・検討、BCP 策定等を行うために必要となる BCM の責任者及び BCM 事務局のメンバーを募り、部門単位での活動ができるよう権限をできるだけ分散し、従業者の自主性を重視した体制を構築するための支援を行う必要がある。

エ. BCP 策定においては、事業影響度分析（BIA）を行うことにより、企業・組織として優先的に継続または早期復旧を必要とする重要業務を慎重に選び、当該業務をいつまでに復旧させるのか等、目標復旧時間等を検討するとともに、それを実現するために必要な経営資源を特定する必要がある。

解説 事業継続ガイドライン

本問は、事業継続に関する理解を問うものである。

ア. 正しい。本記述のとおりである。

イ. 正しい。本記述のとおりである。

ウ. 誤　り。経営者は、BCM の導入に当たり、分析・検討、BCP 策定等を行うため、その実施体制、すなわち、BCM の責任者及び BCM 事務局のメンバーを指名し、関係部門全ての担当者によるプロジェクトチーム等を立ち上げるなど、全社的な体制を構築する必要がある。

エ. 正しい。本記述のとおりである。

解答 ウ

☞ 課題Ⅱ　第18章　第2節

精選過去問題

課題Ⅱ

問題43 公開鍵暗号方式に関する以下のアからエまでの記述のうち、不適切なものを1つ選びなさい。

ア. 公開鍵暗号方式は、暗号化と復号に異なる鍵を使用する方式であり、公開鍵を用いた暗号の代表的なものとして、「DES暗号」とその後継である「AES暗号」が挙げられる。

イ. 共通鍵暗号方式と比較すると、送信相手との公開鍵の共有が容易なことや、送信相手の数に関係なく公開鍵は1つでよいなど、鍵の管理が容易で安全性が高い。

ウ. 一方の鍵で暗号化した暗号文は、他方の鍵でなければ復号できないため、公開鍵で暗号化した場合は秘密鍵でないと復号できず、秘密鍵で暗号化した場合は公開鍵でないと復号できない仕組みとなっている。

エ. 鍵の作成者は、「公開鍵」と「秘密鍵」を作成し、「公開鍵」を他人に知られても構わない鍵として扱い、「秘密鍵」を自分で厳重に管理する。

解説 暗号化技術

本問は、暗号化技術についての理解を問うものである。

ア. 不適切。公開鍵暗号方式は、暗号化と復号に異なる鍵を使用する方式であり、公開鍵を用いた暗号の代表的なものとして、「RSA暗号」や「楕円曲線暗号」が挙げられる。

なお、「DES暗号」とその後継である「AES暗号」は、共通鍵暗号方式を用いた代表的な暗号である。

イ. 適　切。本記述のとおりである。
ウ. 適　切。本記述のとおりである。
エ. 適　切。本記述のとおりである。

解答 ア

☞ 課題II 第20章 第1節1

問題44 以下のアからエまでのうち、ファイアウォールに関する次の文章中の（　　）に入る最も適切な語句の組合せを1つ選びなさい。

ファイアウォールの主な方式として、次の2つがある。

●パケットフィルタリング型

　パケットにあるIPアドレスとポート番号の情報をもとにパケットの通信許可を判断し、アクセスを制御する方式であり、パケットフィルタリング機能は、（　a　）の名称でOSに実装されている。

●アプリケーションゲートウェイ型

　通信を中継する（　b　）プログラムを使って、アプリケーションのレベルで通信内容を認識してフィルタリングを行い、アクセス制御する方式であり、(b) サーバとも呼ばれる。

これらのうち、（　c　）型は、詳細なアクセス制御が可能であり、詳細なログ情報を取得できるという利点があるが、処理速度が遅くなり、通信速度の減退を招くことがあるという欠点もある。

ア. a. ACL　　　　b. プロキシ　　　c. アプリケーションゲートウェイ

イ. a. ACL　　　　b. DHCP　　　　c. パケットフィルタリング

ウ. a. LFU　　　　b. プロキシ　　　c. パケットフィルタリング

エ. a. LFU　　　　b. DHCP　　　　c. アプリケーションゲートウェイ

解説 ファイアウォール

本問は、不正アクセス対策の技術に関する理解を問うものである。

ファイアウォールに関する記述は、次のとおりである。

ファイアウォールの主な方式として、次の2つがある。

●パケットフィルタリング型

　パケットにあるIPアドレスとポート番号の情報をもとにパケットの通信許可を判断し、アクセスを制御する方式であり、パケットフィルタリング機能は、<u>ACL</u>の名称でOSに実装されている。

●アプリケーションゲートウェイ型

　通信を中継する**プロキシ**プログラムを使って、アプリケーションのレベルで通信内容を認識してフィルタリングを行い、アクセス制御する方式であり、**プロキシサーバ**とも呼ばれる。

これらのうち、**アプリケーションゲートウェイ**型は、詳細なアクセス制御が可能であり、詳細なログ情報を取得できるという利点があるが、処理速度が遅くなり、通信速度の減退を招くことがあるという欠点もある。

解答 ア

☞　課題Ⅱ　第20章　第1節 4 (6)

以下のアからエまでのうち、無線 LAN のセキュリティに関する次の文章中の（　　）に入る最も適切な語句の組合せを１つ選びなさい。

不正利用可能な無線 LAN のアクセスポイントを探して、オフィス街を車で走り回る（　a　）を行い、ぜい弱な暗号化通信を傍受してユーザ ID・パスワードを入手し、ネットワークに侵入して重要な情報の窃取や改ざんなどを行う攻撃者もいる。

このような傍受を防ぐための対策の一つとして、（　b　）の設定を行うことが挙げられる。(b) は、無線 LAN におけるアクセスポイントを指定する識別子であり、同じ識別子を設定した機器だけが、そのアクセスポイントに接続可能となり、混信を避けることができるようになる。ただし、(b) を設定するだけではセキュリティ対策としては強度が低いため、(b) が「ANY」や空欄になっているクライアントの接続を拒否する設定や、（　c　）機能の有効化などにより対策を行う。

(c) 機能は「(b) (c)」とも呼ばれ、無線 LAN のアクセスポイントが自身の (b) を知らせるために発するビーコン信号を停止して、クライアントの (b) 一覧にアクセスポイントが表示されないようにし、アクセスポイントの存在を知らせないようにするための機能である。

ア. a. ウォードライビング　　b. UUID　　　c. バンドステアリング

イ. a. ウォードライビング　　b. ESSID　　c. ステルス

ウ. a. アクセラレーション　　b. UUID　　　c. ステルス

エ. a. アクセラレーション　　b. ESSID　　c. バンドステアリング

解説 無線 LAN

本問は、無線 LAN に関する理解を問うものである。

無線 LAN のセキュリティに関する記述は、次のとおりである。

> 不正利用可能な無線 LAN のアクセスポイントを探して、オフィス街を車で走り回る**ウォードライビング**を行い、ぜい弱な暗号化通信を傍受してユーザ ID・パスワードを入手し、ネットワークに侵入して重要な情報の窃取や改ざんなどを行う攻撃者もいる。
>
> このような傍受を防ぐための対策の一つとして、ESSID の設定を行うことが挙げられる。ESSID は、無線 LAN におけるアクセスポイントを指定する識別子であり、同じ識別子を設定した機器だけが、そのアクセスポイントに接続可能となり、混信を避けることができるようになる。ただし、ESSID を設定するだけではセキュリティ対策としては強度が低いため、ESSID が「ANY」や空欄になっているクライアントの接続を拒否する設定や、**ステルス**機能の有効化などにより対策を行う。
>
> **ステルス**機能は「**ESSID ステルス**」とも呼ばれ、無線 LAN のアクセスポイントが自身の ESSID を知らせるために発するビーコン信号を停止して、クライアントの ESSID 一覧にアクセスポイントが表示されないようにし、アクセスポイントの存在を知らせないようにするための機能である。

解答 イ

☞ 課題Ⅱ 第20章 第2節 6 (1)(3)

著者紹介

坂東利国（ばんどう よしくに）
慶應義塾大学法学部法律学科卒業
弁護士（東京弁護士会）
東京エクセル法律事務所パートナー弁護士
一般財団法人個人情報保護士会特認講師
日本労働法学会所属

〔主な著書〕
「個人情報保護士認定試験公認テキスト」（全日本情報学習振興協会）
「マイナンバー社内規程集」（日本法令）
「無期転換制度による法的リスク対応と就業規則等の整備のポイント」
（DVD・日本法令）
「働き方改革と労働法務（働き方改革検定公式テキスト）」（マイナビ出版）
「人事に役立つハラスメント判例集50」（マイナビ出版）
「管理職用ハラスメント研修の教科書」（マイナビ出版）
「5つの最高裁判決を踏まえたすぐにわかる『同一労働同一賃金』の実務への影響」（DVD・日本法令）
「TAX&LAW グループ会社の経営実務─法務・連結会計・税務─」（共著・第一法規）
　　ほか

監修者紹介／課題Ⅱ

牧野鉄郎（まきの てつろう）
成城大学法学部法律学科卒業
一般財団法人個人情報保護士会特任講師
一般財団法人 全日本情報学習振興協会監事
一般財団法人 個人情報保護士会監事
一般財団法人 全国就職活動支援協会理事
一般財団法人 日本ハラスメントカウンセラー協会代表理事

改正法対応　個人情報保護士認定試験　公認テキスト

2022 年 10 月 31 日	初版第 1 刷発行
2023 年 2 月 1 日	第 2 刷発行
2023 年 12 月 19 日	第 3 刷発行

著　者　　坂東利国

監修者(課題Ⅱ)　牧野鉄郎

編　者　　一般財団法人 全日本情報学習振興協会

発行者　　牧野常夫

発行所　　一般財団法人 全日本情報学習振興協会

　　　　　〒 101-0061　東京都千代田区神田三崎町 3-7-12
　　　　　　　　　　　　清話会ビル 5F
　　　　　　　　　　　　TEL：03-5276-6665

販売元　　株式会社 マイナビ出版

　　　　　〒 101-0003　東京都千代田区一ツ橋 2-6-3
　　　　　　　　　　　　一ツ橋ビル 2F
　　　　　　　　　　　　TEL：0480-38-6872（注文専用ダイヤル）
　　　　　　　　　　　　　　　03-3556-2731（販売部）
　　　　　　　　　　　　URL：http://book.mynavi.jp

DTP・印刷・製本　　大日本法令印刷株式会社